KB210419

야수의 송곳니를 뽑다

존 D. 로스 편집

김복기 옮김

야수의 송곳니를 뽑다

편집자	존 D. 로스
옮긴이	김복기
초판1쇄	2018년 2월 13일

펴낸이	배용하
책임편집	배용하
등록	제364-2008-000013호
펴낸곳	도서출판 대장간
	www.daejanggan.org
등록한곳	충남 논산시 매죽헌로 1176번길 8-54, 101호
대표전화	전화 (041) 742-1424 전송 (041) 742-1424
분류	기독교	윤리	교회

ISBN	978-89-7071-437-0 93230
CIP제어번호	2018003687

이 책의 한국어판 저작권은 John D. Roth와 직접 계약한 대장간에 있습니다.
기록된 형태의 허락 없이는 무단 전재와 복제를 금합니다.

 값 15,000원

차 례

역자 서 문

1

이 일은 저기 멀리 미국에서만 일어난 남의 일이 아니라, 지금 우리가 살고 있는 이 대한민국에서도 버젓이 그러나 소리없이 진행되고 있는 일이다. 이 책은 유명한 신학자로서 얼마나 엄청난 죄를 저질렀는지, 그리고 그 죄의 폐해가 그에게 주신 하나님의 지혜와 명성과 천재성을 얼마나 비참한 모습으로 바꾸어 놓았는지를 바라보게 한다. 이는 단지 한번 일어났다가 이미 과거로 사라진 일이 아니라, 여전히 현재 진행형인 우리 주변의 일이다.

천재 신학자 요더는 죽고 갔지만, 그의 학문적 탁월함을 통해 기독교 윤리학, 평화학, 교회론에 끼친 영향력은 지대했다. 그리고 그가 끼친 영향력만큼이나 그를 좋아하고, 존경했던 관계가 얼마나 큰 배신감으로 다가오는지 보여주었다. 상처에 알코올을 들이부을 때 느끼는 통증보다 더한 아픔이 신뢰했던 사람에게 당한 성추행의 아픔이 아닐까 싶다. 성추행 피해자, 희생자 혹은 생존자의 아픔과는 비교할 수 없겠지만, 성추행과 관련된 내용의 보고서를 앞에 두고 한자 한자 한 줄 한 줄 번역하는 일 역시 너무나 괴롭고 힘든 일이었다.

그럼에도 불구하고 한 때 내가 사랑했던 신학자, 그리고 여전히 부여잡고 있는 존 하워드 요더라는 한 인물과 그의 실패를 이렇게라도 드러내는 일은 차마 뒤로 미룰 수 없는 큰 숙제였다. 그야말로 누군가가 해야 할 일이었지만, 한국에 그를 소개한 죄가 있기에 내 몸이 심하게 아픈 반응을 보이더라도 참아가면서 번역을 감행했다.

2

사람들이 꺼리는 주제, 생각하기에도 버거운 내용의 이 책을 번역한 이유는 간단하다. 우선은 존 하워드 요더라는 신학자가 내가 3년간 공부했던 AMBS의 교수이자 신학자였고, 같은 메노나이트 교회의 일원으로 있기 때문이다. 물론 내가 공부하러 갔을 때 그는 죽고 없었다. 그럼에도 불구하고 메노나이트 신학교에서 공부를 하면서 그의 책을 통해 교회론을 배웠기 때문에 내가 배운 내용을 어떻게 이해해야 할 것인가 쉽지 않은 씨름이 시작되었다.

내가 이 책을 번역한 두 번째 이유는 그의 교회론에 관한 책 중에 『교회, 그 몸의 정치』와 『그리스도의 충만함』이라는 책을 번역한 사람으로서 일말의 책임감을 느꼈기 때문이다. 몇몇 장소에서 그의 책을 교재로 평화학 강의를 진행했고, 몇몇 언론사로부터 요더에 대한 공식입장을 요청받기도 했다. 또한 요더에 대한 글을 연재했던 경력이 있기에 적어도 한국 독자들에게 메노나이트들이 고민하고 있는 정직한 모습을 알려야 할 책임감을 느꼈기 때문이다.

세 번째 이유는 모든 인간이 성적인 존재이기 때문이다. 인간의 성만큼 원초적이며, 본질적인 것이 어디 또 있으랴마는, 인간의 성만큼 왜곡된 것이 또 있을까 싶기 때문이다. 이 땅위에 사는 사람 중 그 누구도 사랑이라는 아름다운 행위 없이 태어난 사람은 없다. 과학의 발달로 예외의 경우는 있으나 대부분의 사람들은 여전히 사랑과 성이라는 선물을 통해 태어난다. 그러나 인간의 성은 아무렇게나 꺼내놓고 이야기하기에는 너무나 지나치게 금기시되어 온 주제라 실제로 성추행이 일어나도 모두가 쉬쉬하며 문제를 감추거나 더 키우는 면이 없지 않다. 지금 한국 상황도 예외는 아니리라 생각한다. 이러한 때에 교회내의 성추행에 대한 여러 사건 중, 분별의 과정을 겪으며 철저하게 그 여정을 기록한 자료로 요더의 사건이 발표되어 이를 꼭 소개하고 싶었다.

　네 번째 이유는 1)인간의 성만큼 신비하면서도 성스러운 것은 없으나, 이 사회가 신비스러운 모습으로 성을 묘사하는 만큼 제대로 가르치지 못했음과 2) 약자들의 피해 상황에 어떻게 대응해야 할지 모르는 모습을 보아왔기 때문이고 3)그 누구도 기꺼이 상황에 직접 개입하고 싶어하지 않는다는 사실을 직접 경험했기 때문이다. 그리고 4)여전히 권력을 가진 자들이 장소를 바꾸어가며 동일한 행동을 지속하는 모습을 더 이상 지속해서는 안되기 때문이다.

　그리고 마지막 이유는 요더의 성추행 사건에 대해 여러 이야기가 회자되고 있지만, 보다 올바른 정보를 제공해야할 일말의 책임감을 느꼈기 때문이다. 요더의 책을 읽고 좋은 영향을 받았던 사람들이 고민하는 것처럼, 나의 관심사는 요더의 책을 계속 읽어야 하는가 말아야 하는가?에 있지 않다. 내가 한때 사랑했던 그를 계속 사랑할 수 있을까 없을까?라든가 그의 신학과 삶을 어떻게 이해해야 하는가?에 있지도 않다. 무엇보다 나의 관심사는 요더의 성추행 사건의 전말에 대한 "사실"을 알리고, 그의 성추행에 대한 뜬소문이나 2차적 정보가 아닌 1차 정보를 제공함으로써 올바로 이해할 수 있는 토대를 제공하기 위함이다. 그리고 더 나아가 나의 진짜 관심은 이러한 성추행이 일어났을 때, 건강한 공동체가 대처해야 할 방안들과 다시는 이러한 일이 발생하지 않기를 원하는 예방에 있기 때문이다. 그런 의미에서 이 책에 들어있는 여섯 꼭지의 글이 큰 유익을 주리라 생각한다.

3

　개인적으로 나는 채 18세가 되지 않는 청소년들을 추행한 리더를 직면하여 성추행의 면모를 밝혀낸 적이 있었다. 쉽지 않은 싸움을 감행한 경험이 있다. 20여 년 전 당시, 나는 성추행을 자행한 그 사람보다 나이가 적다는 이유로 모진 공격을 받아야 했고, 관계의 아픔을 처절하게 경험하였다.

이러한 리더들의 성추행은 지금도 우리 사회의 직장, 학교, 군부대, 종교기관, 종교단체, 관공서 등지에서 여전히 진행되고 있다. 더 슬픈 것은 성추행을 일삼은 리더들이 버젓이 성공가도를 달리고 있고, 사건을 분명히 알고 있음에도 불구하고 이를 제대로 처리하거나 징계하는 일이 드물다는 사실이다. 대학생 선교단체에서 카리스마를 행사하는 간사가 훈련을 받는 여학생들을 짓밟는 일이나, 유명한 목사가 꽃다운 청소년을 짓밟았을 때, 이를 은폐하기 위해 리더들이 소리소문없이 간사의 사표를 수리하는 모습과 장로교 노회의 목사들이 불륜을 일삼은 목사를 서로 바꿔치기함으로써 사건을 은폐하는 모습을 보아왔다.

내가 경험한 세 건의 성폭력 사건은 캠퍼스 선교단체, 장로교 안에서의 목회자 성추행, 공동체 안에서의 성추행 사건이었다. 물론 이 일을 경험했던 당시는 나는 나이도 어렸거니와 어떻게든 피해자를 보호하고 피해자의 입장에서 사건을 막아보려 했기에 미숙한 점이 없지 않았다. 그럼에도 불구하고 이 일을 처리함에 있어 최선을 다했고, 피해자들에게 충분한 도움을 주었다고 생각한다.

내가 경험한 캠퍼스 선교단체 건은 여러 사건으로 일파만파 번지자, 리더십들이 쉬쉬하는 가운데 간사를 경질하는 식으로 일단락되었고, 장로교 안에서의 목회자 성추행은 당사자와 부모에게만 알리고 피해 고등학생의 트라우마와 회복에는 관심 없이 교회가 이들을 왕따시킨 후 담임 목사를 다른 교회의 문제 있는 목사와 바꿔치기 하는 모습으로 일단락되었다.

그리고 공동체 안에서의 성추행 사건은 마땅히 처리해야할 위계질서에 도움을 요청했으나, 모두 거절당하고 할 수 없이 내가 직접 나서서 해결할 수밖에 없게 되었다. 그 일로 공동체는 해체되었고, 그 공동체 리더와의 관계는 다시 회복할 수 없는 길을 걷게 되었다. 지금 와서 생각할 때, 이러한 사건은 경찰에 알려서 처리를 해야 더 옳지 않았는가 하는 생각도 들지만, 약한 자들을 돕다가 어려움을 당한 것을 오히려 당연한 것이라 생각하면서 관계의 미련을 두지 않았다.

4

여러 맥락 속에서 이 책의 번역은 특별한 의미가 있다. 이 책은 비록 미국에서 일어난 사건기록이지만, 대한민국에서 사는 사람들이 알아야할 성폭력에 관한 많은 내용을 담고 있다. 비록 한 신학자의 사례로 볼 수 있지만, 그가 속했던 학교, 교회, 지인들이 어떻게 일을 제대로 처리하지 못했는지, 그 이유가 무엇인지, 그렇다면 과연 우리는 이러한 성폭력이 우리 주변에서 일어났을 때 어떻게 대처해야 하는지에 대해 배울 수 있는 좋은 책이 될 것이다.

바라건대 독자들이 성폭력 가해자인 한 유명한 신학자를 어떻게 이해하고 그가 저술한 책들을 어떻게 할 것인가로 고민하기보다는 우리가 속한 공동체와 주변의 성폭력 피해자들을 먼저 생각하며 이 책을 읽으면 좋겠다. 피해자와 그들의 힘겨운 여정을 같이하는 가족 및 지인들의 가쁜 호흡을 같이 느끼며 이 깨지기 쉬운 그릇 속에 담긴 영혼 또한 얼마나 깨지기 쉬운 존재인지 함께 공감하며 읽으면 좋겠다. 과연 인간이란 무엇인가? 인간이라는 존재가 창조될 때, 함께 지어진 인간의 성이란 무엇인가? 남성성과 여성성의 공격성과 취약성을 얼마나 이해하고 있는가? 과연 우리는 어떻게 성을 배워왔고 말하고 표현해 왔는가? 그리고 특별히 더 연약한 그릇이라고 표현되었으나 존중받지 못한 채 짓밟히고 있는 사람들이 주변에 존재하는가? 과연 이 사회는 내가 속한 집단 특히 교회는 이 문제를 어떻게 다루고 있으며, 내가 할 수 있는 역할은 무엇인가? 함께 질문하며 고민하고 싶다.

이 책의 전반부는 요더의 성폭력 일지라고 보아도 될 만큼 그의 성추행이 진행된 20년간의 역사와 이에 대한 반응이 어떻게 진행되었는가에 대한 기록이다. 연구조사를 시행한 저자 레이첼 구센이 붙인 논문의 제목처럼 특별히 종교와 거룩이라는 이름을 포장해 놓은 채 자행되는 성폭력이라는 야수의 송곳니를 뽑아 내야할 때가 왔다.

　부디 이 번역본이 이 땅에서 성폭력의 피해자로 살고 있는 수많은 여성들과 피해자 가족들의 어두운 그늘을 밝혀주는 데 일조하길 바라마지 않는다.

메노나이트 계간지

Mennonite Quarterly Review

특집호를 발간하며

2014년 7월 7일, 프란시스 교황은 성직자에 의해 성추행을 당한 여섯 명의 희생자를 바티칸으로 초청하였다. 가톨릭교회의 대표자로 그들을 만나 용서를 구하기 위함이었다. 프란시스 교황은 연이은 설교에서 다음과 같이 선포하였다. "하나님 앞에서 그리고 그 백성 앞에서 희생자 여러분을 상대로 행해진 이 모든 죄들에 대해 슬픔을 표합니다. 그리고 겸손히 여러분께 용서를 구합니다. 여러분에게 행해진 성추행을 직접 고소하고 가족이 고발했음에도 불구하고 교회 리더들이 적절하게 반응하지 못한 점과 그들의 태만과 죄에 대해 여러분께 용서를 구합니다."

가톨릭 교리를 비판하는 이들은 이러한 교황의 행동이 단지 상징적인 것에 불과하다고 일축했다. 그러나 가톨릭교회 최고의 수장에 의해 취해진 이러한 공식적 사과가 있었지만, 성직자들이 저지른 성적학대와 폭력의 역사를 부인하고 최소화하던 그간의 패턴이 더 이상 가능하지 않다는 점을 분명하게 해주었다. 프란시스 교황은 "교회의 역사 안에서 존재하는 끔찍한 어둠에 빛을 비추어 왔던 사람들"의 대담한 용기를 칭찬하면서 설교를 결론지었다.

분명한 것은 가톨릭교회만이 이러한 실패를 경험하는 게 아니라는 점이다. 최근, 저명한 복음 설교가들이나 리더들이 저지른 성추행 관련 사실들이 도처에서 드러나고 있다. 이러한 사실들은 종종 그런 사실이 없다고 강력하게 부정하거나, 오히려 희생자들을 비방하거나, 성추행한 리더가 속해 있는 기관의 명성을 보호하기 위해 끊임없이 노력하는 모습이 더 부각되고 있다. 특별히 평화의 복음에 헌신해온 메노나이트들은 성 폭력 관련해서 별 문제가 없을 것이라고 믿어 왔다. 그러나 그들의 전통에도 교회 지도자들에 의한 성폭력이 실재한다는 사실이 뼈아픈 현실로 드러났다.

메노나이트 계간지Mennonite Quarterly Review이번호에서는 메노나이트 교회 내에 존재하는 성추행 및 이와 관련된 규율, 치유, 용서 등의 주제를 다루고, 특별히 뜨거운 논쟁거리가 되고 있는 저명한 메노나이트 신학자 존 하워드 요더1927-1997의 성추행 관련 행실을 중점으로 다루었다.

이 주제에 대해 엄청난 고통과 논쟁이 빚어지고 있다는 점은 이미 잘 알려져 있다. 이번 호에 공개적으로 요더에 관한 논의의 장을 마련하기로 한 결정은 우연이 아니다. 확실한 점은 교회에 속한 많은 사람들이 이 주제를 반복해서 다루는데 지쳤다는 사실이다. 어떤 사람들은 죄를 지은 형제가 이미 교회의 교제 안으로 회복되었으니 더 이상 이 주제로 왈가왈부하지 않을 때가 되었다고 말하면서 이미 충분히 언급된 주제라고 믿기도 한다. 그러나 어떤 사람들은 특별히 최근 몇 십 년에 걸쳐 무엇이 적절한 행동인지 정의하는 기준 자체가 변했기 때문에 현재의 표준으로 과거의 행동을 심판하려는 것은 불공평하다고 주장하기도 한다. 또 어떤 사람들은 여전히 이 사건과 우리의 관계가 너무 가깝기 때문에 양극화된 사건의 맥락을 공정하게 판단하는 것이 거의 불가능하다고 주장한다. 그리고 대화에서 서로 다른 입장에 서있는 모든 사람들은 성추행에 직접 관련된 친구들과 가족 구성원들, 그리고 그 외 여러 사람들이 겪고 있는 끊임없는 고통에 대해 함께 슬퍼하고 있다.

사건의 공정성과 공평성의 원칙을 지켜야 하는 이 계간지의 편집자로서, 나는 이러한 관심사들과 염려들을 충분히 공감한다. 그럼에도, 투명성에 대한 논점만은 분명히 보장되어야 한다고 생각한다.

우선 이 계간지를 특집호로 기획한 가장 중요한 이유는 성추행이 메노나이트 중에 실재한다는 뼈아픈 사실과 교회가 신중을 기해 규율, 상호책임, 치유와 같은 주제들에 대해 적극적으로 관여하고, 공개적으로 논의할 필요가 있기 때문이다. 비록 존 하워드 요더라는 인물이 이제 앞으로 이야기하게 될 페이지에서 거대한 모습으로 보일지라도, 이번 특집호를 기획하게 된 주요한 목적은 이 이야기를 둘러싸고 있는 보다 더 큰 주제들을 비판적으로 고찰하기 위함이다. 예를 들어 성추행과 관련된 주제들이 사회적으로 처음 다루어지기 시작한 1970년대 이후로 메노나이트 교회 안에 어떤 변화가 있었는가? 그 이후로 성 폭력과 관련된 트라우마에 대해 우리가 배운 점은 무엇인가? 개인적으로나 전체적으로 이러한 주제를 통해 경험한 치유에 대한 목회적 통찰력에는 어떠한 것이 있는가? 이러한 경험들이 용서에 대한 우리의 이해에 어떠한 영향을 끼쳤는가? 아나뱁티스트 메노나이트 신학과 실천에 있어서 우리가 보지 못하는 것은 무엇이며 이로 인해 가해자들에게 적절한 훈계를 시행하지 못하도록 한 어려움은 무엇인가? 이러한 질문들은 모두 교회가 세심한 연구와 고찰을 기반으로 성추행 관련 문제에 대해 지속적으로 말해야만 한다는 점을 드러내주고 있으며, 이번 특집호가 추구하는 바이기도 하다.

　　이 계간지를 특집호로 기획한 두 번째 이유는 존 하워드 요더가 20세기 메노나이트 신학, 윤리학, 교회론 및 문화에 있어 의심할 바 없는 탁월한 인물이었기 때문에 그의 사상과 행동에 대해 애매한 부분이 없이 상세하게 언급할 필요가 있기 때문이다. 비록 동료신자들과의 관계에 있어 때때로 긴장이 연출되긴 했지만, 요더는 그가 살았던 세대에 가장 널리 알려진 메노나이트 학자였다는 점에는 의심의 여지가 없다. 수 십 년 동안, 그는 평화교회 신학을 대변하는 주요 인사였고, 아나뱁티스트 관점을 에큐메니칼 진영과 종파를 초월한 회의에서 셀 수 없을 정도로 자주 대변한 사람이었다. 배움의 폭이나, 그의 신념의 깊이나, 언어적 웅변적 은사의 범위나, 여러 학문분야를 두루 섭렵하며 출간한 심오한 통찰력을 통해 그가 이루어놓은 권위는 어떤 한 종파에 매여 있지 않았다. 그의 저술들은 그가 속해있던 메노나이트 교회의 경계선을 훨씬 넘어 전 세계 그리스도인들에게 새로운 신학적 궤도를 형성하였다. 또한, 이 메노나이트 계간지의 편집인으로서 활동하였던 1993년까지, 요더는 이 계간지와 매우 친밀한 관계를 맺어왔다. 그는 이 계간지에 9편의 논문을 기고하였고 수십 편의 서평을 게재했을 정도로 자주 글을 기고하였을 뿐만 아니라, 1997년에 요더의 저술을 정리한 서지목록을 특집으로 실었고 2003년 7월호에 그의 모든 저술을 망라하여 그의 사상과 관련된 수많은 논문들을 출간하기도 했다. 요더가 대중적으로 얻은 명성과 이 계간지가 그에게 부여한 학문적 관심사가 지대했기에, 이번 메노나이트 계간지의 지면을 통해 그의 생애와 업적을 재평가하고 게재하는 것은 매우 적절하다.

끝으로 요더가 사망한 1997년에 이르기까지 최소한 20년 동안, 요더의 부적절한 행동과 관련된 이러한 이야기들은 이미 메노나이트 교회 내에서 뿐만 아니라 교회 밖에서도 애매한 모습으로 회자되었다. 그러나 그러한 사실에 대해 정말 요더의 부적절한 행동의 내용이 정확하게 무엇인지, 그것들이 합의된 내용이었는지 아니었는지, 그리고 상호책임을 지기 위해 그를 만나서 말해야할 권위를 가진 사람이 누구인지 전체적으로 명확하게 알고 있는 사람들은 소수에 불과했다. 비록 수 십 명의 여성들이 요더로부터 결코 달갑지 않은 처우를 받은 사실에 대해 보고를 하였지만, 그들의 관심사는 마땅히 일을 처리할 권위를 갖고 있던 사람들에 의해 종종 쉬쉬하는 모습으로 잠재워지거나, 효과적으로 다뤄지지 않았다. 수많은 개인들, 대략 일곱 개나 되는 다른 상호책임 그룹, 다양한 교회 기관들이 요더의 행동과 관련하여 비밀보장을 유지하자는 데 동의하였다. 정보를 통제하고자 했던 이러한 노력들은 종종 사람들을 더 혼란스럽게 만들었고, 피해자들을 더 무기력하게 만들었고, 교회 기관이나 제도가 피해자들의 슬픔을 위로하고 사건을 시정하기보다는 자신들의 평판을 유지하는데 더 많은 관심을 갖고 있다는 인상을 심어주었다. 이렇게 비밀을 덮어둔 결과, 과거의 상처들은 점점 곪아서 모두를 괴롭혀왔다.

이번 호에 실린 역사학자 레이첼 왈트너 구센Rachel Waltner Goossen의 논문은 너무 오랜 기간 동안 음지에 놓아두었던 이야기에 빛을 비추도록 한 결정적 행보이자 기록이다. 미국 메노나이트 교회Mennonite Church USA와 아나뱁티스트-메노나이트 신학대학원Anabaptist Mennonite Biblical Seminary, 이하 AMBS의 리더들에 의해 임명된 분별 그룹의 초청으로 쓴 이 논문에서, 왈트너 구센은 과거 30년이 넘도록 요더와 그의 명성 주변에 맴돌고 있는 복잡하고 민감한 주제들을 아주 꼼꼼히 설명하였다. 출판 자료들과 가능한 기록보관소의 문서들을 참고하였음은 물론 많은 사람들과의 인터뷰를 근거로 기술된 한 왈트너 교수의 연구 결과는 냉정하면서도 있는 사실을 그대로 드러내고 있다. 그 어떤 다른 조사연구 중에서도, 왈트너 구센의 논문은 그리스도인들을 위한 친밀감의 새로운 형태들을 찾고자 시행했던 요더의 집요한 실험이 종종 사람들의 몸과 마음을 서서히 쇠하게 만들었다는 사실과, 무엇보다 먼저 그의 친절하고 로맨틱한 행동에 영향을 받은 많은 여성들을 지치게 만들었을 뿐만 아니라, 엄청난 양의 시간과 에너지를 들여 사건을 조사하였던 교회 및 기관 리더들을 지난한 과정을 거치도록 함으로써 대체적으로 그를 징계하고자 했던 과정 자체를 비효율적으로 만들어 버렸다는 사실을 분명히 드러내고 있다. 반복적으로 요더는 세상 혹은 자신이 속한 서클이 제대로 이해하지 못하는 가운데 제기한 회의론적 주장들 은 항상 복음의 혁명적인 주장들을 오해하게 될 것이라고 하면서 자신의 끼친 해로운 행동에 대한 주장이나 비판들을 받아들이지 않았다. 동시에 요더는 여성들에게 손길을 뻗치면서 항상 비밀을 요구하였다. 그리고 그는 종종 마태복음 18장을 인용해가면서 자신이 관여하는 상호책임 그룹들에게 절대적인 전 제조건으로 비밀보장을 요구하였다. 징계과정 중 하나의 결과로 요더가 속한 교회와 전체 메노나이트 교회의 목회영역에서 교제를 완전히 회복하도록 결론을 내렸음에도 불구하고, 그가 죽을 때까지 분명하게 해결되지 않은 관계들이 많이 있었다. 왈트너 구센의 논문은 이러한 이야기를 종결짓기 위한 최후 진술이 아니다. 그러나 이 논문은 앞으로 요더의 성적 탈선에 관련된 논쟁을 진행할 때 이야기의 전모가 어떤지 그리고 꼭 필요한 중요한 근거자료들을 아주 분명하게 제공하여 줄 것이다.

이 논문과 함께 게제 된 여러 논문들은 요더의 사건에 머물지 않고 교회 론이라는 보다 더 큰 정황으로 그 논점을 이동한다. 임상적, 목회적, 신학 적 통찰력을 제공하는 캐롤린 홀더리드 헤겐Carolyn Holderread Heggen과 레베 카 슬로우Rebecca Slough의 글은 회복의 기나긴 여정을 걷고 있는 성폭력 생존 자들과 함께 고민하는 목회자들과 회중들에게 특별한 안내서가 될 것이다. 린다 게흐만 피치Linda Gehman Peachy는 메노나이트 교회 내에 점증하고 있는 성적 탈선의 실체와 메노나이트 중앙위원회Mennonite Central Committee 및 다른 교회 리더들의 노력 즉 성폭력 희생자들을 위한 교회 지침서, 인쇄된 자료, 소식지 및 후원 네트워크 등이 얼마나 중요한지에 대한 새로운 인식과 동향 들을 추적하였다. 게일 거버 쿤츠Gayle Gerber Koonts는 "까무러칠 정도로 관대 한 용서에 대한 부르심"을 이야기하는 복음서의 여러 기록에 근거한 신학 적 성찰을 통해 용서의 참된 의미를 반추하고 있다. 그리고 제이미 피츠Jamie Pitts의 글과 폴 마튼스 Paul Martens와 데이비드 크래머David Cramer가 함께 쓴 글 은 요더가 남긴 유산에 뿌리박고 있는 보다 더 깊은 신학적 긴장들을 탐구 하고 있다. 그리고 이 특집호의 마지막 글은 요더에 대한 최근의 책에 대한 존 렘펠 John Rempel의 폭넓은 관점의 서평으로 미래에 요더의 사상을 어떻게 지속적으로 다룰 것인지에 대한 우리의 의향을 타진하고 있다.

이번 메노나이트 계간지의 특집호가 메노나이트 교회 내의 성적 탈선의 문제를 해결해 주지는 않을 것이다. 또한 존 하워드 요더와 그가 주장한 성의 정치학에 대한 교회의 반응과 연관된 주제들을 모두 잠재울 수도 없을 것이다. 그렇지만 이 특집호에 실린 논문들이 어두움이 가득했던 구석구석에 빛을 되찾고자 하는 사람들에게 굳은 결의를 다지도록 하며, 투명성을 향해 나아가는 행보에 중요한 표지가 될 것이다.

그러나 이러한 투명성이 요더의 행동들을 공적으로 밝히는 차원에만 머무르거나 혹은 동일한 잘못을 저지른 기관이나 교회 리더들이 죄를 고백하고 마는 식으로 증발되지 않기를 바란다. 올바른 기억은 대규모 집단이 범죄하고 있다는 사실을 인정하는 것까지 나아가야만 한다. 이러한 인정은 교회로서 우리가 우상처럼 떠받들었던 그 사람의 권위에 대해 질문하지 못했다는 것을 공적으로 받아들이고, 우리가 봐야했던 것들을 보지 못했다는 점을 시인하며, 나약하고 상처를 받고 있던 사람들에게 필요했던 모습으로 기꺼이 반응하지 못했다는 점을 의미한다. 러시아 소설가 알렉산더 솔체니친이 말했던 것처럼 우리가 나아가야 할 길은 더 분명해졌다. "악을 행한 사람을 우리와 분리시키는 일이 정말로 필요하다면…. 각 사람의 마음에 존재하는 선과 악 사이에 선을 명확하게 그어야 할 것이다."

이러한 진리의 강한 빛을 밝히면서, 그리고 하나님의 은혜를 의지하며 선을 도모하는 일에 겸손히 반응할 수 있기를 바라마지 않는다.

– 편집장 존 로스

"야수의 송곳니를 뽑다"

존 하워드 요더의 성추행과 권력남용에 대한 메노나이트의 반응

레이첼 왈트너 구센[1]

1970년대 중반, 저명한 기독교 윤리학자이자 신학자 존 하워드 요더는 그가 "자매들"이라고 칭한 사람들을 대상으로 자신이 선정한 주제로 지침서를 만든 뒤 인간의 성에 관한 실험을 착수했다. 1979년에 동료이자 상관이자 당시 인디아나 엘크하르트에 위치한 고센 성경신학대학원Goshen Biblical Seminary의 총장이었던 마를린 밀러Marlin E. Miller에게 쓴 글에 따르면, 요더는 자신과 수많은 여성이 관계했던 일련의 활동에 대한 초안을 다음과 같이 밝히고 있다.

1) 레이첼 왈트너 구센(Rachel Waltner Goossen)은 캔사스주 토피카에 위치한 와시번 대학(Washburn University)의 역사학 교수이다. 저자는 미국 메노나이트 교회의 분별 그룹의 초청으로 이 연구를 수행하였다. http://www.mennoniteusa.org/historian-to-examine-church-response-to-john-howard-yoders-abuse-of-women/ 와시번 대학은 교수연구기금을 제공하였다. 존 벤더, 캐롤린 홀더리드 헤겐, 제임스 램, 그레그 리더만 좀머, 테드 쿤츠, 왈트너 사와츠키, 도로시 니켈 프리슨 및 많은 사람이 이 글을 기록하는데 도움을 주었다. 이 연구에는 이전까지 열람되지 않았던 기관소속 자료들까지 충분히 사용되었으며 AMBS의 X-18-001로 분류되어 있던 '존 하워드 요더에 관한 마를린 밀러 파일들'과 II-05-019로 분류되어 있던 '미국 메노나이트 교회 인디아나-미시간 지방회 존 하워드 요더 파일' 도 포함되어 사용되었다. 이제 이 두 문서들은 고센에 있는 미국 메노나이트 교회 기록보관소에서 열람이 가능하다. 그 외 AMBS가 소장하고 있는 부가적인 문서들도 고센의 미국 메노나이트 교회 기록보관소에서 열람 가능하도록 하였다. 프래리 스트리트 메노나이트 교회 기록실은 인디아나 엘크하르트에 위치해 있다. 사라 웽어 생크, 다니엘 밀러, 그리고 넬슨 크레이빌이 이 연구를 위해 필요한 인터뷰를 도왔다. 저자는 이 글의 초안에 의견을 주었던 벤 구센, 넬슨 크레이빌, 스티브 놀트, 톰 프라쉬, 케리 윈과 메노나이트 계간지의 편집위원들에게 감사를 표하였다.

–자연스러운 인사와 환영으로서 피상적인 접촉….

–가능한 좀 더 깊은 의미의 접촉에 대한 토론….

–보다 깊은 의미의 접촉; 아마도 손깍지를 끼거나, 포옹, 간단한 키스….

–위와 동일한 표현이지만 기대감을 갖고 하는 접촉…. 아마도 문을 닫
고, 무릎에 올라앉아서, 좀 더 깊게 하는 키스.

–부분적으로 옷을 벗고 하는 접촉

–완전히 옷을 벗고 하는 접촉

–남녀 성기에 대한 구체적 접촉

–부분적/순간 발기/중단에 대한 탐험

요더의 설명은 "이러한 모든 방식을 변화무쌍하게 왔다갔다 함"이라고
한 뒤 다음과 같이 기술하였다.

–이러한 일을 한 차례로 끝내든지 혹은 반복하든지

–홀로 하든지 다른 사람들 앞에서 하든지

–나신으로 몇 분간 하든지 혹은 길게 하든지[2]

이러한 목록에다가 요더는 실험의 부분을 설명하는 해설들을 추가하였
는데, 이는 "그녀의 목회, 우정, 미래의 직업적 선택 등과 같은 관련 없는
일들, 혹은 이러한 경험에 도움이 될 만한 과거의 경험들에 대한 것뿐만 아
니라 자신과 함께 했던 그리스도안의 자매와 그가 무슨 일을 행하려 했는지
"배경으로 삼았던 논거"에 대한 것이었다…. 때때로 우리는 서로의 친구들
에 대해서 말하였다. 통상적으로 우리는 기도를 했다."[3]

이 메모를 읽은 사람들은 아마도 당시 밀러 총장이 경찰을 부르고 여학

---

2) 1979년 12월 6일 요더가 밀러에게 보낸 글로 AMBS의 X-18-001에 들어있다.
3) Ibid.

생들과 캠퍼스에 있는 다른 여성들에게 여러 방법으로 성폭력을 저지른 51세의 교수를 고발하면 되지 않았겠냐며 논리적으로 질문할 수 있을 것이다. 그러나 이 일이 발생한 때는 1979년이었다. 법원은 아직 성적 학대가 무엇인지 일관성 있게 정의해내지 못했고, 고용주들은 여성들을 상대로 저질러지는 폭력에 법적 제재를 요청할 만한 이렇다 할 대책을 마련하지 못한 때였다. 아이비리그에 속한 대학에서부터 교단이 운영하는 소규모의 학교에 이르기까지 미국의 그 어떤 교육 기관도 성적인 학대나 성폭력을 당한 학생들이 불평을 접수할만한 공식적이며 합법적인 절차를 미처 발전시키지 못한 때였다.[4] 학문연구에 있어 인권을 보호하기 위해 설립한 제도검토위원회Institutional Review Board:IRBs가 대규모 고등교육 기관에 있기는 했지만 대대수 사립교육기관에는 이러한 위원회를 생각조차 하지 못했으며, 이러한 상황은 당시 고센 성경대학원Goshen Biblical Seminary도 예외는 아니었다.[5] 게다가 요더가 주장했던 방법론은 생물학이나 심리학분과가 아니었다. 오히려 그가 밀러에게 설명한 것처럼, 요더는 바울의 서신들과 예수의 삶에 대한 특정한 해석을 포함하고 있는 신학적 전제를 다루고 있었다. 그리고 1979년은 이미 같은 대학원에서 요더가 선임 총장의 지위에 있었을 뿐만 아니라, 자신의 지적인 멘토로서 이미 10년 지기의 관계에 있었기 때문에, 밀

---

4) Robin Wilson, "Why College Are on the Hook in Cases of Sexual Assault", *The Chronicle of Higher Education*, 20 (June 2014), A10.

5) 1979년, 메노나이트 교단에 속해있던 고센 성경대학원(Goshen Biblical Seminary)은 메노나이트 교단총회General Conference Mennonite Church의 또 다른 교육기관이었던 메노나이드 성경대학원Mennonite Biblical Seminary과 20년 동인 협력관계에 있었다. 후에 이 두 대학원은 메노나이트 연합성경대학원Associated Mennonite Biblical Seminary(AMBS)이 되었으며 각 학교는 자체적으로 위원회와 총장이 있었으나, 인디아나 엘크하르트에서 시설과 교과과정을 공유하던 때였다. 1975년 초부터, 마를린 밀러가 고센 성경대학원에 총장으로 재직하였고 15년 뒤에 메노나이트 성경대학원의 총장이 되었다. 1993년, 이 두 학교는 메노나이트 연합성경대학원AMBS으로 합병되어 하나의 성경대학원으로 운영되었다. 2012년 AMBS는 이 이름을 아나뱁티스트 메노나이트 성경대학원Anabaptist Mennonite Biblical Seminary로 바꾸었다. C.J. Dyck, *The AMBS Story* (Elkhart, Ind.: Associated Mennonite Biblical Seminar, 1996), 1–13, "Associated Mennonite Biblical Seminary" and "Goshen College Biblical Seminary", *Global Anabapitst Mennonite Encyclopedia Online* (GAMEO), http://gameo.org.

러는 이러한 교과과정 외에서 불거진 요더의 행동들이 27년째 결혼 생활을 하고 있던 부부관계에 악영향을 끼칠 것에 대해 염려하고 있었던 터였다.

이 외에도 밀러가 퇴직을 볼모로 해서라도 합법적으로 요더의 성적 탈선을 저지하지 못했던 데는 또 다른 중요한 이유가 있었다. 존 하워드 요더는 당시 이웃해 있던 노트르담 대학의 신학 교수로 활동하면서 고센 성경대학원의 객원교수였고, 제자도에 관한 강의와 엄청난 양의 저술 및 활동으로 유명해진 메노나이트 리더이자, 저술 활동으로 거물이 되어 있었다. 이미 20여 년 전, 그는 바젤 대학에서 16세기 초기 아나뱁티스트들과 개혁신학자들의 대화에 관한 주제로 박사학위를 마쳤고, 그리스도중심의 신학, 교회론 전문가로 유럽, 북미, 아프리카, 남미 등에서 학문적인 위업을 떨치고 있었다. 1972년에 출간된 『예수의 정치학』*The Politics of Jesus*은 이미 종교적 평화주의의 걸작으로 여겨졌고, 이 책 때문에 교단은 물론 신학계와 국제 학계에 끼친 그의 영향력은 굉장했다.[6]

현재 종교와 관련되어 있든 교육과 관련되어 있든, 사립이든 공립이든, 작든 크든 모든 기관은 요더의 성적 탈선이 드러났던 1970년대에 비해 성적인 범죄에 대해 훨씬 직접적으로 대응할 수 있게 되었다. 현재 성범죄을 예방하고 이에 대해 직접적으로 말하는 것은 다양한 처벌 조항과 더불어 심리학적, 사회학적, 윤리적, 법적 차원의 통찰력에 근거한 정책으로 입안되어 있다. 그러므로 2013년 미국 메노나이트 교회의 초청으로 발의된 역사적인 연구로서 이 논문은 역사 속에 깊이 자리하고 있는 모든 성폭력의 피해자들, 피해 가족들, 동료들 및 여러 사람들과 이들에게 해를 끼친 가해자들을 이해하고자 하는 지속적인 노력들과 발전과정들을 반영하고 있다.[7] 로

---

6) *The Politics of Jesus*: Vicit Agnus Noster (Grand Rapids, Mich.: Eerdmans, 1972; rev. ed., 1994). 요더가 사망한 지 3년 뒤인 2000년, Christianity Today는 20세기를 대표하는 열권의 책 중 하나로 『예수의 정치학』을 꼽았다.

7) 이 글에서 사용한 "피해자들victims"이라는 용어는 때때로 실제로 성적인 폭력을 경험한 사람들에 의해 의문이 제기되기도 한다. 어떤 사람들은 성폭력 이후에 살아남은 "생존자들

마가톨릭 주교, 복음주의 기독교 선교계, 주류 개신교 교구, 비기독교 종교계가 밝힌 성폭행 폭로를 포함한 최근 연구들은 부분적으로 거의 모든 영적 권위를 리더가 갖기 때문에 모든 종교계에 성폭력이 깊이 스며들어 있음을 언급하고 있다.[8] 사회학자인 앤슨 슈페Anson Shupe는 종교 전통들이 갖고 있는 도덕적 중압감이 종종 신자들을 리더들의 성추행에 취약하도록 만든다고 주장한다. 그 이유는 성직자들의 "특별한 권위"를 강조하기 때문이며, 이는 신자들이 존중하는 성직자들이 "나쁜 사람이 아니라, 최고로 좋은 사람"이라는 생각을 늘 갖고 있기 때문이다.[9] 이에 대해, 신뢰하던 리더들에 의해 성추행이 빚어진 상황에 직면해 있는 지역 신앙 공동체는 보다 방어적이 되거나, "제자리를 맴도는 회전목마"처럼 같은 내용을 반복하거나, 성추행이 일어난 것을 부정하거나, 공적인 문제를 불러일으킨 피해자들을 힐난하는 식의 반응을 보여 왔다.[10]

이 연구는 많은 여성들을 상대로 성추행이라는 막대한 피해를 끼치고, 소수지만 어떤 경우에는 그들의 배우자와 가족 구성원에게까지 피해를 입혔던 요더의 마지막 25년 동안의 삶에 집중하였다. 마를린 밀러를 비롯한 다른 메노나이트 리더들이 요더의 행동을 알고 있었기 때문에, 성폭력의 피해를 보고했던 여성들의 손해를 배상해주기 보다는 기관을 보호하려는 경

---

survivors"이나 "활동가들activists"이라는 용어를 더 선호하기도 한다. 이 논문에서는 자신들이 처한 학교 및 종교적 권력을 가진 사람에 의해 원치 않은 성적 피해를 경험한 여성들의 과거의 상황을 전달하기 위해 "피해자들victims"이라는 용어를 사용하였다. 이 용어의 제한적 사용이 여성들 스스로가 자신들을 성폭력의 피해자로 간주한다는 의미는 없다. 이러한 언어 사용에 대하여는 Kathleen M. Dwyer, "Surviving What I Know", in Predatory Priests, Silenced Victims, ed. Mary Frawley-O'Dea and Virginia Goldner (New York: Laurence Erlbaum, 2007), 108-109를 보라.

8) Anson Shupe, In the Name of All That's Holy: A Theory of Clergy Malfeasance(Westport, Conn.: Praeger, 1995); Anson Shupe, Rough Clerics: The Social Problem of Clergy Deviance (New Brunswick, N.J.: Transction Publishers, 2008); Wolves within the Fold: Religious Leadership and Abuses of Power, ed. Anson Shupe (New Brnswick, N.J.: Rutgers University Press, 1998).

9) Shupe, In the Name, 26.

10) Ibid.

향이 강화되었는데 이는 최고의 메노나이트 신학자라는 요더의 지위도 있었고, 요더가 성윤리 실험이라는 형태로서 자신의 행동을 개념화했기 때문이기도 하다. 1974년 여성들에게 자신의 실험에 참여해달라고 유혹하면서 요더가 쓴 글에는 이러한 내용이 들어있다. "내가 이러한 신학 주제로 실험을 할 수 있도록 해주신 여러분의 우정과 자매됨에 감사할 뿐입니다."[11] 눈에 띄는 것은 요더가 자신의 실험에 참가하도록 설득한 여성들이 그에게는 실험 대상이었음을 시사하고 있다는 점이다. 요더에게 여성들은 완벽한 기독교 신학을 추구하고자 이용했던 도구들이 되었다.

이 실험에 참여했던 여성이 정확하게 몇 명인지는 결코 알 수 없겠지만, 1992년부터 1995년까지 메노나이트 교회의 상호책임의 부분으로서 그리고 징계과정에서 요더와 가까이 일했던 두 명의 정신과 전문가는 대략 100명의 여성들이 요더로부터 원하지 않는 성폭력을 경험한 것으로 믿고 있다.[12] 요더의 피해자들의 경험에 대해 잘 알고 있는 또 다른 사람들은 대략 50여명이 피해를 입은 것으로 추정하고 있다.[13] 요더에 의해 피해를 입은 몇 사람들과 그의 행동에 대해 잘 아는 사람들은 요더가 일으킨 위험들을

---

11) Yoder , "A Call for Aid", 1974, p.3. 요더가 밀러에게 보낸 글로 AMBS의 X-18-001에 들어 있다. Peter Bromley and Clinton H. Cress, "Narratives of Sexual Danger", in Anson Shupe, et. al., *Bad Pastors: Clergy Misconduct in Modern America* (New York: New York University Press, 2000), p.60도 보라. 셀 수 없이 많은 여성이 1974년 7월에 그의 성적 연구에 대해 쓴 편지를 보았고 그 이후 몇 달, 몇 년 동안 그들은 사람을 불러내고자 요더가 쓴 편지를 받았다. 이는 마르다 스미스 굿Martha Smith Good이 2014년 6월 27일 저자와 인터뷰에서 밝힌 사실이다. 1977년 또 다른 논문에서 요더는 "최고의 우선순위는 아니며, 비공식적이며, 비학문적인 관심 속에서 이루어지지만 단 하나의 주제만을 갖고 진행한다."는 점을 언급하면서 성에 관한 자신의 글에서 연구조사가 생각보다 중요한 측면들이 있다고 강조했다. Yoder, "Intergenerational Affection", March 11, 1977, 요더가 밀러에게 보낸 글 AMBS의 X-18-001.

12) 2014년 6월 5일, 베티 호스테틀러Betty Hochstetler와 존 카우프만John G. Kaufman이 저자와 가졌던 인터뷰에서 밝힌 내용이다. 호스테틀러와 카우프만은 요더의 상호책임 및 후원 그룹Yoder's Accountability and Support Group이 임명한 정신과 전문가들로서 호스테틀러는 목회학 박사학위를 카우프만은 A.C.S.W 공인 자격을 갖고 있다.

13) 캐롤린 홀더리드 헤겐Carolyn Holderread Heggen이 2014년 6월 4일 저자와 인터뷰에서 밝힌 내용이다.

제거하도록 교육계와 교회 리더들에게 경고했다.14) 요더의 성적 품행에 대해 잘 알고 있던 메노나이트 기관의 행정가들은 전략적으로 그의 행동에 대해 관한 내용을 비밀에 부치기로 결정하였고 상당히 오랜 기간 동안 기대와는 다른 잘못된 정보들을 제공하였다.15) 요더의 구애행위는 외설적인 언행, 성적인 내용의 편지보내기, 신체적 강요로 여성들을 놀래키는 등의 행동으로 이어졌다. 1997년 요더 사망 이후, 더 많은 여성들이 나타나 요더의 행동이 공적인 장소에서 성적 추행을 하는 모습부터 좀 드문 경우이기는 하지만 성교에 이르기까지 다양한 스펙트럼으로 이루어졌다고 증거하였고 이는 마를린 밀러와 비밀을 간직하고 있던 여성들에게 보냈던 요더의 편지에 의해 확증되었다.16) 어떤 여성들에 따르면 요더의 성적 공격성은 마치 그들의 삶은 중요하지 않는 듯한 모습으로 이루어졌다고 밝혔다. 어떤 여성들은 결혼생활과 일에 지장을 받을 만큼 큰 트라우마와 황폐한 삶을 경험하였다.17)

1970년대와 1980년대 초에 요더의 성폭력에 대해 보고를 받은 메노나이트 교육기관들은 처음에 침묵으로 반응하였다. 고센 성경대학원에서 밀러 총장은 그가 아주 정직하고 성경적이라 여겨지는 징계과정을 준비하였고 이에 따라 요더가 상호책임을 지게 될 것이라는 희망을 가졌다. 요더가 여성들과 가진 자신의 성적인 행동을 신학적인 언어를 사용하여 은폐하고 있기 때문에, 그리고 요더가 기독교 사상에 기여한 공동체의 훈계가 핵심을 이루고 있기 때문에, 성서주의가 이 문제의 결정적인 뼈대를 형성하고 있는 것처럼 보였다. 요더 자신이 마태복음 18:15의 말씀을 따라 어떤 사람이 저

---

14) 캐롤린 홀더리드 헤겐(Carolyn Holderread Heggen), "Misconceptions and Victim Blaming", *The Mennonite*, Aug. 2014, 31.

15) 리처드 카우프만(Richard Kauffman)이 2014년 6월 7일 저자와 인터뷰에서 밝힌 내용이다.

16) "Discernment Group Update", June 19, 2014, http://www.mennoniteusa.org/an-update-from-the-discerhnment-group-on-sexual-abuse/.

17) "Questions", 캐롤린 홀더리드 헤겐Carolyn Holderread Heggen과 여러 사람들의 글로 저자가 소장하고 있다.

지른 잘못을 회피하지 말고 직접 그 사람의 책임을 물어야 한다는 점에 대해 강의도 하고 글을 쓰기도 했다: 네 형제가 [너에게] 죄를 짓거든, 가서, 단 둘이 있는 자리에서 그에게 충고하여라. 그가 너의 말을 들으면, 너는 그 형제를 얻은 것이다.[18]

1979년 12월, 여성들과 함께 할 실험의 윤곽이 들어있는 요더의 메모는 밀러를 굉장히 불편하게 만들었지만 그다지 충격적이지는 않았다. 지난 3년 동안, 밀러는 이미 요더가 갖고 있던 여성들과의 "관계들"에 대해 여러 번 맞서 이야기했었고, 이제는 두 명의 신학자들이 마태복음 18장의 말씀을 신실하게 적용하는 가운데 요더의 실험과 신학교의 이해관계 사이에 발생한 갈등을 어떻게 하면 잘 해결할 수 있을까 고민하며 깊이 관여하고 있었기 때문이었다. 이 점에 대해 그들이 서로 주고받은 비망록을 살펴보면, 밀러는 조급하지만 희망을 갖고 어떻게 하면 성경이 "만약 그가 너의 말을 듣거든"이라고 기록한 약속의 말씀을 제대로 기능하게 할 지 보고 싶어 했다. 한편 젊은 여성들이 살고 있는 아파트와 신학교 캠퍼스에서 발생한 당혹스러운 성폭력 시실과 문이 닫힌 사무실 공간과 세상의 호텔 방에서 벌어진 실제 성폭력에 대해 밀러는 문제를 제기하고 가능한 해결책을 찾고자 성경적으로 질문을 던지고 있다. 이 특별한 논쟁이 끼친 영향력은 너무나 광범위했다.

요더가 밀러에게 보낸 메모에 등장하는 기괴한 표현 중 하나는 "야수의 송곳니를 뽑아버린다"는 표현이다. 요더의 설명에 따르면, 이 실험적 성행위의 목적은 주어진 여성들의 요구에 달려있었다. 그의 의도는 종종 "성적

---

18) 마태복음 18:15. 새번역. 마태복음 18:15-20에 대한 요더의 관점을 위해서 "Binding and Loosing",을 보라. *Concern*#14, A Pamphlet Series for Questions of Church Renewal (Scottdale, Pa.: The Concern Group, 1976), 2-32; Yoder, *Body Politics* 『교회 그 몸의 정치』(대장간 역간). Mark Thiessen Nation contextualizes the "Concern" movement of the 1950s in light of Yoder's discipleship focus in John Howard Yoder: Mennonite Patience, *Evangelical Witness*, *Catholic Convictions* (Grand Rapids, Mich.: Eerdmans, 2006), 43-45.

으로 흥분하지 않은 상태에서 안전한 친밀감을 확인하는 것"이라는 식으로 표현되었다. 평소에 그는 자신과 함께 있는 여성들이 "단순히 무지하기 때문에 생기는 두려움과 금기사항에 대한 감정을 극복하도록" 도와주기 원했다. 혹은 자주 일어나는 상황은 아니지만, 요더가 표현하기를 "부분적으로 흥분하거나, 흥분 도중에 멈춰선 가운데"에서 그의 실험 대상인 여성들에게 자신들의 두려움과 금기사항에 대한 감정을 극복할 수 있음을 확인시켜줌으로써 "야수의 송곳니를 뽑아버려 그들에게 실제 안전을 주고자 했다."[19] 밀러 및 고센 성경대학원의 다른 사람들과 지속적으로 나눈 토론에서 요더는 사정하지 않고 성교하는 방법으로 "부분적으로 흥분하거나, 흥분 도중에 행위를 멈추는 것"에 대해 설명하였다.[20] 그렇게 "야수의 송곳니를 뽑아버림으로써" 요더는 성관계를 두려워하는 여성들에게 "가족의 친밀감"이라고 부르는 것이 얼마나 안전하고 강요되어서는 안 되는지를 가르치기 원했다.[21]

요더가 사용한 "야수의 송곳니를 뽑아버린다"는 식의 은유법들은 그것이 여성들을 향한 자신의 의도와 행동들이 폭력적인 것이든, 그가 나중에 "자전거에서 굴러떨어진다"는 식으로 악의 없이 사용한 것이든 마를린 밀러를 혼란스럽고 좌절하게 만들었다. 캠퍼스 내의 학생, 직원, 학교 방문객

---

19) 1979년 12월 6일 요더가 밀러에게 보낸 메모. AMBS의 X-18-001.
20) Ibid. 1980년대 초, 요더는 또한 메노나이트 신학교 리더들에게 그가 사정하지 않고 하는 실제 성교 테크닉을 뜻하는 '성기삽입' 기술에 대해 묘사하기도 했다. 이는 에블린 쉘렌버거(Evelyn Shellenberger)가 2014년 6월 4일 저자와 인터뷰에서 밝힌 내용이며, 마르쿠스 스머커(Marcus Smucker)가 2014년 7월 7일 저자와 인터뷰에서 밝힌 내용이기도 하다.
21) 친밀감에 대한 글과 토론에서, 요더는 두 개의 형용사를 비슷한 의미로 사용하였다. 어떤 곳에서 그는 "가까운 사람과의 친밀감"이라는 단어를 또 어떤 곳에서는 "가족의 친밀감"이라는 단어를 사용하였다. 1977년 논문에서, 그는 어떤 특정한 종류의 관계를 설명할 때 이 용어는 서로 바꿔가며 사용할 수 있다고 기록하였다. Yoder, "Affective Sources for Singles", July 1977, p.2, 요더가 밀러에게 보낸 글 AMBS의 X-18-001; 1992년 3월 24일 존 하워드 요더 대책위원회 의사록(JHY Task Force meeting minutes). 프래리 스트리트 메노나이트 교회/대책위원회 파일로 저자가 소장하고 있음. 2015년부터 미국 메노나이트 교회 기록 저장소에 있는 프래리 스트리트 메노나이트 교회/존 하워드 요더 대책위원회 파일들을 연구자들이 열람할 수 있게 되었다.

의 안전을 보장하는 일에 대해 통상적으로 반응하는 21세기 행정가들과 달리, 요더의 일이 발생했던 총장 초기의 마를린 밀러는 어떻게 하면 유명해진 스타 교수의 결혼과 직장을 잃지 않게 하면서 문제를 해결할 수 있을까 노심초사했다. 30대 중반의 안수 받은 목사이자 창의적이고 성실한 학자였던 밀러는 총장 보직을 맡았지만 실제로는 요더의 휘하에 있었다. 1960년대 초, 밀러는 요더의 제의로 유럽의 바젤대학에서 신학자 칼 바르트와 함께 수준 높은 연구를 수행할 수 있게 되었고, 하이델베르크 대학에서 박사 학위를 마칠 수 있었다. 1968년부터 1974년까지 밀러는 파리에서 시행되는 메노나이트 선교부 프로그램들을 담당하는 행정가가 되었고 요더가 몇 십 년 동안 일해 온 기관의 연락책으로서 역할을 담당하였다. 밀러는 1974-1975년 학기에 고센 성경대학원의 교수로 오게 됨으로써 파리의 선교부를 떠나게 되었고 신학교 총장으로 부임하였다. 이러한 큰 변화가 있은 지 얼마 되지 않아, 밀러는 요더의 가족 구성원들로부터 요더의 혼외관계에 대한 이야기를 처음 듣게 되었다.[22]

1975년 밀러가 엘크하르트 대학원에서 총장으로 취임하여 요더의 상관이 되자 요더는 그를 목사라는 의미의 "파드레padre"나 "페레pere"로 부르기 시작했다.[23] 그 후로 몇 년 동안 요더의 반어적 말투와 때때로 심술궂은 말장난, 그리고 종교적이면서도 심리치료적인 설명을 마구 섞어서 사용하는 모습은 메노나이트 행정가들을 불안하고 헛갈리게 했다. 성직자들과 평신도 상관없이 많은 이들은 자신과 여성들 사이에 있는 성적인 행동들을 신학화하려는 요더를 어떻게 이해하고 반응해야 할지 애를 써야 했다. 어떤 사

---

22) 마를린 밀러가 1992년 7월 2일 AMBS 직원, 교수, 위원회에 보낸 글로 AMBS의 X-18-001에 들어있는 내용이다. 고든 딕(Gordon Dyck)이 기록한 1994년 8월 앤 요더와 함께 한 교회 위원회 기록으로 미국 인디아나-미시간 메노나이트 지방회의 존 하워드 요더 파일 II-05-019에 들어있는 내용이다. 밀러의 전기는 2014년 8월 1일에 사라 웽어 생크가 루스앤 밀러 브렁크와 한 인터뷰에 실려있다.
23) 저자가 쉘렌버거와 한 인터뷰

람들은 "비밀을 지키겠다"고 약속하는 한편 어떤 사람들은 이러한 일을 발설하였을 경우 빚어질 결과를 두려워하였다.[24]

"야수의 송곳니를 뽑다"라는 메모를 받은 지 얼마 되지 않은 1980년, 밀러 총장은 고센 성경대학원의 내부간부들로 구성된 소그룹에서 징계절차를 입안했다. 초기에 상호책임과 징계를 위해 비밀로 모이게 된 이 소그룹은 거의 4년 동안이나 모임을 진행해 나갔다. 궁극적으로 여성들을 보호하려던 이들의 노력은 성공하지 못했고, 대신 요더에게 고센 성경대학원을 떠나라고 했다. 성경대학원의 교수와 교직원들 중 일부는 임시로 일부는 영구적인 회원으로 활동할 모임을 만든 뒤, 메노나이트로 구성된 일곱 명의 "언약 그룹Covenant Group"이라고 이름을 붙이고 요더와 함께 문서로 된 "언약"을 입안하였으며, 성경대학원 내부로부터 요더를 도전하는 역할을 감당하였다. 이들 메노나이트로 요더의 문제에 관여했던 그룹들과 활동 기간들은 다음과 같다.

1. 언약 그룹Covenant Group, 고센 성경대학원, 1980-1984
2. 비밀 대책위원회Confidential Task Force, 고센 성경대학원, 1982
3. 장로위원회Board of Elders, 프래리 스트리트 메노나이트 교회, 1986
4. 프래리 스트리트 메노나이트 교회 존 하워드 요더 대책위원회, 1991-1992
5. 교회생활부Churdh Life Commission, 인디아나-미시간 메노나이트 지방회, 1992-1996
6. 상호책임 및 후원 그룹Accountability and Support Group, 인디아나-미시간 메노나이트 지방회, 1992-1996

---

24) 2014년 8월 4일 래리 에베(Larry Eby)가 보낸 "John Howard Yoder and the Original Seminary Board Process"라는 이메일 소통에서 인용함. 저자가 소장하고 있음.

7. 집행위원회Executive Board, 인디아나-미시간 메노나이트 지방회, 1992-199725)

이 그룹들은 성에 관해 인습에 얽매어 있지 않은 요더의 생각에 들어있을지 모를 장점들에 대해 지적으로 반응하고, 그의 성추행에 대한 소문을 철저히 조사하고, 그를 징계하는 등 가능하다면 동시에 다양한 목표를 이루기 위해 구성되었다. 상황이 되면 서로 협력하는 가운데 요더와 그를 고소한 여성들을 직접 만나도록 모임을 준비함으로써 실현 가능한 용서와 화해의 과정과 절차를 마련하려는 목표도 있었다.26) 결과적으로 여성들을 향한 요더의 불필요한 행동에 대한 이의제기는 실효를 거두지 못했다. 요더는 이 그룹들과 토론하고, 치고받는 말다툼을 벌이고, 타협하면서 그의 일생 마지막 20년을 보냈다. 이러한 대화를 시도했던 사람들은 모두 짧게는 몇 달 혹은 몇 년의 시간의 시간을 보내면서 지치게 되었다. 초창기의 밀러처럼, 각 그룹은 요더를 저지하거나 추방하기 보다는 그리스도인 형제들에게 "자문"을 구하는 방식을 취했다. 요더의 논쟁에 개입된 다른 교단 출신의 직원들과 목회자들은 요더 자신은 물론 메노나이트 기관의 이익을 보호하고자 요더의 행동을 비밀에 부치려드는 사람들이 의사진행을 방해한다는 느낌을 받았다. 예를 들어 1985년, 찰리 쿠퍼Charles Cooper라는 한 젊은 목사가 요더가 오랫동안 멤버로 있었던 프래리 스트리트 메노나이트 교회에 부임해 왔다. 쿠퍼는 회중의 리더십과 장로위원회와 함께 요더의 지속적인

---

25) 이상의 문서들 중 언약그룹, 1982년 비밀대책위원회, 1986의 장로위원회에 대한 상호책임에 대한 내용은 AMBS의 X-18-001과 고센의 미국 메노나이트 교회 기록보관소에 들어 있다. 그리고 제임스 랩(James Lapp)이 제공한 1991-1992년의 프래리 스트리트 메노나이트 교회 존 하워드 요더 대책위원회 문서는 저자가 갖고 있으며, 교회생활부, 상호책임 및 후원그룹, 인디아나-미시간 지방회의 집행위원회 문서는 고센의 미국 메노나이트 교회 기록보관소의 존 하워드 요더 파일 II-05-019에 들어있다.

26) "Charge to JHY Task Force", 1991-1992, Prairie Street Mennonite Church/JHY Task Force Files.

성적비행을 보고하는 일을 진행하면서 요더와 맞서기로 결정하였지만, 겨우 몇 달밖에 일을 하지 못하게 되었다. 몇 해 뒤에 쿠퍼는 다음과 같이 회상하였다. "나는 개인적, 관계적, 목회적 차원에서 요더에게 다가가 질문했습니다. 저는 그의 장광연설과, 이리저리 방향을 바꾸고, 독선적이고, 자신의 행동에 의미를 부여하려는 태도에 질려버렸습니다… 지금까지 저는 요더가 **도대체 무슨 말을 했는지 모르겠습니다!**"[27] 쿠퍼가 메노나이트 공동체 리더들의 도움을 요청하였지만, 요더의 성폭력 역사 전말을 아는 사람들은 그에게 사실을 말해 주지 않았다.[28]

요더의 성추행 역사가 전혀 진척되지 않는 것 같은 기간에도, 이 이야기의 많은 측면들이 점점 분명해지게 되었다. 비록 이 주제에 대해 요더가 쓴 개인적인 논문들이 미국 메노나이트 교회 기록보관실에 봉인되어 2047년까지 열어볼 수 없지만, 여러 다른 문서들은 열람할 수 있게 되었다. 약 24명 정도의 메노나이트 남성과 여성들이 다양한 모양새로 상호책임을 지려고 노력해 왔다. 그들이 작성한 문서들이 기관의 문서철이나 그들의 집 창고에 보관되어 있었기 때문이다. 1990년대 비망록, 손으로 쓴 노트들, 회의록, 그리고 정신과 상담 기록이 축적되어 있었다. 여전히 메노나이트 상호책임 그룹의 리더들이 이러한 정보를 소장하고 통제하고 있어서, 모든 자료들이 제대로 보관될지는 의문이다. 어떤 리더가 다른 리더에게 이렇게 질문했다. "우리에게는 폐기시켜야 할 상당한 양의 자료들이 있는데 어디서 이 문서들을 폐기해야 할까요?"[29] 요더의 성추행과 관련된 조직적인 문서를 파기하려는 시도가 여러 차례 있었다. 그러나 엄청난 양의 문서 흔적을 다

---

27) 2014년 6월 28일 찰리 쿠퍼가 저자에게 보낸 이메일에서 발췌하였다.
28) 1986년 12월 24일 찰리 쿠퍼가 마를린 밀러에게 보낸 글로 존 하워드 요더 관련 AMBS의 X-18-001 들어있다. 마를린 밀러가 에블린 쉘렌버거, 마르쿠스 스머커, 밀라드 린드에게 1986년 12월 29일에 보낸 글로 AMBS의 X-18-001에 들어있다.
29) 1996년 5월 8일 아틀리 비치(Atlee Beachy)가 셰름 카우프만(Sherm Kauffman)에게 보낸 글로 미국 메노나이트 인디아나-미시간 지방회가 소장하고 있다. 존 하워드 요더 파일, II-05-019.

사라지게 할 수는 없었다. 그리고 개인들의 기억이라는 은행 속에 저장된 내용은 여전히 접근이 용이하다.[30]

원치 않은 성적 유혹들

몇 십 년이라는 긴 시간 동안 사라지지 않고 성향 상 대중적 논쟁을 끊임없이 불러일으킨 요더 이야기는 20세기 말 성추행 관련법의 변천과정과 더불어 세밀히 관찰해 볼 필요가 있다. 역사적으로 성추행에 대한 법 조항은 1964년에 민법Civil Right Act 제7조항에 규정되었고 미국 고용평등위원회에 의해 직장 성차별 금지법이 마련되었다. 1970년대 이전까지 연방 법원은 성추행을 단순 성희롱으로 간주하였고 이를 성차별의 형태로 인지하지 못했다.[31] 미국 연방법원이 직장에서 성추행과 관련된 사례들을 성차별로 간주하기 시작한 것은 1976년이었다. 약 10년 뒤에, 미국 대법원에서 "원치 않는"[32] 방식의 성적 유혹이 성추행으로 실행될 가능성이 있다고 여기고 적대적인 업무환경과 성추행을 처음으로 연결하여 발표하였다. 1980년대에 들어서야 비로소 연방 성평등 민권법의 교육 수정안 아홉 번째 표제로 정해져 여학생들을 대상으로 한 성추행이 성차별이자 불법으로 규정되면서 법정

---

30) 고센의 미국 메노나이트 교회 기록저장소에 보관되어 있는 존 하워드 요더의 논문 중에 "Sexual Harassment Charges and Conference Discipline"라는 논문이 240번 상자에 들어있는데 이는 요더의 사망일로부터 50년이 되는 2047년까지 열어볼 수 없다. 2014년 저자와의 인터뷰에 응한 개인들은 진 벤더, 존 벤더, 고든 딕, 엘레나(가명), 도로시 니켈 프리즌, 시몬 킹그리치, 마르다 스미스 굿, 주디 하더, 키이스 하더, 캐롤린 홀더리드 헤겐, 베티 호스테들러, 로렌 존스, 리처드 카우프만, 쉐름 카우프만, 낸시 카우프만, 존 G. 카우프만, 게일 거버 쿤츠, 테드 쿤츠, 넬슨 크레이빌, 제임스 랩, 마우린(가명), 메리 엘렌 메이어, 벤 올렌버거, 로잘리(가명), 월터 사와츠키, 에블린 쉘렌버거, 마르쿠스 슈머커, 윌라드 스와틀리, 에브렛 토마스, 해롤드 요더이다.

31) "성추행sexual harrassment"이라는 용어는 1975년 뉴욕주의 이타카의 페미니스트들에 의해 처음 사용되었다. Caroline A. Forell and Donna M. Matthews, "Men, Women, and Sex at Work", in *Sexual Harrassment: Cases, Case Studies, & Commentary*, ed. Paul I. Weizer (New York: P. Lang, 2002), 229

32) 이에 대한 사례가 *Meritor Savings Bank v. Vinson*(1986); Weizer, Sexual Harrassment, 4-5에 기록되어 있다.

에서 자주 인용되기 시작했다.33) 1990년대에, 미국 대법원은 교사들의 학생들에 대한 성적 구애 관련 사례들을 발표하였고, 2001년 연방 교육청은 성차별로서 성추행에 관한 새로운 기준을 법으로 발표하여 교육기관들이 성추행과 관련하여 예방조치를 취하고 사람들이 이로 인해 위축되거나 적대감을 갖는 환경을 사전에 제거하도록 법을 발효하였다.34)

　40년이 넘는 세월 동안 성추행에 대한 정의를 내리기 위한 법적인 고찰들은 점증하는 여학생들과 직장인들의 원치 않는 경험들에 관심을 갖게 되었고, 여기에 페미니스트 활동가들이 박차를 가하게 되었다.35) 성추행에 대한 법조계의 관심이 점점 증가하자, 고용평등위원회에서는 원치 않는 성적 유혹과 애정에 의한 성적요구들이 어느 순간 성추행이 되는 지 결정할 수 있는 골격을 제공하였다. 성추행은 키스, 포옹, 압박, 토닥토닥 두드리기, 어루만지기, 신체의 부분 잡기, 보행 가로막기, 추파 등과 같은 신체적인 면은 물론, 구두로 표현하거나 글로 쓴 언어적인 면과 직접적인 요청 등의 방식으로 이루어질 수 있다.36) 이 위원회의 지침들은 신체를 공격하거나 협박하는 행위는 종종 성추행보다 더한 성폭력 사건과 결합된다는 점을 언급하고 있다.37) 비록 성추행에 대한 이러한 정의는 요더가 성과 관련된 실

---

33) 성추행이 성차별로 간주될 수 있다는 점을 밝혀 놓은 가장 유명한 사례가 1972년에 제정된 연방 성평등 민권법의 교육 수정안 아홉 번째 표제이다. Alexander v. Yale University (1980). 이러한 결정을 내림에 있어서, 미국 지방법원은 고소인들을 설득하였다.

34) Wilson, "Why Colleges are on the Hook", A10; Jimmy Carter, *A Call to Action: Women, Religion, Violence and Power* (New York: Simon & Schuster, 2014), 44. 교육 환경에서 언급된 기념비적인 사례들이 *Franklin v. Gwinnet County Public Schools* (1992)와 Davis v, v. *Monroe County Board of Education*(1999)이다. 연방정부의 지침에 대한 내용은 "Revised Sexual Harassment Guidance: Harassment of Students by School Employees를 보라. Other Students, or Third Parties, Title IX", Department of Education Office for Civil Rights, 2001, http://www2.ed.gov/offices/OCR/archives/pdf/shguide.pdf.

35) 크리스틴 부밀러Kristin Bumiller는 *In an Abusive State: How Neoliberalism Appropriated the Feminist Movement Against Sexual Violence* (Durham, N.C.: Duke University Press, 2008)에서 미국의 정부 체제라는 정황 속에서 발생하는 성폭력 반대 캠페인들에 초점을 맞추었다.

36) Weizer, *Sexual Harrassment*, 5-6. 고용평등 위원회의 지침은 Weizer, Sexual Harrassment, 299-339과 "Sexual Harrassment", http://legal-dictionary.thefreedictionary.com/sexual+harrassment 를 보라.

37) Weizer, *Sexual Harrassment*, 335.

험계획을 착수한 이후에 사회의 대세가 되었지만, 1980년대에 이루어진 여성들을 향한 그의 지속적인 성적 유혹은 메노나이트 안팎의 모든 영역에서 드러난 그의 행동에 직접적으로 성추행 개념을 적용할 수 있으리 만큼 문화적 변화와 때를 같이 한다.

성추행과 관련하여 요더가 남겨놓은 유산들은 그가 속한 북인디아나의 메노나이트 공동체와 그를 잘 아는 학계에 엄청난 상처로 자리하게 되었다. 전 세계를 왕래하며 강의했던 교수이자 기독교인으로 요더는 당시 일반적인 이해 및 예의범절을 침해해가면서 지역뿐만 아니라 먼 곳에 있는 다양한 주로 메노나이트 여성들에게 접근할 수 있었다. 대략 20년에 걸쳐, 그가 일했던 세 곳의 핵심 기관 즉 파트타임 교수로 있었던 고센 성경대학원, 출석교회였던 엘크하르트의 프레리 스트리트 메노나이트 교회, 그리고 그에게 목사 안수를 준 인디아나-미시간 메노나이트 지방회 세 곳 모두가 요더의 성적부정행위에 대해 보고했다. 마땅히 이루어졌어야 했던 법적인 고발은 하나도 없었고, 판결은 성경대학원 강의실, 지방회 부속실, 거실 등에서 동료, 학업관계, 회중의 구성원이나 더 나아가 가족 관계 등과 같이 요더와 밀접하게 관련된 사람들에 의해 지역 메노나이트 교회 환경에서 이루어졌다. 비록 오랜 기간 동안 비폭력에 헌신해온 신앙공동체가 위계질서가 아닌 지역교회의 권위를 강조해왔음에도, 메노나이트 리더들이 훌륭한 의도를 갖고 시행한 개입과 중재는 대체적으로 효과를 보지 못했다.[38]

요더는 다양한 학교 및 기관들과 협력하였다. 메노나이트 계간지의 30년이 넘는 기간 동안 편집위원으로 활동하였다. 메노나이트 교육위원회Mennonite Board of Education, 메노나이트 선교위원회Mennonite Board of Missions, 메노나이트 중앙위원회Mennonite Central Committee, 메노나이트 세계협의회Mennonite World Conference,

---

38) "Comments from Victims for the Yoder Discernment Group", compiled by Carolyn Holderread Heggen, et. al., May 2014. 저자가 소장하고 있다.

메노나이트 역사학회Mennonite Historical Society, 그리고 헤럴드 출판사Herald Press의 모든 동료들로부터 요더가 성에 대해 적절하지 못한 일과 관련되었다는 사실에 대해 반응하였으며 때로는 비공식적으로 그의 성추행에 대한 보고내용을 내부서신으로 회람하였다. 여성들에 대한 그의 부적절한 행동들이 해악으로 자리하였다는 사실들이 한창 고조에 올랐을 1990년대에 이르러, 세 곳의 메노나이트 대학이 사람들이 요더를 강사로 환영하든 환영하지 않든 상관없이 요더를 반대하기로 했다. 이 세 대학에는 캔사스 주의 베델 대학Bethel College, 버지니아의 동부메노나이트대학교Eastern Mennonite University과 더불어 그의 모교인 인디애나의 고센 대학Goshen College도 들어있었다.39) 그러나 브라이언 해밀턴과 카일 램벨렛과 같은 학자들이 지적한 것처럼, 요더의 학문적 명성은 이러한 반대에도 불구하고그다지 큰 상처를 입지 않았다. 노트르담 대학교와 1987–1988 기간 동안 회장으로 있었던 기독교 윤리학회를 포함한 요더의 직장과 그가 관여했던 기관들과 학계, 종교계 동료들은 공식적으로 그를 징계하지 않았다. 요더의 성추행에 관련된 보고를 받고 어떻게 반응하지 않을 수 있었던가 하는 제도적 문제는 메노나이트 리더들의 영역을 훨씬 넘어서까지 확대되었다. 비록 요더의 성폭력이 메노나이트 세계 너머까지 너무나 잘 알려진 사실이었음에도 불구하고, 그에게 징계를 행사할 권위를 가진 사람들은 자신들에게 주어진 권리들을 포기한 것으로 보인다.40)

---

39) 1980년대 중반에, 고센 대학은 요더가 캠퍼스에 발을 들이지 못하도록 금지 조항을 제정하였다. 대학은 특별한 예외로 요더가 계획위원으로 있던 1990년대 '신자들의 교회 총회'를 주최하였을 때에 한해서 방문을 허락하였다. 1990년대에 요더를 강사로 초청할 것인가에 대한 논쟁에 대하여는 Rachel Waltner Goossen, "Campus Protests and John Howard Yoder", *Mennonite Life*(2015)를 보라.

40) 해밀턴과 람벨렛은 성폭력의 역사를 알고 있으면서 신학적 작업을 해온 요더를 학자들이 지속적인 책임을 갖고 심문해야 한다고 주장하였다. 이러한 책임에는 인간의 성에 대한 그의 글들뿐만 아니라, 보다 중요한 평화와 비폭력에 대한 글들에 대한 책임도 포함된다. 출간되지 않은 2014년의 글 "A Dark Theme Revisited: How to Read Yoder's Sexualized Violence"를 보라. 저자가 소장하고 있음.

유명한 사회학자 앤드류 그릴리Andrew Greeley는 성추행과 제도적 반응에 대한 글을 썼다. 이 글은 주로 북미 가톨릭의 성직제도 내에서 발생한 성추행을 배경으로 하고 있지만, 종교의 노선에 상관없는 통찰력을 제공하고 있다. 그는 엘리트 성직자들에 대해 다음과 같이 주장하고 있다.

"엘리트 성직자들은 그 사람에 대한 공격이 전체 엘리트 집단을 공격하는 것이라고 여기기 때문에 고소당한 사람을 도우려고 할 것이다⋯. 성폭력 가해자에게 이보다 더 완벽한 상황은 없다. 이러한 상황 속에서 당신은 성을 착취할 수 있고, 당신의 동료들은 그런 일이 일어나지 않았다고 부인하거나 당신이 일할 장소를 찾아주는 방식으로 성을 착취한 당신을 보호해줄 것이다.41)

물론, 여성들에 대한 요더의 성추행에 대한 메노나이트들의 반응처럼 교구내 사제들의 성폭력에 대한 가톨릭 처리방식은 그릴리가 기소한 것보다 훨씬 더 미묘한 차이를 보인다. 메노나이트들에게 이전에 연출된 적이 없던, 그리고 가톨릭노트르담에 덧칠해진 사건으로서, 이 특별한 드라마에 반영된 제도적 과정들은 20년이 넘도록 장면이 무수히 바뀌면서 변화를 겪었다. 한편 이 사건을 어떻게 다룰 것인가에 대한 생각들도 지속적으로 변화의 국면을 맞이했다. 1970년대부터 1990년대에 이르기까지 "상호책임 accountability"이나 "비밀보장confidentiality"과 같은 용어들의 의미도 바뀌었고 논쟁거리가 되었다. 처음 마를린 밀러 총장이 요더에 맞서기 시작했던 때에 비해 요더의 성폭행의 끝부분인 1990년대에 와서 "성추행sexual harrassment"과 "성폭행sexual abuse"이라는 의미도 문화 속에서 공식적인 용어들로 인식되고

41) Andrew Greeley, Spoils of the Kingdom by Anderson Shupe, *Contemporary Sociology: A Journal of Reviews* 37 (March 2008), 142.

받아들여졌다. 비밀엄수는 옆으로 제쳐놓고, 요더에게 맞섰던 메노나이트 그룹들이 자체적으로 대화할 때마다, 개념과 관련된 복잡한 작업에 대해 말하다보면 현재의 상황에 대해 서로 대화하기보다는 과거에 대해 더 많이 말하기도 하였다. 새로운 단어를 만들어가면서 요더는 많은 세월을 흘려보낼 수 있었고, 많은 사람들은 그 뜻을 파악하기 위해 열심히 노력을 기울여야 했다.

그러나 1980년대와 1990년대 초에 걸쳐 요더의 성폭력에 덮혀져 있던 비밀의 베일이 벗겨지기 시작했다. 요더에게 성폭력을 당했지만 이전에 서로 잘 알지 못했던 몇 여성들이 공동의 뜻을 모아 요더가 더 이상 성추행을 하지 못하도록 메노나이트 리더들에게 압력을 행사하기 시작했다.[42] 요더의 성적 공격에 대해 그들이 단순한 피해를 입거나 퇴자를 놓든지 아니면, 그들의 폭력, 고통, 번민, 배신, 분노의 느낌이 동반되는 노력이 어떠하든지 간에 성과 관련하여 빚어지는 모든 일은 피해자들이 평생 짊어져야 할 몫이었다.[43] 이전까지 이들은 "그룹"으로서 한 번도 이 이슈를 공식화할 수 없었는데, 이는 메노나이트 기관들이 소유했던 재원이나 기본 조직이 충분하지 않았기 때문이었다. 하여 요더의 성추행을 처음 폭로하고자 했던 이들의 노력은 1992년 메노나이트 교단이 요더의 사례를 다루는 데 있어 일대 전환

---

42) 희생에 대한 페미니스트 이론은 성폭행 생존자들이 그들이 경험한 사건으로 인한 트라우마를 넘어설 수 있도록 돕기 위해 희생당한 사람들의 목소리를 적극적으로 들어주는 사람들을 찾는 일뿐만 아니라 건설적인 이야기를 창조해내는 것이 얼마나 중요한지 강조한다. 트라우마에서 생존한 사람이자 철학자인 수잔 브리슨Susan Brison에 따르면, 이러한 과정은 "성폭력 생존자들이 공동체로 다시 받아들여지고, 다른 사람들로부터 다시 신뢰를 얻을 수 있게 한다." - Brison, *Aftermath: Violence and the Remaking of a Self*(Princeton, N.J.: Princeton University Press, 2003), xi.와 Diane Enns, *The Violence of Victimhood*(University Park: Pennsylvanian State University Press, 2012), 85을 보라.

43) 저자는 2014년 7월 8일 엘레나(가명)를 인터뷰했다. 마우린(가명)도 만났다. 마르다 굿과 헤겐도 인터뷰했다. 저자는 1991년 3월 27일 제임스 랩James Lapp이 손으로 쓴 메모를 소장하고 있다. 존 하워드 요더 대책위원회가 1992년 2월21-22일 작성한 비밀을 보장하기로 한 8명의 익명의 여성들에 대한 4페이지 분량의 기록이 AMBS 마를린 밀러의 요더 파일 X-18-001에 들어있다. 성직자들의 성폭행에 대한 반응으로서 피해자들의 범위에 대해서는 G. Lloyd Rediger, *Ministry and Sexuality: Case, Counseling, Care* (Minneapolis: Fortress Press, 1990), 23-24를 보라.

점을 마련하는 계기가 되었고 그해 일어난 몇 가지 극적인 사건이자 최고의 사건이 되었다. 많은 이들이 요더가 과거에 어떤 해악을 끼치게 되었는지에 대해 조금이나마 알게 되는 계기가 되었다.[44] 그해에 캔사스 주의 베델대학 소식지인 *The Bethel Collegian*과 메노나이트 주간지인 *The Mennonite Weekly Review*의 기사로부터 시작해서 「시카고 트리뷴The Chicago Tribune」과 「뉴욕타임스The New York Times」에 이르기까지 요더라는 이름과 연결된 기사 및 요더에 의해 성적 추행을 당한 여성들의 신뢰할만한 보도들이 쇄도하였다.[45] 처음 발표된 신문의 기사들은 그다지 상세하지 않았지만, 후에 몇몇 기독교 신학자들이 "존 하워드 요더의 스캔들"이라 부르게 된 이 사건의 파급효과들은 엄청났다.[46] 메노나이트 담당자들과 여성기관들이 여러 모습으로 괴로워했음에도 불구하고, 소설과도 같은 이 긴 여정은 화해에 이르지 못하였다.

새로운 기독교 사회윤리에 대한 자리매김

요더의 성폭행의 범위와 이에 대한 메노나이트 반응을 이야기로 풀어나가는 것은 이러한 문제에 대해 쉬쉬하던 이전 몇 십 년 전이 아닌 지금에서

---

44) 요더의 성과 관련된 신학에 대한 인식이 어떻게 자신을 학구적인 주제에 있어 요더와 거리를 두게 되었는지는 Gerald Schlabach, "Only Those We Need Can Betray Us", July 10, 2014, http://geraldschlabach.net/2014/07/10/only-those-we-need-can-betray-us-my-relationship-with-john-howard-yoder-and-his-legacy를 보라.

45) 킴벌리 코트Kimberly Cott, "Yoder Disinvited to Conference", Bethel Collegian, March 5, 1992, 1; Paul Schrag, "Bethel Withdraws Invitation for Theologian to Speak; Sexual Misconduct Alleged", *Mennonite Weekly Review*, March 12, 1992, 3; Peter Steinfels, "Religion Notes; Ministerial Transgressions", *The New York Times*, Aug. 22, 1992; "Mennonite Theologian Disciplined", *Chicago Tribune*, Aug. 28, 1992, 8. 시카고 트리뷴에 실린 기사의 근거는 종교지면에 요더가 "성추행 고소들을 받아들이다"라는 내용으로 나라 전역 뉴스로 내보냈던 보고서에 근거했다.

46) 2014년 7월 7일자 "Scandalizing John Howard Yoder"는 David Cramer, Jenny Howell, Jonathan Tran, and Paul Martens에 의해 철저하게 조사된 자료의 제목이다. http://theotherjournal.com/2014/07/07scandalizing-john-howard-yoder/. 요더가 남긴 일에 대해 "화해"라는 뜻밖의 표현에 대한 간단한 해석을 위해 Mark Oppenheimer의 "A Theologian's Influence, and Stained Past, Lives On", *The New York Times*, Oct. 12, 2013, A14를 보라.

야 가능한 일이다. 20세기와 21세기에 요더[1927-1997]에 대한 기록이나 그의 말과 행동이 끼친 영향력은 뉴욕타임스에 실린 상당한 분량의 부음기사와 그의 이력, 그리고 요더의 아내 앤에 대해 기록해 놓은 새로운 기록까지 다양하게 발표된 자료 형식으로 나타났다.[47] 마크 티센 네이션Mark Thiessen Nation은 2006년 자신의 책 『존 하워드 요더』에서 오하이오 북동부 지역에서 자란 요더의 어린 시절과 고센 대학생활, 그리고 유럽의 전쟁 직후 메노나이트 중앙위원회를 통해 구호활동을 하던 시기에 젊은 프랑스 메노나이트 앤 구스Anne Guth를 만났던 일들을 기술하였다. 이 둘은 1952년 결혼했다.[48] 상세한 기독교 성윤리에 대한 요더의 공식, 혹은 성윤리의 뿌리에 대해 명확하게 설명한 그의 초기 설명은 적어도 유럽에서 일어난 제2차 세계대전 시대까지 거슬러 올라간다. 청년이었던 그는 친구들과 가족에게 "그가 결혼하면 마치 '이제부터는 아내 있는 사람은 없는 사람처럼 살고'라는 고린도전서 7:29말씀을 따라 자신도 마치 결혼하지 않은 사람처럼 살기를 시도"할 것에 대해 말했다.[49] 그의 아내는 훗날 다음과 같이 회상했다.

우리가 약혼하였을 때 요더가 고린도전서에 대해 설교를 한 적이 있었어요. 그 설교를 듣고 나는 겁을 먹었었지요. "자기의 약혼녀와 결혼하는 사람도 잘하는 것이지만, 결혼하지 않는 사람은 더 잘하는 것이다."

---

47) Peter Steinfels, "John H. Yoder, Theologian at Notre Dame, Is Dead at 70," *The New York Times*, Jan. 7, 1998,
http://www.nythimes.com/1998/01/07/us/john-h-yoder-theologian-at-notre-dame-is-dead-at-70.htm; Nation, *John Howard Yoder*, Anne Marie Guth Yoder with Rebecca Yoder Neufeld, *What I Hold Precious* (N.p.: Jacobs Printer Ltd.), 2013.
48) Nation, *John Howard Yoder*, 17. 이 책에서 네이션은 그의 전기를 언급하면서 그가 "부적절한 성행위와 관련한 주장"에 대해 그가 언급했었다는 사실을 기록하고 있다(25, n.92). 네이션은 2013년 9월 23일 마르바 던과 공저한 "On Contextualizing Two Failures of John Howard Yoder"라는 글에서 요더의 성추행과 성폭력 기록에 대해 추가적인 관점을 제공하였다.
http://emu.edu/now/anabaptist-nation/2013/09/23/on-contextualizing-two-failures-of-john-howard-yoder/.
49) Yoder, *What I Hold Precious*, 88.

고린도전서 7:38 그는 결혼하지 않고 사는 사람들, 일에 완전히 헌신한 사람들을 보며 감탄했어요. 그는 혼자 사는 게 좋다고 생각했고 "Soyons plus comme eux : 우리도 그들의 모습처럼 삽시다"라고 말하길 좋아했지요. 그는 어떻게 독신으로 사는 사람들이 보다 충실하게 헌신할 수 있는지에 대해 말했어요…. 어쨌든, 존의 결혼 생활은 분명 그가 교회 일에 전력을 다하지 못하게 만들었지요.50)

1970년에, 요더, 아내 그리고 여섯 자녀들은 인디아나 주 엘크하르트에 살고 있었고, 요더는 고센 성경대학원 총장이 되었다. 1972-1973년 학기에는 총장과 동시에 학생처장을 맡게 되었는데 요더는 그의 동료이자 메노나이트 성경대학원의 총장이었던 얼랜드 왈트너Earland Waltner와 함께 학생 아파트에서 열 두 명이 넘는 신학대학원 여학생들과 직장인들로 구성된 여성들의 모임이 매주 열린다는 보고에 대해 관심을 가졌다.51) 이러한 의식 있는 그룹은 여성운동에 대해 토론하고, 여성신학에 대한 책을 읽고, 어떻게 이러한 관심사를 그들의 연구에 접목시킬 것인가 숙고하였다. 가족과 더불어 그들은 이미 신학대학원으로부터 재정적, 행정적 지원을 받아가며 협동해서 어린이 유치원 시설을 설립하여 운영하고 있었다. 이와 동시에 그들은 당시 상대적으로 가정과 교회 환경에 존재하는 성역할에 대한 전통적인 관점을 받아들이고 있는 교수 부인들과 강사로 활동하고 있던 나이 많은 여성 그룹들 사이에 지속적인 긴장이 있다는 사실을 알고 있었다. 1973년 봄, 이 젊은 여성들은 이런 움직임에 회의적이었던 왈트너 총장에게 제안서를 제출했다. 그것은 그들이 여성학 과정을 만들면 좋겠다는 제안이었다. 몇 달이 되지 않아 그들은 행정적 절차를 따라 여성학 과정에 필요한 인가

---

50) Ibid.
51) 마르다 스미스 굿이 2014년 7월 8일 저자에게 보낸 이메일. 도로시 니켈 프리즌(Dorothy Nickel Friesen)이 1973년 타자로 친 "Women Changing"이란 글로 프리즌이 간직하고 있다.

를 받은 후 메노나이트 연합 성경대학원에 첫 여성신학 과목을 개설하게 되었다.[52]

이것이 실행되면서, "교회와 사회에서의 여성"이라는 과목이 유래 없는 기록을 남겼다. 1973년 가을 학기 동안, 15주에 걸친 저녁 세미나에 50명이 넘는 사람들이 등록하였다. 이 과정은 특별한 형식으로 구성되었다. 교수와 학생들이 수업을 공동으로 인도하고, 성경 시대의 여성에서부터 낙태에 대한 미국 여성운동의 뿌리에 이르기까지 다양한 주제들에 대해 발표할 강사들을 초청하는 일을 공동으로 책임지기로 했다.[53] 요더는 이 강좌의 자문교수로 자원봉사하였으며, 학생들의 대화연락책과 학점을 매기는 행정적 책임도 감당했다. 캠퍼스에 사는 젊은 여성들이 사회 속 여성들의 역할 변화에 대해 무엇을 이야기하고 있는지 알고 싶었던 요더의 아내 앤을 포함하여 많은 청강생들과 학교 외부 손님들이 이 강좌에 참석하였다.[54]

AMBS에서 개설한 "교회와 사회에서의 여성"이라는 교과과정의 확장은 미국과 캐나다 전역에서 일어난 대학원 수준의 기관에서 있었던 동시대의 여성들의 연구 사조와 그 맥락을 같이 하며, 목회적 소명과 다른 종교 배경에서 자신들의 입지를 찾고자 노력했던 제2의 여성운동가들의 초창기 노력이 어떠했는지를 잘 드러내 주었다. 교과과정이 처음 시작되던 당시

---

52) 2014년 7월 17일 도로시 니켈 프리즌과 인터뷰한 내용임.

53) 학생 참여자 중에는 도로시 니켈 프리즌, 캐롤 힐, 레이첼 프리즌이 있었다. 도로시 니켈 프리즌이 2014년 7월 10일 저자에게 보낸 이메일. Dorothy Nickel Friesen, "Women in Church and Society", Window, AMBS publication, Dec. 1973. 당시 강의안에는 1976년 12월 17일 존 하워드 요더가 웨이번 그로프(Weyburn Groff)에게 보낸 메모가 들어있다. 프리즌이 소장하고 있음.

54) 프리즌 "Women in Church and Society"; 1992년 3월 24일 존 하워드 요더 대책위원회 회의록과 프래리 스트리트 메노나이트 교회/JHY Task Force 파일에 들어있는 내용. 1973년의 "사회와 교회에서의 여성이라는 과목에 대한 평가서"로 프리즌이 소장하고 있음. 거의 20년 후에, 앤 요더는 메노나이트 교회 직원들에게 남편의 과거 성추행에 대한 보고를 조사해 달라고 의뢰했으며 그녀가 이 수업에 참석한 부분적인 이유가 남편이 당시 한창 유행이던 성해방에 관해 말하는데 흥미가 있다는 사실을 두려워했기 때문이며 남편이 여성들로부터 제안을 받으면 이를 반대하지 못할지 모른다는 두려움 때문이었다. 1992년 3월 24일 존 하워드 요더 대책위원회 의사록과 프래리 스트리트 메노나이트 교회/JHY Task Force 파일에 들어있는 내용.

AMBS에는 목회학 석사 과정을 마친 여성은 한 사람도 없었다. 메노나이트 회중들이 아직 안수 받은 여성목사들을 목회자로 초청하는 일이 생기기 전이었다. 그러므로 엘크하르트 신학대학원의 교수들은 일반적으로 여학생들에게 "가르치는 곳으로 가라"거나 기독교 교육학 석사를 공부하도록 조언하던 때였다.[55]

1973-1974년 학기에, AMBS 졸업생들은 모두 남자였다. 여성 교수들은 극소수에 불과했고, 그것도 기독교 교육과 언어분야에 집중되어 있었다. 그러나 변화가 찾아왔다. 등록처의 연간 기록에 따르면 당시 여성들의 등록 상황이 6%에서 37%로 급증하였다.

	1970	71	72	73	74	75	76	77	78	79[56]
남학생	82	82	87	87	94	116	129	123	133	139
여학생	5	14	16	36	49	52	63	55	66	83
여학생비율	6%	15%	15%	29%	34%	31%	33%	31%	33%	37%

해를 거듭하면서, "교회와 사회에서의 여성" 과목을 들은 학생들 몇 명이 메노나이트 교회에서 최초로 여성목회자로 면허를 취득하고 안수를 받았다.

1973년 가을, 요더는 고센 성경대학원 총장직을 마치고 그의 동료 조셉 허츨러Joseph Hertzler가 임시 총장이 되었다. 그리고 얼마 되지 않은 1975년부터 약 20년 동안 마를린 밀러가 고센 성경대학원의 총장직을 맡게 되었다. 한편 행정직의 책임에서 자유롭게 된 요더는 그가 말해왔던 "독신자들의

---

55) 프리즌이 저자와 나눈 인터뷰 내용.
56) Weyburn Groff, "Number of Female Students", July 20, 1983, 프리즌이 소장한 타이프로 친 사본. 고센 성경대학원과 메노나이트 성경대학원의 파트타임 학생과 풀타임 등록 학생에 대한 기록은 Samuel Floyd Pannabecker, *Ventures of Faith: The Story of Mennonite Biblical Seminary* (Elkhart, Ind.: Mennonite Biblical Seminary, 1975), 103을 보라.

존엄"에 대한 글을 쓰기 시작했다.[57] 엘크하르트의 메노나이트 대학원에서는 무저항, 칼뱅주의, 종말론 등과 같이 어떤 신학적 주제든지 교수들 간에 상당수의 토론 초안을 회람하는 일은 일반화되어 있었다. "교회와 사회에서의 여성" 과목과 함께 성과 가족의 역할을 주제로 인기 있는 포럼을 만들면서, 요더는 동료들, 학생들, 친구들에게 최소한 12개의 출간되지 않은 논문을 회람했다.[58] 1977에 쓴 논문 중 하나가 결혼과 관계의 개념화에 대한 역사적 고찰로서 요더의 결혼과 관계가 어떻게 개념화되어 왔는지를 보여주고 있다. 그 논문에서 요더는 다음과 같이 술회하고 있다.

> 독신자들의 존엄을 주제로 내가 처음 생각하고 비공식적으로 글을 쓰기 시작한 것은 제도와 목회적 관심이라는 맥락에서 출발하였다…. 우선 교회관련 기관을 포함해서 내가 본 기관들은 혼자 사는 사람들을 대할 때 그들을 책임감이 덜한 것처럼 여기고 존중을 표하지 않는 모습에 나는 괴롭기 그지없었다. 둘째로 독신으로 남아있는 것을 두려워하기 때문에 결혼을 향한 의욕을 불태워 결혼 초기 배우자에게 지나치게 기울어져 결혼생활의 질이 건강하게 되지 못하는 모습을 보았다.[59]

그가 출판하지도 말고 인용도하지 말라고 경고했던 이 논문에서, 요더는 1974년 "편한 관계와 생식기, 성의 두 차원 사이의 특징에 대한 개념"

---

57) Yoder, "Affective Resources for Singles", July 1977, p.1.
58) 이 일이 있기 10년 전 이곳에서 논의되었던 출간되지 않은 한 논문이 발견되었다. Yoder, "When is a Marriage not a Marriage", 1968. 이 논문은 처음에 "interested Mennonite churchman"으로 언급되었고 후에 대학원 학생들과 다른 사람들에게 폭넓게 회람되었다. 요더가 밀러에게 보낸 글 AMBS의 X-18-001.
59) Yoder, "Affective Resources for Singles", July, 1977. 1. 이러한 주제에 대한 요더의 생각에 대한 1973년의 예로써 그의 수정된 논문 "Singleness in Ethical and Pastoral Perspective", in Being Single: Resources on Singleness, ed. David Selzer(New York: Episcopal Church Center, 1986), 72-95를 보라.

을 발전시키기 시작했다.[60] 그의 사상은 "실험적이며 애매한부분이 있다"고 하면서, 그는 자신의 글을 회람해서 본 사람 중에 "모든 종류의 비판적 반응"이 있을 것이라고 했다. 그리고 그는 "얌전한 척 하는 여자와 포르노 작가는 생식기를 통해 특별히 몸에 대해 독창적이고 자연스럽게 애정을 표현을 한다는 점에서 일치한다."고 기록하였다.[61] 그러나 성서 주해는 다음 사항을 고려하도록 제시하고 있다. "만약 우리가 예수를 제대로 이해한다면…. 우리는 예수로부터 지금 몸에 대한 애정과 친밀감을 자유롭게 표현하는 것을 반드시 성욕을 만족시키는 것과 연결시킬 필요는 없다"[62]고 말 할 수 있어야 한다. 현재 우리 사회와 금지조항들로 인해 힘겨워하는 사람들 가운데에서 "치료를 위한 긴장과 조정이라는 일종의 경험이 필요할 것"[63]이라고 제안하였다. 더 나아가, 요더는 성행위에 대한 금지조항에 의해서나 난교에 의해 괴롭힘을 받은 사람들은 그가 말한 "복음서의 자유!"를 이루기 어려울 것이라고 말하였다. 이 복음의 자유를 예수의 여인들과의 만남을 다음과 같이 연결지었다.

> … 복음서의 자유, 즉 예수께서 그를 만졌던 여인들과 함께 살았던 그 자유, 성적 희생자들로서 그들의 지위는 그들을 향한 가장 직접적인 예수의 사역이었다.[64]

그 다음 해에 요더와 상호작용을 했던 사람들과 함께 했던 수많은 사람

---

60) Yoder, "Affective Resources for Singles", July, 1977. pp.1,6. 비슷한 주제의 초기의 논문들에서 보이던 모습과는 달리 요더는 "이러한 내용을 탐험하고자 할 때 충분한 정보를 주지 않은 사람들이나 교회 혹은 비밀보장을 할 준비가 되어있지 않은 사람들이나 교회에 이 논문을 전달하지 말라"는 경고문과 함께 이 논문을 시작하고 있다.

61) Ibid; 1, 11쪽 인용.

62) Ibid. 11.

63) Ibid.

64) Ibid. 12.

들은 예수와 "예수를 만진 여인들"에 대한 언급은 요더가 그냥 한 말이 아님을 분명히 알게 되었다. 『예수의 정치학』에서 설명한 기독교 제자도에 의해 힘을 부여받은 신학자들에게, 여성해방을 이야기한 십 년 간의 정치학은 이제 개인적이 되고 있었다.[65]

1970년대에 이러한 공론화를 통해 요더의 사상적 진화가 설명하고자 했던 것은 무엇인가? 메노나이트 리더로서 요더는 유명세를 통해 메노나이트의 남성성을 규범화하고, 칭찬할만한 형태로 기술하고, 구체화하면서 전후 메노나이트 평화신학에 대한 글쓰기를 진행했고 이러한 작업을 자축하였다. 이러한 일은 다른 남성 리더들과 함께 일하면서 더욱 공고해졌고, 그들은 원치 않게 요더에 대해 의심을 품고 비판을 가하기도 했다. 그리고 권력의 사회적 형태들이 한껏 스며들어 있는 "정치적" 예수를 중심에 둔 요더의 그리스도론은 요더가 받들어 모시는 영적 자유를 소유한 역사적인 그 남자에 대한 강연과 글쓰기의 자원이 되었다.[66] 요더는 예수가 그의 길을 따르는 남자들인 제자들에게 본보기로서 예수의 성을 제시했다고 임의적으로 생각했다. 여전히 요더가 이러한 "친밀한familar" 혹은 "가족의familial" 성에 관해 자신의 생각을 출판하지 않은 논문들에서 요더는 "비생식기non-genital"와 "비애정적인non-erotic"이라는 두 단어를 서로 호환해서 사용하였다 회람하는 동안, 그는 남성들의 접촉과 여성들의 접촉에 대한 이러한 생각을 유포하면서도 그 내용은 "비

---

65) 요더는 또한 당시 지적인 여성들의 흐름을 비판하기도 했다. 고대의 관습 속에 있는 여성들과 관계하는 예수의 반문화적 연대에 초점을 맞추면서, 요더는 예수께서 여성들에게 제공하셨던 자유와 존엄을 강조하였다. 이 논문은 다음과 같이 결론짓고 있다. "자명하다. 이러한 근거로 여성들이 그 존엄성의 근거를 발견하였다. 최근 '해방'에 대해 언급하는 모습보다 훨씬 더 넓고 깊게 여성들이 자신의 존엄성을 발견해야 한다는 사실은 자명하다." Yoder, "What is 'Adultery of the Heart'?" 1975, p.3. 요더에 관한 밀러의 파일 AMBS X-18-001.
66) 요더의 평화신학과 선교에 대한 그의 관점을 연구한 논문들을 위해 *A Mind Patient and Untamed: Assessing John Howard Yoder's Contributions to Theology, Ethics, and Peacemaking*, ed. Ben C. Ollenburger and Gayle Gerber Koontz (Telford, Pa.: Cascadia, 2004)와 *Theology of Mission: A Believers Church Perspective*, ed. Gayle Gerber Koontz and Andy Alexis-Baker(Westmont, Ill.: InterVarsity Press Academic, 2013)을 보라.

밀"에 부치도록 당부하였다.

> 우리는 이 논문에 들어있는 대안적인 양식들을 표현할 때 정중하게 비밀
> 보장원칙을 따라 해야 하며, 우리가 믿고 있는 바를 옹호하기 위해 사회
> 적으로 비겁하거나 실패하는 모습처럼 되어서는 안 된다. 우리가 이를
> 실행할 때는 사도 바울이 했던 것처럼 사람들이 이러한 자유를 오해할
> 수밖에 없었던 사람들의 고결함을 존중하고 그리하여 그들그들이 보기
> 에 피해없이 삶을 살아야 할 것이다.67)

이 문단에서, 요더는 결혼 밖의 이성간의 성행위는 "유해한" 것으로 보
이기 때문에 이런 내용에 대해서는 아무런 말을 하지 않은 채로 두었다. 요
더는 마를린 밀러를 직접 지칭하면서, 틀림없이 성에 대해 전통적인 생각에
사로잡혀 있는 사람들이 메노나이트 성경대학원뿐만 아니라 늘 가까이에
있음을 밝혔다.68) 요더는 그의 논문을 다음과 같이 결론짓고 있다. "만약
에…. 우리가 아무런 위험이 없는 사회 속에서 지나치게 안전한 모습을 추
구하며 산다면 우리는 아무런 감정적 보상에 도달할 수 없으며…. 애정에
대해 좀 더 자유로운 표현과 예의바름이 무엇인지 분명하게 해줄 상세한 설
명과 가시적인 모델을 필요로 할 것이다."69) 요더의 고센 성경대학원 동료
이자 학생처장이었던 로스 벤더Ross T. Bender는 경고성 어조로 들릴 수 있지
만 충심어린 목소리로 요더의 논문의 몇몇 부분에 대해 반박했다. 메노나이

---

67) 요더의 "Affective Resources for Singles", July 1977, p.12에서 인용하였다. "친밀한(familiar)",
"비성애적인(nonerotic)", "비생식기적인(non-genital)" 성이라는 개념들은 동의어처럼 사용
되었다. 요더가 마를린 밀러와 로스 벤더에게, 1977년 4월 19일자로 보낸 "My Thoughts on
Marriage, Singleness, and Sexuality" 글. 요더에 관한 밀러의 파일 AMBS X-18-001.

68) 1977년 4월 19일자로 보낸 "My Thoughts on Marriage, Singleness, and Sexuality" 글. 요더에
관한 밀러의 파일 AMBS X-18-001. 요더가 1980년 1월 25일에 밀러에게 보낸 메모 "Em-
ployment and Related Matters"도 참고할 것. 요더에 관한 밀러의 파일 AMBS X-18-001.

69) Yoder, "Affective Resources for Singles", July 1977, p.13.

트들은 "지나치게 신체적/감정적 자유"를 옹호한 요더의 입장을 받아들여질 수 없으며, 이 점에 있어서는 다른 기독교인들도 마찬가지라고 보았다. 대신에 벤더는 우리가 "고개를 숙이며 지붕 아래로 들어가야 한다"고 주장했다.[70)]

그러나 요더는 그러한 염려는 아예 제쳐두었다. 그가 AMBS 캠퍼스에서 여성들과 자유롭게 관계하기 위한 수순을 밟으면서, 독신의 존엄에 보인 관심사는 혼외의 이성 관계에 관심을 보이며 흐려져 버렸다. 만약 남성과 여성을 위한 역할을 변화시킬 수 있다면, 그는 축복하는 마음으로 기꺼이 자신의 생각을 검증할 용의가 있었다. 1973년 미시간 주에 있는 칼빈대학교가 개최한 신학회 강의에 참석하러 가는 길에 그는 AMBS에서 공부하는 결혼한 젊은 여학생을 조수석에 태우고 출발했다. 그 여학생은 파트타임으로 메노나이트 기관에 작가로 일하고 있었고, 메노나이트 지방회에서도 일을 하고 있었다. 일찍이 요더는 그 여학생에게 그리스도인의 친밀한 관계에 관한 자신의 생각을 이야기했던 적이 있었고, 자신이 운전해서 가는 동안 이 점에 대해 이야기하면 좋겠다고 했다. 그는 그리스도인 된 형제 자매로서 우리가 무엇을 해야 하는가 질문했다. 그는 손을 내밀어 그녀의 손을 잡으며 "이렇게 손을 잡아도 괜찮은가? 우리가 이렇게 할 수 있는 관계인가?" 질문했다. 그녀는 요더의 행동에 놀라서 즉시 답을 하지 못하였다. 그녀가 대학원에서 공부하던 지난 한 해 동안 요더는 페미니즘에 관심을 보인 이 여학생을 적극 지지했었고, 그녀의 지적인 열망을 높이 사왔다. 그 여학생도 요더를 멘토로 생각하고 있었다. 그녀의 손을 놓고, 요더는 손을 그녀의 무릎 위에 얹었다. 요더는 시선을 그녀의 허벅지로 향하고 손을 위아래로 더듬었다. 충격을 받은 그녀는 요더에게 행동을 멈추라고 하면서 다

---

70) 1977년 로스 벤더Ross Bender가 요더에게 타이프로 쳐서 보낸 내용으로 메리 엘렌 메이어 Mary Ellen Meyer가 제공한 것을 저자가 소장하고 있음.

시는 그런 행동을 하지 말라고 요구했다. 요더는 손을 거두었다. 그들은 목적지에 도착했고, 회의 프로그램에 참석했다. 회의가 끝난 후 그녀는 인디애나로 돌아오는 길에 경계심을 늦추지 않았다. 당분간, 그것으로 그녀와 나눌 수 있는 기독교적 친밀감에 대한 시험을 마친 것 같아 보였다.[71]

그러나 자동차, 사무실, 교실, 교회 등 요더의 세상에는 아주 많은 여성들이 있었고 그는 자신의 방법들을 잘 연마하는 시간을 가졌다. 다양한 환경 속에서 그를 알고 있던 어떤 여성들은 개인적으로 친절을 베푸는 그의 행동이 긍정적인 인상을 심어주고 관계를 넓히는 방법이자 그의 우정을 좋게 생각하게 만드는 방법이라고 주장했다.[72] 한 세대가 흐른 뒤, 성폭력에 정통한 전문가들은 요더의 기회주의적인 접근 방법의 범위를 "길들이기grooming" 행동이라고 규정하였고 그와 관계하는 사람이 누가 되든지 그녀를 지적이고 협동적이라고 추켜세우면서 교묘히 유혹하는 행위라고 설명하였다. 1974년 8월에 배포한 "A Call for Aid,"라는 제목의 편지에서 그는 다음과 같이 썼다.

나는 여러분의 도움이 필요한 일종의 신학적, 윤리적, 심리학적 연구를 수행하고 있는 중입니다…. 민감한 주제들을 다루고 있는 이 연구는 출판을 위한 게 아닙니다…. 결혼이란 주제에 대한 논문에서 주장한 것처럼, 만약 결혼이 불변의 일부일처제를 공식적으로 축하하고 제도적으로 강화하는 것이라면, 그리고 내가 독신이라는 주제 대한 논문에서 변론한 것처럼, 만약 독신이 성숙한 선택이고 공식적으로 축하하는 것이

---

71) 마우린(가명)과 저자의 인터뷰. 이것은 1970년대에 발생한 두 번의 성추행 중 첫 번째 사건으로 이 여학생은 요더로부터 원하지 않는 성추행을 경험하였다. 몇 해가 지난 뒤, AMBS에 고용된 그녀는 다른 여성들에게 보다 악한 방법으로 성폭력을 행하였다는 자세한 사실들을 알게 되었고, 저녁에 일할 때는 문을 잠그고 일을 했고, 그가 캠퍼스에 돌아다니는 모습을 볼 때 두려움에 떨어야 했다.

72) 예를 들어 1983년 12월 6일 마를린 밀러에게 보낸 "A Concerned 'Sister'"라는 편지가 그 예이다. 요더에 관한 밀러의 파일 AMBS X-18-001.

라면, 공식적으로 구애할 연령이 지난 서로 다른 두 성을 가진 두 사람은 결혼을 하며 살든, 독신으로 살든 필요, 기회, 조언을 따라 무엇이든 그들이 가진 여성성/남성성이 요구하는 것과 관련된 그들의 입장이 어디에 위치하며 얼마나 자유로운지 알도록 해야 하며 성기를 문제시하지 않고 인정할 수 있는 분명한 선을 그어야 할 것이다.[73]

요더가 쓴 편지의 마지막 문장을 읽는 여성들 중 어떤 이들은 그의 번뜩이는 반론, 개인적 거리감으로 반응하고, 어떤 이들은 그의 서클 안으로 좀 더 가까이 가고 싶은 마음을 불러일으키는 음험한 호소력을 감지할 것이다.

내가 이 글을 여러분께 보내는 이유는 여러분이 나에게 다음과 같은 사람이기 때문입니다. 1) 그리스도인의 상호관계성 안에서 나에게 자매이며 2) 성숙한 독신자로 사는 사람이며 3) 독신의 상황에서 다른 사람들과 폭 넓은 경험을 갖고 있는 사람이며 4) 방어에 대해 비판적으로 반응할 수 있는 마음을 갖고 있기 때문입니다.… 동시에 이 주제는 개인적인 우정, 개인적인 상담, 그리고 신학 윤리와 관련되어 있습니다.[74]

실제 삶보다 과대포장 된 또 다른 동시대의 인물인 헨리 키신저에 의해 언급된 "권력은 최고의 최음제다"라는 경구처럼, 요더는 자신에게 주어진 온갖 정치적 영향력을 행사하였다.[75] 지성과 우정에 호소하는 것은 캠퍼스와 캠퍼스 밖에 있는 여성들에게 손을 뻗치며 끊임없이 새로운 사람을 모집하는 기법이었다. 그들 중 몇 명은 엘크하르트의 메노나이트 연합성경대

---

73) Yoder, "A Call for Aid", 1974, pp.1-2, 요더에 관한 밀러의 파일 AMBS X-18-001.
74) Ibid., 3.
75) 뉴욕 타임스 1973년 10월 28일 키신저에 관한 기사에서 인용.

학원의 여학생들과 직원들이었다. 그 외 많은 이들은 그가 학계와 교회관련 모임 혹은 정기적으로 다녀온 유럽 및 다른 지역의 여행에서 만난 학계/교계의 여성들이었다. 요더는 다수의 여성들로부터 즉시 행동을 중단하라는 답신을 받았다. 예를 들어 고센대학 학창시절부터 요더를 잘 알고 있는 30년 지기이자 인디아나 주 북부에 살고 있는 결혼한 정신과 상담사인 에델 야크 메츠러Ethel Yake Metzler는 집으로 전화해 점심을 함께 하자던 그의 제안을 일언지하에 거절했다. 에델은 결혼 밖에서 남녀 간에 친밀감을 나누는 것에 관한 요더의 글 위에 "이건 미친 짓이다."라는 평을 휘갈겨 놓았다. 후에 에델은 요더의 구애행위를 거절한 것은 다른 여성들에 비해 자신에게 아주 쉬운 결정이라고 회상했다. 왜냐하면 에델은 요더와 같은 나이였고 그를 동료로 여겼지 권위 있는 인물로 여기지 않았기 때문이었다.[76]

그리스도인의 관계에 대한 출판되지 않은 논문에서 요더는 이제 막 메노나이트와 협력하며 존재를 알리기 시작한 몇몇 단체와 국제 공동체들을 언급하였다. 이들 중 하나가 일리노이 주의 에반스톤에 있는 레바 플레이스Reba Place였다. 요더는 레바 플레이스를 여러 차례 방문하였고 그곳의 장로들과 대화를 나누었다. 1973년 레바 플레이스는 이성간의 관계를 한 공동체 지침서를 마련했다. 혼전, 혼외 성관계를 금지하는 가운데, 레바 플레이스 리더들은 "독신자는 그들의 상호관계의 필요를 위해 행복하게 결혼한 사람들이 즐기는 것과 동일한 수준의 관계를 가질 필요가 있다"[77]고 명시했다. 또한 요더는 엘크하르트에 이웃해 있는 메노나이트 국제단체이자 고센 성경대학원의 총장으로 있을 때 아내와 함께 재산을 귀속시켰던 펠로우십 어브 호프Fellowship of Hope라는 공동체의 구성원들과도 대화를 나누었

---

76) Ethel Yake Metzeler가 2014년 7월 31일 저자에게 보낸 이메일.

77) "Friendship, Courtship and Marriage in Christian Community", Reba Place, Evanstone, Illinois, c. 1973. 타이프로 친 문서를 저자가 소장하고 있음.

다.[78] 요더는 1970년대 내내 공동생활을 위한 윤리에 관심이 있었고, 공동체가 표방하는 성서적, 경제적, 문화적 차원의 의도적 공동생활을 하는 기혼, 미혼의 사람들과 대화를 나누었다. 요더는 워싱턴 디시에 위치한 소저너스 공동체의 자문위원, "공동체들을 위한 공동체"로 알려진 네트워크의 자문위원으로 활동했다.[79] 여행과 자문 활동을 통해 요더는 자신의 학문과 경력의 폭을 꾸준히 넓혀나갔다. 1976년, 그는 1967-1968년부터 파트타임 강사로 활동하던 노트르담 대학에서 전임 교수 제의를 받았다. 전 세계에서 요더의 출판과 강의가 쇄도했고 마를린 밀러에게 지금처럼 "내 인생에 있어 최고의 청지기"로 남아있기를 바란다고 말할 정도로 그는 유명해졌다.[80] 노트르담 대학을 근거로 활동하면서 대략 25년 동안 그는 메노나이트 교단 및 기관들로부터 독립적으로 일하기를 원했다.[81] 밀러에게 이야기한 것처럼 그는 "독창적이며 효율적인 사상가이자 교사"로 자신을 이해했고 메노나이트와 다른 기독교 그룹들 사이의 교량적 역할을 하고 있다고 보았다.[82] 이미 이전부터 미국교회협의회National Council of churches, 세계교회협의회WCC 및 여러 기관들과 관계를 갖고 있었던 요더는 "직업을 갖고 있으면서 선교 행정가 및 신학교 교과과정의 임무를 수행하는 것"에 대해 매우 만족스러워 했다.[83] 그에게 있어 에큐메니칼 강단에서 역량을 넓혀나가는 일

<hr />

78) 요더 부부는 재산을 판 후, 엘크하르트 시의 AMBS 캠퍼스 길 건너편에 위치한 벤함거리 Benham Avenue에 집을 사서 이사했다.

79) 키이스 하더Keith Harder가 2014년 7월 12일 저자와 인터뷰한 내용. 주디 하더와 2014년 7월 12일 저자와 인터뷰한 내용. 앤 요더Anne Yoder, *What I Hold Precious*, 158. 레바 플레이스 공동체에서 나눈 상호관계에 대한 토론은 타이프로 친 세 페이지 분량의 날짜 및 저자 미상의 자료가 "Friendship, Courtship and Marriage in Christian Community"라는 제목으로 요약되어 있다. 요더에 관한 밀러의 파일 AMBS X-18-001. Nation, *John Howard Yoder*, 23, n. 87. 이들 공동체에 대한 간단한 역사는 웹사이트 참고. www.rebaplacefellowship.org? Whe_We_Are/History; www.fellowshipofhope.org/history; www.sojo.net/about-us/history.

80) 마를린 밀러와 요더가 함께 쓴 논문 "Vocational Review of John H. Yoder" c.1975, p.2. 요더에 관한 밀러의 파일 AMBS X-18-001.

81) Ibid., 3.

82) Ibid., 2.

83) Ibid. 1950년대와 1960년대 요더의 경력에 대해서는 Nation, *John Howard Yoder*, 21-22를 보라.

은 해방감을 주는 행보가 되었다.

요더는 1977년부터 그가 죽은 1997년까지 지속적으로 노트르담 대학의 전임교수로 일했다. 노트르담 대학에 임용된 후에도 밀러는 요더가 부분적으로나마 고센 성경대학원의 "영구" 부교수로 강의를 지속할 수 있도록 자리를 마련해주었다.[84] 이렇게 두 대학에서 강의를 하는 것은 요더가 고센 성경대학원을 사임할 때까지 7년간 지속되었고 대학원과 그 주변에서 이뤄진 요더의 성적비행을 다루는데 있어서 밀러가 요더를 일대일로 만나게 되는 배경이 되었다.[85]

1970년대 말, 밀러는 요더와 관련하여 쇄도하는 사건들을 해결하기 위한 문서를 작성하고 있었다. 예를 들어, 1978-1979년 두 학기 동안 같은 대학원에서 요더의 연구실 옆 방을 사용했던 동료이자 신약학 담당 교수였던 윌라드 스와틀리Willdar Swartley는 아주 비참하고 끔찍한 장면을 목격하였다. 어느 늦은 밤에 스와틀리는 다음 날 수업을 준비할 목적으로 강의실에 들러 스위치를 올렸다. 불이 켜지자 의자에 앉아있는 요더의 두 다리 사이에 한 여성이 무릎을 꿇고 얼굴을 묻고 있는 모습이 눈에 들어왔다. 깜짝 놀란 스와틀리는 교실을 얼른 나와 버렸다. 스와틀리는 그 여성이 누구인지 확인하지 못했지만, 여학생 중 하나일 것이라고 생각했다. 다음 날 아침 사무실로 출근했을 때, 요더의 쪽지가 남겨져 있었는데, 거기에 요더는 그 여학생을 돕기 위해 상담하던 중이었다고 적어놓았다. 스와틀리는 이 사건에 대해 요더에게 대항하지 못했지만, 이 사실을 밀러에게 보고하였다. 보고를 받은 밀러는 그다지 놀라지 않는 모습으로 답했다. 스와틀리는 밀러 총장이 많은 여성들과 애정행각을 벌인 요더를 고발하는 많은 편지를 많이 받았

---

84) 1976년 3월 15일 밀러가 요더에게 쓴 글 "Adjunct Faculty Position/GBS 참고. 요더에 관한 밀러의 파일 AMBS X-18-001. 1976년 12월 13일 요더가 데이빗 부렐과 마를린 밀러에게 쓴 편지. 요더에 관한 밀러의 파일 AMBS X-18-001. Nation, *John Howard Yoder*, 23을 보라.
85) 요더의 사직서는 1984년 5월 4일자로 요더가 밀러에게 제출했고 1984년 6월 1일자로 에블린 쉘렌버거가 요더에게 알렸다. 요더에 관한 밀러의 파일 AMBS X-18-001.

다고 말해주었다고 당시 일을 회상했다.[86]

이러한 예처럼 요더의 사건 후에 즉각적인 대책을 취하지 못했지만, 뜻하지 못한 일이 벌어졌는데 다음 학기에 한 여학생의 인생이 황폐화되는 일이 발생했다. 1978년 가을, 요더는 "엘레나"라는 신입생을 AMBS에 데려왔는데 그녀는 기독교 배경의 성에 관해 요더가 쓴 논문에 반응하였다. 그녀는 메노나이트 중앙위원회에서 봉사활동을 막 마치고 목회를 준비하기 위해 신학교에 입학하였다. 첫 학기에 그녀는 요더의 "전쟁, 평화, 개혁"이라는 과목을 수강했다. 개인적으로 대화를 나누면서 요더는 그녀의 용모에 대해 언급하였고 그녀는 요더의 말의 의미에 대해 매우 혼란스러워했다. 요더와 그녀와의 만남은 곧 일반적인 교수-학생의 관계에서 일대일 교수방식으로 변했고 요더는 그리스도인의 관계에 대한 자신의 신학은 접촉과 언어적 설득을 통해 이루어진다며 시범 교수하였다. 말대답을 하면 혹독한 비난을 받는 가정환경에서 자라난 그녀는 요더의 권위에 압도되었고 요더는 그녀를 자신의 교수 연구실, 기도실, 그리고 캠퍼스의 공동모임방에서 정기적으로 추행하였다. 요더와의 만남 후에 그녀는 "이는 터무니없는 일이다!"라는 편지를 반복해서 보냈다. 요더는 엄청난 양의 메모와 편지를 써서 학내 우편함을 통해 전달했다. 편지의 내용은 그녀의 생각이 얼마나 잘못되었는지를 설득하는 글로 가득했다.[87]

엘레나는 요더가 "자매 공동체"라고 부르는 곳에 직원 한 사람과 두 명의 여학생이 연결되어 있다는 사실을 알게 되었다.[88] 후에 그녀는 요더가 그녀를 신체적으로 지적으로 가르치기 원했다고 회상했고, 그의 성적인 행동에

---

86) 2014년 6월 2일 스와틀리와 인터뷰한 내용. Ted Kootz, "John Howard Yoder and AMBS: A Chronology", Feb. 6, 2012, 저자가 소장하고 있음. 스와틀리는 1960–1962년 요더의 학생이었다. Swartley, 『당신의 빛을 비추소서』(대장간 역간) Send Forth Your Light (Herald Press, 2007)

87) "엘레나(Elena)"(가명)와 저자의 인터뷰 내용.

88) Ibid.

대해 논쟁할 때마다 "매번 자신을 굴욕시켰다"고 기술했다. 엘레나는 "자매들" 중 한 사람이었던 다른 젊은 여성들과 함께 이야기를 나누면서 자신만의 관점을 갖기 시작했고, 거울을 보듯 그들이 자신과 똑같이 혼란스러워 하고 있는 모습을 보았다. "자매 공동체 안에서 우리는 왜 그가 우리의 가슴을 만지는지 이해할 수 없었는가?" 질문했다.[89] 요더가 하는 짓이 "비성애적"이며 "가족의" 성을 말하고 있음에도 불구하고, 요더는 표면상 엘레나에게 친밀한 관계가 강요적이지 않다는 것을 보여주고자 짧게 성기를 삽입하는 행위를 시도했으며 "남성들이 굳이 강간범이 될 필요가 없다"고 했다.[90]

엘레나는 자신을 신뢰하지 못하게 되었고 신학교에 도착하기 전까지 성에 대해 갖고 있던 경계선과 감각을 잃어버리는 모진 경험을 해야 했다. 절망 속에서 엘레나는 "자매들" 중 한 사람과 이야기를 나누었고 요더는 셋이서 만나는 모임을 갖자고 제안했다. 엘레나와 함께한 학생은 요더의 제안을 깊이 생각해 보았지만, 그가 잘못되었다는 것을 서로에게 이야기하고, 그의 사상 또한 잘못되었다고 결론지었다. 그들이 이 제안을 거절함에 따라 요더의 그들과의 신체적 접촉은 종말을 고했다.[91]

그러나 이는 길고 뒤틀려진 종말이었다. 1979년 늦은 봄, 요더가 유럽으로 떠날 준비를 하고 있었고 그는 엘레나에게 그가 그리스도인의 성관계에 대해 그녀에게 가르친 모든 것을 기록으로 남기라고 요청했다. 그녀는 자

---

89) Ibid.

90) Ibid. 1970년대에, 이곳에서 언급한 짧은 행동은 당시의 법규상 강간으로 여겨지지 않았을 것이다. 그러나 강간, 특별히 종교기관에서 강간은 힘의 불균형에 의한 것으로 이해되면서 의미가 진화되어왔다. 예를 들어 1990년대 성폭력 분야의 장로교 목회 상담가이자 전문가인 G. Lloyd Rediger의 글에는 다음과 같은 내용이 실려 있다. "원하지 않는 대상자들과 성관계하기로 동의했을 지라도…. 강간의 사실을 없앨 수 없다. 강간은 우리 사회가 얼마나 여성들의 권리와 요구를 제대로 이해하지 못하는지 잘 드러내 준다." *Ministry and Sexuality*, 65. 강간의 개념이 어떻게 진화되어 왔는지 보려면, Michael Kimmel and Gloria Steinem, "'Yes' is Better Than 'No'," *The New York Times*, Sept. 5, 2014, A-23.

91) "엘레나Elena"(가명)와 저자의 인터뷰 내용.

신의 경험을 기록해서 요더에게 보냈다. 몇 주가 지나지 않아 요더의 아내 앤이 엘레나의 편지를 발견했고, 앤은 이 모든 기록을 남편의 과외활동의 증거자료로 마를린 밀러에게 가져갔다. 그해 여름 고센 성경대학원 총장은 엘레나를 자신의 사무실로 불렀다. 그녀는 자신이 쓴 편지를 밀러가 갖고 있는 것을 아주 충격적이고 수치스러운 모습으로 바라보아야 했다. 그리고 "나는 당신을 대학원에서 추방할 권한을 갖고 있습니다."[92]라며 그녀에게 불신의 어조로 말하는 총장의 이야기를 듣고 서 있어야 했다. 그녀는 고개를 떨긴 채 총장실을 빠져 나왔고 깊은 우울증에 빠져들었다.

교회가 운영하는 대학원의 지도적인 위치에 있던 신학자 밀러는 그녀를 추방하겠다고 위협했다. 그것이 적나라하게 성적 실험을 하기 위해 요더가 선택한 학생들이 쓴 자료에 대한 그의 반응이자 결정이었다. 몇 주 전 요더의 요청에 따라 그녀가 요더에게 써서 보낸 편지에는 모든 것이 분명하고 상세하게 들어있었다. 엘레나는 다음 학기 동안 캠퍼스에 머물러있었고 밀러 총장이 제공한 강의실에 앉아있기도 했다. 그러나 결국 "그는 나를 추방할 수 없었습니다. 그는 내가 스스로 그만두길 바랐기 때문입니다."[93]라고 회상했다. 그녀는 공부에 집중할 수 없었고 과목을 하나씩 포기해야만 했다. 그녀는 결국 졸업하지 못하고 2년을 채운 끝에 엘크하르트를 떠났다. 메노나이트 신학대학원에서 보낸 그녀의 인생여정은 요더의 추행과, 밀러의 비난과 산산조각난 자아상으로 어둡게 채색되어 있었다. 훗날 그녀는 이 경험은 그녀의 연약한 모습을 먹잇감으로 찾던 남자들에 의해 지속적으로 성추행을 당하는 배경으로 작용하였다고 회상했다. 다음 몇 십 년이라는 긴 시간 속에서 쇠약해진 모습과 우울증에 대한 이러한 과거의 유산은 기독교 사역을 수행해나갈 수 없도록 만들었다.[94]

---

92) Ibid.
93) Ibid.
94) Ibid.

1979년 엘레나가 겪은 일들은 AMBS에 머물렀던 몇 여성을 향한 요더의 행동이 터무니없는 행동이었을 뿐만 아니라, 밀러 총장이 다른 사람들에게 침묵을 강요하도록 권력을 잘못 사용한 일이기도 했다. 한동안 밀러는 그 무엇보다 요더의 불안한 결혼에만 초점을 맞춘채 문제를 해결하려 했었다. 이러한 염려는 밀러가 대학원 총장으로 임명받던 1975-1976년 학기로까지 거슬러 올라간다. 밀러가 총장이 되기 직전에, 앤 요더는 남편이 미국과 해외의 여성들과 성적인 내용을 주고받은 편지들을 발견하였다. 남편에게 맞서 싸우는 동안, 그녀는 감정적 후원을 받기 위해 그녀의 남편의 유일한 여동생인 올케, 메리 엘렌요더 메이어에게 연락했다.

간호사인 메이어는 오빠인 요더가 오랜 기간 동안 교수로 있었던 신학대학원의 사람들과 친분이 두터웠고 인디아나 북부의 메노나이트들과도 폭넓은 친분을 갖고 있었다. 처음에 오빠의 혼외 관계는 합의에 의한 것이라고 추측한, 메이어는 올케언니인 앤에게 용기를 내서 밀러 총장에게 사실을 말하도록 격려하였다. 밀러 총장이 요더에게 결혼에 충실하도록 영향력을 행사할 것이라고 바라는 마음에서였다. 앤 요더는 밀러 총장에게 도움을 요청했다. 처음에 밀러는 요더의 문제를 "집안"문제이자 사적인 문제로 생각하여 이를 신중히 다루었다. 1976년, 밀러와 메이어는 그의 행동이 아내와 다른 사람들에게 얼마나 큰 해를 끼치는지 언급하면서 요더를 설득하기 시작했다.[95] 그러나 지역 정신 상담사와 함께 결혼 상담을 받는 것을 포함하여 여러 해 동안 요더 부부, 마를린 밀러 총장, 메리 엘렌 메이어 네 사람은 이런 방법 저런 방법을 다 사용하였지만, 수많은 여성들을 향한 요더의 성적 비행은 지속되었을 뿐만 아니라 오히려 더 강화되었다.[96]

요더의 행동을 다루는데 있어 요더의 가족 구성원들과 함께 풀어보고자

---

95) Ibid.
96) 마를린 밀러가 1979년 12월 5일 요더에게 쓴 메모, "Correspondence Issues."

형제애적 노력을 기울였던 밀러는 메리 엘렌의 남편인 알버트 메이어Albert Meyer의 조언을 듣고자 했다. 밀러와 알버트 메이어는 매우 절친한 사이였다. 메이어는 고센 성경대학원은 물론 다른 메노나이트 학교들을 감독하는 메노나이트 교육위원회의 대표로 대학원 교육위원회 모임이 있을 때마다 빠지지 않고 참석하였다. 그럼에도 불구하고 1970년대 중반부터 1980년대 초에 이르기까지 8년 동안, 밀러는 요더의 성추행 문제에 있어 고센 성경대학원을 비호했다. 이는 여전히 가족의 문제로 남아있었다.

한편 메리 엘렌 메이어가 "자매들"이라고 불리는 요더의 네트워크를 알게 되면서 그리고 요더의 신체적 접촉에 대한 내용을 보다 자세히 알게 되면서, 그녀의 염려와 고민은 점차 깊어져 갔다. 요더와 싸움을 벌이고, 그의 지적, 신학적 전제들을 강력히 거부하면서 그녀는 요더가 여성들을 유혹하여 밤새 옷을 벗고 그들의 몸을 만지는 행위를 벌이는 행각은 기독교를 향한 너무나도 슬픈 왜곡이라 결론지었다. 그녀는 어떻게 요더가 그의 프로젝트에 여성들을 끌어들였는지, 수많은 여성들이 이 프로젝트에 참여하게 되었는지에 관한 마를린 밀러의 일차적이면서도 철저하게 공유된 정보를 더 이상 받지 않기로 거절했다. 1979년 메리는 "나는 이러한 모든 일이 영원히 비밀로 남겨질 것이라고 생각했던 요더의 순진성에 놀랐다."는 기록을 남겼다.97) "이러한 사실이 밝혀지자" 그녀는 자신의 행동을 기독교 성윤리의 최첨단으로 틀 지우려 했던 요더의 주장과 신학적 명성을 크게 손상시킨 점에 대해 유감을 표했다.98) 그녀는 신학자였던 오빠를 변화시키고자 했던 계획을 단념하고, 뭔가 거짓된 점이 있으리라고 여겼던 생각을 완전히 거두어들였다. 1980년, 그녀는 요더의 "실험"은 실험이 아니라고 결론 내렸다. 왜냐하면 요더는 그 어떤 남성도 그의 연구에 참여시키지 않았고 많은 사람들

---

97) 메리 엘렌 메이어가 1979년 타이프로 친 편지, 그녀가 소장하고 있음.
98) Ibid.

에게 끼친 모든 해악이 너무나 명명백백했기 때문이었다. 그녀는 이 일에 있어 오빠를 설득시키지 못했지만, 마를린 밀러는 거의 4년 동안 이 과제를 떠맡게 되었다.[99]

밀러는 메리 엘렌 메이어가 요더와 "지난 몇 년 동안…. 은밀한 관계 갖고 있던" 몇몇 여성들과 편지를 주고받음으로써 자신을 도와줄 수 있으리라 희망했다. 대학원 총장이었던 밀러는 기독교 성에 관한 요더의 생각과 행동을 비판한 자신의 편지를 여성들에게 보낼 계획을 하고 있었다. 밀러는 요더가 자신의 의도를 이루기 위해 함께 일한 각 여성에게 요더와 그의 아내가 "상호 교정, 용서 및 최종적인 화해"[100]를 향해 나아가기 원한다는 편지를 쓰게 하여 자신의 편지와 함께 보내기를 원했다. 그러나 이 계획은 전혀 실현되지 못했다.

요더는 이러한 편지를 쓰고자 한 밀러의 계획이 각 기독교 "자매"를 음란한 관계에 참여한 죄를 사과하도록 이끄는 차원에서 쓴 것인지 그 의도에 대해 의심을 품었다.[101] 요더는 그가 개인적으로 여성들에게 관심을 가진 것은 치유의 차원에서 한 것이라 여겼기 때문에 자신이 음행에 관여했다는 개념 자체를 거절했다. 요더가 갖고 있던 규정에 따르면 사정을 하지 않는 성기삽입은 성교가 아니었다. 요더는 이를 기독교 자매들과 나눈 "가족의" 혹은 "친밀한" 활동이자 허용할만한 행동으로 간주했고, 그는 일부일처제를 단순히 한 명의 배우자와 결혼한 상태로 남아있는 것으로 규정했다.[102]

---

99) 메리 엘렌 메이어가 1980년 2월 27일 손으로 쓴 편지. 그녀가 소장하고 있음.

100) 1979년 9월 28일 마를린 밀러가 존 요더, 앤 요더, 메리 엘렌 메이어에게 쓴 편지에서 인용함. AMBS 마를린 밀러-존 하워드 요더 파일. 1979년 10월 1일 존 하워드 요더가 마를린 밀러에게 보낸 "Proposed Circle Letter to Sisters"라는 편지를 볼 것. 요더에 관한 밀러의 파일 AMBS X-18-001. 1979년 12월 5일 마를린 밀러가 요더에게 보낸 메모 "Correspondence Issues"를 볼 것. 요더에 관한 밀러의 파일 AMBS X-18-001.

101) 1979년 11월 3일, 존 하워드 요더가 밀러에게 보낸 편지. 요더에 관한 밀러의 파일 AMBS X-18-001. 1979년 11월 21일, 존 하워드 요더가 밀러에게 보낸 편지. 요더에 관한 밀러의 파일 AMBS X-18-001.

102) 저자가 2014년 7월 7일 에블린 쉘렌버거와 인터뷰한 내용. 같은 날 저자가 마르쿠스 스머커와 인터뷰한 내용. 독신에 대한 요더의 기준에 관한 내용은 1992년 3월 14일자 요더 대책위

더 나아가 요더는 밀러의 편지쓰기로부터 불거져 나온 문제들을 지적했다. 여성들의 이름이 누설되었음을 지적하면서, 요더는 비밀보장의 원칙이 깨졌다고 했다.[103] 게다가 진정으로 밀러의 의도가 나의 견해를 통해 내가 함께했던 여성들을 더 멀어지도록 즉 관계의 수준을 소원하게 하려 했던 것은 아닌가? 질문하였다.[104] 요더는 신학대학원 총장이 다른 사람들을 상대로 편지를 보내 장난을 쳐서는 안된다고 공표했다. 그러나 그의 다양한 목표들과 모든 행동은 한 가지 중요한 지점으로 귀속된다. 그는 "당신은 내가 다수의 의견에 굴복하기를 강요하고 있다. 그게 당신의 속마음이다."며 밀러를 꾸짖었다.[105] 새로운 기독교 성윤리를 자리매김함에 있어, 요더는 자신의 패배를 인정하지 않았다.

1980년대까지 밀러는 요더의 사건 유포 사실에 대한 요더와 논쟁을 철회하지 않기로 결심했다. 성경과 이 시대가 말하는 성적인 도덕기준에 더해 요더의 특정한 행동을 조사하는 문제에 대해 서로 주고받은 많은 메모들은 시간과 감정을 모두 소진시키는 일이었다.[106] 여전히 밀러는 자신이 멘토를 상대하고 있다고 생각하고 있었고, 비폭력과 제자도에 대한 요더의 신학적 공헌이 무수한 가치가 있다고 여겼다. 요더에게 실수가 있다고 확신시키는 일이야말로 신학대학원 총장으로서 포기하지 않았던 밀러의 숨은 의제였다.

밀러는 요더의 비밀이 새어나가지 않을까 여러 가지로 염려했다. 긴장관계에 있는 결혼에 있어 앤 요더가 너무 화가 나서 남편의 행동을 전체 교회

원회의 회의록 "Minutes of Task Force Meeting with John Howard Yoder"을 보라. 프래리 스트리트 메노나이트 교회/대책위원회 파일.
103) 1979년 10월 1일 요더가 밀러에게 보낸 편지. 요더에 관한 밀러의 파일 AMBS X-18-001.
104) 1979년 11월 3일, 요더가 밀러에게 보낸 편지. 요더에 관한 밀러의 파일 AMBS X-18-001.
105) 1979년 10월 30일, 요더가 밀러에게 보낸 편지. 요더에 관한 밀러의 파일 AMBS X-18-001.
106) 밀러의 시간 투자는 정신과 전문의와 메노나이트 대학원 사람들과 논의한 정신적 신학적 상태를 포함한 연구조사에 사용되었다.

에 폭로할 수도 있는 상황이었다. 밀러가 알든 모르든 몇몇 여성이 자신의 일을 공개적으로 이야기할 가능성도 충분했다. 불만을 품은 피해자의 남편들에 의해 폭로될 수도 있다 것 또한 큰 위험 중 하나였다. 1979년, 밀러는 북미와 전 세계에서 물의를 일으킨 요더의 행동 때문에 사람들의 결혼관계에 문제가 생기고 있다는 사실을 알아차렸다. 남아공에서 요더의 성폭행을 입은 두 명의 여성이 있다는 사실에 대해 한 유명한 신학자가 밀러에게 편지를 보내왔기 때문이었다.[107] 그리고 결혼, 독신 혹은 기독교의 성에 대한 요더의 관점들을 공개해야 할지 말아야 할지 요더 자신이 이 문제를 제대로 분별하고 있지 못하다는 내용과 그가 여전히 같은 상태에 있다는 내용이었다.[108] 요더와 지속적으로 나눈 소통에 따르면, 요더는 해결점을 향해 밀고 나가는 방식으로 신학적 논쟁의 과정을 영구화하는데 관심을 보였을 뿐이었다. 요더는 "합당한 과정이 없이 내가 단순히 '당신 방식대로 하시오'라고 말하거나 굴복하는 것으로 당신이 만족하지 않을 것이오."라며 밀러를 나무랐다.[109]

이러한 다양한 설명으로 보아, 밀러는 요더가 갖고 있는 특권들에 대해 진지하고 체계적으로 따져 물은 것으로 보인다. 1979년 3월, 그는 요더에게 "상담하는 여성들을 추행하는 일을 전면 중단하라"고 주문했고, 신학대학원 내에서 만날 때 모든 문을 활짝 열어놓으라는 정책을 채택했다.[110] 밀러는 또한 요더가 자신들에게 한 행동에 대해 조회를 요청한 이전 학생들과 대화를 새로 시작했다. 한편 밀러와 요더는 "가능한 추문이 일어날 만한 협박편지"를 보내지 않는 게 좋다는 데 동의했다.[111] 요더와 밀러는 그들이 주

---

107) 2014년 8월 3일 헤겐(Heggen)이 저자에게 보내온 이메일.
108) 1979년 12월 31일. 요더가 밀러에게 보낸 편지. 요더에 관한 밀러의 파일 AMBS X-18-001.
109) 1979년 12월 6일. 요더가 밀러에게 보낸 편지. 요더에 관한 밀러의 파일 AMBS X-18-001.
110) 1980년 에 타이프로 친 문서 "Understandings Re: Behavioral Commitments", 요더에 관한 밀러의 파일 AMBS X-18-001.
111) 1979년 12월 31일 요더가 밀러에게 보낸 메모에서 인용. 요더에 관한 밀러의 파일 AMBS

고발은 서신들 즉 밀러의 조사를 요하는 편지들과 원치 않은 편지들이 들어 있는 "비밀파일들을 정리"할 날짜를 정하는 유익들에 대해 논의했다.[112]

밀러는 1980년에 얼마나 되는지 모를 양의 편지를 폐기했다. 그러나 멀리 사는 여성들과 신학대학원 졸업생들이 손으로 사본 목록을 만들어 놓은 뒤의 일이었다. 밀러는 자신이 받은 편지들과 받았던 전화들의 날짜와 내용을 요약해 두었다. 요더를 만났던 여성들에 관한 내용 대부분은 영어를 쓰는 사람들에 의한 기록이지만 독일어와 프랑스어를 사용하는 사람들도 있었다. 이 목록은 밀러가 일기장처럼 정리하였으며 목록 가장자리에는 요더의 철학적 프로젝트에 참여했던 그들의 이성적 판단 기준 뿐만 아니라, 정보제공자의 결혼여부와 그들이 "완전히 나체로 있었는지" 아니면 "부분적으로 성기를 삽입했는지" 등에 관한 내용이 상세히 적혀 있었다.[113] 밀러는 이 요약집을 대학원 사무실이 아닌 집에다 보관해두었다.[114]

주목할 만한 것은 밀러가 요더를 해고할 그 어떤 계획도 발전시키지 않았다는 점이다. 대신에 그는 동료의 신학을 거부하기 위해 자료들을 모으고 이를 사용하였다. 네 문단으로 된 정식 서문이 들어있는 12페이지의 편지에서, 밀러는 요더에게 그가 "고용인대 고용주의 관계에서 협상하기보다는 주로 형제애적 분별과 논쟁이라는 맥락에서 반응하고 있다"고 말했다.[115] 출간되지 않은 그리스도인의 성이라는 제목의 요더 논문들에 대해 비판을 전개하면서, 밀러는 다음과 같이 선언하였다.

X-18-001.

112) 1979년 10월 23일, 요더가 밀러에게 보낸 메모에서 인용. 요더에 관한 밀러의 파일 AMBS X-18-001.

113) 마를린 밀러, "메모를 폐기하기 전에 적어놓은 기록들" 22페이지 분량의 손글씨, 1980. 요더에 관한 밀러의 파일 AMBS X-18-001.

114) 1980년 3월 31일 마를린 밀러가 요더에게 보낸 편지. 요더에 관한 밀러의 파일 AMBS X-18-001.

115) 1979년 8월 13일, 밀러가 요더에게 타이프로 쳐서 보낸 글. 요더에 관한 밀러의 파일 AMBS X-18-001.

나는 당신이 주장하는 그리스도인의 결혼에 대한 정의와 구조적 항목들이 성경적인 근거가 별로 없는 원칙들과 실천사항들로 상당히 왜곡하여 결혼을 훼손하고 있으며, 결혼을 성적교합이라는 협소한 방식으로 이해하고 육체적 간음으로 결혼의 신성함을 저버린 배신이라고 확신한다.[116]

여성을 돕기 위함이었다고 했던 요더의 주장은 돕기는커녕 거꾸로 큰 고통을 생산해냈다. 밀러는 지난 수십 년 동안 "우리가[혹은 당신이] 실행한 것은 큰 법을 위반하는 원인이 되었고…. 내가 아는 모든 사례들은 혼동, 죄의식과 위기를 촉발시켰다"고 주장했다.[117]

더 나아가 밀러는 "예수의 행동과 요더 자신의 행동" 사이에 함축되어 있는 유추를 거부하면서 요더의 자기 정당화에 정면으로 이의를 제기했다.[118] 그는 요더의 성에 관련된 개념을 깨끗이 폐기했다. 즉 "야수로서 성에 대한 인식을 변호하고 '전통적인 금기사항'으로 삼았던 양성 간에 존재하는 친밀감의 정도를 분류"하려 들었던 요더의 견해"를 깨끗이 잊어버렸다.[119] 밀러는 사람들을 극도로 황폐화시킨 요더의 성적 실험이 이루어진 두 도시 즉 메노나이트 세계협의회의 도시 본부가 있는 프랑스 스트라스부르크와 엘크하르트에 있는 AMBS라는 두 지역을 배경으로 이러한 일이 일어났음을 밝혔고 "당신이 가진 생각은 최소한 서로의 관계를 발전시킴에 있어 적절한 공동체 구조 안에서 동등한 에너지와 창의성을 부여하고 발전시킨 것이 아니라, 두 사람과의 사적인 맥락에서 실행할 것"이라는 말로 요더를 질책했다. 밀러는 자신의 주장을 다음과 같이 명백하게 밝혔다.

---

116) Ibid. 5.
117) Ibid. 8-9.
118) Ibid. 9.
119) Ibid.

그러므로 당신은 은사, 학문적 전문성과 경험에 대해 교회의 분별이 이루어지도록 준비했어야 하는 분야에서 스스로를 입법자이자 재판관이자 교황으로 행세했다…. 당신은 자기합리화의 거미줄에 사로잡혀 있다.[120]

밀러의 주장은 예리했다. 요더는 밀러의 주장을 반박하고 경멸스러워했다. 이 두 사람의 지적인 싸움은 밀러의 끈질긴 결의와 요더의 고집으로 이어졌다. 한편 이들이 치고받은 논쟁 속에서도 대학원 캠퍼스에서 머물며 공부하는 여성들에 대한 추행은 계속되었지만, 결코 남성들의 쟁점이 되지 못한 채 남겨졌다. 밀러에 대한 답신에서 요더는 자신에게 주어진 윤리학자로서의 부르심을 거듭 강조하였다.

전체 문화적인 사상체계에 자리하고 있는 기본적인 도전을 어떻게 다루는가는 지적으로 위대한 도전이다…. 당신의 주장들은 단순히 우리가 존중하는 문화가 합의하는 수준에 호소하는 정도에 머물러 있을 뿐이다. 나는 이러한 합의가 가르치고 있는 게 무엇인지 알고 있으며, 나는 그 합의의 산물이며 희생자이다. 내가 대안적 공리들을 시험하기 이전에 나는 이러한 합의가 어떠하리라는 것을 이미 알고 있었다. 단순한 반란 혹은 경멸적이 우위를 점함으로써 이러한 공리들을 거절하기 위해 온 것이 아니다. 나는 내가 주장하는 바가 "부결될" 것이라는 사실을 이미 처음부터 알고 있었다. 그러므로 이러한 합의에 대한 어떤 항의나…. 우리의 생각을 사로잡고 있는 것들을 문서로 기록하는 것이 가장 좋게는 안내장으로 최악의 경우에는 나의 분석을 지지하는 것으로 나타날 것이

---

120) Ibid, 9-10.

다.[121]

이렇게 주고받은 논쟁 중에, 요더는 연설가이자 본보기로서 자신을 규정한 바로 그 기독교 공동체 안에 존재하는 평범성과 씨름하면서 자신을 사회의 "산물이자 희생자"라고 규정했다.

1980년 봄, 요더는 밀러를 설득하기 위해 자신의 생각이 도덕적으로 정당하다는 논지의 일곱 쪽에 달하는 문서를 작성했다. 이 문서에서 요더는 메노나이트 대화자들에게 "여성들이 자신과의 관계를 사절할 때마다….그들의 의견을 존중했다"는 사실을 반복적으로 제시하며 자신 방어했다.[122] 그는 "실험에 있어서 어떤 것은 다소간 올바른 방법이지만 어떤 것은 '잘못되었다wrong'는 점을 들면서 자신이 사용한 방법의 본질"에 대해서도 변명을 늘어놓았다.[123] 성적인 주제를 탐구한다면서 여성들에게 도움을 준 게 아니라 깊은 상처를 입혔다고 고소한 데 대한 답변에서 요더는 의학적 윤리를 들어가며 "수술에 있어서 외과의사가 실패에 대한 위험을 감수하겠다는 마음이 있을 때에만, 심장이식이나 기타장기 이식과 같은 의미 있는 수술이 이루어진다."고 주장했다.[124] 그의 동기에 대한 질문에 대해서는 다음과 같이 반박했다.

> 그렇다면 내가 망상에 사로잡히기라도 했단 말인가? 내가 가족에게 일부러 상처를 주고자 했단 말인가? 내가 사람들을 강요하고, 저항하는 사람을 때려눕히기라도 했단 말인가? 이 점에 있어서 그 어떤 증거도 없지 않은가? 사람들이 나의 행동을 "망상 혹은 집착"이라고 해석한 것은 내

---

121) 1979년 12월 31일 Yoder가 밀러에게 쓴 글, 1.
122) 1980년 봄에 요더가 쓴 7페이지 짜리 문서. 요더에 관한 밀러의 파일 AMBS X-18-001.
123) Ibid.
124) Ibid.

가 처벌받고 많은 것을 상실한 기간 동안 약해진 모습이다.[125]

요더는 이 글에서 여학생이 방문하고 있을 때는 언제든지 문을 열어놓고 있으라는 훈계와 그의 성윤리 프로젝트에 새로운 "자매들"을 끌어들이지 말라는 내용을 포함하여 고센 성경대학원 총장이 내린 "규율"을 언급하였다.

1980년 요더와 새로운 고용계약에 대해 협상하면서 밀러는 서 너 개의 조항을 덧붙였다. 첫째, 요더는 1979년 12월 자신이 이야기한 "야수의 송곳니 뽑기"라는 메모가 규정하는 노골적인 성적 행동을 자제한다. 이러한 금지조항들은 단순히 대학원 캠퍼스 내에만이 아니라 "전 세계와 모든 시간"에 걸쳐 효력을 발생하는데 이는 요더가 세계의 어디를 가든지 항상 AMBS의 대표하는 인물이 되어 있기 때문이다.[126] 게다가 요더는 공개적으로 성, 결혼, 독신에 관해 강의를 하거나 글을 쓸 때는 반드시 밀러에게 통보해야만 한다. 밀러가 원하는 바, 이것은 검열의 차원이 아니라 "대학원 동료들과 공개적인 대화와 논쟁"을 보장하기 위함이었다.[127] 밀러는 이러한 행동 제한 사항을 계약서에서 확실히 명시하기 원했지만, 요더는 대학원 총장이 써야할 "감투"가 몇 개나 되냐고 되레 질문하였다. 밀러에게 고용주인지 형제애를 표방한 상담가인지 질문하였다? 그러면서 요더는 차라리 행동을 수정하기 보다는 직업을 바꾸는 편이 낫겠다고 대답하였다.[128]

밀러와의 논쟁을 벌이는 내내, 요더는 종교계의 성추행 예방분야를 출현시키기 위한 몇몇 임상조항들을 증명해내기 위한 "유명인사"로서의 자신과

---

125) Ibid.
126) 밀러가 요더의 행동을 금지하는 규정들 중 "D에서 H항목"까지 밀러가 존 하워드 요더에게 1980년 3월 31일 보낸 글. 1980년 4월 26일 수정된 내용도 보라. 요더에 관한 밀러의 파일 AMBS X-18-001.
127) Ibid., March 31, 1980.
128) 1980년 1월 25일 존 하워드 요더가 밀러에게 보낸 글. 요더에 관한 밀러의 파일 AMBS X-18-001.

66 · 야수의 송곳니를 뽑다

특별한 권한을 가진 사람으로 범죄자가 된 신학적 프레임워크의 내부에 있는 자신을 일치시키며 도덕적 원칙들에서 자신은 제외된다고 증명하고자 했다. 아마도 이러한 상황에서 가해자들은 자신들이 하는 행동을 고상하게 여기고 자신이 만든 규칙들이 정당하다고 믿는 것 같다.[129] 요더의 중재자인 밀러가 이렇게 느끼는 동안, 신학적 영향력을 끼치던 요더의 스타로서의 자질은 점점 빛을 잃게 되었다. 그러나 밀러에게 성서주의는 여전히 요더에게 이야기하기 위한 기본 틀이었다.

대학원 캠퍼스 안과 밖에서 물의를 빚은 요더의 행동을 억제하기 위해, 밀러는 이제 마태복음 18장 15절이 말하는 형제에게 직접 가서 말해도 듣지 않는다는 것이 무슨 뜻인지 잘 알게 되었다. 마태복음 18장 16절에서는 다음 단계에 대해 이렇게 신호를 보내고 있다. "그러나 듣지 않거든, 한두 사람을 더 데리고 가거라. 그가 하는 모든 말을, 두세 증인의 입을 빌어서 확정지으려는 것이다."[130] 그렇게 1980년대의 새로운 10년이 시작되고 있을 때, 밀러는 이 문제에 역점을 두고 이야기하기 위해 대학원 안에 소규모의 자문그룹을 조직하였다.

언약의 입안과 파기

1980년 가을, 상호동의 아래 요더와 밀러는 두 사람의 고센 성경대학원 직원을 포함시킴으로써 둘 만의 논쟁의 범위를 확대했다. 구약학자이자 대학원 동료인 밀라드 린드Millard Lind뿐만 아니라, 목사였던 마르쿠스 스머커 Marcus Smucker를 좌장으로 초청하고 간호사였던 에블린 쉘렌버거Evelyn Shellenberger을 포함시켰다. 밀러, 요더와 함께 그들은 마태복음 18장 16절을 적용하기 위한 일환으로 3년 동안 거의 규칙적으로 모임을 가졌다.[131] 1980

---

129) Rediger, *Ministry and Sexuality*, 17.
130) 마태복음 18:16, 표준새번역.
131) 1982년에, 이 언약 그룹은 함께 세운 언약에 대한 헌신을 재평가하고 갱신하는 연례모임을

년 10월, 밀러는 요더, 스머커, 쉘렌버거, 그리고 린드를 위해 "언약 동의서 Covenantal Agreement"라는 3쪽짜리 문서의 초안을 작성하였다. 이 문서는 고센 성경대학원에 요더를 지속적으로 고용하며, 어떤 징계적인 잣대를 들이대지 않겠다는 내용이 명시되어 있다. 그러나 이 언약에는 요더에게 그의 행동으로 피해가 끼쳐진 곳에 치유와 화해를 향한 행보를 시작하라는 요구도 들어있었다.[132] 그리고 이 언약에 헌신한 구성원들은 이러한 내용을 그 누구에게도 말하지 않겠다고 동의하였고 그들의 동의서를 "마태복음 18장이 제시하는 '그리스도의 규칙'의 두 번째 단계 즉 소위 말해 두세 증인의 입을 빌어 형제의 하는 말을 확정짓기 위한 단계를 실천하고 이루기 위한 결론"으로 간주하였다.[133] 이 문서를 작성한 밀러는 마태복음 18:16을 적용하는 데 있어서 신학대학교의 관심사에 부합하도록 비밀보장의 약속을 적용하였다.[134] 밀러는 새로운 조건들을 적소에 배치시키는 일뿐 만 아니라, 요더의 과거에 관한 정보를 감독하는 고센 성경대학원의 위원회를 자제시키기 위해 성경말씀을 정당화하는 차원에서 이러한 동의서를 마련하였다.

언약 그룹에 속한 세 명의 구성원 쉘렌버거, 스머커, 린드는 성에 관한 요더의 이단적 관점에 대해 이의를 제기할 마음이 없었다. 그룹이 모였을 때, 그들은 밀러와 요더 간의 논쟁을 들었고, 훗날 스머커는 밀러가 요더에 의해 추행당한 AMBS여학생들과 다른 여성들에 대한 자신의 자세한 지식을 밝히기를 꺼려하였다고 기억하였다. 수 십 년 뒤에 스머커는 1980년대 초반 고센 성경대학원의 이사장으로서 그리고 이 언약그룹의 구성원이자 좌장으로서 주도적으로 대책을 마련하지 못했음에 대해 유감을 표명하였

가졌다. 1982년 8월 21일자 마를린 밀러의 "Summary of Agenda and Agreements: Covenant Group Meeting", 요더에 관한 밀러의 파일 AMBS X-18-001.

132) 밀러가 1981년 10월 25일 에블린 쉘렌버거, 밀라드 린드, 마르쿠스 스머커와 존 하워드 요더에게 보낸 글. 요더에 관한 밀러의 파일 AMBS X-18-001.

133) "Covenantal Agreement",Oct. 22, 1980, p.3. 요더에 관한 밀러의 파일 AMBS X-18-001.

134) Ibid.

다. "저는 마를린을 신뢰했지만, 그의 판단은 잘못되었습니다. 그리고 요더는 강력하게 비밀보장을 요구하였습니다."[135] 언약 그룹 모임에서, 요더는 윤리학자로서 자신이 성을 탈민감한 세계로 인도하기 위해 폭넓은 실험을 한 선두주자라고 주장하였다. 스머커는 과거를 회상하며 "그것은 제가 생각했던 만큼 미친 짓이었습니다. 요더는 그게 가능할 것이라고 믿었던 것 같습니다."라고 말했다. 스머커는 두 명의 신학적 논쟁이 아주 오랜 기간 동안 진행되어 왔다는 사실을 점차 깨닫게 되었다.[136] 요더는 대학원 내의 여성들 즉 여학생, 배우자, 비서 및 다른 여성들의 입장에 대한 인식은 거의 없었던 것 같다.

1982년 봄, 아주 짧은 기간 동안 이 언약 그룹은 요더의 사상이 새로운 청중그룹에 대한 진일보한 시험을 할만한지 아닌지에 대한 질문으로 나아갔다. 밀러와 요더는 엘크하르트 시 내의 메노나이트 남성과 여성들을 모아 "비밀대책위원회Confidential Task Force"를 구성하기로 동의했다. 대학원의 작은 교실에서 6회 이상 가졌던 모임에서, 요더는 칠판 앞에서 도표를 그려가며, 청중들에게 자세한 설명을 하도록 초청받았다. 청중들은 그들의 결혼, 독신, 이혼한 그리스도인들이 요더가 요약한 새로운 윤리 즉 "본질적으로 통제할 수 없고, 엉망진창인 상태의 야수와 같은 혹은 음란한 비탈길"[137]로서 성에 대한 동시대의 사상을 거절하는 모습의 새로운 "가족" 윤리로부터 얻는 혜택이 어떤지 진지하게 생각해보도록 초청받았다. 요더는 이 대책위원회에 그가 새로운 비전을 갖고 있다고 말하였다. 그 새로운 비전이란 "예수께서 여성들을 대했던 방식"을 새로운 모델이자 패러다임으로 제시하며 이 새로운 패러다임을 따라 살아갈 준비가 된 그리스도인들을 모

---

135) 2014년 7월 7일에 마르쿠스 스머커가 저자와 나눈 인터뷰.
136) Ibid.
137) "Summary of Ad Hoc Consultation", March 17, 1982, 요더에 관한 밀러의 파일 AMBS X-18-001.

으는 것이라고 말했다.138) 요더와 밀러가 세운 기본 규칙에 따르면, 이 대책위원회는 실제적인 실험이 아니라, 단지 이론적 관점으로만 고려했어야 했다. 이렇게 해서 요더는 "자매들"과 함께 감행한 실험에 대해 그 무엇도 참조지 않았다. 이 세미나에 앉아 있던 사람 중에는 자신의 비판을 거두어들였던 밀러 총장은 물론 지역 정신과의사와 국제 공동체인 펠로우십 오브 호프 장로가 있었다. 이러한 실행은 불합리했다. 그해 학기가 끝나면서, 이 대책위원회는 구성원 중 한 사람이 요더에게 이론적 안건과 작업을 포기하고 그의 결혼 생활에나 충실히 하라고 충고하면서 해산되었다.139)

1980년대 내내, 요더의 행동을 단속하기로 한 언약을 신뢰했던 밀러의 어렵고도 새로운 국면을 맞이하게 되었다. 최우선적으로 어떻게 비밀보장의 약속을 지켜나갈 것인가 하는 문제가 큰 압박으로 다가왔다. 밀러와 대책위원회의 다른 구성원들은 대학원 정관과 상충하는 질문들을 받아야 했고, 교단은 물론 교단을 넘어 많은 리더들로부터 쇄도하는 질문을 받아야 했다. 성폭력 및 성추행에 대한 새로운 이해가 미국 전역의 메노나이트 기관들의 관심을 받게 되면서, 언약에 근거해 요더를 보호하려던 밀러는 이전 시대의 잔재로 기능할 뿐이었다.

두 번째 문제는 가해자는 치유와 화해의 과정을 밟아야 한다는 성서적 요구로부터 생겨났다. 언약그룹의 구성원들은 치유와 화해를 위해서는 요더와 다른 사람들 사이에 필요한 대화가 이뤄지길 기대했다. 이러한 과정을 위해 시동을 걸고자 밀러는 자신이 아는 한 요더에 의해 침해를 받은 사람들을 개인적으로 접촉하였다. 이러한 접촉을 진행하면서 그는 희생자들이 이러한 과정에 참여하고 싶어 하지 않는다는 사실을 알게 되었다. 자기 학

---

138) Ibid.
139) 1982년 5월 2일 주디 하더(Judy Harder)가 요더에게 보낸 글. 요더에 관한 밀러의 파일 AMBS X-18-001. Marlin Miller, "Summary of Agenda and Agreements, Covenant Group Meeting", Aug. 21, 1982, 요더에 관한 밀러의 파일 AMBS X-18-001.

교 소속의 한 평화신학자를 위한 화해의 만남을 주선하려 했던 대학원의 관심사는 여성들의 관심사와 충돌을 일으켰다. 개인적으로든 기관의 후원자와 함께 만나는 것이든 자신을 추행한 요더와 면대면 만남을 원하는 성폭력 희생자가 어디 있겠는가? 대학원 직원, 졸업생 혹은 보다 더 넓은 공동체의 희생자 중에 이 모임에 모습을 드러낸 사람은 한사람도 없었다. 결국 밀러는 "그들은 존에게서 혹은 그들의 명성에 더 큰 해를 입을지 모른다는 사실에 대해 불편해 하거나 더 큰 피해를 당할지 모른다는 두려움을 갖고 있었다."며 현실을 받아들였다.[140]

요더는 약속한 내용을 담보하지 못하면 언약이 제대로 서지 못할 것이라는 사실을 밀러에게 드러내며 자신이 유리한 쪽으로 상황을 이용하였다. 이러한 상황에서 그가 어떻게 어두움 속에서 자신을 고소한 사람들에게 사과를 할 수 있겠는가? 요더는 자신과 성관계로 얽인 여성들과의 역사를 부인하지 않았지만, 동시에 자신은 결코 그들에게 피해를 주고자 의도하지 않았다고 주장했다. 그는 여성들이 기꺼이 실험에 참여했다는 사실을 주장하며, 만약 어떤 여성이 그 사실을 오해하였다는 일말의 증거를 대라고 할 때 왜 아무도 나타나지 않았는지, 그런 상황에서 왜 자신이 징계의 규정 아래 있어야만 하는지 질문했다. 요더는 여성들이 "자전거에서 내려왔다"는 묘한 표현을 사용하면서 여성들이 실험에 참여할 준비가 되었다고 오해했다는 식으로 말하였고 유감스럽지만 의도성은 없었다고 했다.[141] 마태복음 18장의 화해 명령에 관하여 요더는 "문제를 제기하는 사람이 참여하지 않은 상태에서 이 과정을 지속할 수는 없다"고 주장하였다.[142] 몇 년 동안, 밀

---

140) 1984년 1월 3일 마를린 밀러가 에블린 쉘렌버거에게 보낸 글. 요더에 관한 밀러의 파일 AMBS X-18-001.

141) 쉘렌버거가 저자와 나눈 인터뷰. Ted Koontz, "John H. Yoder and AMBS; A Chronology", 6.

142) 1983년 12월 8일, 존 하워드 요더가 마를린 밀러, 에블린 쉘렌버거, 밀라드 린드, 마르쿠스 스머커에게 보낸 글. 요더에 관한 밀러의 파일 AMBS X-18-001. 1983년 12월 19일에 보낸 글도 볼 것. 요더에 관한 밀러의 파일 AMBS X-18-001.

러와 함께 벌인 그 논쟁 한가운데에 수수께끼가 숨어 있었다.

　세 번째 문제는 다루기 힘든 고집이었다. 요더는 거의 십년이 넘도록 여성들과 서로 연락하는 기본적인 방식을 통한 성추행을 그만두겠다는 데 동의했다. 언약그룹의 구성원 중 한 사람으로서 그는 머뭇거릴 의향이 없었다. 그러나 이 규정들을 매우 버겁게 느낀 요더는 고센 성경대학원의 파트타임 교직원으로서 "내가 100% 고센 성경대학원의 도덕적 통제를 받아야 할 필요가 있는지는 명확하지 않다"고 불평을 토로했다.143) 한편 밀러가 자신에게 보고된 새로운 고소사건에 대해 요더에게 질문하자, 요더는 일전에 그의 관심사를 기꺼이 받아들여준 "자매들"과 간단히 주고받은 편지라고 주장했다.144) 밀러가 주로 요더의 행동에 대한 불평을 토로한 편지들을 모은 그의 동료에 관련된 자료파일들은 다시금 점점 두께를 더해갔다.145) 밀러를 잘 아는 어떤 사람이 밀러에게 "사실은 요더가 자신의 예를 들어 하나의 생활방식으로 혼외정사를 격려한다"는 소문을 퍼뜨리고 있다는 사실이 있으니 경계하라고 일러주었고 "학교 정관이 이 주제에 대해 아무런 언급을 하고 있지 않는 것은 암묵적 동의로 보이기 때문에, 만약 당신이 이러한 사실들을 너그럽게 봐주려 하지 않는다면, 당신이 그들에게 말해야 할 것"이라고 마를린 밀러에게 꼭 짚어 지적해 주었다.146)

　편지들을 주고받던 중에 밀러의 책상위로 한 장의 성추행 관련 고소장이 직접 배달되었다. 이전 AMBS의 학생이었고 고센 대학에서 가르쳤던 임상상담가 루스 크랄Ruth Krall이 밀러에게 쓴 편지로 1970년대 후반부터 요더의 행동을 저지하지 못해 지속적으로 어려움을 겪고 있는 밀러와 대학원에 "심

---

143) 1983년 10월 21일 "관련된 자매들"에게 보낸 존 하워드 요더의 메모. 요더에 관한 밀러의 파일 AMBS X-18-001.
144) 1983년 4월 10일, 마를린 밀러가 요더엑 손으로 쓴 편지. 요더에 관한 밀러의 파일 AMBS X-18-001.
145) 예를 들어 1980년 11월 10일 마를린 밀러에게 보낸 편지를 보라. 요더에 관한 밀러의 파일 AMBS X-18-001.
146) 1983년 8월 22일 마를린 밀러에게 보낸 편지, 요더에 관한 밀러의 파일 AMBS X-18-001.

각한 문제"가 있다는 인식이 점증하고 있다는 내용이었다. 비록 크랄은 개인적으로 성추행을 경험하지는 않았지만, 임상상담가로서 요더의 성폭력에 대해 뼈아픈 이야기들을 많이 들어왔다. 몇 년 동안 크랄과 고센 대학 출신의 동료들은 근처의 대학 캠퍼스들 즉 노틀담 대학교와 성 메리 대학에 사는 여성직원들과 대화를 나눠왔고 요더의 달갑지 않은 성추행에 대한 고민들을 함께 공유해왔고, 이 문제에 정면대응하기 위해 전략을 궁구해 오던 차였다.[147]

1982년에 요더를 향해 퍼부은 크랄의 비판은 밀러가 이전에 생각했던 관점들보다 훨씬 광범위했다. 고민은 한 명의 교직원의 행동에 멈추어질 정도로 단순하지 않았다. 크랄은 문제를 모든 행정, 교수, 학생 위원회가 남성 위주로 짜여 상태를 더 악화시켰다고 언급함으로써 제도적인 문제를 제대로 규정해냈다. 당시 그 신학대학원은 남성들에게 상당히 많은 특전을 주었다. 크랄은 "성차별주의라는 의제가 진지하게 취해지기 전에, 당신은 성추행에 대한 진실한 이야기를 제대로 듣지 못할 것입니다. 여성에게 행해지는 차별주의와 성폭력은 우리 역사 속에서 순간순간 서로 깊이 연관되어 있으므로 이 둘을 서로 분리하는 것은 불가능합니다."라는 글을[148] 밀러에게 건넸다. 제도화된 성차별주의는 파괴적인 영향을 끼치는 가운데 성추행을 조장하고 선동해왔다. 크랄의 설명은 다음과 같이 이어지고 있다.

여성들이 종속적이거나, 열등하거나, 남자들의 성적 재산이라고 여겨질 때, 성추행은 언제든지 발생할 수 있다. 그러한 상황에서 여성들을 향한 폭력이 행사된다. 자신들의 자리에 여성들을 끼워넣는 것은 여성들을 유

---

147) 1982년 9월 9일 루스 크랄이 마를린 밀러에게 보낸 글. 요더에 관한 밀러의 파일 AMBS X-18-001. Krall, The Elephants in God's Living Room, Vol. 3, 2014. http://ruthkrall.com/wp-content/uploads/2014/03/The-Elephants-in-God%E2%80%99s-Living-Room-Vol-3-%C2%A9.pdf; 2014년 7월 29일 루스 크랄이 저자에게 보낸 이메일.
148) 1982년 9월 9일, 크랄이 밀러에게 보낸 편지.

린하는 최악의 방법이다. 우리의 성과 성관련 법규는 우리의 정체성에 너무 치명적이기 때문에, 별 힘이 없는 여성들을 향한 권력을 가진 사람들의 성적 착취는 천배나 더 크게 울려퍼지고 있다.[149]

밀러에게 크랄의 편지는 일종의 경종이었다. 요더는 언약의 조항들을 무시하기 시작했고, 그의 행동은 대학원의 명성을 파멸로 이끄는 위협적인 존재가 되었다. 성폭력에 대한 새로운 사실에 대한 폭로는 그들이 개입할 겨를조차 없이 더는 통제할 수 없는 수준이 되었다.

비록 밀러가 여성에 대한 성추행을 법으로 규정해야 한다는 크랄의 여성 해방적 관점에 집중하는데 실패하였지만, 그는 학문에 종사하는 메노나이트 여성들이 여학생들과 다른 여성들의 안전을 염려하고 있다는 신호들은 하나도 놓칠 수 없었다. 그들은 새로운 방식으로 문제를 바라보고 해석했으며, 그들의 해결책들은 밀러의 방식과 전적으로 달랐다. 크랄과 다른 여성들은 소통을 통해 강화되는 가부장적 방식에 반대하는 운동을 벌였다. 밀러는 곧 명확하게 그 차이를 분리하여 "메노나이트 교회 내에 존재하는 여성들의 네트워크는 당신이 알고 있는 것보다 훨씬 더 이 문제에 대해 잘 알고 있습니다"라고 설명하는 크랄의 진정한 뜻이 무엇인지 알게 되었다. 1983년 8월, 펜실베이니아 주 베들레헴에서 개최된 메노나이트 교회 총회에서, 여성들은 따로 모여 요더의 행동과 엘크하르트의 신학대학원에서 그의 죄를 사면하고자 하는 움직임에 대해 토론하였다. 이들 중 어떤 여성들은 교회 행정가들에게 그들이 알고 있고 중재하고 있는 사항들에 대해 보고하였고, 신학대학원과 다른 대학 및 기관들이 요더의 동태를 규제하도록 요청하였다.[150]

---

149) Ibid.
150) Ibid. 1984년 1월 3일, 밀러가 쉘렌버거에게 보낸 편지.

피해 여성들을 옹호하도록 자극하는 가운데, 밀러는 좀 더 많은 요청을 하였고 사우스 벤드 사무실과 캠퍼스 다른 장소에서 요더에 의해 성추행을 당했다는 노트르담 대학의 두 명의 여성들로부터 소식을 듣게 되었다. 이 중 한 여성이 노트르담 대학의 학생과의 학생상담담당자에게 요더의 행동을 보고했다는 소식을 전해왔다. 여러 여성들과 함께 이 여성은 요더를 상대로 법정 소송을 준비하고 있다는 소식이었다. 비록 노트르담 대학의 학생들이 법적 행동으로 옮기지는 않았지만, 요더의 성추행에 대한 그들의 상세한 설명은 메노나이트 피해여성들의 증가하는 목소리들과 다른 곳에서 침해를 받은 여성들이 신학대학원을 상대로 법정소송을 제기할 가능성과 더불어 밀러로 하여금 요더와 맺은 언약이 완전히 깨졌음을 확신하도록 만들었다.[151] 밀러의 관점에서 볼 때, 이제 시간은 **"만약 그들의 말도 듣지 않거든, 교회에 말하여라"**는 마태복음 18장 17절 말씀을 적용할 때가 되었다.[152]

신학대학원 사임

1983년 가을 내내, 밀러와 언약그룹 구성원들은 고센 성경대학원을 감독하는 위원회에 요더를 파면할 것을 추천했다. 비록 이 경우 "교회에 말하라"는 의미가 당시 상황에서 여전히 남성 위주의 대학원 위원회와 비밀을 담고 있는 정보를 공유하라는 것이었지만, 이는 밀러가 할 수 있는 마태복음 18장의 세 번째이자 마지막 단계였다. 밀러가 같은 역할을 담당했던 AMBS의 총장 헨리 포에트커Henry Poettker는 최근에야 요더의 성추행에 대

---

151) 1984년 1월 3일, 밀러가 쉘렌버거에게 보낸 편지. 요더에 관한 밀러의 파일 AMBS X-18-001. 1983년 12월 19일, 밀러가 요더에게 보낸 편지. 요더에 관한 밀러의 파일 AMBS X-18-001. 1994년 12월 18일에 열린 AMBS, 프레리 스트리트 메노나이트 교회 및 Church Life Committee 대표자들의 회의 내용을 고든 딕이 적은 글. MC USA Indiana-Michigan Mennonite Conference John Howard Yoder Files, II-05-019.
152) 마태복음 18:17, 표준새번역.

해 알게 되었지만 이 문제는 메노나이트 성경대학원의 평의회가 이러한 사실을 알기 전의 문제였을 뿐이었다. 요더는 이러한 움직임에 대해 예민하게 반응했다. 그는 언약 그룹이 이제 자신에게 새로운 제한 즉 가족 외의 어떤 여성과 접촉을 할 수 없도록 강제하려 든다는 내용의 편지를 여성친구들에게 보냈다. 이에 대해 요더는 "법적인 규제들을 일소할" 이러한 내용들은 "특정한 사람들과 내가 맺고 있는 관계들을 성추행으로 해석하는 여성운동 서클들"이 뿌린 험담일 뿐만 아니라, 익명의 고발자들의 불평에 근거한 것이라고 주장했다.[153] 요더는 자신을 계속 고용하는 것을 반대한 대학원의 입장이 경도된 것이라고 비난했다. 왜냐하면 요더는 자신을 고발한 사람들이 정확하게 누구인지 알지 못하고서 고발의 정확성에 대해 반응할 수 없었기 때문이다. 그의 어림짐작으로, 이 신학대학원이 당연히 거쳐야 할 과정을 우롱하고 있고, 마태복음 18장의 정신과 자신들이 나눈 편지의 언약을 어기고 있다고 생각했다. 그는 "얼마나 많은 피를 익명의 고발자들이 원하는 것인지?"아냐고 주장했다.[154]

지난 몇 년 동안 요더가 "성교를 어떻게 정의하는지는 사람에 달려있다" 면서 금지조항을 따르지 않고 계속 추구하는 모습이 줄어들지 않았다는 밀러의 결론 때문에, 당시 남은 학기 동안 밀러와 요더 사이의 긴장은 한껏 고조되었다.[155] 요더는 밀러에게 성윤리에 대한 자신의 생각들을 바꿔야할 하등의 이유가 없다고 답변했다.[156] 그러나 신학대학원 리더들이 요더의 교수계약을 종결하는 선택을 진지하게 고려하는 동안, 요더는 자신의 사직

---

153) 1983년 12월 17일, 요더가 마를린 밀러, 에블린 쉘렌버거, 마르쿠스 스머커에게 보낸 메모. 요더에 관한 밀러의 파일 AMBS X-18-001. 1983년 10월 21일, "관련 자매들"에게 보낸 요더의 메모. 요더에 관한 밀러의 파일 AMBS X-18-001.
154) 1983년 12월 8일, 요더가 밀러, 쉘렌버거, 스머커, 린드에게 보낸 메모. 1983년 12월 17일, 요더가 밀러, 쉘렌버거, 스머커, 린드에게 보낸 메모도 함께 볼 것.
155) 1984년 1월 3일, 밀러가 쉘렌버거에게 보낸 글. p.3.
156) Ibid.

에 대해 언급하며 퇴직조건에 대해 타협하였다.[157]

1983년 말, 요더는 노트르담으로부터 다음 학기에 강의를 비우도록 잠시 떠나달라는 요청을 받았다. 이는 특정 기간 동안 전임교수로서 그의 지위가 사라지면 엘크하르트의 조교수 자리도 사라진다는 의미였다. 그러나 그 어느 누구도 고센 성경대학원으로부터 그가 떠나리라고 여길 사람은 없었기 때문에, 요더와 밀러는 행정적으로 상세한 부분까지 관심을 두게 되었다. 즉 요더가 언제 떠날 것인가? 성경대학원 위원회와 다른 구성원들에게는 무엇이라 말할 것인가? 노트르담 대학의 신학부 학장에게는 어떻게 통보할 것인가? 메노나이트 기관에는 이 사실을 어떻게 알릴 것인가? AMBS와 노트르담의 정책에 대해 질문하는 여성들에게는 무어라 대답할 것인가? 이러한 문제들에 대해, 요더는 "피해들을 줄이기 위한….. 정책적 절충안"이라는 글의 초안을 통해 자신의 관점을 정리했다.[158]

그러나 타협과 절충안 채택은 쉽지 않았다. 요더는 합법적인 절차가 지켜지지 않았음을 지속적으로 주장하였고, 밀러와 이제 그의 퇴직을 놓고 일하게 된 대학원 위원회로 기능하게 된 언약 그룹을 향해, 사직함으로써 자신이 "매는 모든 것을 풀어놓으면" 신학대학원에 도움이 될 것이라고 말하기 시작했다.[159] 당시 신학대학원 직원이 되면서 고센 성경대학원의 위원회 의장직을 떠나게 된 마르쿠스 스머커는 자신을 불의의 희생자라고 규정했던 요더의 자화상에 대해 이의를 제기하였다. 스머커는 요더의 행동에 대해 결정을 내리기까지 그토록 오랜 시간을 끈 요더와 다른 사람들에게 불편함과 실망감을 표출했다. "특별히" 스머커는 요더에게 "이 일을 처리함에 있

---

157) Marlin Miller, "Draft for Brainstroming",ca. Oct. 1983. 요더에 관한 밀러의 파일 AMBS X-18-001.

158) 1983년 12월 17일, 요더가 밀러, 쉘렌버거, 스머커, 린드에게 보낸 메모. 요더에 관한 밀러의 파일 AMBS X-18-001.

159) 1984년 3월 26일 요더가 밀러에게 보낸 글의 p.2를 보라. 요더에 관한 밀러의 파일 AMBS X-18-001. 1984년 4월 13일, 요더가 마를린 밀러와 마르쿠스 스머커에게 보낸 메모. 요더에 관한 밀러의 파일 AMBS X-18-001.

존 H. 요더의 성추행과 권력남용에 대한 메노나이트의 반응 · 77

어 당신은 많은 시간, 에너지, 고민을 당신 자신을 위해 써왔습니다. 당신의 안녕에 대한 관심과 염려는 당신으로 하여금 사건을 제대로 보지 못하게 했고, 당신은 이 사건을 주로 권위의 문제인 양 해석하는 모습을 보여왔습니다"고 말했다.[160]

이러한 갈등이 점점 고조되는 동안에도 요더나 밀러는 법적인 도움을 의지하지 않았다. 1984년 초, 서면으로 작성된 요더의 이혼에 대한 준비가 내부적으로 다루어졌다. 요더는 노트르담 대학의 신학부 학과장인 리처드 맥브라이언Richard McBrien에게 자신이 고센 성경신학교의 조교수직을 사임하게 될 것이며 이렇게 결정하기까지 "미묘한 차원들"이 많이 있었다고 통보하였다. 요더는 이 통보와 더불어 "만약 당신이 이 문제를 불필요할 정도로 드러내 놓고 처리하지 않는다면, 메노나이트에 속한 나와 다른 사람들이 매우 고마워할 것"이라고 덧붙였다.[161] 맥브라이언은 서류를 접수했고 당시 노트르담 대학교의 상담가들뿐만 아니라 재학생 및 졸업생 출신들이 제출한 최근 보고서를 염두에 두면서 밀러는 요더에게 "몇몇 여성들이 이 사실을 다른 피해여성들에게 말했고, 요더 교수와 몇몇 사제들을 지켜볼 것"이라고 주의를 주었다.[162] 행정적으로 자신의 상황이 점점 나쁘게 처리되는 것을 알게 되면 요더가 신학대학원을 떠나리라고 추측하는 가운데, 밀러는 요더에게 노트르담 대학에서 그에게 준 교수직이 위험에 처해지지 않도록 처신하라고 주의를 주었다.[163]

---

160) 1984년 2월 3일, 마르쿠스 스머커가 존 하워드 요더에게 보낸 글을 인용함. 요더에 관한 밀러의 파일 AMBS X-18-001. 1984년 4월 5일, 마르쿠스가 마를린 밀러, 존 하워드 요더, 에블린 쉘렌버거, 밀라드 린드에게 보낸 글도 참고할 것. 요더에 관한 밀러의 파일 AMBS X-18-001.

161) 1984년 2월 6일, 요더가 리처드 맥브라이언에게 보낸 글. 요더에 관한 밀러의 파일 AMBS X-18-001.

162) 1984년 2월 3일, 마를린 밀러가 존 하워드 요더에게 보낸 글에서 인용. 요더에 관한 밀러의 파일 AMBS X-18-001.

163) 1984년 2월 2일, 마를린 밀러가 요더에게 보낸 글. 요더에 관한 밀러의 파일 AMBS X-18-001. 1984년 6월 14일에 마를린 밀러가 리처드 맥브라이언에게 보낸 글도 볼 것. 요더에 관한 밀러의 파일 AMBS X-18-001.

요더의 사직을 받아들이기로 한 고센 성경대학원 위원회의 결정은 공식적으로 발표되지 않았지만 요더의 사직서는 1984년 6월 1일에 수리되었다. 만약 발표하기로 요청했다면, 고센 성경대학원 위원회 위원들과 교직원대표들은 아주 오랜 기간 동안 해결되기를 바랐던 이 결정이 쌍방의 동의 하에 가결되었다고 발표했을 것이다. 그러나 요더도 대학원 측도 성명서를 만들 계획을 하지 않았다.[164] 요더와 함께 침묵하기로 한 가운데 내린 이 결정에 대해 밀러는 훗날 유감을 표명했다. 그는 "고센 성경대학원은 만약 요청이 없으면 교회나 교회 관련 기관들에 속한 책임자들에게 이 사실을 먼저 알리지는 않을 것"이라는 기록을 남겼다.[165] 만약 교회 관련 기관들의 대표자들이 구체적인 설명들을 요청했다면 밀러는 요더와 고센 성경대학원의 위원회 위원장 에블린 쉘렌버거로 하여금 이를 게시하도록 요청할 계획이었다. 1984년 늦은 봄, 고센 성경대학원 및 메노나이트 성경대학원 위원회가 집행부로서 공동 회의를 개최하였을 때, 밀러는 요더가 여러 다른 주의 여성들과 성추행 문제가 있음을 인정하고 사의를 표했다고 발표하였다. 고센 성경대학원 위원회의 한 위원은 요더가 이루고자 했던 활동에 대해 했던 어떤 생각을 하고 있는지 물었다. 이에 대해 밀러는 "요더는 여러분들에게 '짐승을 길들일 수 있다'는 사실을 증명해 보이고자 했습니다."라고 답하였다.[166] 밀러는 도합 20명 정도 되는 위원회 위원들에게 요더가 사임하도록 압력을 행사한 것을 비밀에 붙이도록 요청하였다. 이 요청에 대해서는 많은 예민한 반응이 표출되었다. 몇몇 메노나이트 성경대학원 측의 위원들

164) 1984년 10월 30일 론 렘펠(Ron Rempel)이 마를린 밀러에게 보낸 글. 요더에 관한 밀러의 파일 AMBS X-18-001. 1984년 11월 15일 마를린 밀러가 론 렘펠에게 보낸 글. 요더에 관한 밀러의 파일 AMBS X-18-001.
165) 1984년 1월 18일, 마를린 밀러 외 몇 사람이 고센 성경대학원 위원회에 보낸 글. Marlin Miller, et. al., "Subcommittee Report and Recommendations" to GBS Board of Overseers, Jan. 18, 1984, pp3-4. 요더에 관한 밀러의 파일 AMBS X-18-001. 밀러의 후회에 대한 내용은 2014년 6월 6일 테드 쿤츠와 저자가 나눈 인터뷰 내용임.
166) 2014년 8월 4일 래리 이바이Larry Eby가 보내온 이메일.

은 대학원에 이토록 엄청난 피해를 주는 정보들을 그렇게 오랫동안 붙들고 있었던 밀러에게 비난을 퍼부었다.[167] 요더를 강사로 초청했던 메노나이트 교회 및 총회교단과 관련된 기관들이 이미 계획한 행사들을 어떻게 할 것인가? 비밀보장을 유지하는 것은 거의 불가능해 보였고, 어떤 사람에게는 아예 잘못된 일로 보였다. 그렇게 할 경우, 대학원 내부자들은 이 부분에 대해 침묵해야 했기 때문이었다.[168]

요더가 대학원을 떠날 때 일은 깨끗하게 정리되지 못했다. 요더의 집이 대학원 맞은 편 길 건너에 위치해 있었고, 그 집의 우편함이 대학원 캠퍼스에 놓여 있었기 때문이었고, 그의 사후 문제를 정기적으로 검토하도록 되어있었기 때문이었다.[169] 그리고 요더는 계속해서 대학원 도서관을 사용했다. 이러한 상세한 일처리는 밀러에게 요더가 대학원 사임을 할 때 "꼭 거쳐야 하는 과정"이 부족했다는 사실을 다른 사람들에게 말하고 있다는 사실이 전달됨으로써 갈등을 빚었다. 1983년, 잠정적으로 큰 스캔들이 있을 것을 걱정한 밀러는 요더에게 프랑스 스트라스부르에서 열리게 되는 제11차 메노나이트 세계협의회 총회의 기조연설을 취소하라고 요청했다. 이 총회는 70여 개국에서 수천 명의 대표자들이 모이는 아주 거대한 회합이었다. 밀러의 관점에서 볼 때, 대서양 양편에 너무나 많은 사람들이 요더의 성추행을 이미 알고 있었기 때문이었다.[170] 요더는 밀러의 요청을 묵묵히 따랐

---

167) Ibid.

168) 이 회합이 있은 후 얼마 되지 않아, 요더는 메노나이트 성경대학원 위원회 몇몇 위원들이 그 회의 내용의 세부적인 내용들에 대해 비밀보장을 지키고 싶어 하지 않은 점에 대해 밀러에게 실망감을 토로했다. 1984년 7월 14일, 요더가 밀러에게 보낸 글. 요더에 관한 에블린 쉘렌버거의 파일 X-18-003, Menonite Church USA Archives-Goshen.

169) 1984년 6월 29일, 마를린 밀러가 조 허츨러(Joe Hertzler)에게 보낸 글. 요더에 관한 밀러의 파일 AMBS X-18-001. 1986년 12월 8일, 리처드 A. 카우프만이 에블린 쉘렌버거에게 보낸 글. 요더에 관한 에블린 쉘렌버거의 파일 X-18-003.

170) 1983년 4월 10일, 마를린 밀러가 요더에게 보낸 글. 요더에 관한 밀러의 파일 AMBS X-18-001. 1984년 늦은 봄, 메노나이트 중앙위원회의 평화분과 또한 요더와의 관계를 재평가하고 있었다. 1984년 5월, "Review: John Howard Yoder Portfolio"를 보라. 요더에 관한 밀러의 파일 AMBS X-18-001.

지만, 그의 대학원 사임은 불공평한 처사였다면서 밀러에게 여러 번 불편한 심기를 표출하였다. 다음 몇 년 동안 대학원의 자료를 이용하면서 빚어진 말다툼은 이러한 그의 불만족을 있는 그대로 드러내주었다.171) 그러나 점차로 신학대학원과의 인연은 느슨해지게 되었다. 다음 몇 년 간, 신학자이자 윤리학자로서 요더는 노트르담 대학에 근거를 두고 성장하였으나, 그 어떤 AMBS 행사에도 초청을 받지 못하였다.

훌륭한 평판을 얻은 교인?

요더가 떠난 후에 왜 그가 떠나야 했는지 질문을 받은 밀러는 오래된 주제들을 해결하는 한 가지 방식으로 분리주의 노선을 분명히 했다. 메노나이트 교회 안과 밖에서 많은 사람들이 보여주는 관심들에 대해 그는 요더에 대한 일말의 동정심을 갖고 질문들을 처리하고 있었다. 한 친구가 밀러에게 "이 모든 일을 처리하면서 은혜의 위치는 어디에 있던가?"라는 질문을 했다. 신중한 모습으로 밀러는 다른 사람들이 배울만한 내용으로 자세하게 대답했다. 요더에 의해 빚어진 성폭력에 관하여 그는 "아프리카, 캐나다, 유럽, 미국…. 그리고 남미의 상황을 포함해서" 대략 30여명과 소통을 나누었다. 그와 그의 동료들은 요더에 대해 굉장한 인내심을 보여주었고, 자신의 건강과 가족의 고통은 말로 다 할 수 없을 정도였다. 이러한 도전들을 감당하면서, 밀러는 요더가 갖고 있던 신학대학원과의 끈을 끊어 내는 것은 필수적인 일이었다고 말했다. 밀러에게 요더가 신학대학원을 떠나게 된 것은 은혜의 표시였다.172)

밀러가 느낀 이러한 안도의 한숨도 그리 오래가지는 못했다. 요더와 함

---

171) 1984년 6월 4일, 마를린 밀러가 요더에게 보낸 글. 요더에 관한 밀러의 파일 AMBS X-18-001. 1987년 7월 27일, 존 하워드 요더가 조셉 허츨러에게 보낸 글. 요더에 관한 밀러의 파일 AMBS X-18-001. 1987년 7월 28일, 마를린 밀러가 조셉 허츨러에게 보낸 글. 요더에 관한 밀러의 파일 AMBS X-18-001.

172) 1985년 3월 18일 밀러와 나눈 편지에서 인용. 요더에 관한 밀러의 파일 AMBS X-18-001.

께 일하기를 희망했던 메노나이트 행정가들과 학교들이 그들이 어떻게 처신해야 할지 모르겠다는 질문들을 갖고 대학원 총장실로 몰려왔기 때문이었다. 캔사스 주의 어떤 메노나이트 목사는 요더의 과거에 대한 소문들 때문에 대평원 지역에서 대학원 프로그램the Great Plains Seminary Extention 으로 요더의 강의가 계획되어 있었다고 보고하였고, 엘크하르트의 신학대학원에서 요더 자신이 "마태복음 18장의 과정"을 스스로 깬 것이 아니냐는 질문을 해왔다.[173] 1980년대 중반, 일단의 목회자들이 교회의 치리에 대한 내용이 옳은지 그른지 듣고, 받아들이도록 권고하는 "매고 푸는binding and loosing" 시간을 가졌다. 이는 요더가 책과 강의를 통해 널리 보급한 내용으로 성경 구절에 근거한 내용이었다.[174] 대학원에서 사직함으로서 평가절하된 상호책임의 원리를 반복적으로 말하고 있는 요더를 보면서, 밀러는 요더의 말을 더 이상 받아들일 수 없었다. 밀러는 요더의 퇴직에 관한 문서에서 이에 대한 자신의 입장을 조금 언급하였지만, 그는 AMBS동료 행정가로서 "자신의 비행기가 추락할 경우"를 생각하며 요더와 관련된 서류 일체를 보지 못하도록 봉쇄해 버리는 모습을 보였다.[175]

펜실베이니아 주에 위치한 메노나이트 출판사인 헤럴드 출판사 본부로부터 요더의 저작들을 지속적으로 출판하는 일과 관련하여 "존 하워드 요더가 간통에 연루되었는가?"라는 예리한 질문이 제기되었다.[176] 요더의 신

---

173) 1985년 5월 28일, 마를린 밀러에게 로이스 바렛(Lois Barrett)이 보낸 글. 요더에 관한 밀러의 파일 AMBS X-18-001.

174) 2014년 6월 24일, 랩과 나눈 인터뷰에서.

175) 저자가 리처드 카우프만과 나눈 인터뷰에서 인용. 1986년 3월 13일, 밀러가 요더에게 보낸 글도 참고할 것. 요더에 관한 밀러의 파일 AMBS X-18-001. 밀러는 1979년 초기까지 거슬러 올라가는 요더 관련 파일들을 언급하면서 "자신의 비행기가 추락할 경우"라는 표현을 사용하였다. 1979년 12월 26일, 밀러가 요더에게 쓴 글. 요더에 관한 밀러의 파일 AMBS X-18-001. AMBS로부터 요더가 떠나게 된 일에 관해 자세하게 소통한 밀러의 신중함은 법적인 조언을 구하도록 권면되었다. 1992년 3월 20일, 그레그 하츠러가 마를린 밀러에게 보낸 글. 요더에 관한 밀러의 파일 AMBS X-18-001.

176) 1985년 9월 12일, 로렌 존스(Loren Johns)가 마를린 밀러에게 보낸 글. 요더에 관한 밀러의 파일 AMBS X-18-001.

학책을 편집하던 출판사의 편집자에 의해 제기된 이 질문은 밀러가 요더에게 약속했던 범주에 대한 질문과도 연관이 있었으며, 편집장은 출판위원장과 요더와 협의한 후에 발표하겠다고 하였다. 밀러는 위원회와 협의한 후 헤럴드 출판사에게 답신하기를 편집자들은 요더에게 "대학원이 염려하는 이 문제들에 대한 요더의 입장이 무엇이며 대학원이 그의 사직에 끼친 영향이 무엇인지" 직접 물어보라는 애매모호한 답신을 보냈다.[177] 이 주제는 제대로 해결되지 않았다. 몇 년 동안 헤럴드 출판사는 과연 요더의 책을 계속 출판해야 하는지 등의 질문을 제기하며 출판사를 비판하는 사람들은 물론 독자들로부터 제기되는 여러 질문들과 메노나이트 출판사로서 가져야할 기준에 대한 압력을 고스란히 떠안아야 했다.[178]

헤럴드 출판사에서 대학원으로 전달된 염려들은 요더 자신이 출석하던 엘크하르트의 프래리 스트리트 메노나이트 교회 안에서도 동일한 모습으로 표출되었다. 1980년대 초반부터 그 다음 십년이 넘는 기간 동안, 이 교회에 부임한 목회자들은 처음에는 아주 조심스럽게 그러나 나중에는 그의 혼외 성추행에 대한 공유된 정보를 가지고 점점 더 담대한 모습으로 요더에게 다가갔다. 요더가 고센 성경대학원을 떠나기 전에, 프래리 스트리트 교회의 목사인 필 베즈워스Phil Bedsworth와 동료 목회팀들은 마태복음 18장을 적용하기 위한 일환으로 요더와 함께 이야기를 나누었다. 그들은 요더의 결혼 상황에 대해 염려하였지만, 몇 번의 대화를 나누는 것을 넘어서 그 문제

---

177) 1985년 11월 18일, 마를린 밀러가 로렌 존스에게 보낸 글. 요더에 관한 밀러의 파일 AMBS X-18-001.

178) 1986년 1월 27일, 로렌 존스가 찰리 쿠퍼(Charlie Cooper)에게 보낸 글. 요더에 관한 밀러의 파일 AMBS X-18-001. 1987년 1월 12일, 밀라드 린드가 마를리 밀러에게 보낸 글을 참고할 것. 요더에 관한 밀러의 파일 AMBS X-18-001. 요더가 저술한 책에 관한 다양한 관점들에 대해 2013년 출판사가 내린 결정에 대해, 2013년 12월 9일 "메노미디어MennoMedia가 존 하워드 요더 책에 출판에 포함시키기로 한 성명서"를 보라. http://www.menno-media.org/?Page=7904, 2014년 3월 3일자 Canadian Mennonite 잡지 11-13페이지에 월터 클라센, 루스 클라센, 해리 로우웬, 번 래츠래프가 편집자에게 보낸 편지를 참고할 것.

를 제대로 다루지 못했다.179)

1986년, 프래리 스트리트 교회에 새로 부임한 찰리 쿠퍼 목사는 회중 내에 안수를 받은 아홉 명의 목사들과 함께 일련의 아침 모임을 마련해서 요더와 다른 리더들이 함께 동료책임관계를 설정하기 위한 노력을 기울였다. 요더는 고센 성경대학원 총장으로 재직하던 1973년에 목회를 위한 안수를 받았다.180) 후에 쿠퍼는 "이 모임에 참여한 사람들은 대부분 은퇴한 목사들로 몇 분들은 이미 요더에 대해 '염려'하고 있었다."고 회고하였다.181) 이 일련의 모임에서 요더와 쿠퍼는 안수의 의미에 대해 토론하였다. 이 주제는 쿠퍼에게 중요했는데 그 이유는 신자들의 교회 신학이 안수 받은 리더들을 포함한 교회 구성원들을 훈계하는데 있어서 핵심장소가 바로 회중이라고 규정하기 때문이다.182) 메노나이트들에게 보다 수직관계의 교회론으로 보일 우려 때문에, 프래리 스트리트 메노나이트 교회는 요더의 성적 추행에 관련된 소문들을 조사하기를 그다지 원치 않았다. 그러나 1986년 내내, 쿠퍼와 회중의 장로위원회 - 회중의 영적인 안녕을 책임지는 리더들의 모임 - 는 요더가 교회 안에서 평판을 그대로 유지할 수 있을지 말지를 결정하는 일과 헤럴드 출판사의 요청에 반응해야 하는 일에 대한 의무감을 느끼게 되었다.183)

장로들은 요더로부터 직접적인 정보를 얻고자 노력했으나 곧 좌절하였다. 요더는 쿠퍼에게 만약 장로들이 "이 일에 깊게 관여하거나, 글들을 읽고자 하거나, 적절한 정의를 다루고 결과에 대해 연구할" 준비가 되어 있다

---

179) 1991년 3월 27일, 제임스 랩(James Lapp)의 기록. 프래리 스트리트 메노나이트 교회/존 하워드 요더 대책위원회 파일. 2014년 7월 12일 키스 하더 (Keith Harder)와 저자의 인터뷰.

180) 2014년 6월 7일, 시몬 깅그리치(Simon Gingrich)와 저자와의 인터뷰. 1973년 5월 6일, "존 하워드 요더의 안수 예배를 위한 기도문", 요더에 관한 밀러의 파일 AMBS X-18-001.

181) 2014년 6월 28일자로 쿠퍼가 저자에게 보낸 이메일.

182) 프래리 스트리트 교회 대표자들은 인디아나-미시간 메노나이트 지방회의 리더들과 함께 목회자들과 관련된 상호책임을 감당하기 위한 회중의 책임에 대해 논의하였다. 1986년 4월 3일, 인디아나-미시간 교회 위원회의 (Church Life Commission)회의록 p.3을 보라. MC USA Indiana-Michigan Mennonite Conference John Howard Yoder Files, II-05-019.

183) 1986년 1월 27일, 로렌 존스가 찰리 쿠퍼에게 보낸 글. 요더에 관한 밀러의 파일 AMBS X-18-001.

면, 기꺼이 그들의 요청에 임하겠다는 말을 건넸다.[184] 이는 대화를 끊고자 하는 요더의 방식이었다. 몇 십 년이 지난 후, 쿠퍼는 "장로 중에는 그를 돕고 돌보고자 시도했던 요더의 평생 친구들이 지적, 윤리적, 신학적 서클을 형성하는 가운데 요더가 정직하고, 본질적으로 겸손하게 되는 모습을 보고자 했으나 어려움을 겪었다"고 회상하였다.[185] 도덕적인 모습이 사라진 점에 대해 대놓고 질문하자, 요더는 이에 대해 부정도 긍정도 하지 않았다. 그 후 프래리 스트리트 메노나이트 교회의 장로들은 밀러에게 상황과 단서들을 요청하였으나, 대학원 총장이었던 그는 AMBS로부터 요더는 분리되어 있다고 하면서 특정한 원인들을 누설하기 원치 않았다.[186]

그로부터 1년 후에, 프래리 스트리트 교회의 장로들은 지속적으로 요더에 대한 관심을 가졌음에도 불구하고, 요더의 잘못에 대해 명확한 근거자료를 확보할 수 없었다. 이러한 상황과 더불어 일전에 요더의 행동이 메노나이트 품위를 위협했다고 지적한 헤럴드 출판사는 구체적으로 실증할 수 없는 주장에 대해 훈계할 근거를 확보하지 못했다. 만약 프래리 스트리트 회중이 그의 교회 멤버십을 무효화할만한 정당성을 찾지 못한다면 "그를 명백하게 고발할 만한 완전한 증거가 없기 때문에 그를 출판사의 저자로 남겨 둘 수밖에 없다"는 것이 헤럴드 출판사의 입장이었다.[187] 엘크하르트 대학원의 밀러 총장은 회중의 리더들이 애매모호한 판단을 내림으로써 출판사가 요더의 저작 출판을 진행하게 되자 적잖이 당황했다.[188] 과거에 출판사의 편집장들은 요더의 과거로 인해 자신들의 조사심리를 진행하고자 고

---

184) 1986년 12월 29일, 마를린 밀러가 에블린 쉘렌버거, 마르쿠스 스머커, 밀라드 린드에게 보낸 글을 인용함. 요더에 관한 밀러의 파일 AMBS X-18-001.
185) 2014년 6월 28일, 쿠퍼가 저자에게 보낸 이메일.
186) 1986년 12월 29일, 마를린 밀러가 에블린 쉘렌버거, 마르쿠스 스머커, 밀라드 린드에게 보낸 글을 인용함. 요더에 관한 밀러의 파일 AMBS X-18-001.
187) 1986년 12월 18일, 로렌 존스가 찰리 쿠퍼에게 보낸 글을 인용. 요더에 관한 밀러의 파일 AMBS X-18-001. 2014년 6월 6일, 로렌 존스와 저자와의 인터뷰.
188) 1986년 12월 29일, 마를린 밀러가 에블린 쉘렌버거, 마르쿠스 스머커, 밀라드 린드에게 보낸 글을 인용함. 요더에 관한 밀러의 파일 AMBS X-18-001.

려한 적이 전혀 없었지만, 그들은 요더의 도덕적 성품에 대해 분명하게 말하기를 주저하는 밀러의 모습에 대해 당황스러워했다.[189]

교회의 상호책임은 아주 빠져 나가기 쉬운 일처럼 보였다. 다음 10년 동안, 요더의 성추행에 대한 신뢰할만한 설명들이 수면위로 드러나고 상호책임에 대한 많은 질문들이 다시금 제기되자, AMBS와 헤럴드 출판사, 그리고 프래리 스트리트 메노나이트 교회 모두는 증명할 만한 정보를 입수하지 못한 회중이 저명한 메노나이트 신학자를 효과적으로 징계할 수 있을지에 대한 기본 전제들을 다시 생각하기에 이르렀다. 교회의 징계를 실패하도록 만든 주체는 누구인가? 엘크하르트와 사우스 벤드 공동체는 물론 여러 장소에서 빚어진 요더의 성적 추행에 대해 두려워 떠는 여성들을 실망시키는 사람들은 누구인가? 이러한 질문들은 수사학적이지만, 1989년 다른 곳에서 목회를 하기 위해 프래리 스트리트 교회를 떠난 쿠퍼는 "다람쥐 쳇바퀴를 돌리지도 않고 에너지를 소진하지 않은 채 회의를 주재하고 자기 검열도 하지 않은 유일한 사람은 존 하워드 요더였다. 그는 그 과정을 기다리는 데 매우 만족스러워 했던 것처럼 보였다"고 회상했다.[190] 메노나이트 교회론에 입각한 모임들이 요더를 상대로 다시 전략을 세우기까지 거의 5년이 소요되었다.

더 이상 사적인 문제가 아닌

1989년, 자동차 사고가 나서 요더는 평생 신체적 제한을 안고 살아야 했다. 오랫동안 치료되지 않는 발의 통증과 목발을 짚고 걸어야 하는 기동력은 60세의 노트르담 대학 교수에게 큰 도전이었다. 그러나 그의 저술활동은 여전히 쇠퇴하지 않았다. 요더는 5개 국어로 글을 썼고 번역가들은 그의

---

189) 로렌 존스와 저자와의 인터뷰.
190) 2014년 6월 28일, 쿠퍼가 저자에게 보낸 이메일.

작품을 보다 더 다양한 언어로 번역하여 읽을 수 있도록 했다. AMBS와 전세계의 다른 기관들에서 그의 신학 및 윤리학 저서들은 교육과정으로 채택될 정도였다. 그러나 엘크하르트에서 학생들은 왜 그가 더 이상 대학원에서 가르치지 않는가 생각하는 한편, 어떤 학생들은 그의 글들을 필독 도서 목록으로부터 삭제하라고 요청하였다. 상당수의 교수들이 그의 저술들을 참고도서 목록에서 인용하지 않는 반면, 어떤 사람들은 요더의 학술적 업적을 그들의 수업과 연구의 핵심 사항으로 삼았다.[191]

1990년, AMBS에서 공부를 막 마친 결혼한 루스와 해롤드 요더 부부는 프래리 스트리트 메노나이트 교회의 협동 목사로 일하기 시작했다. 종종 메노나이트 기관들로부터 존 하워드 요더의 성추행에 대해 궁금해 하는 질문들을 받으면서, 이 부부 목사는 어떻게 답변해야 할지 알 수 없었지만, 프래리 스트리트 교회 장로 위원회의 한 위원으로부터 1986년 요더를 상대로 문제가 제기된 문서철을 전해 받았다. 이제 5년 뒤, 메노나이트 지방회들은 성추행과 관련된 구체적인 정책들을 실행하기 시작했다. 요더의 목회 신임에 대한 책임을 지고 있는 인디아나-미시간 메노나이트 지방회는 안수 받은 리더들을 상대로 제기된 성추행에 대해 어떻게 대응해야할지 지침들을 막 채택하였다.[192] 이러한 정책의 발전을 인식하는 가운데, 프래리 스트리트 목사들과 장로들은 새로운 조사에 착수하였다. 이전의 노력들과 더불어, 갈등을 해결하기 위한 마태복음 18장의 전체 틀이 여전히 기능하도

---

191) 1990년 2월 19일, 메리 셜츠(Mary H. Schertz)가 마를린 밀러에게 보낸 글. 요더에 관한 밀러의 파일 AMBS X-18-001. 1990년 2월 19일 밀러에게 보낸 메모. 요더에 관한 밀러의 파일 AMBS X-18-001. 1990년 3월 1일 개최된 AMBS와 연합위원회 의사록. p.2. 요더에 관한 밀러의 파일 AMBS X-18-001. 스와틀리와 저자와의 인터뷰.

192) 메노나이트 총회교단의 존 이서(John Esau)는 이미 "Guideline for Discipline in Ministerial Credentialing"이라는 문서의 초안을 입안해 놓고 있었다. 1992년 1월 프래리 스트리트 메노나이트 교회/존 하워드 요더 대책위원회 파일의 제8차 수정안을 보라. "Draft-Guidelines for Dealing with Alleged Sexual Harassment and/or Abuse", Indiana-Michigan Mennonite Conference, May 18, 1992, 프래리 스트리트 메노나이트 교회 파일, 엘크하르트, 인디아나. 2014년 6월 7일, 해롤드 요더의 저자와의 인터뷰. 2017년 6월 9일, 세름 카우프만과 저자와의 인터뷰.

록 하면서, 동등한 권력을 갖고 있지 못한 개인들이 처한 환경에서 성추행을 당할 잠재적 가능성이 얼마나 중요한지에 대해 많은 관심을 가지게 되었다.

프래리 스트리트 회중에 뿌리를 둔 이 그룹은 오래 전에 일어난 요더의 성추행에 대해 염려하는 메노나이트 리더들을 포함시켰다. 1991-1992년 동안, 새로이 조직된 프래리 스트리트 메노나이트 교회/존 하워드 요더 대책위원회에 당시 메노나이트 총회장인 제임스 랩을 비롯하여 전체 교단 출신의 대표자 5명과 더불어 회중의 대표자를 포함시켰다.[193] 랩은 요더의 성추행에 대한 주장을 제대로 알게 되었고 일전의 판결은 당연히 고센 성경대학원과 프래리 스트리트 회중이 감당했었어야 했다고 생각했었다. 그러나 이제는 종교적인 권위를 잘못사용한 것에 대한 관점이 랩과 다른 리더들에게 영향을 끼치게 되었다.

랩은 그 변화를 다음과 같이 회상하였다.

존 하워드 요더의 신학과 이해 사이에 간극은 권력의 역동성을 제대로 감안하지 못해서 생긴 것이다. 여성들을 상대로 한 성추행을 어떻게 바라보아야 하는지에 대한 관점이 전체적으로 변화하기 시작했다. 이제 성추행은 더 이상 개인의 문제가 아니었다. 왜냐하면 성추행을 사적으로 인식하는 것이 얼마나 부적절한 것인지 깨닫게 된 것이다. 1990년대는 이 부분에 대해 보다 기꺼이 책임을 감당하려고 했고 이러한 여성들의 목소리를 통해 나도 정신을 차리게 된 것 같다.[194]

193) "Charge to JHY Task Force, 1991년 프래리 스트리트 메노나이트 교회/존 하워드 요더 대책위원회 파일, 해롤드 요더가 프래리 스트리트 교회의 아트리 비치(Atlee Beech), 필리스 스터츠맨(Phyllis Stutzman), 데일 슘(Dale Schumm), 일리스 브렉빌(Willis Breckbill), 제임스 랩(James Lapp)은 물론 루스 요더와 메리 미슈러(Mary Mishler)를 포함시켜 "대책위원회"를 소집하였다.
194) 랩이 저자와 가진 인터뷰에서 인용. 1991년 4월 30일 랩이 빅터 스톨츠퍼스(Victor Stoltzfus)에게 보낸 글도 참고하라. 요더에 관한 밀러의 파일 AMBS X-18-001. 1991년 5월

이와는 또 다른 목소리가 들려지기 시작했다. 예를 들어, 평화주의 작가이자 메노나이트 중앙위원회 행정가였던 존 스토너John K. Stoner가 랩에게 존 하워드 요더의 마태복음 18장 해석 방식을 거절하도록 촉구하였다. 스토너는 요더의 성추행과 공격으로 피해를 사람들을 개인적으로 잘 알고 있었고, 사람들에게 새로운 방식을 요구함으로써 요더에게 직접 맞서도록 주장한 사람이었다.

우선 첫 단계는 요더의 행동에 대해 이의를 제기하는 모든 여성들의 이야기를 조심스럽고, 감수성을 갖고, 철저하게 자료를 문서화하는 일이다…. 희생자들은 요더가 주관하는 일에 완전히 반대되는 모습으로 그를 면대하여 맞서거나 고소해서는 안 된다. 사건의 성격상, 희생자 중에 요더를 만나 정면으로 맞설 만큼 힘을 가진 사람은 전무하거나 한 두 사람 정도에 불과하기 때문이다. 그리고 희생자를 책망하거나 그들의 탓으로 돌리는 것은 실제로, 잘못이며 논점을 완전히 벗어나도록 하는 행위다.195)

스토너의 비평방법은 『성폭력』Sexual Violence라는 책과 다른 많은 글들에서 마태복음의 문장을 "당사자 모두가 힘의 우열이 없는 동등한 상황이 전제된 가운데" 기록된 것임을 밝힌 기독교 이론가인 마리 포춘Marie Fortune의 노력을 상기시켜 주었다. 마태복음 18장의 말씀은 당사자 한쪽이 목사일 경

29일 랩이 해럴드 요더와 만난 모임의 상황을 손으로 쓴 기록. 프래리 스트리트 메노나이트 교회/존 하워드 요더 대책위원회 파일. 1990년대 초, 여성들을 상대로 남성들의 성폭력 근절을 주제로 한 모임에 참석한 결과로 빚어진 몇몇 메노나이트 남성 리더들이 변혁적인 경험을 보고하였다. 예로 테드 쿤츠의 Godward라는 책에 실린 "Born Again"라는 글을 참고하라. Ted Koontz (Scottdale, Pa.: Herald Press, 1996), 17-24.

195) 1991년 4월 4일, 제임스 랩이 존 스토너로부터 받은 편지. 프래리 스트리트 메노나이트 교회/존 하워드 요더 대책위원회 파일.

우에 진실이 될 수 없다.196) 대안적인 접근방법으로써, 스토너의 관점은 과거에 일어난 성추행을 문서화하도록 한 뒤 피해여성들과 접촉하도록 존 하워드 새로운 요더 대책위원회에 지침을 제공해 주었다.

주도권을 가진 대책위원회는 요더와 전례 없는 대결을 펼치기 위한 정지작업을 해나갔다. 같은 해, 이 위원회는 요더의 성추행 역사를 정리하여 공식적으로 알렸다. 1991년 가을, 메노나이트 활동가들은 미국의 상원의원인 크래런스 토마스의 확증 청문회와 동시에 요더의 성추행을 백일하에 드러냈다. 수 백 만 명의 미국 시민들이 텔레비전을 시청하면서 성추행의 고소를 부인하는 이들의 설명을 지켜보았고, 청문회로 인해 공표된 내용은 권력의 불균형에 대한 내용뿐만 아니라 직장 내에서 일어나는 성행위에 대해 나라 전역에 논쟁을 불러일으켰다.197) 비록 토마스는 결국 대법원 법관으로 임명되었지만, 성추행 청구권에 대해 새로운 관심을 불러일으키는 동시에 존 하워드 요더 대책위원회에게는 여성들을 향한 요더의 성추행의 범위가 어느 정도인지, 그리고 이러한 성추행관련 프로토콜들을 교회내의 징계에 어떻게 적용해야 하는지 등 새로운 무게를 실어주었다.

요더의 목회자격 정지

1991년, 마르다 스미스 굿Martha Smith Good은 고센 대학의 교목으로 일하고 있었다. 15년 전에 고센성경대학원의 학생이었던 마르다는 몇 년 동안 접근해 왔던 요더의 의지를 꺾어놓았었다.198) 1991년, 메노나이트 정신건강 전문가 캐롤린 홀더리드 헤겐은 뉴 멕시코에 살고 있었다. 헤겐은 약 10

---

196) 브롬리와 크레스(Bromley and Cress), "Narrative of Sexual Danger", p. 48에서 인용. 마리 포춘의 *Sexual Violence: The Sin Revisted* (Cleveland: Pilgrim Press, [1983] 2005)도 보라.
197) Paul I. Weizer, *Sexual Harrassment: Cases, Case Studies, & Commentary* (New York: P. Lang, 2002), p.147에 들어있는 "클래런스 토마스 확증 청문회: 성추행 주제에 대한 미국의 자각."
198) 마르다 스미스 굿과 저자가 나눈 인터뷰.

년 전 요더가 강의를 하기 위해 알부구에르쿠에Albuquerque에 왔을 때와 그 후로 몇 번 만난 적이 있었다. 편지를 통해 요더는 달갑지 않는 성관련 내용이 담긴 편지를 보냈다.[199] 이 두 여성은 요더에게 직접적으로 퇴짜를 놓고, 시간을 두고 자신들이 경험한 내용을 마를린 밀러에게 사실대로 알렸다.[200] 헤겐은 성추행과 관련된 강의와 글을 쓰면서 정신건강 관련 일을 하고 싶어 했다. 1990년대, 헤겐은 정기적으로 메노나이트 기관들과 접촉하여 여성을 상대로 이루어지는 폭력에 대한 경각심을 일깨웠고 성폭력의 생존자들 간의 네트워크를 이루도록 격려하였다.[201]

여성들의 성추행에 대한 보고가 끊임없이 제기됨에도 불구하고 요더를 존경해마지 않는 밀러의 태도에 좌절하면서, 헤겐은 1991년 가을 마르다 굿과 친해지게 되었다. 요더와 관련된 이 두 여성의 경험은 자신들의 안녕을 지키기 위한 판단력이 얼마나 중요한지 알게 되었다. 그리고 이 둘은 엘크하르트 성경대학원이 요더의 희생자들에게 필요한 돌봄의 손길을 내밀지 못함을 알고 다른 여성들을 초청하기로 결정했다. 그들은 서로 협력하기 위해 다른 여성들과 접촉하면서 그들을 초청하였고, 밀러에게 보내기 위해 자신들이 쓰고 받은 편지들을 모았고, 요더에 의해 성추행을 당한 사람이 있으면 누구나 밀러에게 연락하라는 내용의 편지를 사람들에게 보내도록 요구하였다.[202] 그들은 밀러에게 거의 선택권을 남겨놓지 않았다. 밀러가 처음 그들의 요청을 거절하자, 헤겐은 이미 편지 사본을 「가스펠헤럴드

---

199) 헤겐과 저자가 나눈 인터뷰.
200) 1983-1984학년 동안, 요더는 헤겐에게 자신의 명예를 훼손한 죄목으로 소송을 할지도 모른다는 편지를 보냈다. 2014년 6월 27일 헤겐이 저자에게 보낸 이메일. 샬린 엡(Charleen Epp)은 1991년 9월 4일자 캐롤린 홀더리드 헤겐이 헤럴드와 루스 요더에게 보낸 편지를 제공하였고 현재 이 편지는 현재 저자가 소장하고 있다.
201) 헤겐이 저자와 나눈 인터뷰. Carolyn Holderread Heggan, *Sexual Abuse in Christian Homes and Churches* (Scottdale, Pa.: Herald Press, 1993).
202) 루스 크랄(Ruth Krall)이 함께 만나자고 제의하면서 이 세 사람은 서로 친해지게 되었다. 1992년 10월 23일, 마르다 스미스 굿과 케롤린 홀더리드 헤겐은 마를린 밀러와 마르쿠스 스머커에게 "존 하워드 요더와 관련된 끝나지 않은 일(Unfinished business re: John Howard Yoder)"이라는 제목의 글을 보냈다. 요더에 관한 밀러의 파일 AMBS X-18-001.

The Gospel Herald」의 편집장인 로렌 피치Lorne Peachey에게 넘긴 상태라고 말해 주었다. 일전에 피치는 헤겐에게 만약 자신이 주어진 지위를 사용하여 메노나이트 내에 존재하는 성추행에 대해 경각심을 불러일으킬 수 있도록 그녀를 돕겠다는 말을 한 적이 있었다. 실제로 그는 그렇게 할 의향이 있었고, 필요하다면 기꺼이 그 편지를 싣겠다고 했다.203)

신학대학원의 변호사의 조언을 받은 후에, 밀러는 마지못해 두 여성들이 원하는 바를 들어주었다. 밀러는 요더의 행동에 대해 비밀을 지키는데 있어 오랜 기록을 갖고 있었지만, 이제는 시대가 바뀌어 더 이상 비밀을 간직할 수 없게 되었다. 교회론에 입각해서 다루고자 했던 권위와 성추행의 비밀은 더 이상 유지할 수 없게 되었고 밀러는 이제 요더의 역사를 기독교 윤리안에서 지각없는 "실험"으로 보기 보다는 엄청난 문제를 야기시키는 것으로 여기게 되었다. 밀러는 그가 서류함에 보관해두었던 목록에 적힌 사람들에게 굿과 헤겐의 편지를 보냈다. 편지 겉표지에 밀러는 이렇게 기록하였다. "이들의 요청에 대해 여러분들의 진지한 생각을 말씀해 주십시오. 만약 여러분이 답신하기 원한다면 이 두 사람 중 한 사람에게 직접 연락을 취하십시오."204) 역설적이게도 여성들의 서클이 점점 더 커지면서, 밀러의 후원 역할은 시야에서 점점 사라져갔다. 비록 요더의 성추행에 대한 유증과 비밀이 밝혀졌음에도 불구하고, 메노나이트 기관에서의 투명성은 여전히 정의하기 어려운 모습으로 남아있었다. 왜냐하면 밀러가 행정담당자들에게 신학대학원에서 요더의 고용에 대한 질문이 올 때 가능한 한 "'성추행sexual harassment'이라는 말보다는 '성적 품행sexual conduct'이라는 중립적인 용

---

203) 헤겐이 저자와 나눈 인터뷰. 1990년 11월 7일 마를린 밀러가 J. Lorene Peachey 에게 보낸 편지도 참고할 것. 요더에 관한 밀러의 파일 AMBS X-18-001.

204) 1991년 12월, 마를린 밀러가 쓴 글 "Draft: Conficdntial"에서 인용. 요더에 관한 밀러의 파일 AMBS X-18-001. 마르다 스미스 굿과 캐롤린 홀더리드 헤겐은 1991년 편지에서 "친애하는 자매에게"라는 표현을 사용하였다. 캐롤린 홀더리드 헤겐이 저자에게 제공한 자료로 저자가 소장하고 있음. 1991년 12월 11일 마를린 밀러가 마르다 스미스 굿에게 보낸 편지. 요더에 관한 밀러의 파일 AMBS X-18-001.

어"를 사용하라고 종용했기 때문이다.[205]

이 여성들의 관계망은 아주 빠르게 발전하였다. 1992년 2월, 어느 주말에 마르다 굿은 엘크하르트 집에서 여덟 명의 여성임 모인 모임을 주관하였다. 어떤 여성들은 서로 전혀 알지 못한 관계이기도 했다. 그들은 1970년대와 1980년대 요더의 행동이 그들에게 신체적으로 감정적으로 어떤 영향을 끼쳤는지 서로 이야기를 나누었다. 더 나아가 아주 오랜 기간 동안 가족, 결혼, 직장, 친구 관계에 어떤 영향을 끼쳤는지 서로 이야기를 나누었다. 요더의 행동에 정면도전하고 공적으로 알려지게 될 때 잠재적으로 일어날 폭발적인 반응에 대한 염려가 있기는 했지만, 이 그룹은 요더가 지위를 이용하여 성추행과 폭력을 지속적으로 행사할 가능성에 대해 구체적으로 행동에 나서기로 결정했다.[206]

다음 날 아침, 미리 한 약속을 따라 이 여성들은 프래리 스트리트 교회의 목회자 가정에 도착하여 존 하워드 요더 대책위원회 위원들과 만나서 그들이 직접 경험한 내용의 이야기를 그들에게 들려주었다. 그들은 "우리의 경험이 요더의 부적절한 성적 비행에 대한 전체적인 내용을 전달하는 것이 아니라는 사실을 다른 여성들과 대화를 통해 잘 알고 있다"는 내용이 언급되어 있는 글귀와 함께, 여성들에게 행해진 요더의 공격에 대한 4페이지 분량의 진술서를 제시하였다.[207] 그들은 메노나이트 교회가 이 사건을 조사하는 동안, 요더의 목회 자격을 정지하도록 요청하였고, "우리는 마태복음 18장을 이 사건을 해결하는 절차로서 적절하다고 느끼지 않는다…. 우리들 중 많은 여성들이 요더를 만나기를 두려워하고 있으며 이 시점에서 그와 어

---

205) 1992년 3월 3일, 마를린 밀러가 게일 거버 쿤츠(Gayle Gerber Koontz)와 리처드 카우프만에게 보낸 편지에서 인용. 요더에 관한 밀러의 파일 AMBS X-18-001.

206) 1992년 2월 17일, 마르다 스미스 굿이 이름을 밝히지 않은 수신자들에게 보낸 편지. 캐롤린 홀더리드 헤겐이 제공하였으며 저자가 소장하고 있음.

207) 1992년 2월 21-22일, "Confidential Statement." 요더에 관한 밀러의 파일 AMBS X-18-001. 마르다 스미스 굿이 캐롤린 홀더리드 헤겐에게 보낸 편지. 저자 소장.

존 H. 요더의 성추행과 권력남용에 대한 메노나이트의 반응 · 93

떤 관계도 지속하기를 원하지 않는다."는 입장과 함께 교회 리더들이 그의 잘못된 행동을 저지하는 책임을 져달라고 요구하였다.[208] 그곳에 참석한 여성들은 모두가 자신의 이름으로 서명을 하였지만, 이들의 이름을 외부로 공개하지는 말아달라고 요청하였다.[209] 여성들은 대책위원들에게 "여러분은 우리를 믿습니까?"하고 물었다. 대책위원들은 그들을 믿노라고 대답하였고, 만장일치로 여성들의 보고를 채택하기로 결론지었다.[210]

3주 후에, 대책위원회는 13개의 성추행 조항과 더불어 요더를 고발하였다. 고발 내용 중 일부이다.

> 이 고발장은 당신과 수많은 여성들 사이에 아주 오랜 기간 동안 행해졌던 부적절한 성행동에 대한 내용이다. 이러한 행동은 강의실, 회의실, 수양관, 집, 아파트, 사무실, 주차장 등 여러 곳에서 발생하였다. 우리는 지금까지 들어온 이야기들을 믿으며, 피해자들이 큰 고통을 받아왔음을 인정한다…. 피해자들의 이야기는 교회가 리더인 당신에게 주었던 신뢰를 저버린 이야기들이다.[211]

신학자이자 요더의 친구였던 사람은 교회가 준 권위를 신뢰했던 여성들을 범한 일에 대해 요더가 회개해야 한다는 내용의 추가 청원서를 제출하였다. AMBS의 교수인 테드 쿤츠는 "존, 당신은 이 피해 여성들에게 마치 하

---

208) "Confidential Statement" p.4에서 인용.

209) Ibid., p.4. 헤겐, "Misconceptions and Victim Blaming", 31.

210) 여성들은 대책위원회 위원들의 따뜻한 반응을 자신들의 감수성을 받아주고 인정해주는 것으로 생각했다. 1992년 2월 28일, 티나 마스트 부르넷이 제임스 랩에게 보낸 편지. 프래리 스트리트 메노나이트 교회/존 하워드 요더 대책위원회 파일. 해롤드 요더가 저자와 나눈 인터뷰. 1992년 2월 25일 '92년 2월 22일 모임 요약 내용, 프래리 스트리트 메노나이트 교회/ 존 하워드 요더 대책위원회 파일.

211) 1992년 3월 13일, 존 하워드 요더 대책위원회가 요더에게 보낸 "Charges of Sexual Misconduct"라는 제목의 고발장. 프래리 스트리트 메노나이트 교회/존 하워드 요더 대책위원회 파일.

나님이나 되는 것처럼 행동했다"고 고발했다.

> 당신은 권력을 남용하였고, 당신을 신뢰하던 여성들을 배반하였고, 그
> 들이 하나님을 믿기 어렵게 만들고, 그들의 삶에 무거운 짐을 지웠다….
> 당신은 이들과 맺은 관계에서 끔찍한 권력을 행사했다. 당신이 성추행
> 을 하기 전에 그들에게 "물어보았다"는 것은 그들이 원하는 것과 상호
> 동등한 관계에서 이루어진 것이 아니다. 당신은 그들과의 관계에 있어
> 여전히 가공할만한 권력을 행사하고 있으며, 이는 그들에게 두려움으로
> 작용하여 아주 오랜 기간 동안 그들이 침묵으로 일관할 수밖에 없도록
> 만들었다.[212]

대책위원회의 성추행 고발은 사실상 메노나이트 상호책임 과정이 1996
년까지 시행되었음을 지지한다. 그러나 이 보다 더 직접적으로 요더는 캔사
스 주의 북뉴톤에 위치한 베델 대학교의 폭로들을 직면해야 했는데, 이 대
학은 1992년 요더가 미국 역사에 나타난 폭력과 비폭력에 대한 내용으로 열
린 학술대회의 기조연설을 하기로 되어 있던 곳이다. 이 학술대회가 열리기
2개월 전, 요더가 캠퍼스에 발을 들여놓지 못하도록 격렬한 반대운동이 일
자 이에 대해 대학행정부와 과거 요더로부터 성폭력 피해를 입은 여성들을
포함한 다른 사람들 간에 격렬한 대화가 촉발되었다.[213] 베델대학의 총장
인 존 제어John Zehr는 이 학술대회의 초청장을 무효라고 선언하였고, 대학의
학생신문인 *The Bethel Collegian*은 이 이야기를 대서특필하였다. 며칠 뒤
에 「메노나이트 주간지」는 요더의 성추행과 폭력에 대한 고발 내용을 폭로

---

212) 1992년 2월 24일, 테드 쿤츠(Ted Koontz)가 존 하워드 요더에게 보낸 글. 테드 쿤츠가 저자
에게 제공한 문서로 저자가 소장하고 있음.
213) 1992년 학술대회 프로그램. 요더에 관한 밀러의 파일 AMBS X-18-001. "The Decision to
Disinvite John Howard Yoder to Speak: An Interview with James C. Junkë, *The Mennonite*,
June 2014, 44; 2014년 6월 9일자로 제임스 준케가 저자에게 보낸 이메일.

하면서 메노나이트 출판계에 거대한 언론 기사를 몰고 올 뉴스특보라고 소개하였다.[214] 요더를 상대로 한 고소와 관련된 내용이 신뢰할만한 것인지 아닌지에 대한 신문 지상의 논쟁은 한바탕 소동을 몰고 왔다. 일반 신문들이 앞을 다투어 보도하게 된 언론의 정점은 1992년 7월 「엘크하르트 신문The Elkhart Truth」의 종교부 기자 톰 프라이스Tom Price가 "교회 리더, 신학자 및 교회 위원들에게 이 문제를 가져온 여덟 명의 여성들 중 세 명과 3개월 동안 진행한 인터뷰"를 근간으로 쓴 5회 연속 기사를 발표했을 때 였다.[215] 프라이스는 요더의 성추행 범위가 문제를 들고 나온 여덟 명의 여성을 넘어 30명에 이른다고 보고하였다.

프래리 스트리트 메노나이트 교회에서는 사건이 이러한 모습으로 진행되자 목사들과 회중의 멤버들 간에 발생한 긴장이 점점 더 악화되었다. 존 하워드 요더와 아내인 앤 요더는 프래리 스트리트 교회에 더 이상 출석하지 않았고, 장로회는 이 두 사람의 영적인 상태를 걱정하였고, 몇 명의 은퇴한 사람들에게 이 부부를 위한 목회적 돌봄을 제공하도록 부탁했다. 일전

---

214) 코트Cott가 1992년 3월 5일자 Bethel Collegian에 쓴 "Yoder Disinvited to Conference" 기사. Schrag이 1992년 3월 12일자 *Mennonite Weekly Review*에 쓴 "Bethel Withdraws Invitation for Theologian to Speak" 기사.

215) "Theologian's Future Faces a 'Litmus Test'," *Elkhart Truth*, July 12, 1992, B-1, B-3. 1992년 7월 12일자 엘크하르트 신문 B-1, B-3면에 실린 "리트머스 시험지를 받아든 신학자의 미래"라는 제호의 보도. 이 기사에서 프라이스는 최근 여덟 명의 여성들 중 자신들이 누구인지 밝힌 세명의 여성을 가명으로 보도하였다. 마르다 굿은 "클라라"로 헬겐은 "티나"로 표기되었다. 이 기사들은 테드 그림스러드(Ted Grimsrud)의 웹사이트인 http://peacetheology.net/john-h-yoder/john-howard-yoder%E2%80%99s-sexual-misconduct%E2%80%94part-five-2/.에서 볼 수 있다. 그러나 프라이스의 기사를 인용하면서, 불행히도 그림스러드는 숫자를 잘못 표기하는 실수를 지질렀다. 이 웹사이트에서 프라이스가 보고한 80명의 여성은 아마도 문제를 들고 나온 8명의 피해 여성들을 80명으로 잘못 기록한 것 같다. 프라이스가 실제로 자신의 기사에서 인용한 숫자는 80명이 아닌 30명이었다. 자신들의 이야기를 신문사에 말 한 여성들 중 몇 사람은 메노나이트 정기간행물들에 등장하는 편집자들에게 보내진 편지들에 포함된 것처럼 질책을 받았다. 1992년 3월 19일자 *Mennonite Weekly Review* p.4에 실린 위니프레드 왈트너(Winifred Waltner) 편지와 1992년 4월 2일자 *Mennonite Weekly Review*에 편집장 앞으로 보낸 데브라 벤더(Debra H. Bender)의 편지를 참고할 것. 프래리 스트리트 메노나이트 교회/존 하워드 요더 대책위원회가 피해자가 받을 원망에 관한 염려에 관한 내용은 1992년 10월 6일에 헤롤드 요더가 존 하워드 요더 상호책임 및 후원 그룹에 보낸 편지를 보라. 캐롤린 홀더리드 헤겐이 제공한 자료를 저자가 소장하고 있음.

에 회중들에게 알리지 않기로 약속했던 대책위원회 구성원들은 요더에 관한 내용을 신문사에 누설했다고 잘못 추정한 몇몇 개인들로부터 심한 질책을 감수해야 했다.216) 대책위원회는 여러 달에 걸쳐 요더와 함께 모임을 가졌으나, 이러한 공개적인 모임을 통한 지속적인 대화에 요더가 모습을 감출지도 모른다는 염려도 있었다.217)

요더는 성추행에 대한 13조항의 내용을 결코 부정하지 않았다. 대책위원회에 대해 그는 운명이 가까워오는 메노나이트 기관에 자신의 존재감과 유용성을 피력하는 모습으로 반응하였으며, 그와 교단이 맺은 결속력이 줄어드는 것에 대해서는 그다지 염려하지 않는 것 같이 반응하였다. 대책위원들은 글을 통해 요더는 교회에 대해 상호책임을 옹호하고 있다고 생각하였다.218) 그들은 왜 그가 "윤리 신학자로서 자신의 전문성에 해를 끼치게 될 것이 분명한" 행동들을 끊임없이 고집하였는지 질문하며 요더의 "이론화 작업의 패턴"에 대해 이의를 제기하였다.219) 이에 대해 요더는 몇몇 여성들을 "돕기 위한" 것이라고 말하면서 자신들이 동의한 수준을 적절히 이해하지 못한 여성들에 대해 유감을 표명하였다.220) 그의 입장은 십년 전에 마를린 밀러에게 해왔던 자신의 주장 즉 윤리적 질문들에 대한 지적인 활동이라고 주장한 내용 그대로였다. 요더는 비판적인 사고를 할 자유가 필요했고

---

216) 1992년 3월 15일에 쓴 "Statement from the Elders and Pastors to Be Read on Sunday Morning"글. 프래리 스트리트 메노나이트 교회/존 하워드 요더 대책위원회 파일.

217) 헤롤드 요더가 저자와 나눈 인터뷰와 2013년 10월 1일자 The Mennonite에 실린 "Price Told the John Howard Yoder Story"를 참고하라. http://www.themennonte.org/issues/16-10/ articles/news_analysis_Price_told_the_John_Howard_Yoder_story.

218) 1992년 6월 3일, "존 하워드 요더와 만난 대책위원회 회의록." 프래리 스트리트 메노나이트 교회/존 하워드 요더 대책위원회 파일.

219) 대책위원회가 1992년 5월 8일 존 하워드 요더에게 보낸 "Summary and Recommendation for Resolution 해결책을 위한 요약 및 추천사항." 프래리 스트리트 메노나이트 교회/존 하워드 요더 대책위원회 파일.

220) 요더는 "성행위에 관련된 양자가 잠깐 삽입 후 자신들의 성행위를 멈추기로 동의했다"는 것을 근거로 자신의 관점이 결코 성적인 관계를 갖기 위한 목적이 아니었다고 설명하였다. 1992년 3월 14일과 3월 26일 제임스 랩의 글에서 인용. 프래리 스트리트 메노나이트 교회/존 하워드 요더 대책위원회 파일.

인기 없는 결론에 도달할 자유가 있음을 강조하였다. 그리고 자신을 징계하려든 메노나이트 사람들에게 자신의 생각을 순응시키려거나 굴복하지도 않았다.[221)

1992년 6월, 대책위원회는 인디아나-미시간 메노나이트 지방회에 요더의 목회자격을 정지하도록 제안했다. 지방회 담당자는 즉시 "요더가 성적인 영역을 침해했다"는 성명서를 발표한 후 요더의 목회자격을 정지시켰으며 요더에게 정기적인 치료를 받고 회복의 길로 나가도록 요청하였다.[222) 그러나 이 결정에 관여한 사람들은 그가 어떻게 반응할지 확실히 알지 못했다.

요더는 그와 긴밀한 관계를 가졌던 세 명의 동료 신학자들 남침례신학대학원의 그렌 스타센, 풀러신학대학원의 제임스 맥클렌던, 듀크대학의 스탠리 하우어워스 과 회합을 가진 후 그들의 권면에 따라 그가 영향을 끼친 분야와 기독교 목회를 위해 감당해야 할 상호책임의 과정에 참여하기로 동의하였다.[223) 이미 그가 AMBS를 떠난 이래로 "친밀한" 관계를 가진 몇 여성들에게 시도했다고 주장하고 있듯이, 요더는 대책위원회에 지난 5년 동안 그가 "친밀한" 관계를 가졌던 모든 여성들과 관계를 끊겠다고 말했으며 이미 그들과 소통했다고 말했다.[224) 그는 대책위원회를 통해 자신을 성추행했다고 고소한 여덟 명의 여성들에게 보낼 성명서를 작성하였다. 그는 "여러분에게 끼친 엄청난 고통에 대해 강한 유감을 표현한다"고 언급하였

---

221) 1992년 6월 3일, "존 하워드 요더와 만난 대책위원회 회의록" 프래리 스트리트 메노나이트 교회/존 하워드 요더 대책위원회 파일.

222) 1992년 5월 18일자 CLC 회의록. 미국 메노나이트 인디아나-미시간 지방회 존 하워드 요더 파일, II-05-019, 인디아나-미시간 지방회가 1992년 6월 27일 발표한 내용. 프래리 스트리트 메노나이트 교회/존 하워드 요더 대책위원회 파일.

223) 1992년 6월 16일, 헤롤드 요더가 존 하워드 요더 대책위원회에 보낸 글. 프래리 스트리트 메노나이트 교회/존 하워드 요더 대책위원회 파일. 스탠리 하우어워스의 *Hannah's Child: A Theologian's Memoir* (Grand Rapids, Mich.l: Eerdmans, 2010), 244-245를 보라.

224) 1992년 6월 26일, "존 하워드 요더와 만난 대책위원회 회의록." 프래리 스트리트 메노나이트 교회/존 하워드 요더 대책위원회 파일.

다.[225] 그 후 4년이 넘도록, 요더는 자신이 해를 끼친 여성들과 화해를 심사숙고해야 했고, 재정적 보상을 고려해야 했고, 치료를 받아야 했고, 무엇보다 이 모든 일을 처리함에 있어서 인디아나-미시간 메노나이트 지방회의 교회생활위원회와 밀접한 관계를 가지며 치리를 받아야했다.[226]

인디아나-미시간 메노나이트 지방회의 징계과정

요더의 목회자격이 정지된 것에 이어서, 존 하워드 요더 대책위원회는 인디아나-미시간 메노나이트 지방회의 교회생활위원회에 모든 문제를 일임하고 해산되었다. 이 위원회는 1992년 10월 요더와 함께 그의 치리를 순차적으로 처리하도록 사람들을 임명하여 새로운 상호책임 및 후원그룹을 형성하였다. 상호책임 및 후원그룹의 설립에 있어, 지방회는 성폭력에 대해 최근에 채택한 정책을 따랐다. 성폭력 법의 원안 중에, 중재 팀이 고소당한 사람을 정기적으로 만나야만 한다는 조항이 있었다.[227] 대책위원회 위원들 중 두 명이 상호책임 및 후원그룹의 위원으로 가입하여 계속 일하게 되었다. 한명은 아틀리 비치Atlee Beachy로서 고센 대학의 심리학과 교수였고, 또 다른 한명은 메리 미스러Mary Mishler로 프래리 스트리트 교회 장로였다. 또한, 두 명의 메노나이트 정신과 전문가들이 참여했는데, 베티 호스테

---

225) 1992년 7월 7일, 존 하워드 요더는 "내가 가해한 사람들에게 보내는 글(Memorandum to Persons I have Offended)"이라는 제목의 문서를 작성하였다. 요더의 문서를 받아본 여성들은 "요더의 글이 고백적이라든가 회개의 입장을 반영하고 있다기보다는 자신의 동기와 접근 방식을 오해하거나 잘못 이해하게 된 상황 설명을 통해 자신을 정당화하고자 했다"고 회고했다. 1992년 8월에 쓴 "A Summary of the Reponses from Seven Women"을 보라. 미국 메노나이트 인디아나-미시간 지방회 존 하워드 요더 파일, II-05-019.

226) 1992년 7월 7일, 존 하워드 요더가 프래리 스트리트 메노나이트 교회 장로들과 인디아나-미시간 지방회 교회생활위원회에 보낸 글. 프래리 스트리트 메노나이트 교회/존 하워드 요더 대책위원회 파일.

227) 1992년 5월 18일에 인디아나-미시간 메노나이트 지방회가 마련한 "Draft-Guidelines for Dealing with Alleged Sexual Harrassment and/or Abuse 관련된 성추행 및/혹은 성폭력 취급 지침서 초안." 프래리 스트리트 메노나이트 교회/존 하워드 요더 대책위원회 파일. 그리스도의 연합교회(the United Church of Christ, UCC) 교단이 이와 비슷한 내용의 지침서들을 새로 채택하였다.

틀러Betty Hochstetler 와 존 카우프만John G. Kaufman이었다.

이 상호책임 및 후원그룹은 비밀보장의 기본원칙 입안, 피해자들과의 화해 시도 및 보상 규정, 심리평가 및 치료를 위한 준비 등을 골자로 1992년 11월부터 요더와 함께 만나기 시작했다.[228] 상호책임 및 후원그룹 위원들은 요더의 징계과정과 결과를 기록하여 요더의 목회자격을 다시 부여하거나 완전히 취소할 권한을 갖고 있는 인디아나-미시간 메노나이트 지방회의 교회생활위원회에 보고하게 했다. 비록 이 상호책임 및 후원그룹 위원들이 자신들의 임무가 도전적이라는 점을 충분히 알고 있었음에도 불구하고, 4년 동안 30회가 넘게 요더와 논쟁하면서 미로를 헤쳐나가는 듯한 힘겨운 과정을 밟게 될 것이라고 생각한 사람은 아무도 없었다. 1년 안에 상호책임 및 후원그룹을 임명한 지방회의 교회생활위원회는 그룹을 재조직하는 문제를 진지하게 고려했다. 그 이유는 과연 "상호책임"과 "후원"의 기능들이 한 위원회 안에 공존할 수 있는지 혹은 공존해야만 하는지에 대해 철학과 관리 차원의 질문이 제기되었기 때문이었다. 이 그룹은 종종 요더의 집이나 위원의 집에서 모임을 가졌고, 한 동안 이 위원회는 이 그룹이 마땅히 감당해야할 "상호책임"에 대해 타협하는 모습을 보이며 요더의 가족을 후원하는 방향으로 기울어져 간다는 사실을 인식하게 되었다. 이러한 사실을 인식하면서 발생한 긴장들은 1990년대 중반까지 오래 지속되었다.[229]

---

228) 1992년 11월 16일자 존 하워드 요더를 위한 상호책임 및 후원그룹 회의록. 미국 메노나이트 인디아나-미시간 지방회 존 하워드 요더 파일, II-05-019.

229) 이 두 메노나이트 위원회 내에 가족들이 얽혀 있는 연관성은 부수적으로 복잡한 문제들을 야기시켰다. 상호책임 및 후원그룹의 좌장이었던 아틀리 비치는 1993년부터 상호책임과정이 끝난 1996년까지 교회생활위원회를 이끈 고든 딕(Gordon Dyck)의 장인이다. 고든 딕이 이 모임을 이끈 것은 교회생활위원회의 좌장인 제럴드 굿(Gerald Good)이 마르다 스미스 굿의 남편으로서 요더 관련 문제에 있어 자신을 보호해야 할 나름의 이유가 있었기 때문이었다. 교회생활위원회(C.L.C)와 상호책임 및 후원그룹(A.S.G)은 어떻게 하면 요더 문제를 가장 효과적으로 다룰 수 있는지에 대한 분명한 입장 차이가 있었다. 1993년 6월 22일 ASG 회의록. 1994년 2월 10일과 4월 20일자 CLC회의록. 미국 메노나이트 인디아나-미시간 지방회 존 하워드 요더 파일, II-05-019. 2014년 6월 5일 낸시 카우프만이 저자와 나눈 인터뷰. 2014년 6월 5일 고든 딕이 저자와 나눈 인터뷰.

상호책임 및 후원그룹이 확인한 바 성적 행동과 관련된 문제에 있어서, 요더는 자신이 여성들에게 부적절하게 접근한 적이 없다고 끊임없이 주장했다. 그러나 그를 징계를 하려고 했던 이 위원들과 계속 논쟁하면서, 요더는 자신이 희생당했다는 식의 언어를 사용하였다.[230] 메노나이트 계간지의 편집위원으로 일했던 요더의 멤버십을 정지한다고 통보했던 한 메노나이트 학자에게 보낸 반응과 인디아나-미시간 지방회의 징계과정 결의안에 대해 요더는 이 모든 사건의 진행에 있어 "당신도 나처럼 희생자가 되었군요."라며 강하게 반박했다.[231]

1992년 중반에 인디아나-미시간 지방회 담당자들은 화해를 위해 일하겠다는 내용으로 요더가 직접 쓴 성명서를 발표할 의향을 갖고 있었다. 그러나 최대한 좋게 봐준다고 할지라도 그의 초안은 자신의 행동에 대한 부분을 최소화하고 여성들의 동의를 받은 부분을 자신이 오해해서 미안하다는 식으로 제안하고 있었다. 최악은 요더의 글들이 그의 진실성을 의심케 한다는 점이었다.[232] 가해자들의 고백에 관한 심리학 연구는 개인들이 자신을 정당화할 수 있을 때에만 자신의 잘못을 인정하는 경향을 보이는데, 요더가 인디아나-미시간 지방회 심문자들에게 보인 반응도 이러한 유형을 명확하게 보여주었다.[233] 결국 지방회 담당자들은 요더의 문서들을 공개발표하지 않으며, 징계과정에 대한 그 어떤 정보도 공식적으로 발행하지 않기로

---

230) 1994년 5월 17일, "ASG Progress Report" p.4. 미국 메노나이트 인디아나-미시간 지방회 존 하워드 요더 파일, II-05-019.

231) 1992년 10월 1일, 존 하워드 요더가 왈트너 사와츠키에게 보낸 글에서. 메노나이트 역사학회 문서를 저자가 소장하고 있음.

232) John Howard Yoder, "Memorandum to the Prairie Street Elders and Indiana-Michigan Conference Church Life Commission", July 7, 7, 1992, Prairie Street Mennonite Church/JHY Task Force Files; John Howard Yoder, "Memorandum to the Prairie Street Elders and Indiana-Michigan Conference Church Life Commission", Aug. 20, 1992, MC USA Indiana-Michigan Mennonite Conference John Howard Yoder Files, II-05-019.

233) Eyal Peer, Alessandro Acquist, and Shaul Shalvi, "'I Cheated, but Only a Little': Partial Confessions of Unethical Behavior", Journal of Personality and Social Psychology, 106 (2014), 202, 214.

결정하였다. 후에, 자신의 행동에 대해 한 번이라도 사과한 적이 있었느냐는 질문을 받자, 요더는 "나는 1992년 8월에 그렇게 하지 않기로 결정했습니다."라고 딱 잘라 말했다.[234] 이 소식은 삽시간에 퍼졌는데 요더는 자신이 기꺼이 회개의 문서를 공표하겠다고 했지만 지방회 담당자가 그렇게 하지 말라고 한 것이라고 주장하였다.[235]

신학대학원의 마를린 밀러가 비밀보장의 대가를 빌미로 긴 시간을 끌다가 이제 요더의 명성을 회복하기 원하는 기독교 학자들이 인디아나-미시간 지방회로 가져온 비평들도 이와 매우 유사하다. 성경연구를 하는 온타리오주 출신의 메노나이트 교수는 왜 이 위원회가 요더와 피해자 사이에 필요한 치유를 시행하지 않고 많은 시간을 허비하는지 의아하게 여기면서 "이러한 과정이 길어지면 길어질수록, 성폭행의 희생자와 가해자의 역할이 더 쉽게 뒤바뀔 수 있다"고 주장했다.[236] 2년 뒤, 그렌 스타센, 스탠리 하우어워스, 마크 네이션과 같은 신학자들로부터 인디아나-미시간 지방회 담당자 앞으로 징계 과정을 신속히 처리하고 교회에서 그가 폭넓게 일하도록 요더를 복권시키라는 탄원서가 도착했다.[237] 하우어워스와 네이션이 지방회에 보낸 두 번째 편지에는 "비록 요더가 견지하는 예언자적인 성 개념이 사실이지만 그가 상당한 수준의 자제력을 사용하고 있으며, 그가 오랜 기간 동안 교수로서 가르치면서 그의 견해를 공개적으로 장려하지 않는 모습으로 교회를 존중해 왔다고 생각합니다."라는 그들의 견해가 피력되어 있었

---

234) 1997년 1월 14일, 존 하워드 요더가 조지 블렁크 3세(George Brunk III)에게 보낸 글. 요더에 대한 AMBS의 사라 웽어 생크 문서 X-18-002, 고센에 있는 미국 메노나이트 교회 기록보관소.

235) Christa Eshleman, "Seminary Features Yoder: Theologian's Return Raises Questions", *Weather Vane*, v.42, no. 10, Jan. 23, 1997.

236) 1992년 12월 15일, 윌리엄 크라센(William Klassen)이 CLC좌장인 제럴드 굿에게 보낸 편지. 미국 메노나이트 인디아나-미시간 지방회 존 하워드 요더 파일, II-05-019.

237) 1994년 6월 14일, 네이션, 스타센, 하우어워스가 아틀리 비치에게 보낸 편지. 미국 메노나이트 인디아나-미시간 지방회 존 하워드 요더 파일, II-05-019.

다.[238]

그러나 요더의 징계절차를 담당했던 이 두 위원회는 문제들을 다르게 보았다. 그들은 "포개져 있는 입술처럼 이 과정은 전체적으로 매우 복잡미묘하다."는 데 동의하면서, 요더와 학대를 받은 여성들 사이의 소통, 재정적인 회복을 위한 계획 입안, 요더의 정신건강에 대한 필요를 포함한 절박한 미해결 주제들은 해결하는데 더 많은 시간이 필요하다고 했다.[239] 비록 그들은 요더를 목회로 되돌려달라고 요청하는 메노나이트, 침례교, 감리교 및 다른 교단 출신의 요더 동료들로부터 압력을 받았으나, 위원회는 요더 자신이 노트르담 대학의 신학자로서, 윤리학자로서 일을 계속하기 위해 목회적 신임을 필요로 하지 않는다는 사실을 잘 알고 있었다.

글쓰기와 가르치기에 있어서 요더는 오랜 기간 동안 자신에게 주어진 목회적 지위를 별로 중요하게 여기지 않았다.[240] 그는 교회생활위원회 회원들에게 1973년 오하이오 주 그의 부모들이 다녔던 메노나이트 교회에서 시행했던 자신의 안수식은 "과거에 속한 허구이며 미래에 아무런 의미가 없는 것"이었다고 술회했다.[241] 위원회와 상호책임 및 후원 그룹과 나눈 대화에서, 요더는 메노나이트들에게 자신이 받아들여지고 있는지 의구심을 드러냈다.[242] 비록 그의 이름이 프래리 스트리트 메노나이트 교회의 회원 명부에 남아 있었음에도 불구하고, 그의 관심사들은 좁은 교단에 머물러 있지

---

238) 1994년 7월 7일, 하우어워스와 네이션이 요더징계위원회에 보낸 편지에서 인용. 미국 메노나이트 인디아나-미시간 지방회 존 하워드 요더 파일, II-05-019. 1994년 9월 29일, 고든 딕이 하우어워스와 네이션에게 보낸 편지에서 인용. 미국 메노나이트 인디아나-미시간 지방회 존 하워드 요더 파일, II-05-019.

239) 1994년 8월 18일, CLC가 프래리 스트리트 장로들 및 목사들과 만난 모임 회의록, 1994년 8월 24일 장로들의 모임 회의록에서 인용함. 프래리 스트리트 메노나이트 교회 파일.

240) 1994년 8월 27일, CLC가 ASG와 개최한 전문가회합. 미국 메노나이트 인디아나-미시간 지방회 존 하워드 요더 파일, II-05-019.

241) 1995년 1월 16일, 존 하워드 요더가 고든 딕에 보낸 글. 미국 메노나이트 인디아나-미시간 지방회 존 하워드 요더 파일, II-05-019.

242) 1995년 6월 12일, ASG가 CLC에 보낸 최종 보고서. 미국 메노나이트 인디아나-미시간 지방회 존 하워드 요더 파일, II-05-019.

않았고, 그를 징계하는 임무를 맡은 인디아나-미시간 메노나이트 지방회 담당자들에게는 여간 복잡 미묘한 문제가 아니었다. 그들은 정직한 모습으로 요더의 성추행 문제를 다루고자 애썼지만, 오랜 동안 함께 협력해온 것이 한 번도 제대로 보증되지 않았으며 이제 상당한 반대를 한 몸에 받으며 명확한 입장을 취하고 있는 인물과 타협해야 했다. 4년간의 징계과정 내내, 요더에게 주어진 메노나이트 교회 교인이라는 그의 지위에 대해 즉각적이면서도 쉬운 해결책은 주어지지 않았다. 또한 그가 세운 목표를 달성하기 위해 표적으로 삼았던 많은 여성들과의 "화해"도 결코 이루어지지 않았다.

이 징계과정의 일부를 담당했던, 상호책임과 후원그룹은 요더와 그와 맞서 싸우고자 했던 여성들 사이에 주어진 연락책 역할을 진지하게 감당해냈다. 이 그룹의 위원들은 1992년 초에 프래리 스트리트 메노나이트 교회/존 하워드 요더 대책위원회에 대한 진술했던 여덟 명의 여성들과 정기적으로 연락했다. 두 명의 여성은 상호책임과 후원그룹이 마련해준 요더와 면대면으로 만나는 방식을 선택했고, 여덟 명 중 일곱은 결국 요더에게 자신이 누구인지 밝히 드러냈다. 그 결과 1994년 중반부에 요더는 메노나이트 교회의 대표자들 앞에서 자신을 성추행으로 고소한 여성들이 누구인지 시인하게 되었다.243) 비록 여덟 명 중 몇 안 되는 여성만이 요더와 직접 접촉하고자 원했으나, 특별히 전에 AMBS 학생이었지만 마를린 밀러의 제적 협박에 의해 학업을 끝마치지 못하고 떠난 "엘레나"라는 여성이 요더와 만나게 해 달라고 요청하였다. 1993년, 엘레나와 상호책임 및 후원그룹의 위원들이 요더와 그의 아내가 동석한 가운데 함께 만났다. 이 만남에서 엘레나는 자신의 트라우마가 요더로부터 성 추행의 피해를 받으면서부터 시작되었고 그 이후 몇 년 동안 지속적으로 트라우마를 겪고 있다고 말했다.244)

---

243) 1994년 5월 17일, "Progress Report of the ASG", p.3. 미국 메노나이트 인디아나-미시간 지방회 존 하워드 요더 파일, II-05-019.
244) 1993년 4월 12일 교회생활위원회 회의록에 대한 메모. 미국 메노나이트 인디아나-미시간

앤 요더는 교회의 징계과정 내내 남편을 상호책임 및 후원그룹 모임에 정기적으로 참여하고, 때때로 교회생활위원회 위원들과 연락하는 모습을 통해 동정적으로 남편을 옹호하고 후원했다.[245] 1970년대 밀러 및 다른 이들 앞에서 표출되었던 남편에 대한 그녀의 분노는 1980년대 AMBS가 요더에게 사임을 종용하고 학교 내 행사에 참여하지 못하게 하자 동정적으로 바뀌기 시작했다. 시간이 흐르면서 그녀의 태도는 남편을 보호하는 자세를 취하게 되었고, 1990년대에 요더가 징계의 대상이 되자 완전히 남편과 하나가 되었다. 몇 십 년이 지난 뒤 출간된 그녀의 회고록에서 앤은 엘크하르트에서 요더의 성추행이 공론화되고 그녀와 남편이 메노나이트 교회의 치리 과정 동안에 출석했던 이웃 루터 교회에서 칭송을 받았던 "매우 혼란스럽고 어려웠던 상황"에 대해 언급하였다.[246]

1995년 요더 부부는 프래리 스트리트 메노나이트 교회에서 리디머 루터 교회로 멤버십을 이전하였다.[247] 그러나 프래리 스트리트 메노나이트 교회의 친구들은 조만간 메노나이트들이 "용서하고 잊을 수 있게" 될 때 다시 교회로 돌아오기를 희망했다.[248] 이러한 바람을 반영하여 프래리 스트리트 장로위원회는 그의 멤버십 이전 요청에 대해 일체 반응하지 않았던 반면 요더 부부와 회중과의 관계를 회복시키고자 많은 노력을 기울였다.[249] 요더 부부는 멤버십 이전을 강행하지 않았고 그들의 멤버십은 프래리 스

지방회 존 하워드 요더 파일, II-05-019. 2014년 6월 5일, 베티 호스테틀러가 저자와 나눈 인터뷰.

245) 1994년 7월 26일, 고든 딕이 손으로 쓴 기록. 미국 메노나이트 인디아나-미시간 지방회 존 하워드 요더 파일, II-05-019. 1996년 4월 1일, 앤 요더가 고든 딕에게 보낸 편지. 미국 메노나이트 인디아나-미시간 지방회 존 하워드 요더 파일, II-05-019.

246) 레베카 요더 뉴펠트와 앤 구스 요더, *What I Hold Precious*, p. 176, 198, 프래리 스트리트 메노나이트 교회의 여덟 명의 요더 친구들은 루터교회와 그 교회의 목회 리더들이 요더 부부를 환영했다고 여겼다. 2014년 6월 6일, 존 벤더가 저자와 나눈 인터뷰.

247) 1995년 7월 3일, 존 하워드 요더가 장로위원회에 보낸 편지. 프래리 스트리트 메노나이트 교회 파일.

248) 1994년 6월 16일, 고든 딕이 요더와 통화한 내용을 남긴 기록을 인용. 미국 메노나이트 인디아나-미시간 지방회 존 하워드 요더 파일, II-05-019.

249) 1995년 4월 20일, 장로위원회 의사록. 프래리 스트리트 메노나이트 교회 파일.

트리트 교회에 그대로 남겨진 채 1996년 장로들이 공식적으로 재확인하였다.[250]

프래리 스트리트 장로들이 요더 부부와 꾸준히 접촉하는 동안, 상호책임 및 후원그룹의 구성원들은 그 어떤 위원회와 그룹도 요더 부부에게 기울였던 만큼의 노력을 피해 여성들에게 기울이지 않고 있다는 사실을 깨닫게 되었다. 교단과 회중의 재원들은 존 하워드 요더의 복권에 집중되었던 반면, 이와 비견할 만한 피해 여성들의 영적, 감정적 필요에 대해서는 그 어떤 언급도 없었다.[251] 대부분의 경우, 교회 상호책임 과정에서 표출된 피해 여성들의 희망은 물론 그들이 누구인가 하는 문제들은 알려지지 않은 채 남겨져 있었다. 교회생활위원회는 어떻게 이 피해여성들과 소통을 할 것인지 깊이 고민하였다. 인디아나-미시간 지방회 담당자들은 이 문제를 국제 구호 및 개발기관인 메노나이트 중앙위원회MCC가 이미 잘 발전시킨 "생존자 목록"이라는 프로그램의 도움을 요청하였다. 이 프로그램은 메노나이트 교회 내에서 일어나는 목회자에 의해 피해를 당한 희생자들과 직접 접촉하고 있었다. 인디아나-미시간 지방회 담당자들은 "MCC가 세계 전역에 요더를 보내는 일에 관여했다"는 사실을 잘 알고 있었기 때문에, 이 기관이 여성들과 소통하기 위한 네트워크를 마련하고 여성들의 회복에 필요한 기금을 지원해 줄 수 있으리라고 생각했다.[252]

---

250) 1995년 7월 12일, 1996년 1월 23일자, 장로위원회 의사록. 프래리 스트리트 메노나이트 교회 파일.

251) 1994년 8월 27일, CLC가 ASG와 개최한 전문가회합 회의록. 미국 메노나이트 인디아나-미시간 지방회 존 하워드 요더 파일, II-05-019.

252) 1994년 8월 27일, 존 카우프만이 CLC가 ASG와 개최한 전문가회합의 회의록을 인용. 미국 메노나이트 인디아나-미시간 지방회 존 하워드 요더 파일, II-05-019. 1994년 여름에 개최한 CLC 모임 내용을 손으로 기록한 내용. 미국 메노나이트 인디아나-미시간 지방회 존 하워드 요더 파일, II-05-019. 셈 카우프만(Shem Kauffman)이 저자와 나눈 인터뷰. 인디아나-미시간 지방회 담당자들이 제안한 한 가지 모델은 MCC가 피해자의 심리적 치료에 필요한 비용의 80%를 가해자가 부담하는 내용을 제시하였다. 1994년 7월 23일, 샬롯 홀소플 글릭(Charlotte Holsopple Glick)이 CLC에 보낸 편지. 미국 메노나이트 인디아나-미시간 지방회 존 하워드 요더 파일, II-05-019.

MCC를 통해 재원을 마련하고자 했던 생각은 AMBS 총장 마를린 밀러와 교회생황 위원회가 회합을 가진 뒤에 적극적으로 추진되었고 이로 인해 요더의 성추행이 국제적으로 이루어졌다는 점이 더 분명해졌다. 밀러는 요더에 의해 성추행을 당한 여성이 40명에 달한다는 사실을 비밀에 붙였고, 위원회에 요더가 여전히 몇몇 여성들과 개인적으로 편지를 주고받고 있다고 말했다.[253] 1994년, 55세의 젊은 나이에 심장마비로 급사하기 이틀 전, 밀러는 이전 학생이었던 "엘레나"에게 요더가 그녀에게 한 행동에 대해 매우 유감스럽게 생각하며, 요더가 학교를 떠나게 되었다는 사실과 AMBS가 피해여성들을 애도하기 위한 정책을 입안하였다는 내용의 편지를 썼다.[254]

프래리 스트리트 메노나이트 교회의 장로들 또한 배상에 대해 관심을 보였다. 1994년, 이 교회의 장로회는 요더가 낸 $1,000과 교회가 낸 $500의 기탁금을 예치할 계좌를 열었다.[255] 일련의 회의 후에, 상호책임 및 후원그룹은 가능한 배상의 규모에 대해 요더와 논의하였고, 한 번에 배상할 수 있는 기금이 얼마나 가능한지 타진하였다.[256] 이 그룹의 확언에 따르면 이 배상은 피해자들의 정신건강 상담과 요더와 만나기 위해 엘크하르트를 방문하는 데 소요된 비용과 종교적 배경에서 일어나는 성 폭력에 관한 컨퍼런스를 준비하는 데 사용하도록 준비되었다.[257] 그러나 교회와 요더 외에 추가

---

253) 1993년 12월 9일, CLC 회의록에 추가된 내용. 미국 메노나이트 인디아나-미시간 지방회 존 하워드 요더 파일, II-05-019. 1994년 12월 18일, AMBS, 프래리 스트리트 메노나이트 교회 및 교회생활위원회 대표자 모임을 정리한 내용. 미국 메노나이트 인디아나-미시간 지방회 존 하워드 요더 파일, II-05-019.

254) 1994년 11월 1일, 마를린 밀러의 편지. 존 하워드 요더 관련 AMBS의 X-18-001. 밀러는 요더의 행동에 대해 유감을 표명했으나, 밀러는 1979년에 그녀와 마주했던 내용은 언급하지 않았다. "엘레나(가명)와 저자가 나눈 인터뷰.

255) 1994년 11월 3일과 1995년 2월 23일, 프래리 스트리트 메노나이트 교회 장로회 회의록. 프래시 스트리트 메노나이트 교회 파일. 1994년 12월 18일, 프래리 스트리트, CLC, ASG가 가진 모임의 회의록. 미국 메노나이트 인디아나-미시간 지방회 존 하워드 요더 파일, II-05-019.

256) 1994년 10월 25일, ASG 회의록. 미국 메노나이트 인디아나-미시간 지방회 존 하워드 요더 파일, II-05-019. 고든 딕과 저자와 나눈 인터뷰.

257) 1994년 9월 15일, CLC 회의록에 추가된 내용. 미국 메노나이트 인디아나-미시간 지방회 존 하워드 요더 파일, II-05-019.

로 기부할 사람을 초청하는 일을 누가 담당할 것인가에 대한 일과 어떻게 이 기금을 관리운용할지에 대해서는 일치를 보지 못했다. 인디아나-미시간 지방회 담당자들은 프레리 스트리트에서 마련한 $1,500을 개시기금으로 삼아 이일을 진행할 만한 메노나이트 중앙위원회 및 다른 메노나이트 기관에 연락하였지만, 실제로 이 일을 감당하겠다고 나선 기관은 없었다.[258]

시간이 흐름에 따라 1996년, 요더를 위한 상호책임 과정이 끝났고, 인디아나-미시간 지방회 담당자들은 여전히 기탁금을 관장할 기관을 찾지 못했다. 1년 뒤, 프래리 스트리트 교회 대표자들은 요더의 제안에 따라 시애틀의 성폭력 및 가정폭력 방지 센터The Center for Prevention of Sexual and Domestic Violence에 $900의 돈을 보내기로 하고 이 문제를 매듭지었다.[259] 이 배상을 위한 기금이 요더에 의해 성폭력을 당한 여성들에게 어떻게 지급되었는지에 관한 정보는 인디아나-미시간 메노나이트 지방회 담당자들에게 제공되지 않았다.[260]

1994년과 1995년 내내, 인디아나-미시간 지방회 담당자들은 자신들이 담당할 일이 얼마나 복잡해지는지에 대해 염려했다. 그들은 "만약 요더가 루터교인이 된다면, 이 징계 과정에 어떠한 변화가 초래될 것인가?"하는 질문을 했다.[261] 일말의 권력을 보유하길 희망하면서, 그들은 프래리 스트리

---

258) 1994년 7월 23일, 샬롯 홀소플 글릭(Charlotte Holsopple Glick)이 CLC에 보낸 편지. 미국 메노나이트 인디아나-미시간 지방회 존 하워드 요더 파일, II-05-019. 1994년 8월 27일, CLC와 ASG가 가진 모임의 회의록. 미국 메노나이트 인디아나-미시간 지방회 존 하워드 요더 파일, II-05-019. 1995년 7월 17일 세름 카우프만이 고든 딕에게 보낸 편지. 미국 메노나이트 인디아나-미시간 지방회 존 하워드 요더 파일, II-05-019.

259) 후에 이 기관은 FaithTrust Institute라고 이름을 바꾸었다. 프래리 스트리트 교회 상호회는 $900을 시애틀에 있는 이 기관에 보냈고 나머지 $450을 교회의 상호부조기금으로 남겨 놓았다. 1997년 2월 19일, 존 하워드 요더가 레이 홀스트에게 보낸 편지. 프래리 스트리트 메노나이트 교회 기록. 1997년 5월 27일, 교회 장로회 회의록. 미국 메노나이트 인디아나-미시간 지방회 존 하워드 요더 파일, II-05-019.

260) "엘레나"(가명) 이 저자와 나눈 인터뷰. 헤겐 외 여러 사람들이 제기한 "질문들."

261) 1994년 8월 27일, CLC가 ASG가 가진 외의 안건 및 보고에서 인용. 미국 메노나이트 인디아나-미시간 지방회 존 하워드 요더 파일, II-05-019. 1994년 8월 27일자, CLC, ASG가 가진 모임의 회의록도 함께 볼 것. 미국 메노나이트 인디아나-미시간 지방회 존 하워드 요더 파일, II-05-019.

트 장로들에게 요더와 지속적으로 연락을 취하도록 격려하였다.262) 요더는 자신이 갖고 있던 메노나이트와의 우호관계를 유지했지만, 1995년 징계과 정에 아주 중요한 장애물을 만나게 되었다. 교회생활위원회로부터 목회자 자격을 포기하는 일을 고려하고 있을 때였다. 이 위원회에 보낸 편지에서, 요더는 최근 목회를 하다가 성추행으로 물의를 일으켜 징계를 받고 있는 몇 명의 메노나이트 목사들과 자신의 경우는 완전히 다르다고 주장하였다. 학 문에 종사하는 사람으로써, 요더는 더 이상 자신의 목회자 자격이 필요하 지 않았다. 그리고 이 위원회는 이 문제로 협상을 벌일만한 방법도 갖고 있 지 않았다.263) 상호책임 및 후원그룹의 위원들과 더불어, 이 교회생활위원 회 위원들은 요더의 목회신임을 복권시키는 문제를 어떻게 해야 할 지 지속 적으로 지켜보길 희망했다. 그러나 위원들이 요더의 정신적 기능이 어떤지 적합한 평가 결과를 받지 못했기 때문에 이 점에 대해 이렇다 할 분명한 제 안들은 제시되지 않았다. 그러나 요더가 여러 토론들로부터 자신의 목회지 위를 포기하는 편을 선택함으로써, 위원회는 이 점에 대해 그와 논의할 일 은 더 이상 없게 되었다. 그 결과 그의 행동을 지속적으로 지켜볼 만한 계획 도 세울 수 없게 되었다.264)

요더의 정신 건강 상태를 평가하고, 적절한 정신과 치료를 받도록 하는 일 또한 아주 까다로운 일이었다. 교회의 징계 과정 초기에, 몇몇 메노나이

---

262) 1996년 4월 18일, 프래리 스트리트 교회 장로회 회의록. 프래리 스트리스 메노나이트 교회 기록.

263) 요더는 유리 벤더(Urie Bender), 폴 랜디스(Paul Landis), 제임스 던(James Dunn)과 같은 메 노나이트 목회자들을 참조인으로 삼았다. 1995년 1월 16일, 존 하워드 요더가 고든 딕과 CLC에 보낸 편지. 미국 메노나이트 인디아나−미시간 지방회 존 하워드 요더 파일, II−05− 019. 1995년 2월 15일, ASG 모임 회의록, 미국 메노나이트 인디아나−미시간 지방회 존 하 워드 요더 파일, II−05−019. 1995sus 2월 16일 CLC 회의록에 추가된 내용. 미국 메노나이 트 인디아나−미시간 지방회 존 하워드 요더 파일, II−05−019.

264) 1996년 3월 20일, 고든 딕이 세름 카우프만, 아틀리 비치와 존 하워드 요더에게 보낸 편지. 미국 메노나이트 인디아나−미시간 지방회 존 하워드 요더 파일, II−05−019. 1995년 1월 19 일 CLC 모임 회의록, 미국 메노나이트 인디아나−미시간 지방회 존 하워드 요더 파일, II− 05−019.

트 정신 건강 전문가들은 요더에게 지역에서 멀리 떨어져 있는 다른 주의 치료 센터에서 성도착 및 중독 치료를 받아보도록 추천하였다.[265] 이는 개인의 자제력을 넘어서 강력한 중재를 필요로 하는 강제적 행위가 필요함을 의미하였다. 거리와 비용을 언급하면서, 인디아나-미시간 지방회 담당자들은 이 방법을 고려하는 대신, 가능한 가까운 지역의 센터에서 정신건강을 평가해보고 전문상담을 받게 함으로써 참회와 사과의 기회를 마련할 수 있기를 희망했다. 시간이 흐르고 요더가 자신이 여성들의 동의를 오해해서 생긴 일이라는 입장을 지속함으로써, 상호책임 및 후원그룹 위원들은 지방회가 그에게 적합한 그룹 치료 옵션들을 제공하지 못한 점에 대해 유감을 표명하였다.[266]

애초에, 이 그룹과 요더는 노트르담 대학과 협력관계에 있는 세리단 맥케이브Sheridan McCabe라는 정신과 의사의 평가를 받고 그의 상담을 받기로 동의하였었다. 그런데 상호책임 및 협력 그룹은 요더의 치료를 위해 성적 영역의 경계선과 "권력의 남용"이 서로 연결되어 있는 부분에 관심을 두어야만 한다고 믿었다.[267] 1년 뒤, 인디아나-미시간 지방회 담당자들은 요더가 상담을 지속적으로 받고 있는지 제대로 알지 못했다. 그리고 교회생활위원회는 두 번째 선택 사항을 제시한 정신과 치료사의 평가가 적합한 것인지 아닌지 의구심을 가졌다.[268] 몇 달 동안, 상호책임 및 후원그룹의 후원

265) 1994년 4월 16일, 캐롤린 홀더리드 헤겐이 ASG에 보낸 편지. 미국 메노나이트 인디아나-미시간 지방회 존 하워드 요더 파일, II-05-019. 2014년 8월 3일, 에델 에이크 메츠러(Ethel Yake Metzler)가 저자에게 보낸 이메일. 습관적 성폭력가해자를 위한 치료 추천에 관련된 내용은 Shupe, *Rouge Cleric*, 147을 보라.

266) 1995년 6월 12일, ASG가 CLC에 보낸 최종 보고서. 미국 메노나이트 인디아나-미시간 지방회 존 하워드 요더 파일, II-05-019.

267) 1993년 1월 26일, 1993년 5월 11일, 1993년 5월 25일, 1994년 1월 4일, ASG 모임 회의록. 미국 메노나이트 인디아나-미시간 지방회 존 하워드 요더 파일, II-05-019.

268) 정신과의사 세리단 맥케이브의 보고서에 관한 것은 1994년 11월 21일자 CLC 모임 회의록을 보라. 미국 메노나이트 인디아나-미시간 지방회 존 하워드 요더 파일, II-05-019. 인디아나-미시간 메노나이트 지방회 담당자 앞으로 보낸 요더에 대한 맥케이브의 보고서는 미국 메노나이트 인디아나-미시간 지방회 존 하워드 요더 파일, II-05-019에 들어있으나 열람이 제한되어 있다.

을 받으며 요더는 더 이상 정신과 시험을 받을 필요가 없는 상태를 유지했다.[269] 인디아나–미시간 지방회 담당자들은 시카고 지역의 교회 내에서 일어나는 성추행 전문가들의 자문을 받아 앞으로 무엇을 더 진행해야할지 도움을 받고자 했다. 아주 유명한 감독제 성직자이자 자문위원이었던 그 사람은 메노나이트들에게 요더의 정신 상태를 독립적으로 분석하도록 강력하게 요구했다. 왜냐하면 그 자문위원에 따르면 요더가 "거짓말 탐지를 충분히 조작할 수 있을 것"이라고 그들에게 주의를 주었기 때문이다.[270]

요더의 성벽 논쟁에 부여된 핵심 질문은 메노나이트의 징계 과정에 관여한 상호책임 및 후원그룹 혹은 누군가가 요더에게 제대로 된 도전을 한 적이 있는지에 대한 것이었다.[271] 요더와 정기적으로 만남을 가졌던, 상호책임 및 후원그룹은 일찍이 AMBS의 밀러 혹은 프래리 스트리트 교회의 쿠퍼 목사와 요더 간에 존재했던 더러운 수법에 대한 직접적인 지식이 없었다. 그럼에도 불구하고 요더의 현란한 말솜씨는 가히 전설적이었다. 1994년 말에 교회생활위원회 위원들은 "두 번째 선택사항" 즉 시카고에 있는 정신과 의사인 존 가트리브John F. Gottlieb에 의해 일련의 평가를 받게 하기 위해 네 차례 시카고로 요더를 보낼 준비를 하였다.[272] 위원회의 위원들은 가트리브가 특별히 "무엇을 가지고 요더가 그의 행동을 바꾸고 있는지, 그리고 다시 방향을 바꿀 수 있는지 알 수 있는 증거가 있는가? 요더가 자신만의 '계획'

269) 1994년 12월 9일, 고든 딕이 CLC에 보낸 편지. 미국 메노나이트 인디아나–미시간 지방회 존 하워드 요더 파일, II–05–019.
270) 1994년 5월 26일, 칠톤 쿠드센(Chilton Knusen)과 함께 했던 CLC회합에서 관찰한 결과 요약. 쿠드센의 업적에 관해서는 Darlene K. Haskin, et. al., *Restoring the Soul of the Church* (St. Joseph, Minn.: Liturgical Press, 1995)를 보라.
271) 1994년 12월 7일, ASG가 CLC에 보낸 과정 보고서, 미국 메노나이트 인디아나–미시간 지방회 존 하워드 요더 파일, II–05–019.
272) 1994년 12월 7일, ASG 모임 회의록, 미국 메노나이트 인디아나–미시간 지방회 존 하워드 요더 파일, II–05–019. 1994년 12월 9일, 고든 딕이 CLC에 보낸 편지. 미국 메노나이트 인디아나–미시간 지방회 존 하워드 요더 파일, II–05–019. 1995년 1월 30일, 요더가 고든 딕에게 보낸 편지. 미국 메노나이트 인디아나–미시간 지방회 존 하워드 요더 파일, II–05–019.

을 안전하게 따라갈 수 있다는 증거가 있는가?"라는 두 질문에 대해 명확하게 말해주기를 원했다.[273]

두 달 후, 일터에서 일어나는 성추행 전문지식이 있는 한 시카고 정신과 의사의 조언을 들은 후, 가트리브는 요더에 대한 평가를 마무리 지었다. 인디아나-미시간 메노나이트 지방회의 교회생활 위원회는 요더가 시카고 왕래에 필요한 비용과 정신과 치료에 소요된 비용을 지출해야 했기에 요더의 허락 아래 그 평가서를 받아보기 원했다. 요더는 교회생활위원회, 상호책임 및 후원그룹을 위해 그리고 자신도 문서를 받아보아야 했기에 전체 23페이지에 달하는 그 평가서에 서명하였다. 가트리브는 "이 사건을 감싸고 있는 오랜 역사와 복잡성과 행정적 주제들"에 대해 긴 글을 남겼다.[274] 이 보고서는 관계된 모든 사람들의 옆구리에 가시와 같은 존재가 되었다. 노트르담 대학과 협력관계에 있던 정신과전문가인 맥케이브에 의해 얻은 "꽤 좋은" 결론들에 비해 가트리브가 요더의 기능이 이전 상태에 비해 "별로 좋지 않다"고 한 기록을 근거로, 이 위원회는 인디아나-미시간 지방회로 하여금 요더의 목회 자격을 취소하도록 권고했다.[275]

새로운 문서를 읽은 요더는 즉시 상호책임 및 후원그룹이 이 문서에 접근하지 못하도록 요청하는 편지를 위원회에 보냈다. "나는 가트리브가 이 문서를 회람하도록 권위를 부여할 생각이 없습니다. 가트리브의 보고서에는 엄청난 양의 피해를 불러일으킬 다듬어지지 않은 기록들과 인용문들이

273) 1994년 12월 19일, CLC 회의록에 추가된 내용. 미국 메노나이트 인디아나-미시간 지방회 존 하워드 요더 파일, II-05-019.

274) 1995년 3월 15일, 존 가트리브가 고든 딕에게 보낸 글, 미국 메노나이트 인디아나-미시간 지방회 존 하워드 요더 파일, II-05-019. 가트리브와 만남을 가졌던 이 정신과의사는 알란 프리드먼 박사이다. 인디아나-미시간 지방회 담당자는 평가자들을 위해 $2,860이 부과된 비용에 대해 $2,200을 지불하기로 협상하였다. 1995년 4월 6일 CLC 모임 회의록에 추가된 내용. 미국 메노나이트 인디아나-미시간 지방회 존 하워드 요더 파일, II-05-019.

275) 1995년 9월 18일, 세름 카우프만이 쓴 "Consultation with Greg Hartzer re: JHY Case, 존 하워드 요더 사건 관련 그레그 하츠러와 협의한 내용"에서 인용. 미국 메노나이트 인디아나-미시간 지방회 존 하워드 요더 파일, II-05-019. 1995년 4월 6일 CLC 모임 회의록에 추가된 내용. 미국 메노나이트 인디아나-미시간 지방회 존 하워드 요더 파일, II-05-019.

불필요하게 수집되어 있고 전달되어 있습니다."라는 주장이었다.[276) 요더는 이 보고서의 사본들이 인디아나–미시간 메노나이트 담당자와 위원들의 손에 들려지게 된 것에 대해 분노를 표했고, 모든 사본들을 파기해달라고 요청했다.[277) 이 요청에 대해 위원회는 "인디아나–미시간 지방회가 이 보고서를 요청하였고 원래 이 문서를 받아볼 수 있도록 요더로부터 사전 승인을 받은 상태이며, 이 보고서에 요더의 목회자격을 인정하지 않는다는 CLC의 결정을 지지하는 정보가 들어있기 때문에 지방회는 이 문서를 소장하고 보관할 권리가 있다."고 답하였다.[278)

이 정보를 소장한 메노나이트 관련담당자들의 권리 및 요더의 정신 건강에 대한 가트리브의 평가서와 관련된 논쟁에는 징계절차에 권리 회복과 화해의 흔적이 들어있지 않았다. 요더는 이 모든 정보가 자신의 유산에 끼칠 영향력에 대해 예민하게 반응하고 염려하였다. 1996년 그는 인디아나–미시간 메노나이트 지방회 담당자들에게 자신이 "이 과정을 영원히 문서자료로 남기는 것이 왕국의 대의명분이 될 수 있는지 아닌지" 문제를 놓고 변호사와 상담 중에 있다고 알려왔다.[279) 나머지 그의 인생 동안, 요더는 이 보고서에 대한 메노나이트 담당자들이 소유한 권리에 대해 더 이상 관심을 두지 않았다. 요더가 바라던 바는 그의 사후에 효력을 발생했고, 2001년 인디아나–미시간 지방회 담당자가 그들이 갖고 있던 사본을 파기한 이래 그의

---

276) 문서공개를 철회해달라는 요더의 요청이 있었을 때, 이미 ASG 좌장이었던 아틀리 비치는 물론 CLC 위원들이 이 보고서를 읽은 상태였다. 1995년 4월 10일 존 하워드 요더가 고든 딕과 아틀리 비치에게 보낸 글. 미국 메노나이트 인디아나–미시간 지방회 존 하워드 요더 파일, II–05–019.

277) 1995년 7월 10일, 존 하워드 요더가 고든 딕에게 보낸 편지. 미국 메노나이트 인디아나–미시간 지방회 존 하워드 요더 파일, II–05–019.

278) 1995년 8월 31일, 인디아나–미시간 집행부에 보낸 CLC 보고서에서 인용. 미국 메노나이트 인디아나–미시간 지방회 존 하워드 요더 파일, II–05–019. 1995년 9월 1일, 집행부에 보낸 CLC 보고서. 미국 메노나이트 인디아나–미시간 지방회 존 하워드 요더 파일, II–05–019.

279) 1996년 12월 16일, 요더가 세름 카우프만에게 보낸 편지. 미국 메노나이트 인디아나–미시간 지방회 존 하워드 요더 파일, II–05–019.

정신과 평가서 복사본은 더 이상 존재하지 않았다.[280]

사회학자 앤슨 수페Anson Shupe는 종교기관들은 성폭력에 대한 반응을 직면할 때 기관의 권위를 회복하기 위해 노력하면서 갈등에 대해 중립적인 자세를 취한다는 점을 지적했다.[281] 인디아나-미시간 메노나이트 지방회가 성서의 정의에 뿌리를 두고 있는 회개, 용서, 화해, 관계 회복 등의 기독교 개념들을 붙들고 요더에 대한 징계를 진행하는 한, 중요하고 화려한 기능들은 다 동원되었을 것이다. 이것은 상호책임 및 후원그룹 위원들과 교회 생활위원회 위원들에게도 사실이었고, 궁극적으로 요더에게 메노나이트 환경 속에서 더 많은 글과 가르침을 권하는 모습으로 나타났다. 징계 문제에 있어 이러한 교회관련 기관들의 관심사는 요더의 관심사에서 분기된 것이다.

인디아나-미시간 지방회 위원회들은 요더의 성추행 희생자들에게 배상할 보상금을 마련하는데 실패했고, 요더의 목회자격을 복원시키지 않았고, 요더의 행동을 지속적으로 감시하는 "안전한 계획"을 수립하지 못했고, 가트리브의 정신과적 평가서 이후에 그에게 필요한 치료를 보장해 주지 못했음에도 불구하고, 이 문제를 다루다 지쳐버린 대표자들은 요더의 치리 과정을 끝내기 원했다.[282] 이제 지방회 담당자들은 전혀 달갑지 않은 임무를 진

---

280) 6년 동안, 한 부 남아있는 가트리브의 보고서 사본은 미국 메노나이트 인디아나-미시간 지방회 존 하워드 요더 파일에 봉인된 채로 존재한다. 요더가 사망한 지 3년이 지난, 2001년에 요더의 가족들이 이 문서를 파기해달라고 요청하였다. 이에 대해 인디아나-미시간 메노나이트 지방회 담당자는 2001년 6월 1일, 법적인 자문을 구했고, "요더의 파일의 목록으로부터 가트리브 박사의 보고서를 삭제하고 파기"하였다. 파일이 위치해 있던 자리에는 "가트리브 보고서는 이 문서에 들어있는 세리단 맥케이브가 시행했던 평가와 상당히 다른 관점을 견지하고 있었다. 남겨진 글에는 가트리브가 당시 요더에 대해 평가하고 보고했던 부분과 다른 결론을 내렸다는 사실과 더불어 맥케이브 보고서의 몇몇 부족한 점들이 언급된" 메모가 들어 있다. 2001년 6월 1일, 집행위원회 회의록에 첨부된 존 하워드 요더의 비밀보장 파일, 미국 메노나이트 인디아나-미시간 지방회 존 하워드 요더 파일, II-05-019.

281) Bromley and Cress, "Narrative of Sexual Danger," 148.

282) 이 치리과정이 끝난 후에, 인디아나-미시간 담당자들은 성폭력 피해자들을 위한 교단 전체 차원의 보상금을 메노나이트 회중목회 위원회(Mennonite Board of Congregational Ministry)를 통해 마련하기로 했다고 설명했다. 1996년 11월 20일, 세름 카우프만이 존 하워드 요더에게 보낸 편지. 미국 메노나이트 인디아나-미시간 지방회 존 하워드 요더 파일, II-

행해야 했다. 그것은 이 문제에 대해 많은 중요한 부분에 대해 일일이 분석하고 토를 달게 될 성명서 즉 요더의 지위에 대해 공식적으로 발표할 문서를 만드는 일이었다. 주어진 설명들에 대해 찬반으로 나뉘어 관심을 갖게 될 것을 생각하면서, 인디아나-미시간 지방회의 총회장이었던 세름 카우프만은 다양한 목록을 작성했다. 요더와 그의 가족, 성폭력을 경험한 여성들, 프래리 스트리트 교회, 교회생활위원회, 상호책임 및 후원그룹, 인디아나-미시간 지방회 집행부, AMBS, 그리고 전체 메노나이트 교회를 염두에 두어야 했다. 그러나 희망을 갖고 카우프만은 이러한 목록들을 염두에 두며 "사건 종결"을 위한 글을 써내려 갔다.[283]

그러나 사건 종결이란 말은 수긍하기 어려운 표현이었다. 요더와 함께 했던 관계들은 가트리브의 보고서를 통해 알려진 내용들로 인해 악화되었고, 인디아나-미시간 지방회의 담당자들은 그들이 보유하고 있는 의료기록과 기록보관소에 보낼 수 백 개의 문서들과 관련된 소송에 대해 염려하지 않을 수 없었으며 법적 자문을 구하기에 이르렀다.[284] 결국, 지방회는 이 사건의 종결을 공식적으로 발표하지 않는 게 좋겠다는 변호사의 조언을 진지하게 받아들였다. 변호사는 성명서를 공식 발표하지 않는 것이 "비밀보장, 사생활, 및 목회적 권리를 침해하지 않는" 책임을 최소화하는 방법이라고 주장했다.[285] 그러나 지방회는 인디아나-미시간 지방회 사무실에 전화 연락을 해서 "요더와 접촉하여 화해하려는" 여성들을 초청하고자 제안하여 뉴스로 보도하자는 상호책임 및 후원그룹의 제안도 채택하지 않았다. [286]

283) 세름 카우프만, "Groups with Interests in JHY News Release 존 하워드 요더 뉴스 발표에 관심있는 그룹들" c. 1996. 미국 메노나이트 인디아나-미시간 지방회 존 하워드 요더 파일, II-05-019.

284) 1995년 8월 31, 9월 1일, 인디아나 미시간 집행위원회 회의록, p. 3. 미국 메노나이트 인디아나-미시간 지방회 존 하워드 요더 파일, II-05-019.

285) 1996년 1월 17일, 그레그 하츨러가 세름 카우프만에게 보낸 편지에서 인용. 미국 메노나이트 인디아나-미시간 지방회 존 하워드 요더 파일, II-05-019.

286) 1995년에 작성한 "Rough Draft #2"에서 인용. 미국 메노나이트 인디아나-미시간 지방회

존 H. 요더의 성추행과 권력남용에 대한 메노나이트의 반응 · 115

인디아나-미시간 메노나이트 지방회 담당자들, 요더 및 관련 사람들 사이에 회람된 보도 자료의 초안은 최소한 17개나 되었다.

결국, 수많은 편집과정을 거친 성명서가 1996년 6월 메노나이트 출판사들에 보내졌고 요더의 치리과정이 끝났다고 발표되었다. 이 보도 자료는 "이 결론에 이르기까지 과정에 참여한" 요더에게 고마움을 표하며 "그의 저작과 가르치는 은사를 사용하도록" 격려하였다.[287] 비록 보도 자료가 요더의 목회 자격이 다시 복원되지는 않았다고 언급하였음에도 이에 대해서는 아무런 이유를 밝히지 않았다. 그리고 상호책임의 계획을 추천하면서도, 아무런 상세한 내용도 제공하지 않았다. 이 보도 자료는 보상에 대한 문제에 대해서도 아무런 언급을 하지 않았다. 비록 인디아나-미시간 지방회 담당자들은 지방회의 성명서 발표와 동시에 요더가 공식적으로 사과 성명서를 발표해주기를 희망했지만, 그는 그렇게 하지 않았다. 그 후 몇 년 동안, 그에게 직접 대항하였던 몇 명의 여성들에게 유감을 표현하였지만, 1996년 요더는 인디아나-미시간 지방회와 해결을 보지 못한 문제에 대해 "아무런 말도" 하지 않았다.[288]

비용 부담

보도 발표는 4년 전 메노나이트 담당자들에게 자신들의 경험을 보고했던 여성들을 크게 실망시켰다. 상호책임과 후원 그룹이 제공하는 최신자료

존 하워드 요더 파일, II-05-019. 1995년 10월 2일, 존 하워드 요더가 고든 딕과 CLC에 보낸 글. 미국 메노나이트 인디아나-미시간 지방회 존 하워드 요더 파일, II-05-019.

287) 1996년 발표된 "Disciplinary Process with John Howard Yoder Draws to a Close존 하워드 요더의 치리 과정이 끝나다"라는 제목의 보도자료에서 인용. 미국 메노나이트 인디아나-미시간 지방회 존 하워드 요더 파일, II-05-019. 1996년 6월 6일, 세름 카우프만이 Gospel Herald, Gospel Evangel과 Mennonite Weekly Review에 보낸 글. 미국 메노나이트 인디아나-미시간 지방회 존 하워드 요더 파일, II-05-019. 1997년 캐롤린 홀더리드 헤겐, 세름 카우프만, 윌라드 스와틀리, 테드 쿤츠, 게일거버 쿤츠가 가진 회합의 기록. 존 하워드 요더에 관한 AMBS 사라 쌩크 웽어의 파일, X-18-002.

288) 1996년 3월 8일, 존 하워드 요더가 세름 카우프만에 보낸 글에서 인용. 미국 메노나이트 인디아나-미시간 지방회 존 하워드 요더 파일, II-05-019.

들을 통해, 그들은 인디아나–미시간 지방회가 요더를 상대로 이의를 제기한 실질적인 노력들에 대한 소식을 계속 들어왔다. 그들의 관점에서 요더는 소속교회에서 회개로 인도함을 받으리라 믿어왔지만, 그런 일은 일어나지 않았다. 보도 기관들은 요더의 행동이 바뀌었다는 어떤 증거도 제공하지 않았고, 희생자들에 대한 언급도 거의 없었고 요더와의 일로 인해 어두웠던 과거를 밝게 해줄 피해보상에 대한 내용도 없었다.[289]

여성들의 피해 모습은 다양했고 개인들에게 깊은 상처를 남겼다. 어떤 여성들은 메노나이트 교회에 남아있었지만, 교단이 요더를 상대로 싸울 능력이 없다고 본 여성들은 환멸을 느끼며 메노나이트를 떠났다. 목회를 하거나 교회의 행정가가 되고자 했던 몇몇 여성들은 다른 종류의 직업을 찾아 떠났다. 초기에 피해 여성들과 이들을 후원했던 사람들은 그들이 속한 교회에서 소외를 당하는 비용을 치러야 했고, 개인적인 관계를 모두 잃게 되었다. 요더의 성폭력에 대한 제도적인 대응에 대해 비판한 일부 사람들은 메노나이트에 여성 신학자들이 얼마 되지 않는 이유가 신학대학원에서부터 요더가 여성을 밀어내고 대안적인 직업들에서 밀려났기 때문은 아닌지 질문하였다.[290]

이러한 질문들은 인디아나–미시간 지방회가 진행한 요더의 징계 과정이 끝난 후 몇 십 년 동안 좀처럼 사라지지 않았다. 한편 요더에게 1996년의 보도 발표는 새로운 강연 초청의 길들을 열어주었다. 1997년 1월, 그는 버지니아 주, 해리슨버그의 이스턴 메노나이트 신학대학원의 연례 리더십 훈련 프로그램의 특별 강사로 초청되었다. 일말의 사과도 없이 몇 달 전에 발표된 성명서를 게재한 지 얼마 지나지 않은 상황에서 자신들이 속해 있는 신학대학원이 요더에게 공식적인 연설의 기회를 제공하였다는 사실을 알게

---

289) 마르다 굿이 저자와 한 인터뷰. 헤겐이 저자와 한 인터뷰.
290) 2014년 9월 29일, 헤겐이 저자에게 보낸 이메일.

된 학생들과 교수들은 대해 매우 당혹스러워했다.291) 이 논쟁은 이스턴 메노나이트 대학원의 리더들로 하여금 요더에게 "과거의 잘못을 인정하는" 문서를 작성해 보내도록 요청하였다.292) 요더는 메노나이트 징계과정에 관해 설명하면서 "내가 회개하고 용서를 구하지 않아도 될 일을 끊임없이 잘못 인식해 온 기관의 결정들에 대해 유감스럽게 생각한다."라는 내용이 포함된 다섯 문장의 성명서를 제출하였다.293) 이 초청은 그대로 진행되었고, 지난 4년 동안 무엇을 배웠느냐는 질문에 대해 "내가 상처를 입힌 사람들은 한 사람도 없기 때문에 나는 사과를 원치 않으며 나를 용서한 사람들에게는 감사를 표한다."고 반응하면서 요더는 자신의 발표를 계획대로 진행하였다.294)

죽기 전 1년 동안, 존 하워드 요더는 노트르담 대학에서 엄청난 에너지를 들여 학문에 진력하였다. 1997년 봄, 옆 동네인 엘크하르트의 메노나이트 성경대학원은 넬슨 크레이빌Nelson Kraybill을 새로운 총장으로 맞이했다. 이는 인디아나-미시간 메노나이트 지방회의 조언을 따라 메노나이트 교회가 요더의 학문적 은사를 사용하고, 이전 동료들이 요더에게 어떻게 화해

---

291) 1997년 1월, 바바라 그래버는 "In the Case of the Mennonite Church's Invitation to Return John Howard Yoder to His Honored Place as a Teacher of Peace and Reconciliation Among Us 자신의 영예로운 학교에 존 하워드 요더를 평화와 화해의 교사로 초청한 메노나이트 교회의 처신에 대하여"라는 제목의 글을 기고하였다. 존 하워드 요더에 관한 AMBS 사라 생크 웽어의 파일, X-18-002. 1997년 1월 8일, 조지 블렁크 3세가 바바라 그래버에게 보낸 글. 존 하워드 요더에 관한 AMBS 사라 생크 웽어의 파일, X-18-002.

292) 1997년 1월 11일, 듀에인 사이더(Duane Sider)와 조지 블렁크3세가 존 하워드 요더에게 보낸 글. 미국 메노나이트 인디아나-미시간 지방회 존 하워드 요더 파일, II-05-019.

293) 1997년 1월 14일, 존 하워드 요더가 조지 블렁크3세에게 보낸 글. 존 하워드 요더에 관한 AMBS 사라 생크 웽어의 파일, X-18-002. 요더는 공포되거나 회람되지 않는 조건아래 새로 성명서를 작성하였다. 그리고 EMU 담당자들은 이 성명서를 보관하였다. 1997년 1월 16일, 베릴 부르베이커(Beryl Brubaker), 조지 블렁크3세(Geroge Brunk III), 윌리엄 호크(William Hawk)가 EMU공동체를 대상으로 쓴 글. 존 하워드 요더에 관한 AMBS 사라 생크 웽어의 파일, X-18-002.

294) 크리스타 에슬레만Christa Eshleman의 "Seminary Features Yoder: Theologian's Return Raises Questions", *Weather Vane*, v. 42, no. 10. January, 1997에서 인용. 구센의 "Campus Protests and John Howard Yoder", *Mennonite Life*, 2015도 참고할 것.

의 동작을 보여줄 것인지 진지하게 토론을 시도했던 새로운 날이었다.[295]

가을 학기에 AMBS 교수들과 행정직원들이 기독교, 전쟁 그리고 평화관련 과목에 요더를 초청할 기회를 주었다. 요더의 학생이었고 동료였던 윌라드 스와틀리가 13년 간의 정직 후에 AMBS 교정이 다시 그를 환영한다는 초청장을 내밀었다. 몇 명의 학생들이 이러한 대학원의 결정에 의문을 제기했으나, 1997년 가을 학기에 요더가 강단으로 다시 돌아온다는 것에 대해서는 논쟁하지 않았다.[296]

그 해 가을, 프래리 스트리트 메노나이트 교회 장로들과 몇 사람들이 앤과 존 요더가 교회로 돌아오길 희망했다. 교회에 새 목사가 부임하였고, 요더 부부는 비정기적으로 교회에 출석하였다. 1997년 12월 28일, 요더 부부는 그들이 오랜 기간 동안 다녔던 메노나이트 교회주일 예배에 출석하였다.[297] 이것은 루터교회에서 고향 집과 같은 메노나이트 교회로 돌아온 표시였다. 그 후로 몇 십 년 동안 앤 요더는 프래리 메노나이트 교회에 출석하였고, 사람들과 친밀한 교제를 나누었다.

프래리 스트리트 교회에서 주일 아침 예배를 드리고 난 이틀 뒤인 12월 30일, 존 하워드 요더는 그의 나이 70에 심장마비로 갑작스럽게 숨을 거두었다. 그의 부고가 전해지자 몇날 몇 주 동안 새로운 주제들을 담은 헌사들이 도착하였다. AMBS 총장이었던 넬슨 크레이빌은 사우스 벤드 트리뷴

---

295) 1996년 10월 24일, 얼랜드 왈트너가 윌라드 스와틀리, 제이크 엘리아스, 테드 쿤츠에게 보낸 편지. 존 하워드 요더에 관한 AMBS 사라 생크 웽어의 파일, X-18-002. 1997년 3월 12일, 넬슨 크레이빌이 존 하워드 요더에게 보낸 이메일. 존 하워드 요더에 관한 AMBS 사라 생크 웽어의 파일, X-18-002. 2014년 6월 7일, 테드 쿤츠가 저자와 나눈 인터뷰. 벤 올렌버거가 저자와 한 인터뷰.

296) 정규 교수가 공석이 되어 이 과목을 담당했던 요더는 과목을 잘 마쳤다. 1997년 10월 6일, 넬슨 크레이빌 "John Howard Yoder as Lecturer in Ethics Course 윤리과목의 강사로서 존 하워드 요더', 존 하워드 요더에 관한 AMBS 사라 생크 웽어의 파일, X-18-002. 1997년 9월 18일, 존 하워드 요더가 윌라드 스와틀리에게 보낸 편지. 존 하워드 요더에 관한 AMBS 사라 생크 웽어의 파일, X-18-002. 2014년 6월 6일, 넬슨 크레이빌이 저자와 나눈 인터뷰, 스와틀리가 저자와 나눈 인터뷰.

297) 존 벤더(John Bender)가 저자와 나눈 인터뷰.

*South Bend Tribune*이라는 지역 신문에 "존 요더가 인정하였듯이, 회복과 용서의 과정보다 그의 개인적인 실패가 더 널리 유포된 것에 대해 유감스럽게 생각합니다."라는 글이 실렸다.[298] 고센 대학의 심리학 및 평화학과 교수이자 상호책임 및 후원그룹의 좌장으로서 4년의 징계과정을 이끌었던 아틀리 비치는 요더의 유산을 기리고자 하는 사람들에게 보다 지혜롭고 감수성 있게 "치유가 계속 진행되기를 빕니다!"라는 말로 크레이빌의 글에 화답했다.[299]

메노나이트 정체성을 위한 큰 모험

지난 20여 년 동안, AMBS와 여러 지역에서 성폭력을 저지른 요더의 평화신학이 꾸준히 관심을 끌 것인지에 대한 새로운 학문적 관심이 폭증하였다. 그의 저술, 심리학적 페르소나, 그리고 성폭력의 유산을 담은 요더의 삶에 대한 이야기를 위시한 공적인 강연에서 북미의 메노나이트들의 전체적인 정체성을 논하는 것은 매우 중요한 일이다. 20세기 중반에 전 세계에 기독교의 무저항과 제자도의 개념을 잘 전달해주었던 요더에게 칭찬을 아끼지 않았던 사람들에게, 이 신학자는 메노나이트와 하나인 것처럼 보였다. 보다 최근에, 요더의 성추행에 대해 수많은 개인들과 AMBS 및 미국 메노나이트 교회를 포함한 여러 기관들이 보도 기관과 전자 매체들을 통해 영향력을 행사하게 되었다.[300] 결국, 요더와 그의 표적이 되었던 여성들에 대

---

298) 1998년 1월 1일자, 「사우스벤드 트리뷴지」B-5면, "Theologian, N.D. Instructor Yoder Dies", *South Bend Tribune*.

299) 1998년 1월 6일, 아틀리 비치가 넬슨 크레이빌에게 보낸 글. 존 하워드 요더에 관한 AMBS 사라 생크 웽어의 파일, X-18-002.

300) 자신을 메노나이트라 여기지 않는 사람들뿐만 아니라 메노나이트 정체성을 주장하는 사람들이 요더의 과거사와 관련된 논쟁에 적극적으로 참여하게 되었다. 2013년 9월 12일, 사라 생크 웽어의 "A (Potentially Transformative) Teachable Moment" 글. http://www.ambs.edu/publishing/blog/10153/2013/9/. 스테파니 그레비엘(Stephanie Krebiel), "The Woody Allen Problem: How Do We Read Pacifist Theologian (and Sexual Abuser) John Howard Yoder?" Religion Dispatches (2014), http://religiondispatches.org/the-woody-allen-problem-how-do-we-read-pacifist-theologian-and-sexual-abuser-john-howard-yoder/ 2014년 6월 25일, 리사 셔츠Lisa Schirch, 주석. http://emu.edu/now/anabaptist-nation/2014/05/01/the-church-discipline-of-john-howard-yoder-2/.

한 이야기는 논쟁적인 해석을 제공하는 사람들에 의해 메노나이트 정체성과 신학이 처한 위험이 무엇인지 밝혀지고 있다. 그러나 요더가 이 이야기의 핵심 인물로 자리하고 있는 한, 요더의 성폭력에 맞서 싸우고, 손해비용이 얼마나 큰지 밝혀내는 여성들의 관점들은 지속적인 방해를 받게 될 것이다.

몇몇 사람들이 지적하는 것처럼, 요더의 성적 행동들을 깨끗이 잊어버릴 수는 없다. 그리고 단지 "가벼운 죄"로 요더의 성추행을 다룸으로써 사건의 결과를 작게 축소하거나 관대를 베풀려는 시도는 있을 수 없다.[301] 1992년, AMBS 총장이었던 마를린 밀러가 쓴 글에서처럼, 요더의 행동은 "어떤 사람들이 나쁜 성벽과 사회적 어리석음으로 생각하는 것에서 출발하여, 어떤 메노나이트 회중 혹은 기독교 기관이 부도덕이라고 생각하는 것에 이르기까지" 폭넓게 묘사되고 있다.[302] 요더 생전 그리고 그가 죽은 이래, 그의 성폭력과 관련된 수많은 지식들은 그가 성중독과 씨름했다는 추측으로까지 이어졌다. 그의 사회적 부적응에 대해 회상하면서 동료들과 학생들을 포함한 많은 사람들은 어쩌면 요더가 아스퍼거 증후군을 가진 환자가 아닌가 의심하기도 했다.[303] 그러나 이러한 입증되지 않은 설명들은 정말로 많은 여성들을 대상으로 한 요더의 이유 없는 성적 침해에 아무런 통찰력을 제공하지 못한다. 그래도 여전히 요더의 납득할 수 없는 행동을 이해하려 드는 사

---

301) 2004년 10월 9일, 윌리엄 클라센이 로스 린 벤더에게 보낸 이메일. rossbender.org/AMBS-JHY.pdf.

302) 1991년 3월 29일, 마를린 밀러가 빅터 스톨츠퍼스Victor Stoltzfus에게 보낸 글. 요더에 관한 밀러의 AMBS 파일 X-18-001.

303) 아스퍼거 증후군에 대하여는 2010년 12월 30일자로 쓴 테드 그림스러드(Ted Grimsrud) 의 글 "Word and Deed: The Strange Case of John Howard Yoder", Thingking Pacifism Blog를 참조하라. http://thinkingpacifism.net/-2010/12/30/word-and-deed-the-strnage-case-of-john-howard-yoder/ 글랜 스타센(Glen Stassen), "Glen Stassen's Reflections on the Yoder Scandal", Thinking Pacifism Blog, Sept. 24, 2013. http://thinkingpacifism.net/-2013/09/24/glen-stassen-reflections-on-the-yoder-case/ 그리고 David Cramer, David, Jenny Howell, Jonathan Trans and Paul Martens, "Scandalizing John Howard Yoder", http://theotherjournal.com, July 7, 2014. note 7을 보라.

람들은 귀신에 사로잡혔다는 식의 종교적 맥락에서 설명하려 든다. 즉 요더 자신이 고백한 기독교 신앙의 가장 강력한 영적 자원을 통해 가능한 축사를 필요로 하는 죄로 이해하려 든다.[304]

요더의 신학에 찬사를 보내는 사람들은 그의 행동을 설명하기 위해 이런 저런 개념들을 인용한다. 그러나 요더가 회복을 이끌어내려던 메노나이트의 징계 과정들을 잘 속였다고 주장하는 사람들뿐만 아니라 요더가 진단받지 않은 아스퍼거 증후군과 오랜 기간 씨름하였다는 의학적 이론들을 주장하는 사람들은 그의 행동들이 끼친 결과에 초점을 맞추기 보다는 요더라는 인물에 초점을 맞추고자 했던 마를린 밀러의 전통적인 태도를 지속하였다.[305] 이러한 설명들은 제도적인 복잡성으로부터 논점을 비켜가게 하고, 요더를 따르는 사람들은 범죄가 아니라고 요더의 행동을 설명하면서 그의 신학을 이용하고 싶어 한다.[306] 1970년대 말과 1980년대 초, 요더를 너무나 존경한 나머지 자신의 권위를 사용하여 엘레나를 침묵시켰던 밀러와 같이, 최근 요더의 사건을 해석하는 수많은 사람들은 요더의 신학적 경력을 강조하는 한편, 그의 성폭력 역사를 최소화하고 있다.[307]

1990년대에 요더는 그에게 이의를 제기했던 기관이 제공하려 했던 다양한 도덕, 심리학적, 종교적 진단을 받기를 거부했다. 그러나 요더에게는 유력한 지지자들이 있었는데 그들은 요더가 "아마도 왜 여성들이 상처를 입었는지 제대로 이해하지 못했을 수 있으며, 아마도 자신이 주장했던 성에 관

---

304) 1992년 2월 14일, 테드 쿤츠의 글로, 테드 쿤츠가 제공한 것을 저자가 소장하고 있음.

305) 성추행과 연결된 아스퍼거 증후군에 대해 언급하는 것 또한 편견을 영속시키는 행위이다. 이 부분에 대한 학자들의 무책임한 행동에 대해서는 해밀톤(Hamilton)과 램벨렛(Lambalet)의 "A Dark Theme Revisited: How to Read Yoder's Sexualized Violence"를 보라.

306) 예를 들어 "The Yoder File"의 편집자의 말과 *The Christian Century*, Aug. 20, 2014. p.7을 보라.

307) 그렌 프리슨(Glenn Friese)n, "The Church Discipline of John Howard Yoder: Legal and Religious Considerations", 2014, http://www.members.shaw.ca/chronical/Yoder.html. 그리고 마르바 던과 공저한 마크 티센 네네션의 "On Contextualizing Two Failures of John Howard Yoder"Sept. 23, 2013, http://emu.edu/now/anabaptist-nation/2013/09/23/on-contextualizing-two-failures-of-john-howard-yoder/.

련된 이론이 옳다고 믿었던 것 같다"고 하면서 요더의 "내면적 태도들과 신념들"을 검토할 필요가 없다고 주장했다.308) 이러한 입장을 견지하는 사람들은 요더의 복권을 당연한 것으로 보았다. 1996년, 요더의 징계과정이 끝날 무렵, 윤리학자인 스탠리 하우어워스와 글렌 스타센은 "교회들이 그의 재능을 간절히 필요"로 하기 때문에 메노나이트 담당자들이 진행해온 일을 칭찬했고 그들이 최종적으로 내린 결론지점 또한 만족스러울 만하다고 했다.309) 그쪽 분야의 탁월한 리더들이었던 스탠리 하우어워스와 그렌 스타센이 요더의 명성을 회복시키고자 표현한 "기독교 징계과정을 수행한 메노나이트들이 찬사를 받았지만, 때때로 충분한 용서와 은혜를 실천하지 않는 것에 대해 비판을 받아왔다"라는 말은 맞다.310) 하우어워스와 스타센은 멀리서 요더 자신이 깨끗이 잊어버린 징계의 과정에 빛을 비추어 주었다. 인디아나-미시간 지방회 대표자들이 가트리브의 정신과 보고서를 놓고 자신들의 권리에 대해 몇 개월간 고민하고 있을 때, 요더는 "처음에 언급했던 회복의 목표는 물 건너갔다"고 결론지었다.311)

똑 같은 사건을 놓고 어떤 사람들은 회복에 초점을 맞추는 반면 어떤 사람들은 화해에 초점을 맞추었다. 요더 부부를 원래 메노나이트 회중이었던 프래리 스트리트 메노나이트 교회로 다시 돌아오게 하기 위해 장로들과 사람들이 보여준 화해의 제스처는 초청, 방문, 식사 초대, 그리고 따뜻한 말 등의 형태로 뻗어나간다.312) 마찬가지로 1996년과 1997년, AMBS에서 요

---

308) 1994년 7월 7일, 하우어워스와 네이션이 요더 교회 징계위원회에게 보낸 편지에서 인용. 미국 메노나이트 인디아나-미시간 지방회 존 하워드 요더 파일, II-05-019.

309) 1996년 7월 22일, 그렌 스타센과 스탠리 하우어워스가 세름 카우프만에게 보낸 글. 미국 메노나이트 인디아나-미시간 지방회 존 하워드 요더 파일, II-05-019.

310) Ibid.

311) 1996년 12월 16일, 존 하워드 요더가 세름 카우프만에게 보낸 글. 미국 메노나이트 인디아나-미시간 지방회 존 하워드 요더 파일, II-05-019.

312) 1996년 4월 21일, 교회 기록을 보면 1990년대 중반에 이 회중에서 신학자들을 받아들이지 않고자 했던 문제로 교회멤버들과 목사들 간에 일치되지 않은 부분이 있었다. 프래리 스트리트 메노나이트 교회 파일. 해롤드 요더와 저자가 나눈 인터뷰. 시몬 킹그리치와 저자가 나눈 인터뷰.

더를 다시 강사로 초청하여 관계를 개선하려했을 때, 요더와 그의 이전 동료 사이에서도 비슷한 일이 있었다. 1996년, AMBS 직원 중 한 사람이 요더에게 "추방의 개념"은 더 이상 시행되지 않는다고 말해 주었다.[313] 그러나 여전히 요더와 신학대학원 사이의 화해는 비밀에 붙인 과거의 짐을 벗어버리지 못한 채 타협 중이었다.[314]

하우어워스와 스타센이 말했던 교인으로서 요더의 복권은 요더의 글을 읽기 원했던 사람들에게 신뢰할 수 있는 신학자라는 확신을 가져다주었다. 프래리 스트리트 교인들과 AMBS 리더들이 부지런히 추구하고자 했던 화해의 목표는 몇몇 영향력 있는 메노나이트들이 요더에게 좀 더 회유적인 입장을 갖도록 해주었다. 그러나 소수의 프래리 스트리트와 AMBS 대표자들은 요더와 그가 성적으로 추행했던 여성들과 관계적으로 "화해"하기를 희망했다. 보다 폭넓은 화해의 형태는 인디아나-미시간 지방회 위원들에 의해 제시되었는데 이들은 처음부터 피해 여성들이 충분히 회복을 제공하고 요더에게는 상습적 범행을 저지르지 않도록 "안전한 계획"을 개발하기 원했다. 그러나 이러한 해해는 한 번도 이루어진 적이 없다. 부분적으로는 요더가 성 윤리에 대한 주제를 놓고 일찍이 마를린 밀러와 벌인 자신의 신학적 논쟁이 모든 과정을 통제하기 위한 이성적 기술로 연마되었기 때문이었다.[315]

성에 대한 요더의 생각은 많은 사람들과 그가 맺은 관계의 중심에 놓여 있었다. 이러한 생각은 그의 신학에 녹아 있었다. 1997년 12월, 그가 죽기 일주일 전, 한 번도 만난 적은 없지만 한 컨퍼런스에서 그가 주의 깊게 본 스물다섯 살이나 어린 젊은 여성에게 보낸 이메일에서, 요더는 자신이 메노

---

313) 1996년 5월 13일, 제럴드 거브란트(Gerald Gerbrandt)가 존 하워드 요더에게 보낸 글에서 인용. 요더에 대한 AMBS의 사라 웽어 생크 문서 X-18-002.
314) 에블린 쉘렌버거와 저자의 인터뷰.
315) 1994년 5월 17일, "ASG Progress Report" p.4. 미국 메노나이트 인디아나-미시간 지방회 존 하워드 요더 파일, II-05-019.

나이트 징계를 받으면서 경험한 최근의 이야기들을 언급했다. 그는 이메일에서 "그 [화해]과정은 기반을 잃었다."고 했고 "어떻게 그것이 가능한지에 대해 생각을 비밀보장을 전제로 하는 가운데 주고받으면 좋겠다"고 하면서 자신을 도와달라고 했다.316) 요더의 성추행의 역사를 알고 있던 이 편지의 수신인은 결코 요더의 이메일에 답하지 않았다. 그러나 그녀에게 비밀보장을 요청한 요더의 간청은 약 20년 전에 "A Call for Aid"라는 글에서 "이러한 주제들은 너무 미묘하기에….. 나는 당신이 도움이 필요합니다."라는 말로 젊은 여성들을 유혹했던 행동 패턴을 반영하고 있는 것으로 읽을 수 있다.317)

성적 추행이라는 요더가 남긴 유산에 대한 메노나이트 교단의 반응은 "네 형제가 [너에게] 죄를 짓거든, 가서, 단 둘이 있는 자리에서 그에게 충고하여라."라는 말씀에 대한 교회의 징계라는 성경적 틀에 대해 오랜 기간 동안 설명해온 한 신학자의 일에 대해 교단이 기꺼이 그의 폭력과 권력의 영향력을 제거하지 못하는 모습으로 드러났다.1970년대와 1980년대에, AMBS 리더들은 신학대학원의 평판을 보호하기 위해 이를 비밀에 부쳤고, 요더를 유능하고 칭송받는 메노나이트로 인식하여 메노나이트교회와 분리시키지 않은 채 그를 눈에 띄게 보호하고자 했다.

그러나 성 윤리에 대한 요더의 생각에 관여함에 있어, 밀러와 그의 언약 그룹들은 자신들을 포함한 많은 사람들에게 상처를 입혔다.318) 그들의 노력들은 1990년대와 그 이후 헤럴드 출판사, 인디아나-미시간 메노나이트 지방회와 같은 메노나이트 기관들이 요더의 행동과 잘못에 대해 믿을 수 없을 정도로 불완전한 모습으로 타협함으로 메노나이트 정체성과 정책을 보

---

316) 1997년 12월 22일, 존 하워드 요더가 "로살리"(가명)에게 보낸 이메일. 캐롤린 홀더리드 헤겐이 제공한 메일을 저자가 소장하고 있음.
317) 요더, "A Call for Aid", 1974, p.1.
318) 테드 쿤츠와 저자의 인터뷰. 에블린 쉘렌버거와 저자의 인터뷰. 마르쿠스 스머커와 저자의 인터뷰. 리처드 카우프만과 저자의 인터뷰.

존하려는 모습으로 나타났다. 20세기 말에, 메노나이트 기관들이 요더의 성 추행에 대해 보여준 몇가지 특징적인 반응과 비밀들은 새로운 패러다임들로 그들을 이끌어갔다. 가장 괄목할만한 것은 희생자의 책임으로 돌렸던 것에 대한 비판과 당사자들 간에 존재하는 엄청난 권력의 불균형을 감안하여 마태복음 18장을 읽어야 한다는 새로운 패러다임을 제시해 주었다.[319] 한편, 이 사건은 아주 오랜 기간 메노나이트들이 관심을 보인 하나의 신학적 아이디어가 어떻게 침묵, 가부장적 전제들, 그리고 피해를 통제해야 한다는 염려를 통해 결코 "실험"으로 존재하지 말았어야 할 문제를 실험이 되게 했는지 보여준 비극이었다.[320]

---

319) 1992년 3월 10일, 테드 쿤츠가 존 하워드 요더에게 보낸 편지. 테드 쿤츠가 제공한 문서를 저자가 소장하고 있음. 그리고 1991년 4월 4일, 존 스토너가 제임스 랩에게 보낸 편지. 프래리 스트리트 메노나이트 교회/요더 대책위원회 파일.
320) 요더의 성폭력을 다루는데 기관과 제도가 실패했다고 본 통찰력 있는 논평을 위해서는 1997년 1월 15일 조지 블링크3세가 세름 카우프만에게 보낸 글을 참고하라.

교회 리더들에 의한 성폭력과 피해자들을 위한 치유

캐롤린 홀더리드 헤겐[321)]

요약: 교회 리더들에 의한 성폭력은 직업윤리 상 터무니없는 침해이자 목사/교사라는 역할에서 비롯된 중대한 권력 남용이다. 피해자들에게 생긴 트라우마는 인생 모든 측면에 속속들이 영향을 미친다. 교회 및 교회관련 기관들은 성폭력 관련 보고를 받고 난 뒤 이에 대해 적절하게 반응하지 않았다. 피해자를 위한 적절한 개입이나 돌봄을 제공하지 못함으로써 트라우마에 빠진 피해자를 내버려 두었다. 만약 회중들이 피해자들을 믿어주고 그들에게 적절하게 반응하기만 한다면, 만약 회중들이 피해자들에게 민감하게 반응하는 모습으로 예배를 드린다면, 만약 피해자들은 물론 사랑하는 가족들에게 지속적인 관심을 보이고 함께 해준다면, 만약 회중들이 앞으로 일어날지도 모를 성폭력을 방지하기 위해 부지런히 일하고 헌신한다면, 교회는 얼마든지 치유의 장소가 될 수 있다.

메노나이트들은 비폭력의 신학을 잘 발달시켜왔고 평화건설 분야의 선봉에 선 사람들로 인정받고 있다. 그렇지만, 메노나이트라고 해서 성폭력 목사들과 리더들로부터 피해를 입은 사람들을 보호하고 돌보는 일에 항상 성공적인 모습을 보이지는 못했다.[322)] 사실상 모든 교단들처럼 메노나이트

---

321) 캐롤린 홀더리드 헤겐 박사는 트라우마로부터 회복을 전문으로 하는 정신과 치료사이다. 헤겐 박사는 『기독교 가정과 교회에서 일어나는 성폭력』Sexual Abuse in Christian Homes and Churches(Scottdale, Pa.: Herald Press, 1993)의 저자이며, 미국 메노나이트 여성들이 후원하는 Sister Care International 세미나의 공동 리더이며, 성폭력의 피해자 및 트라우마를 갖고 있는 공동체를 회복하고 치유하는 국제 자문위원이기도 하다.

322) 교회 및 관련 기관에 속한 많은 리더들이 안수를 받았기 때문에, 이 글에서 나는 목사들이나 리더들을 언급할 때 가끔 "성직자clergy"라는 단어를 사용할 것이다. 폭력의 역동성과 폭력의 결과로 생긴 주제들은 서로 비슷한 면을 갖고 있다. 또한, 나는 성직자와 리더를 언급할 때 남성대명사를 사용할 것이다. 내가 그렇게 하는 이유는 글쓰기 스타일 때문이 아

들 또한 리더들의 성추행 문제의 범위가 어느 정도인지 알 수 있는 신뢰할 만한 통계자료를 갖고 있지 않다. 범행자 주변에 존재하는 비밀 망들, 성폭행을 고발하는 사람들에 대한 불신, 성폭행을 폭로하는 사람들을 향한 별로 도움 되지 않는 반응들은 피해자들이 성폭행을 보고해도 별 소용이 없다는 식의 태도와 결과를 빚어내는데 일조하고 있다. 그러나 콘라드 L. 카네기Conrad L. Kanagy와 같은 사회학자의 일화에 얽힌 정보나 조사는 최소한 성추행의 문제에 있어 메노나이트들에게도 일반 사회에서 일어나는 정도와 비슷한 성추행이 일어나고 있으리라고 본다.323) 메노나이트들이 겪은 고난과 순교의 역사는 그들의 정체성 한 가운데에 자리하고 있고, 비폭력, 평화, 원수사랑 및 용서가 그들의 핵심 가치이기 때문에 피해자들이 이러한 폭력에 저항하는 것과 성폭력의 사건을 보고하는 일을 더 어렵게 만들고 있다.

니라, 여성 성직자들이 자신의 교구에서 성폭력을 행사하는 사례 및 보고가 거의 전무하다는 현실을 반영하려는 의도에서이다. 성직자들에 의해 성폭력 피해를 입은 피해자들과 수 십 년간 일해 온 나의 경험에 비추어볼 때, 나는 아직까지 여성 목사에 의해 성폭력을 당한 사례를 한 건도 접하지 못했다. 나는 메노나이트 교사, 청소년 목회자, 복음전도자, 혹은 교회 리더들에 의해 성추행을 경험한 소년들과 젊은 남자 청년들이 있다는 사실도 알게 되었다. 이러한 성폭력과 연관된 주제들은 이들 남성 피해자들의 인생도 황폐하게 만들었다. 교회 내에서 이루어지는 나의 임상실험과 일이 주로 남성 가해자들에 의한 여성 피해자들과 함께 이루어지고, 공적으로 드러난 사례들 대다수가 이러한 사실을 드러내 주므로, 내가 말하고자 하는 성폭력의 기본 취지는 남성들에 의한 피해를 입은 여성들과 관련된 주제가 될 것이다. 이것이 말하고자 하는 바는 우리가 남성 피해자들이 자신들의 이야기를 풀어놓을 수 있는 보다 안전한 공간들을 만들 필요가 있고 그들이 겪은 피해로 말미암아 생긴 트라우마를 치유할 수 있도록 도움을 마련할 필요가 있다는 의미이기도 하다. 남성 피해자들이 제기하는 질문 중 하나는 "제가 동성애자인가요? 이러한 경험을 하기 전까지 나는 한 번도 내가 동성애자일까 하는 생각을 해 본적이 없습니다. 그러나 만약 동성애자가 아니라면 왜 그 사람에게 내가 매력이 있어보였을까요?"라는 것이다. 이러한 상황에 있어서, 피해자에게 일어난 강간과 성폭력은 기본적으로 성에 대한 것이 아니라 권력의 남용에 의한 것이라는 사실을 피해자에게 일깨워주는 것이 무엇보다 중요하다. 피해자로서 공격받기 쉽다는 사실과 피해 사실은 그를 성폭행한 가해자들에게 있어서 그의 성적 성향은 아무런 상관이 없다는 사실을 일깨워줄 필요가 있다. 소년들과 젊은 남자 청년을 성추행하는 수많은 남성들이 성적 취향이 동성애자이기 때문이 아니라 기본적으로 피해자들의 취약한 점을 공격하는 것이라는 사실을 알아야 한다.

323) Conrad L. Kanagy, *Road Signs for the Journey: A Profile of Mennonite CHurch USA* (Scottdale, Pa.: Herald Press, 2006). 내 책 *Sexual Abuse in Christian Homes and Churches*(Scottdale, Pa.: Herald Press, 1993)에 나오는 사례 연구 및 이야기들은 모두 메노나이트 이야기들이다.

성직자들에 의해 빚어지는 범기독교 그룹을 대상으로 한 연구는 성직자의 38.6%가 어떻든지 간에 자신들의 회중 내의 구성원들과 부적절하다고 여겨지는 성적 관계를 가진 적이 있다고 보고하였다. 게다가 조사에 참여한 76.5%가 동료 성직자 중에 자신의 교회 내 구성원과 성관계를 갖고 있다는 사실을 알고 있다고 답하였다.[324] 쏜번J.W. Thorburn과 J.O. 발스위치Balswich가 수행한 1998년 연구에 따르면, 다른 사람들을 돕는 전문직 중에 가장 높은 성적 착취가 일어나는 직업군이 성직자로 드러났다.[325] 캐나다의 연합교회가 실시한 연구조사는 여성들이 자신의 직장에서보다 교회에서 성추행을 당한 경험이 많은 것으로 보고하였다.[326]

여러 해 동안 여성들은 자신들이 신뢰하던 교회 리더들에 의한 성폭력에 대해 보고해 왔다. 교회는 너무나 자주 이들의 보고를 믿지 않았다. 하다못해 그 여성들이 신망이 두터운 사람들임에도 불구하고, 성폭력의 사실을 폭로한 여성들은 종종 문제를 일으키는 사람들, 유혹하는 여성들, 약탈하는 여성들, 혹은 헤픈 여성들로 여겨졌다. 성폭력에 관한 보고서들은 사람들이 피해자들에게 직접적인 분노를 표출하곤 하는데 그들이 교회의 명예를 더럽혔으며, 고소를 당한 가족 전체를 곤궁에 빠뜨렸다는 이유 때문이다. 성폭력을 행한 리더나 목사가 해고되는 사례는 거의 드문데, 이러한 경우에서조차 통상적으로 나타나는 유형은 그의 해직에 대한 이유를 비밀에 붙인 가운데 진행된다. 어떤 폭력적인 리더들은 교회나 관련 기관과 협상을 벌여 문제의 리더가 사직하도록 동의하고 다른 관련 기관과 자리를 맞바꿔 현직을 떠나는 식으로 일을 처리하면서도 결코 일의 전말을 밝히지 말라는 식의 약속을 받아내기도 한다.

---

324) Kathryn A. Flynn, *The Sexual Abuse of Women by Members of the Clergy* (Jefferson, N.C.: McFarland & Company, Inc., 2003), 3.
325) J.W. Thorburn and J.O. Balswich, "Demographic Data on Extra-marital Sexual Behavior in the Ministry, *Pastoral Psychology* 46, no. 6 (1998), 447-457.
326) Flynn, *Sexual Abuse of Women by Members of the Clergy*, 4.

성직자들에게 성폭력을 당한 희생자들 중 많은 사람들이 사실을 결코 말하지 않는다. 그 이유는 성폭력 사실을 폭로했다는 사실로 인해 많은 피해자들이 심한 비난을 받아왔으며, 모욕을 당했으며, 출교를 당했는지 보아왔기 때문이다. 많은 이들은 메노나이트들의 사회적 영적 공동체인 자신의 교회에서 추방되는 위험을 감수하지 못할 것이다.

성직자들에 의한 성폭력이란 무엇인가?

성직자의 영향력과 돌봄 아래에 있는 사람들과 교회 리더들 사이에 발생한 성적 관계를 설명할 때 사용되는 언어는 종종 문제를 적절히 이해하고, 언급하고, 시도하려는 우리를 매우 혼란스럽게 만든다. 일찍부터 피해자들의 권익을 옹호해왔던 유명한 마리 포춘Marie Fortune은 다른 일이 앞서 문제에 대한 올바른 틀을 제시하고 문제가 무엇인지 제대로 명명할 필요가 있음을 강조해왔다.327) 성직자들의 성폭력을 개인의 도덕성 결핍이라든가 하나의 "성추문" 혹은 "성관계" 혹은 "간통" 사건으로 이해하는 것은 적절하지 않을 뿐 아니라 전혀 도움이 되지 않는다. 이러한 용어들은 상호관계성과 동의를 전제로 사용하는 표현들로 그동안 신뢰하던 리더가 자기 교구내의 신자와 함께 성관계를 갖는 상황을 표현하기에는 부족함이 많은 용어다. 이러한 용어는 실제로 힘의 균형이 동등한 상황 아래 확실한 동의가 이루어졌을 때나 사용할 수 있는 언어다. 이러한 상황에 적절한 용어는 성폭행abuse이다.328)

성직자들의 성폭력은 그의 보호를 신뢰하는 사람들에게 그들의 힘과 신

---

327) Marie Fortune, *Is Nothing Sacred? When Sex Invades the Pastoral Relationship* (San Francisco: Harper Collins Publishers, 1989).

328) 비록 드물지만, 이미 상처를 입고 나름 자신의 필요를 채우려고 성적으로 목사를 유혹하고자 했던 한 여성의 사례로 알려진 경우가 더러 있기는 하다. 그러나 여전히 그 목사의 책임과 의무는 이 여성을 보호하는 것은 물론 목사로서 명확한 경계선이 있음을 보여주어야지 성폭력을 행사해서는 안 된다. 성폭력은 항상 가장 힘을 많이 가진 사람의 책임에 속한 문제다.

뢰가 유리하게 작용할 때 발생한다. 이는 직업윤리 상 터무니없는 침해이자 목사/교사라는 역할에서 비롯된 중대한 권력 남용이자 기독교 사랑과 돌봄을 망치는 행위이다. 『금지된 구역에서의 성: 치료사, 의사, 성직자, 교사 및 기타 권력을 가진 남성들에 의한 배신이 일어날 때』라는 책의 저자 피터 러터 Peter Rutter는 "금지된 구역" 즉 신뢰와 힘이 균등하지 않은 직업 영역에서 발생하는 성과 관련된 행위, 성적 표현 혹은 관심사에 대해 경고한다.329) "금지된" 성적인 행위들은 아마도 실제적인 신체접촉을 포함할 수도 있고 그렇지 않을 수도 있다. 이러한 행위들은 선물, 빈번한 사교성 전화, 편지, 사적인 방문, 혹은 "특별한" 관계로 발전시키기 위한 시도 등을 포함한 비정상적인 관심 표출을 포함하기도 한다. 이와는 별도로 메노나이트 교회의 목회자 성추행 관련 정책에 따른 허락되지 않은 행동들은 다음과 같이 정리할 수 있다.330)

　－성적 유혹, 음담패설 혹은 빈정거리는 말
　－다른 사람들의 용모, 옷, 신체를 비하하는 그림이나 언행
　－성적 내용이 담긴 물건이나 그림을 보여주는 행위
　－성적인 농담이나 공격적인 몸짓
　－목회자 개인의 성적 경험에 대해 드러내놓고 하는 설명
　－"여보" "당신" "자기" 등과 같은 애칭이나 성적인 관계를 암시하는 용어의 사용
　－포옹, 손깍지 끼기, 등 두드리기, 등 쓰다듬기, 키스 등 부적절하거

---

329) Peter Rutter, *Sex in the Forbidden Zone: When Men in Power Therapists, Doctors, Clergy, Teachers, and Others Betray Women's Trust* (Los Angeles: Jeremy P. Tarcher, Inc. 1989).

330) *Justice Making: The Church Responds to Clergy Misconduct, a Companion Piece to Ministerial Sexual Misconduct Police and Procedures*에 첨부된 2번 글을 보라. http://resources.mennoniteusa.org/wp-content/uploads/2012/01/JusticeMakingTheChurchRespondsToClergyMisconduct.pdf

나 원하지 않는 신체적 접촉

-휘파람이나 유혹하는 소리

-추파

목회 권력

지나치게 과중한 업무를 떠맡고, 제대로 감사를 표현 받지 못하고, 제대로 보수를 받지 못하고 있다는 느낌을 갖고 있는 많은 목사들은 목회직만이 갖고 있는 고유한 권력이 어떤지 잘 알지 못한다. 트리니티 복음주의 신학교의 임상심리학자이자 목회상담 및 심리학 교수인 미리암 스타크 패어런트Miriam Stark Parent는 목회자들이 종종 권력과 권위라는 주제에 대해 상반되거나 왜곡된 태도를 보이고 있다는 점을 발견하였다. 그들은 자신들이 갖고 있는 권력에 대해 그리고 분명하고 적절한 경계선들을 유지하는 책임을 최소화하는 경향을 보였다.[331]

"섬김의 리더십"과 "모든 신자들이 제사장임"을 크게 강조하는 메노나이트들은 교회 리더들이 가진 권력에 대해 직접 언급하기를 매우 불편하게 생각한다. 이러한 주저함은 목회라는 역할에 존재하는 권력의 본래 모습을 애매하고 이해하기 어렵게 만들었고, 권력을 쉽게 남용하도록 만들 여지를 주었다.

남성 목사와 여성 교인 사이의 관계 혹은 남성 교수와 여성 학생과의 관계는 다양한 방식으로 남성과 여성이라는 폭넓은 문화적 관계의 축소판이 되어 권력의 불균형을 드러내는 장이 되었다. 예를 들어, 일반적으로 남성이 여성에 비해 쉽게 권력을 가질 수 있었다. 미국 통계에 따르면, 비슷한 수준의 교육과 경험을 가진 여성들은 동일한 직종에 일하는 남성들에 비해

---

331) Miriam Stark Parent, "Boundaries and Roles in Ministry Counseling", *American Journal of Pastoral Counseling* 8, no.2 (2005), 1-25.

77%의 보수밖에 받지 못하고 있다. 몇몇 소수 그룹들 안에서 볼 수 있는 이러한 임금격차는 이보다 더 크게 나타난다. 아프리카계 미국 여성들은 아프리카계 미국 남성들에 비해 69%의 보수밖에 받지 못하고 있는 것으로 나타났다. 또한 라틴계 미국 여성들은 라틴계 미국 남성들의 58%에 불과한 임금을 받고 있는 것으로 조사되었다.332) 여러 상황에서 돈은 권력으로 작용하며 이러한 임금의 불균형과 경제적 취약성 때문에 실제로 많은 여성들은 남성에 비해 열등한 느낌을 갖게 된다.

일반적으로 남성들은 정치적 권력에 있어서도 여성들에 비해 많은 권력을 소유하고 있다. 이러한 불균형은 2014년, 미국의 상원의원들 100명 중 20명만 여성이라는 사실과 435명의 하원의원들 중 79명, 50명의 주지사 중에 5명만이 여성이라는 사실만 보아도 잘 알 수 있다. 아직까지 미국에는 여성 대통령이 선출된 적이 없다. 기자들은 남성 후보자들이나 남성 정치인들의 용모를 언급하는 것보다 여성 후보자들이나 여성 정치인들의 신체적이 용모에 대해 훨씬 많이 언급하였고, 여성들은 가족을 대표하는 성보다는 개인이름으로 더 많이 불렀다.

또한, 대부분의 남성들은 같은 연령에 있는 여성들에 비해 신체적으로 보다 강한 모습을 드러낸다. 물리적으로 여성들을 제압할 수 있는 존재라는 사실과 여성들의 취약점을 앎으로서 남성들은 같은 분야에서 일하는 여성들의 경험을 바꿔놓는다. 작가이자 다큐멘타리 조감독인 메리 딕슨Mary Dicson은 "안전하지 않은 장소: 여성에 대한 폭력"이라는 PBS 교육방송 다큐멘터리를 제작하였고, 1996년 "여성들이 꾸는 최악의 악몽"이라는 기사를 써서 여성 작가협회로부터 비비안 캐슬베리 상Vivian Castleberry Award을 받

---

332) 미국 통계청이 조사한 2013년 자료. www.quickfacts.cencus.gov/qfd/states/00000.html. Catherine Hill, "The Simple Truth About the Gender Pay Gap" (2014) A.A.U.W. publication Economic Justice, www.aauw.ort/research.the-simple-truth-about-the-gender-pay-gap/.

은 바 있다. 딕슨은 정신건강 치료사들이 상담을 통해 남성과 여성이 느끼는 두려움에는 본질적으로 중요한 차이가 있다는 내용을 서술한 바 있다. 남성들은 여성들에 의해 인정받지 못하고, 존중받지 못하고, 깔봄을 당할지 모른다는 두려움을 안고 산다. 반면 여성들은 남성들에 의해 구타, 강간, 혹은 죽임을 당할지 모른다는 두려움을 안고 산다.[333]

성직자들에 의한 폭력의 역학을 이해하기 위해, 여성성, 남성성, 그리고 종교와 관련된 내부의 복잡한 정신적 문화적 역학관계를 아는 것이 중요하다. 일반적으로 여성들은 남성들에 비해 종교적으로 덜 권위적이고 권력적이다. 많은 사람들은 창세기 2장과 고린도전서 11:7-9이 보여주듯이 특정 성서본문들에 의한 성적 해석을 기반으로 여성은 도덕적으로 열등하고 불완전한 존재로 설명하는 한편 남성은 하나님의 신성과 도덕적 우위를 가진 것처럼 해석하기도 한다. 이 조사연구는 그리스도인 여성들이 하와의 죄 때문에 도덕적으로 열등한 존재이며 그러므로 도덕적 판단을 내리는 일에 있어 남성들에 비해 열등한 존재라는 식의 교육을 은연중에 혹은 아주 분명하게 받아왔다는 사실을 보여주고 있다.[334] 결국 여성은 권위를 가진 남성의 판단과 옳고 그름에 대한 자신의 감성적 판단이 서로 다르다고 느낄 때, 자기 스스로를 신뢰하지 못하도록 교육받으며 자라날 수 있다. 목사나 교회 리더가 자신에게 성적으로 접촉해도 괜찮은지 물어올 때, 여성은 자기 내면에 존재하는 옳고 그름에 대한 감각을 신뢰하기 어려워하거나, 교회 리더의 성적 유혹과 공격들에 대해 당당히 맞서기 힘들어하는 자신의 모습을 발견하기도 한다. 이런 상황에서 여성들이 갖는 도덕적 기능은 영적 권위를 갖고 있는 누군가가 자신의 성적 쾌락을 충족하기 위해 그녀를 쉽게 농락하려 들 때 위험수

---

333) Mary Dicson, "A Woman's Worst Nightmare" (1996) www.pbs.org/kued/nosafeplace/articles/nightmare.htm/.

334) Carolyn Holderread Heggen, "Dominance/Submission Role Beliefs, Self-Esteem and Self-Acceptance in Christian Laywomen" (Ph.D diss., University of New Mexico, 1989).

위를 끌어안고 타협하는 쪽으로 움직이기도 한다.

많은 교회의 리더십이나 권위를 가진 자리나 지위에서 여성들이 배제되는 일은 공식 예배 중에 아주 자주 언급되는 아버지라는 하나님의 지배적인 이미지를 통해 강화되어 여성들은 특별히 열등한 존재라는 감각을 사람들에게 각인시켜 놓았다. 물론 예수도 남성이었고 그의 내부 서클이었던 열두 제자들도 모두 남성들로 이루어져 있다. 비록 본질상 영적이고 중성적인 존재이긴 하지만, 하다못해 성경에 등장하는 천사들조차도 모두 남자이름을 갖고 있다. 이처럼 성직자, 감독 그리고 역사상 모든 교황들은 남자들이었고, 현재도 그렇다. 이와 같이 온통 남성으로서 도배된 신적인 개념과 연결되어 여성들이 철저히 배제 될 때, 그 어떤 다른 그룹의 리더가 아닌 자신이 다니는 교회 리더가 남용하는 권위에 대해 "아니오"라고 말해야 하는 여성들은 정신적으로 제대로 된 자기 개념과 능력을 갖지 못하고 엄청난 피해를 입게 될 것이다.

가부장적 문화 속에 일반화되어 있는 남성의 힘에 대해 좀 더 설명을 덧붙이자면, 우리는 목사들과 교회 리더들에게 아주 독특하고 엄청난 권위를 부여하고 있다. 많은 사람들이 목사들을 하나님을 대신하는 어떤 존재로 여기거나 하나님과 회중을 연결하는 중재자로 여기기 때문에 그의 교구에 속해 있는 사람들, 특별히 여성들을 향해 사용하는 이들의 정신적 권력과 영적 권위는 상징적으로나 실제적인 차원에서 가히 초월적인 능력을 발휘한다고 말할 수 있다. 정신과의사인 피터 러터는 한 교회를 담당하는 목사의 힘은 만약 목사가 자신의 권위를 행사하고자 원한다면 하나님과 사람들 사이를 중재한다는 성직의 지위를 이용하여 자신의 권위를 엄청나게 강화할 수 있다고 밝혔다.[335] 이와 같이, 교회 리더들은 하나님의 엄청난 능력과 권위로 표현되기도 한다.

---

335) Rutter, *Sex in the Forbidden Zone*, 27-28.

『교구 안의 성Sex in the Parish』라는 책의 저자인 케렌 레바크쯔Karen Lebacqz 와 로날드 바르톤Ronald Barton은 하나님의 존재를 대표하며 성례전을 집전하는 데서 오는 목사들의 신비적인 차원과 받침대 효과를 강조하고 있다.336) 이러한 "하나님 요소"는 희생자들의 인식과 판단을 흐리게 할 수 있으며, 그들을 약탈하려는 교회 리더들로부터 자신들을 지켜내라고 보내는 경고들을 감지하는 능력을 누그러뜨릴 수 있다.

칼 융, 스콧 펙, 그리고 많은 다른 심리학자들은 영성을 갈구하는 것과 성적 욕망 사이에 어떤 밀접한 관계가 있는지 관찰해왔다. 하나님과의 친밀성에 대한 인간의 욕구는 종종 성적인 열망과 유사한 느낌의 에너지를 이끌어내기도 한다. 우리의 영적인 갈망은 다른 사람들과 갖는 친밀함을 갈구하는 모습으로 표출되기도 하다. 로버트 칼슨Robert Carlson이 관찰한 것처럼, "하나님을 발견하고자 하는 노력은 모든 사람들 안에 존재하는 동일한 열망의 샘을 열어주며, 때때로 우리의 성적 욕망을 표출하도록 자극하기도 한다."337) 성적인 경험과 영적인 경험을 할 때, 우리는 방어기제를 내려놓으며, 자기중심적 영역 규정을 느슨하게 풀어놓게 된다. 또한, 우리는 교회에서 "환심을 사는" 행동을 한다. 우리는 종종 깔끔하게 옷을 차려입고 정중하게 행동한다.

성적 느낌을 갖는 것과 부적절한 성적 행동 사이에 존재하는 분명한 차이와 특성을 구별하는 일은 참 중요하다. 성적인 느낌, 특히 교회에서 아주 가까운 사람들과 접촉하면서 갖게 되는 성적 느낌들은 아주 자연스러우면서도 피할 수 없는 것이다. 그러나 교회 리더들은 이러한 적절한 감정들과 성적 영역을 침범하는 행동을 구분하고 피할 수 있어야 한다.

교회 리더들은 직업의 독특한 성격상 사람들에게 쉽게 다가갈 수 있는

---

336) Karen Lebacqz and Ronald G. Barton, *Sex in the Parish* (Louisville: Westminster John Knox Press, 1991), 110-111.
337) Robert Carlson, "Battling Sexual Indiscretion", *Ministry* 60, no.1(1987).

권한access power을 갖고 있다. 교회 리더들의 돌봄을 받거나 그들의 영향력 아래에 있는 사람들은 목회자들이 가정과 병원을 방문하고, 교인들의 역사와 비밀 및 그들의 연약한 모습들을 알아도 괜찮고, 더 나아가 그들의 영적 세계를 방문해도 좋은 사람이라 여긴다. 교회 리더들은 아주 가까운 가족 구성원들보다도 더 가까울 정도로 자신에 대한 지식이나 정보를 가져도 괜찮은 사람들로 여겨진다. 목사들은 교회 구성원들의 신앙생활에 필요한 내용을 고백해도 좋은 대상이자 역할 때문에 그리고 교회 구성원들이 믿을 수 있는 사람으로 여기기 때문에 다른 사람들에게는 통상적으로 주어지지 않는 친밀함을 요청할 수 있다.

더 나아가 섬기는 일과 관련된 대부분의 전문가들과는 달리 목사나 교회 리더들에게는 가까이에서 그들을 감독하는 사람이나 최소한의 상호책임에 대한 장치 없이 목회 직무를 수행하기도 한다. 이런 맥락에서 목사들이 누리는 문화적 지위와 명성은 그 어떤 직업이나 전문가들과는 매우 다르며, 많은 사람들이 제대로 준비되어 있지 않고 적합하지 않은 상황에서도 쉽게 들어갈 수 있는 문이 열려있다.

결과적으로 성직자에 의한 성추행 희생자들에게 생기는 이슈들

대부분의 교단처럼, 메노나이트 교회와 소속 기관들은 목사들과 교회 리더에 의해 일어난 성추행에 대한 보고에 대해 적절하고 도움이 되는 방식으로 반응해오지 못했다.[338] 피해자들이 요청하는 도움과 필요에 대한 반응은 너무나 형편없었으며, 오히려 피해를 통제하고, 사실을 봉쇄하고, 가해자들의 공신력을 보호하는데 급급했고, 피해자가 아닌 가해자의 복권과 회복에 관심을 두었고, 가해자가 속한 기관의 명성을 두둔하는데 급급했

---

338) 1980년대 문제가 제기된 이래 메노나이트 교회가 취한 과정을 요약한 내용을 보려면, 린다 게흐만 피치Linda Gehman Peachey가 쓴 논문을 참고하라.

다.

이와는 반대로 폭력을 당한 희생자의 실제 경험이 어떠했는지에 대해서는 거의 관심을 갖지 않았다. 희생자를 돌보는 일은 거의 대부분 교회 밖의 기관과 사람들에 의해 제공되었다. 피해자들을 돌보아야 한다는 목소리와 정의를 외치는 목소리들은 종종 치유의 과정이 필요하다는 사실을 알고 있는 또 다른 피해자들에 의해서 제기되었다.

이들의 치유에 관심 있는 치료의 공동체가 희생자들과 이들이 겪고 있는 트라우마에 관심을 가짐으로써 우리에게 많은 가르침을 주었다. 치료 공동체들은 교회 리더들에 의해 희생자가 발생할 때 그들의 영혼이 엄청난 상처를 받고, 그들의 인생이 트라우마에 빠져 인생이 황폐해진다는 사실을 잘 알고 있다. 원래 트라우마라는 영어 단어는 고대 그리스어로서 "폭력의 행동에 의해 끼쳐진 신체적 부상" 혹은 "상처"라는 의미를 갖고 있다. 현재 트라우마 연구는 이 의미를 단순히 눈에 보이는 몸에 가해진 상처만이 아니라 뇌, 감정 및 정신 및 영혼에 끼쳐진 상처까지 포함하고 있다.339) 어떤 면에서는 분명하게 보이는 신체의 상처들보다 보이지 않는 이러한 상처들이 사람들의 안녕에 더 많은 피해를 준다.

치료의 공동체는 성폭력 피해의 생존자들이 전쟁에서 살아남은 생존자들과 거의 비슷한 상황에 놓여있다는 사실을 깨닫기 시작했다. 전쟁이나 성폭력을 경험한 생존자들은 모두 "외상후 스트레스 장애 Post Traumatic Stress Disorder:PTSD"를 경험한다. 외상후 스트레스 장애 증상은 다음과 같은 세 가지로 구분된다.

재경험 폭력을 경험한 당시와 동일한 장면이 갑자기 생각남. 환각의

---

339) Serene Jones, *Trauma and Grace: Theology in a Ruptured World* (Louisville, Westminster John Knox Press, 2009), 12.

재현, 악몽, 정신적 동요 등을 반복적으로 경험함.

회피 증상들은 감정적 무감각, 현재 일어나는 일들에 대한 분열, 트라우마에 대해 이야기하기를 원하지 않음, 트라우마를 기억나게 할 만한 인물, 장소, 소리, 냄새를 기피하는 모습 등으로 나타남.

지속적인 신경과민 반응 지나치게 깜짝깜짝 놀라며 피해, 불면증 및 편안하게 쉬지 못하는 상황에 대해 지속적인 두려움을 가짐.

정신과 의사이자 트라우마 전문가인 주디스 허먼Judith Herman은 트라우마란 사람을 짓누르는 사건들에 대해 무기력으로 반응하는 고통이라고 정의하였다.[340] 정신적 트라우마는 강렬한 두려움, 무기력, 혼동, 통제 상실 및 영혼을 파괴하는 위협적인 느낌들과 관련된다. 허먼은 트라우마에 대해 두 가지 핵심적인 반응에 대해 다음과 같이 기술하였다.

1. 극도의 무기력증과 공포에 대해 감각이나 반응 능력이 없음
2. 감각적으로 의미와 애착을 갖지 못함

미국의 열 한 개 주에서 성직자들에 의해 성폭력을 당한 25명의 여성들에게 끼쳐진 영향에 관한 심층적 연구를 수행한 캐서린 플린Kathryn A. Flynn은 그의 책『성직자에 의해 자행된 성폭력』이란 책에서 다음과 같은 점을 관찰하였다. "트라우마를 경험한 결과로서의 분리됨은 애착이라는 감정 시스템에 영향을 미친다. 트라우마는 자아 형성을 산산이 조각내며, 희생자에게 자연 질서 혹은 신의 질서에 대한 믿음을 갖지 못하도록 신뢰를 무너뜨리며, 인간과 서로 연결하는 감각, 안전이나 신뢰에 대한 감각에 큰 상처를

---

340) Judith Lewis Herman, *Trauma and Recovery* (New York, N.Y.,: Basic Books 1997).

입힌다."341)

성폭력의 트라우마가 다양한 측면을 갖고 있고 불가피하게 개인 희생자들이 갖고 있는 과거, 인격, 내면적 외면적 자원들을 모두 변화시키는 동안, 비록 그들이 경험한 트라우마로 인한 증상과 항상 연결되는 것은 아니지만 모든 성폭력 피해자들은 아주 오랜 기간 동안 고통 속에서 지낸다. 그들의 인생은 모든 측면에 큰 상처를 받을 것이다. 특히 사랑받고 있다는 느낌, 인간의 가치와 존엄성, 감정과 행동, 몸의 움직임과 삶 속의 선택을 관장하는 감각기관, 다른 사람을 신뢰하는 능력과 건강한 관계, 그리고 영성에 크나큰 상처를 받을 것이다.

많은 성폭력 희생자들이 섭식장애, 자해행동, 불면증, 좌절감, 불안, 중독 증세와 씨름하는 증상을 보이는 것은 전혀 이상하지 않다. 성폭력 피해자들이 자신에게 피해를 입힌 사람이 하나님의 이름으로 설교하고 가르치는 일을 목격할 때, 그들의 영적 피해와 정신적 피해는 더 깊어져, 피해자들이 결코 하나님과 교회에 대한 신앙을 회복하지 못하게 된다.

성직자들에 의해 성폭력 피해를 입은 사람들은 정서적으로 교회가 자신들의 고통에 대해 적절한 관심을 쏟아주지 않는 데 대한 실망감과 배신감을 끊임없이 반복해서 표출하였다. 너무나 자주 목격되는 모습이자 심히 염려되는 현상 중 하나는 교회가 자신의 명성을 위해 피해자는 아랑곳하지 않고 가해한 사람들을 목회지로 다시 복권시키는 일이다. 침묵을 깨고 용기 있게 말하는 피해자들은 항상 죄인 취급을 당했으며 "선한 사람을 죄의 나락으로 떨어뜨리는" 사람, 교회의 평화를 깨뜨린 사람, 기독교의 명성에 폐해를 끼친 사람 취급을 당해야 했다. 교회에 속한 많은 사람들은 그들이 자신들의 교회에서 "꺼져!" 주길 원한다고 술회했다. 그리고 실제로 많은 피해자들이 교회를 떠났고, 교회의 친구들과 사역자들이 자신들에게 일말의 연락

---

341) Flynn, *Sexual Abuse of Women by Members of the Clergy*, 32.

조차 취하지 않는 모습, 돌봄과 사랑을 베풀지 않는 모습, 더 나아가 그들이 교회 출석하지 않는다는 사실과 트라우마를 앓고 있다는 사실조차 알지 못하는 현실로 인해 복합적인 고통을 느끼고 있다.

그렇다면 교회가 피해자 회복을 돕기 위해 무엇을 할 수 있는가?

성직자들에 의해 성폭력을 경험한 사람들을 위해 교회는 트라우마에 대해 관심을 갖거나 치유를 도움으로써 그들을 영적인 공동체와 신앙으로 회복시킬 수 있다. 다음에 제시하는 내용들은 전문가로서 목사와 교회 리더들에 의해 상처를 입은 성폭력 피해자들과 오랜 기간 동안 함께 한 경험을 통해 정리한 것이다.

1. 성직자에 의해 성폭력 당한 피해자의 폭로에 적절히 반응하라

그녀를 믿고 그녀가 경험한 도덕적 불의가 무엇인지 분명히 표현하게 하라. 그녀를 안심시키고, 성폭력이 그녀의 잘못이 아니라고 말하라.

기본적으로 희생자의 고통과 안전, 돌봄에 대한 욕구와 필요에 관심을 집중하라. 피해를 통제하기 위한 염려 때문에 관심이 흐트러지지 않도록 하라.

들으라! 피해를 받은 사람에게 너무 많은 질문을 하거나 피해자에 관한 너무 상세한 정보를 얻으려고 하지 마라.

2. 계속 밟아야 할 단계들

교회 밖 전문가의 도움을 받으며, 피해가 범죄 차원에서 일어난 것인지 아닌지 결정하라. 만약 범죄 차원의 피해라면 관계 당국에 보고하라.

희생자와 함께 동행 할 후견인을 찾고 만약에 일어날지도 모를 가해자나 혹은 가해자가 속해있는 기관의 명예를 비호할 사람들로부터 보복이나 2차 피해가 일어나지 않도록 보호하라.

피해자와 가족들에게 그들이 절대 혼자가 아니며 그들을 그냥 외롭게 내버려 두지 않겠다고 약속하고 안심시키라.

피해자의 신체적, 정신적, 인지적, 영적 피해가 어느 정도이며 현재 어떠한 고통을 겪고 있는지 전문가의 평가를 받을 수 있도록 도우라. 그렇게 하기 위해 가해자가 속한 교단 밖의 전문가를 찾아보고 피해자를 돕기 위해 필요한 비용을 교회가 감당하도록 조처하라.

3. 회중 혹은 기관의 이슈들

적절한 정보를 교회의 회중과 나누고, "왜 피해자가 '아니오'라고 답변하지 못하였는가?" "왜 피해자가 가해자를 용서하지 못하는가?"와 같은 질문과 이유들에 대해 교육하고 답변할 수 있는 모임을 계획하라.

교회 구성원들이 사건에 대해 언급할 때 적절한 언어를 사용하도록 도우라. 교회 구성원들이 "간음" 혹은 "애정행각"과 같은 단어를 사용할 때, 왜 이러한 용어를 사용하는 것이 목사가 일으킨 심각한 사건을 제대로 이해지 못하도록 만드는지 그리고 성폭력 혹은 성추행을 부적절하게 만들어 버리는지 설명하라.

피해자가 교회로부터 보호받지 못한 것에 대해 교회가 슬퍼하고 잘못을 인정하는 고백적 예배와 피해자와 사랑하는 사람들 및 회중의 아픔을 애도하는 예배를 드리라.

희생자들을 위한 보상과 복권 그리고 정의를 실현할 방법들을 찾아보라.

교회 도서관이나 가능한 곳에 가해자에 대한 자료들을 문서로 작성하여 두라. 지역의 후원 그룹들이나 온라인 자료들에 대한 정보를 열람할 수 있도록 하라.

4. 피해자 중심의 예배

공적인 기도 및 예배 시간에 가해자가 지은 죄를 구체적으로 말하고, 리더 혹은 신뢰했던 사람으로부터 배신감을 느끼고 있는 피해자의 고통에 대해 언급하라.

고백의 시간에 폭력을 행사한 리더들을 적절히 징계하지 못한 교회의 실패와 피해여성들을 보호하지 못한 실패를 구체적으로 언급하라.

피해자가 원한다면 공식 예배에서 자신들의 치유나 회복의 여정을 글로 쓴 것을 표현하도록 하고 이들의 슬픔과 애도와 탄원의 목소리를 담은 기도를 드리라.

5. 피해자와 지속적으로 동행하기

피해자가 분노를 표출할 수 있도록 도우라. 그녀의 분노가 절망과 좌절을 넘어 치유로 나아갈 수 있도록 도우라. 분노가 잘 표현되어 있는 시편들을 피해자와 함께 읽고 나누라. 하나님께서 그녀의 분노를 들으시리라는 확신을 심어주라.

그녀에게 가해자를 용서하거나 화해하라고 재촉하지 말라. 화해와 회복은 가해자의 참다운 회개, 자기인식, 변화 없이 일어날 수 없다.

피해자에게 그녀의 이야기가 얼마나 큰 능력이 있는지 알게 하라. 자신이 겪은 폭력에 대해 증언함으로써 자신을 폭행한 가해자와 그를 보호하려는 기관의 통제로부터 벗어나게 하라. 이는 그녀가 자신의 인생을 다시 통제가능 하도록 만드는데 매우 중요한 과정이다.

희생자의 내면에서 일어나는 능력과 치유의 표지들이 무엇인지 알려주라. 그녀가 하나님의 치유하심과 신실하심을 분명히 알게 되었다면 그 내용이 무엇인지 규정하고 기뻐할 수 있도록 도우라.

소그룹에서 친구들과 함께 나눌 수 있는 그녀만의 개인적인 의식이나 예전이 있다면 어떤 것들이 있는지 찾아보라. 여러 가지 제안을 할 수 있겠지만 그녀에게 가장 의미가 있는 구체적인 요소들을 그녀가 스스로 결정하도록 도우라.

자신의 아픔을 통해 다른 사람들을 도울 수 있는 에너지와 동기를 부여하는 "생존자의 사명"을 찾도록 도우라. 이렇게 하는 이유는 무기력에 빠진 희생자의 존재에서 벗어나 변화의 주체이자 능력 있는 사람으로 옮겨갈 수 있도록 돕기 위함이며, 그녀의 고통을 구원할 수 있는 놀라운 길이 되기 때문이다.

6. 미래의 피해를 방지하기 위해 함께 일하기

교회 리더들에 의해 일어나는 성추행을 근절하려고 진심으로 헌신하라.

목회자들이 자신들의 전문 영역에서 윤리적으로 행동하도록 교육하라. 목회자들이 자신들의 정신적-사회적 상처가 무엇인지 제대로 규정하고 치유 받을 수 있도록 도우라. 그리고 의미 있는 개인 영성을 발전시키도록 도우라.

성추행을 예방할 수 있도록 정책을 수립하고, 시행하고, 감독하라. 가해자들이 상호책임을 질 수 있는 정책을 확실히 세우라.

메노나이트 여성들이 교회 내에서 성적 가해자들로부터 자신을 효과적으로 보호하지 못하도록 방해하는 종교적 가르침과 실천사항들이 무엇인지 철저히 조사하라. 시급한 용서, 법정소송의 장애물, 원수를 사랑함, 화내지 말 것, 선으로 악을 갚음, 남자들에게 복종하라는 등의 구속적 고난에 관한 가르침을 다시 숙고해 보라.

성폭력을 근절하는데 별로 효과적이지 않았던 리더들의 성폭력 사건이나 기관들의 반응과 역동성에 대해 배울 수 있는 잘 알려진 사건들을 면밀히 분석해 보라.

　인류를 향한 하나님의 선하신 뜻과 반대되는 가부장적이거나 남성위주의 사고방식에 도전하라. 여성에 비해 남성들에게 보다 더 큰 권력이 주어진 사회, 그리고 남성성이 여성성에 비해 신처럼 받들어지는 사회, 여성들이 내면의 도덕적 나침반보다 남성들을 신뢰해야만 한다고 가르치는 사회에서 여성 성추행 및 아동 성추행은 이미 무서우리만큼 논리적이며, 통상적이고, 표준화된 현실로 관습화되어 있다. 세상은 최고의 학위, 권력, 사회적 영향력을 통해 지속적으로 남성을 과대평가하게 될 것이다. 그러나 교회는 리더를 선택하거나, 결정을 하거나, 함께 사는 데 있어 다른 기준을 사용해야만 한다.

결론

　목사나 교회 리더들에 의해 발생하는 성폭력은 사람을 황폐화시키는 트라우마의 원인이 된다. 결과로서 생기는 증상들은 광범위하고 희생자의 인생과 관계에 아주 오랜 기간 동안 영향을 미친다. 교회가 종종 보여준 반응은 희생자를 더 심각한 트라우마로 몰고 갈만큼 이들을 괴롭혔고, 가해자들이 자신들의 죄악과 폭력을 부인하도록 만들었을 뿐만 아니라, 더 많은 사람들을 위험에 처하도록 만들었다. 만약 우리가 가해자로 하여금 상호 책임을 지도록 만들고, 성폭력과 권력을 남용하는 모습에 단호히 대처한다면, 만약 우리가 희생자들을 향해 우리의 마음을 열고 그들의 고뇌에 대해 올바로 증언할 기회를 준다면, 만약 우리가 희생자들로부터 성폭력의 불의함과 자신들의 트라우마에 대해 배울 수 있다면, 메노나이트 교회는 평화의 사람들이 되며 하나님의 치유하시고 은혜와 놀라운 은혜를 효과적으로 중재하는 사람들이라고 제대로 주장할 수 있을 것이다.

샬롬의 끈덕진 희망

성추행과 트라우마에 대한 회중의 반응

레베카 슬로우[342]

요약: 신체적 폭력과 성폭력 그리고 이로 인한 트라우마는 희생자의 인생에 오랫동안 지속되는 여러 결과들을 만들어낸다. 치유의 여정에는 그들의 아픔을 적극 공감하는 지혜로운 동료들이 필요하다. 성폭력의 현실은 치유, 용서, 정의와 관련된 교회의 신학적 주장들이 먼저 제기된다. 치유의 목회에 정통한 회중들은 사랑, 해방, 새로운 삶, 화해 및 샬롬에 대한 하나님의 약속에 근거한 신학적 상상력을 실천하려 할 것이다. 이들은 생존자가 나타날 때마다 성폭력 희생자를 후원하기 위해 사람들의 증언, 비탄, 기도, 분별 및 함께 치유를 기뻐하는 실천으로 나아간다.

건강관리 전문가, 치료전문가, 사회사업가, 법집행당국들은 신체적 폭력이 가해지는 사건이 발생하면 그 증거를 보고 받고 관련 이야기를 가장 먼저 듣게 되는 사람들이다. 희생자들은 한참 뒤에서야 교회의 목사들과

---

342) 레베카 슬로우는 미국 인디아나주 앨크하르트에 있는 아나뱁티스트-메노나이트 성경대학원의 예배와 예술분야를 담당하는 교수이자 학장이다. 개인적으로 그리고 전문가로서 작성한 이 논문을 위해 메리 파렐 베드나로브스키(Mary Farrell Bednarowski), 세리 호스테틀러(Sheri Hostetler), 이반 카우프만(Ivan Kauffman), 로이스 카우프만(Lois Kauffman), 바바라 맥래프린(Barbara McLaughlin), 수 플랭크(Sue Plank), 패트리시아 플루드(Patricia Plude), 존 로스(John D. Roth), 사라 웽어 솅크(Shara Wenger Shenk), 로이스 시멘스(Lois Siemens)와 마르다 스미스 굿(MarthaSmith Good)에게 큰 도움을 얻었다.

구성원들에게 사실을 알릴지 모른다.343) 성폭력이 발생하면 가해자와 희생자 측근에 있는 사람들에게는 즉각적으로 복잡한 현상이 일어난다. 회중들은 이러한 행동이 폭로됨으로 빚어지는 혼동의 상황을 어떻게 다루어야 할지 제대로 준비되어 있지 않다.

이 글은 평화를 갈구하며 샬롬을 이루고자 헌신하는 교회의 회중들이 신체적으로 혹은 성폭력으로 인해 고통 받고 있는 사람들과 외상후 트라우마를 안고 사는 사람들을 돌보기 위한 목회 방법들을 알아보기 위한 것이다.344) 비록 이러한 치유의 목회가 종종 실패로 끝나기는 경우도 있지만,345)

---

343) 이 논문은 가족, 서로 잘 알고 있는 사람, 교회, 학교 혹은 직장과 같이 친밀한 관계 안에서 발생하는 신체적 폭력이나 성폭력에 주된 초점을 맞추었다. 이 논문은 회중의 구성원들과 연계되어 일어나는 성직자 혹은 목사들에 의한 성추행과 같은 복잡한 주제들에 대해 언급하는 것이 목적은 아니다. 성직자로부터 성추행을 당한 희생자들이 있는 교회들은 성직자에 의해 일어난 사건으로 희생자들과 함께 모두가 고통을 겪게 마련이다. 가해자뿐만 아니라 피해자에 대해 어떻게 반응해야 할지 몰라 모두가 함께 고통을 겪는다. 이러한 문제를 위해서는 낸시 마이어 홉킨스(Nancy Myer Hopkins)와 마크 라세르(Mark Laarser)가 편집한 *Restoring the Soul of a Church*: *Healing Congregations Wounded by Lcergy Sexual Misconduct*(Collegeville, Minn., The Liturgical Press, 1995)이라는 책을 보라. 또한, 이 논문은 전쟁, 자연재해, 재난, 정치적 협박, 혹은 고문 등에 의해 초래된 외상후 스트레스 장애에 대해 언급하기 위함이 아님을 밝혀둔다.

344) 나는 그 강도가 어떻든지간에 신체적, 성적, 감정적 폭력을 표현하기 위해 학대(abuse)라는 단어를 사용하였다. 나는 공격이란 단어를 학대라는 단어와 연결하여 사용하였다. 그러나 이 학대라는 단어가 종종 시간상 아주 오랜 기간 동안 지속된 경우에 사용되고 있다는 사실을 인정한다. "트라우마"라는 단어는 학대를 받은 사람이 신체, 정신 혹은 감정을 통해 경험하는 아주 다양한 반응들을 의미한다. 예를 들어 공포에 압도된다든가, 폭력의 장면이 갑자기 떠오른다든가, 사람들을 회피하거나, "얼어버리거나", 신체적으로 꼼짝달싹하지 못하거나, 공격을 당해 공황상태에 빠지거나, 도망가는 등의 반응을 모두 의미한다. Bessel van der Kolk, et al, *Traumatic Stress*: *The Effects of Overwhelming Experience on Mind*, *Body*, *and Society* (New York: The Guildford Press, 1996), 421–423; Judith Herman, *Trauma and Recovery*: *The Aftermath of Violence From Domestic Abuse to Political Terror* (New York: Basic Books, 1992; 1997).

345) 로마 가톨릭교회의 교회법학자이자 성직자 성폭력 전문가인 토마스 도일Thomas Doyle 신부는 교회와 종교기관들이 자신들이 인정받고 있는 권위와 평판을 보호하기 위해 대개 희생자의 불평을 최소화한다는 점을 강조하였다. 희생자들은 그 교회에 위협적인 존재로 인식된다. 종종 교회 당직자들로부터 "이러한 일이 당신에게 일어나다니 매우 유감스럽습니다."라거나 "당신이 받는 고통에 대해 우리도 함께 슬퍼합니다."라는 동정적인 반응을 통해 치유 과정이 시작되기도 한다. 2014년 10월 20일, 아나뱁티스트 메노나이트 성경대학원(Anabaptist Mennonite Biblical Seminary)에 속한 직원들에 의한 표현이 좋은 예이다. Thomas Dyle, A. W. Richard Sipe and Patrick J. Wall, *Sex*, *Priests*, *and Secret Codes*: *The Catholic Church's 2000-Year Paper Trail of Sexual Abuse*s (Los Angeles: Volt Press, 2006)도 참고하라. 로마 가톨릭 교회의 교회구조가 가해자들을 보호할 수 있는 환경을 제공하는 동안, 프로테스탄트 교회에 속한 성직자 및 배우자에 의한 성폭행에 관한 문학서들은 희생

교회는 신학적으로 희망을 갖고 희생자–생존자들에 다가감으로써 치유, 새로운 삶, 평화를 약속하신 하나님의 약속에 깊이 뿌리내린 지혜와 교회 내의 경험들을 끊임없이 실천하고 있다.

학대의 현실을 입증하는 광경을 보는 것은 그 자체만으로 사람들의 마음을 무겁게 짓누른다. 트라우마는 피해자들과 그들의 자존감, 존엄, 인생의 목적을 회복하도록 돕는 사람들에게 감당하기 힘든 경험으로 다가온다. 깊은 슬픔과 비탄은 종종 분노로 연결된다. 지혜로운 교회 리더들과 목사들은 충격에 사로잡히지 않으면서도 회중 안에서 발생한 성추행에 대해 함께 슬퍼하고 아파한다. 그들은 자유의지라는 위험한 선물을 이리저리 시험해보는 가운데 두려움, 상처, 감정, 욕망, 자극 등으로 뒤범벅이 되어있는 인간이란 존재를 잘 알고 있다. 그들은 인간관계가 통째로 왜곡될 수 있음도 경험을 통해 안다. 그들은 학대 및 성추행으로부터 회복되는 일이 어렵지만 거룩한 일임을 안다.

이 논문은 의학적 치료, 전문 상담, 보호하려는 섬김의 필요성, 혹은 법적 집행에 대한 필요성을 교묘하게 회피하기 위해 준비한 것이 아니다. 성추행에 의한 트라우마를 겪고 있는 사람들을 돕기 위해 전문가가 상주하는 교회는 얼마 되지 않는다.[346] 그러나 하나님께서 약속하신 샬롬에 근거한 희망을 갖고 그리스도인들은 희생자들과 함께 최선을 다해 사랑, 인내, 겸손, 분별이라는 필수적인 덕목들을 지속적으로 개발해나가야 한다.

자들의 목소리를 진지하게 듣지 못하여 결국은 아무런 반응을 하지 못한 채 실패한 대대수의 교회 당직자들의 부적절한 모습을 인용하고 있다.

346) 나는 사회사업가도, 전문치료사도, 의사도 아니라는 점을 분명히 해야 할 것 같다. 나는 내가 속한 회중이 신체적 학대와 성적 추행을 당한 희생자–생존자들의 동료로서 그리고 그들과 함께 길을 걷고 이들을 지원할 수 있는 방식들이 무엇인지 공감하는 회중의 일원으로서 이글을 작성하였다.

성추행과 트라우마의 댓가: 관계의 왜곡과 파괴

신체적 학대와 성추행은 사람의 기본적인 인격의 고결함을 더럽히고 그 사람의 온전성을 파괴한다. 사상과 감정을 그 사람이 갖고 있는 몸의 신체적 감각으로부터 분리시켜놓는다. 그래서 마음과 생각을 완전히 따로 놀도록 다른 세상으로 만들어버린다. 성추행으로 인해 초래된 트라우마는 온갖 상실감들을 단계적으로 경험하도록 만든다. 안전감 상실, 신뢰 상실, 자존감 상실, 장소의 상실, 존엄 상실, 가족 및 공동체 상실, 순결함 상실, 사랑에 대한 기대감 상실, 관점의 상실, 기능 상실, 의미 상실, 목적 상실, 믿음 상실, 그리고 궁극적으로 하나님까지 잃어버리게 된다. 이러한 상실로 인해 텅 빈 인생이 되어버린 느낌이 들고, 그 자리에 죽음, 지속적인 두려움과 불안과 공포, 과민반응, 수치심, 우울증이 들어선다.[347) 트라우마는 여러 차례 혹은 지속적인 성추행사건은 물론 단 한 번의 사건과 주변 환경의 경험으로 인해서도 초래될 수 있다. 한 사람의 몸은 비슷한 형태 혹은 비슷한 상황에 처할 때 이러한 사건들을 기억하며 2차 트라우마를 겪기도 한다.

희생을 끼친 사람조차 자신들이 자행한 성추행으로부터 상실감을 경험하기도 한다. 신뢰성 상실, 진실성 상실, 도덕적 권위와 성실성 상실, 존엄 상실, 관점 상실, 종종 가족이나 공동체 상실, 다른 사람들을 힘으로 통제할 능력 등을 상실한다. 이러한 상실로 인해 인생이 텅 빈 상태가 되어버리고, 그 자리에 거절, 분개, 분노, 두려움, 자기의, 죄의식, 수치심, 우울증이 들어선다. 희생을 끼친 사람들의 몸은 폭력에 대한 환각과 권력에 도취되어 있다.

희생을 끼친 사람이 아닌, 희생자들은 지혜롭고 신뢰할만한 목사들과

---

347) 여기에 언급한 목록들은 허먼만의 책에 언급되어 있다. Herman, *Trauma and Recovery*, 33-55: van der Kolk, *Traumatic Stress*, 9-15, 443-447; Carolyn Holderread Heggen, *Sexual Abuse in Christian Homes and Churches* (Scottdale, Pa.: Herald Press, 1993), 29-45.

회중의 구성원들을 만나고 싶어 한다.348) 고통의 원인이 되는 성추행은 어쩌면 아주 오래된 과거의 일일 수도 있고 발생한지 얼마 되지 않은 일일 수도 있다. 그들에게 피해를 끼친 가해자들은 어쩌면 회중의 구성원일 수도 있고, 큰 공동체의 일원일 수도 있고, 혹은 죽은 지 오래된 사람일 수도 있다. 희생자들은 종종 가해자들로부터 책임과 관련된 아무런 약속조차 받지 못하고 회복의 여정을 시작하기도 한다. 그래서 그들이 회복의 여정을 걸어가기 더 어렵게 될 수도 있다. 희생자−생존자들을 후원하기 위해, 회중은 우선 안전한 장소, 희생자들과 그들의 이야기를 안전하게 보호하겠다는 신빙성 보장, 모든 것을 새롭게 해주실 하나님의 약속과 함께 삶의 증인으로 남겠다는 약속을 동시에 제공할 수 있어야 한다.

약속의 안식처

뜨거운 햇살이나 폭우 속에 사람들을 안전하게 보호해주는 널찍한 차양으로 된 안식처를 상상해보라. 성령의 바람이 차양 위를 시원하게 불고 있는 모습을 상상해보라. 하나님의 백성으로서 환대의 은신처 안에서 예배하고 공부하고 교제를 나누기 위해 모이는 모습을 상상해 보라. 이 차양을 지탱해 주는 여섯 개의 기둥은 인류가 세대를 거치면서 하나님께서 보여주신 아주 중요한 신학적 약속을 상징한다. 이러한 약속들은 회중이 갖고 있는 믿음과 실천의 핵심이자 신학적 상상력을 말해준다.

---

348) 제임스 뉴톤 폴링은 대부분의 가해자들은 "그들이 행한 짓을 인정하지 않으며, 치료받을 기회를 찾거나 치료받을 생각을 하지 않는다…. 행위를 부인하는 것은 성폭력에 대한 상호 책임을 정면으로 거스르는 전형적인 방어행위다…." 라고 했다. James Newton Poling, *Understanding Male Violence: Pastoral Care Issues* (St. Louis: Chalice Press, 2003), 94. 캐롤린 홀더리드 헤겐은 "많은 성폭력자들은 자신들의 성추행을 완강히 부인한다."고 했다. "어떤 사람들은 자신들의 행한 전체 추행을 최소화시키거나, 자신들의 행동 중에 아주 적은 부분만 인정하려 든다…. 어떤 가해자들은 자신들의 행위는 인정하지만, 책임이 없다고 항변한다. 어떤 경우에 그들은 술에 취해서, 과도한 업무 스트레스, 아내의 성적 무관심, 자신의 지나친 성욕을 탓하기도 한다. 이러한 행동들은 가해자들이 문제를 외부의 탓으로 돌리는 행위이며 자신이 저지른 성추행의 책임으로부터 회피하려는 행동들이다."

이렇듯 차양으로 된 안식처는 성추행을 경험한 사람들에게 가해자로부터 회복의 길을 찾고 있는 희생자 및 생존자들에게 안전한 신학적, 치료적 장소를 제공해 준다. 차양이 드리워주는 그늘 아래에서, 회중은 함께 생명의 닻을 내려주겠다는 약속을 기리는 가운데 사랑하는 사람들에게 희망의 울타리를 제공해 준다. 예배 인도자들과 목사들은 회중 안에서 혹은 세상에서 발생한 폭력의 실재에 의해 잘못 조성된 하나님에 대한 성품에 대해 보다 깊고 풍부한 이해를 제공한다. 만약 생존자로서 그들이 고통스러운 자신의 상처를 딛고 트라우마의 실제를 직면하며 새로운 삶을 살기로 작정하는 가운데, 교회가 이러한 소중한 신학적 신념들을 제대로 시험하고, 정제하고, 상상력이 풍부한 면을 새롭게 보여준다면 그들은 더 이상 두려워하지 않을 것이다. 언어만으로 이러한 목표에 도달하지 못할 때, 시각 예술, 음악, 춤, 드라마는 하나님의 현존과 은혜를 느끼는 새로운 장을 열어준다. 성추행의 추함을 넘어 온전함과 평화의 순간을 포착하도록 도와주는 아름다움은 깊은 명상과 더불어 경외감을 불러일으킨다.

이제부터 열거하는 약속들은 성폭력 피해자 및 생존자들에게 회중이 이러한 온전함과 평화의 닻을 내려주도록 도울 수 있는 내용들이다.

지금 이 순간 그리고 항상 계신 하나님의 임재

성서는 시간이라는 광대한 개념 안에 드러난 하나님의 임재에 대해 이스라엘과 교회가 경험한 내용을 기록한 증거물이다. 하나님은 항상 현존하시는 분이시며 도우시는 분이시다.^{시편 90} 하나님은 언제나 신실하시기에 지금도 우리는 구원하시는 하나님의 능력을 신뢰한다.^{시편 27} 예수께서는 이 세상 끝 날까지 우리와 함께 하시겠다고 약속하셨다.^{마 28:20} 하나님 안에서 우리는 살고, 활동하고, 우리의 존재감을 확인한다. 하나님의 성령께서는 창조하시며, 교회와 세상에서 일하시며 우리 안에, 우리를 통해, 우리 주위에 머무신다.

그러나 여전히 하나님의 임재는 항상 손으로 만지거나 우리가 인식할 수 있는 것은 아니다. 성추행을 당하는 현장의 여성과, 남성과 아동들은 하나님의 부재를 경험한다. 하나님은 가해자가 성추행을 하지 못하도록 가로막지 않으셨고, 지금도 그렇다. 희생자들은 트라우마가 일어나는 사건 한가운데에서, 그들과 함께 하시겠다고 하신 하나님의 현존에 대한 신뢰와 감정을 잃어버린다. 그들은 "왜 하나님께서 나를 버리셨는가?" 궁금해 한다.

신학적 상상력이 풍부한 회중은 하나님의 현존에 대한 약속과 강렬한 고통, 고난, 불의, 번민 한가운데에서 하나님의 부재를 경험하는 동안 느끼는 긴장을 늘 붙들고 산다. 통일된 예배를 드리면서, 회중은 십자가 위의 예수와 시편 22편과 88편 시인의 버림받은 느낌과 더불어 욥의 이야기를 놓고 씨름할 것이다. 특별히 이러한 성경의 본문들은 하나님이 우리와 함께 하신다는 진정한 의미가 무엇인지 검증하고 조율하도록 만든다. 결국 회중은 하나님의 본성에 대해 더 넓은 지혜로 나아갈 것이며, 아마도 성추행을 당한 희생자들에게 더 가까이 다가가는 하나님을 경험하게 될 것이다.

하나님의 형상 안에서 사랑받도록 창조된 인간

우리 인간 본성의 중심에는 우리가 하나님의 형상으로 창조되었다는 약속이 놓여있다창1. 우리는 하나님의 영광, 은혜, 사랑의 반영이다. 우리는 예수 그리스도를 통해 그리고 성령 하나님에 의해 하나님의 자녀들이 되었다.롬8:12-17 우리는 하나님의 사랑받는 자녀들이다.요일1 우리 자신이 내세울만한 장점은 없지만, 우리는 존귀하고, 존엄하고, 성실하고 거룩한 존재들이다. 우리의 이러한 기본적인 정체성을 누구도 빼앗아갈 수 없다.

그러나 여전히…. 이러한 존재의 핵심에 대해 성폭력 피해자들은 이러한 기본적인 인간 본성이 무참히 짓밟혀지는 경험을 한다. 자신들이 아무런 잘못이 없음에도 수치심, 죄의식, 의심, 그리고 두려움의 씨가 그들에게 뿌려졌다. 근본적으로 하나로 통합되어 있던 몸, 마음, 영혼이 산산조각이 나버렸다. 하나님과 이웃은 물론 자신을 사랑해야 하는 그들의 능력은 침통하리만큼 쪼그라들었다.

회중의 신학적 상상력은 우리가 하나님의 사랑받는 존재이며 인간으로서 원래 창조된 정체성이 우리 안에 심겨진 하나님의 형상에 근거한다는 약속을 다시 붙들 수 있게 한다. 하나님의 형상을 가진 존재요 사랑받는 자녀라는 약속을 다시금 주장하는 것은 무엇이 선하고 거룩한 것인가에 대해 반응할 때 의미있는 핵심근거가 된다. 변화를 위한 우리의 능력은 활기를 북돋워주는 사랑을 중심으로 도약이 가능하다. 하나님께 대한 우리의 가치는 우리에게 행해진 죄에 대한 수치심이나 죄의식으로 측량되는 것이 아니다. 사랑받는 존재이자 죄성으로 물든 인간인 우리가 본래부터 얼마나 사랑스런 존재인지 회중이 생각하고 행동하는 것은 성추행의 피해를 입은 사람들과 가해자를 포함한 모든 사람들에게 좋은 복음의 소식이 될 것이다.

화해의 근간으로서 하나님의 은혜

인간의 자유의지는 죄하나님과, 다른 인간과, 우리 자신과, 창조 사이의 관계가 틀어짐을 말함가 불가피하다는 사실을 확실하게 한다. 우리는 많은 복잡한 이유를 들어 모든 것을 통제하려고 애를 쓰지만 실패하기도 한다. 하나님은 우리의 근시안적인 행동과 자기중심적인 자유의지로 말미암은 죄성과 그 결과들을 이해하신다. 자유와 갱신의 신비한 능력인 은혜를 통해 하나님께서는 우리들에게 다른 사람 혹은 우리 자신 안의 깨어진 관계를 다시 일으켜 세울 수 있는 방법을 제공하신다.

그러나 여전히…. 성폭력 희생자들은 그들을 집어삼켜버린 죄들에 대해 정의를 추구하며 그들의 삶 속에 하나님의 적극적인 은혜를 필요로 한다.

그들은 깨어진 관계를 회복하기 위해 하나님의 은혜를 필요로 한다. 그러나 성추행이라는 맥락에서 그들은 자신들의 상황 속에서 정의를 추구할 용기를 얻기 위한 하나님의 은혜가 필요하다. 하나님의 은혜는 희생자들이 여전히 하나님이 귀히 여기시고 사랑하는 자녀라는 정체성을 확실히 보증한다. 이러한 정체성은 수치심이나 죄의식을 존엄과 명예로 전환시켜준다. 희생자들은 자신의 가치와 개인적인 존재감을 다시금 주장하면서 가해자들에게 정의와 상호책임을 요구할 수 있게 된다.

회중은 상상력을 동원하여 선물로 주어진 은혜의 다양한 차원을 탐구하게 될 것이다. 종종 설교와 기도는 죄가 만들어낸 관계의 깊은 상처들을 치료하는 것을 포함한 많은 목적들을 위해 에너지를 사용하기 보다는 은혜를 무기력한 것으로 만들어버린 것은 아닌가 하는 인상을 주기도 한다. 은혜는 잘못된 권리를 바로잡을 용기를 주고 행동으로 나아가도록 만든다. 이러한 선물은 희생자와 가해자가 서로 화해시키는 일에 있어 위험을 감수할 수 있도록 담대하게 만든다.

고통의 삶이 아닌 새롭고 승리하는 삶

모진 고난을 당하고 돌아가신 예수는 새로운 생명으로 다시 부활하셨고 이 세상에 새로운 존재방식으로 다시 오셨다. 부활은 그를 이전에 있었던 용모로 되돌려 놓지는 않았지만, 만약 그가 예전의 모습을 그대로 갖고 있었다면 그를 알고 있던 수많은 사람들이 그를 알아보지 못할 이유가 없었을 것이다 여전히 하나님의 사랑하는 아들이자 살아계신 그리스도로서 인정받았다. 그리스도의 새로운 삶에 참여하는 그리스도인들은 세례를 통해 이 세상과 자신들을 위한 구속의 가능성으로 다시 태어난다. 새 생명과 함께 우리는 우리 삶 속에 잘못된 뭔가를 올바로 잡을 기회와 뭔가 의롭고, 정의롭고, 사랑하는 것들을 선택할 기회들을 갖게 된다.

그러나 여전히…. 이러한 것은 희생자들 혹은 생존자들에게는 아주 복잡하고 까다로운 약속이다. 예수의 부활의 능력에 초점을 맞추기보다 고난과 죽음에 좀 더 초점을 맞춤으로써, 교회는 고난이 새 생명의 약속을 성취하기 위해 정의로운 일이며, 어쩌면 꼭 필요한 일이기까지 하다는 사실을 드러낼 수 있을 것이다. 구불구불한 길들을 걸으며, 고통에 지나치게 초점을 맞추는 것은 종종 안전과 정의를 추구하는 희생자들이 취할 수 있는 선택을 폐쇄함으로써 성추행을 다시금 인정하는 것처럼 보일 수 있다. 많은 여성들은 상담을 받는 동안에도 자신의 아이들이나 혹은 배우자들에게 성실한 모습을 보여주려고 학대받는 관계 속에 머물러 있기도 한다. 그들은 "좋은" 아내 혹은 좋은 엄마가 되는 데 도움이 되리라 생각하며 고통을 참는다. 한편 학대를 받는 아이들은 만약 자신의 고통을 누군가에게 이야기한다면 더 모진 학대를 받게 될 것이라는 식의 협박을 받기도 한다. 그래서 그들은 "착한" 아이들로 남기 위해 침묵을 지킨다. "훌륭한" 가정에서는 성추행이 일어나지 않는다. 성추행이 발생하는 환경 아래서, 신체적 혹은 성적 고통이 자체 보상으로 나타날 수 있을지 모르지만, 사람들을 새로운 삶으로 인도하지는 못한다.

회중들은 고통을 극복하는 새로운 삶에 대한 약속을 시행함에 있어 상상력을 이용해야 한다. 새로운 삶을 약속하는 신실한 목사들과 설교자들은 자신들을 위해 결코 사람들의 고통을 정당화하지 않는다. 회중의 목회자들은 그들이 속한 공동체 내에서 발생하는 불필요한 고통의 상황에 대해 명확한 입장을 취할 것이다. 특별히 메노나이트들은 순교라는 신학적 전통 안에 자리하는 고통의 의미와 "훌륭한" 그리스도인이 되기 위한 공덕으로서의 고통 사이에 존재하는 분명한 차이에 대해 심사숙고해야 할 것이다. 상상력이 풍부한 회중들은 깨어진 세상에 고통이 존재한다는 사실을 부정하지 않는 가운데 새로운 삶에 대한 약속을 지키며 산다. 새로운 삶은 과거의 삶을 회복하는 것이 아니라, 샬롬의 약속과 미래를 향해 과거의 삶을 열어 놓는 것을 의미한다.

두려움 없이 진리를 말할 자유

구약의 예언전통은 진리를 말함에 있어 하나님의 부름을 받을 필요성에 대해 끊임없이 증거 한다. 그들이 원하든 원하지 않든 예언자들은 하나님의 사람들에게 그들의 행동과 진리에 대한 열망과 그들 마음에 있는 왜곡된 사랑을 드러내는 가운데 진정한 가치가 무엇인지 보여준다. 진리는 거의 항상 불편한 메시지를 담고 있다. 진리는 깊이 생각하도록 만들며, 보통은 어떤 변화를 몰고 온다. 비밀을 지키고 사건을 부정하는 것은 공동체에 엄청난 손해를 끼친다. 비밀스럽게 자행된 일들은 결국 신뢰, 정직, 아름다움, 그리고 사랑의 관계에 엄청난 비용을 치른 뒤에 빛으로 드러나게 될 것이다. 비록 진리가 그 모습을 즉시 드러내지는 않겠지만, 진리는 우리를 자유하게 한다.

그러나 여전히…. 성추행의 희생자들은 사람들이 말하는 진리의 목소리가 제대로 들리게 될 것이라는 것과 진리가 그들을 회복적정의로 인도해 줄 것이라고 쉽게 신뢰하지 못한다. 사람들에 의해 그들의 경험이 늘 억눌려지고, 부정되고, 하찮게 여겨졌기 때문이다. 그들이 이야기할 때, 그 이야기들은 힘의 역학 관계를 뒤집어 놓고, 가족이나 공동체 내에 불안감을 조성하게 된다. 진실을 이야기하는 것은 대개 누군가에게는 수치심과 죄의식을 불러일으키게 되어 있다.

고백, 회개, 정의실현, 그리고 화해를 실행하는 일은 두려움 없이 진리를 말하는 자유를 기반으로 이루어진다. "훌륭한 사람들"이 부분적으로 진리를 말하거나, 교활하게 작은 거짓말을 하거나, 자기 스스로를 잠식하는 모습을 보일 때가 언제인지 분변하는 일은 고통스러운 인내와 겸손을 필요로 한다. 여기에서 회중은 진리를 드러냄으로써 도움을 받는 사람과 상처를 받는 사람들이 모두 사랑 받을 대상이라는 사실을 놓치지 말아야 한다. 이 지점에서 회중의 기도가 필요한 데, 이는 분별을 위해 넓고 깊은 상상력이 필요로 하며, 진리의 힘으로 무엇을 매고 풀어야 하는지 신뢰하는데 기도의 힘이 필요하기 때문이다. 그리고 진리를 말하는 어려운 일을 감당함에 있어 하나님의 은혜와 자비 안에서 엄청난 에너지를 얻도록 기도가 필요하기 때문이다.

끈덕진 희망: 샬롬이 주는 약속

구속, 구원, 사랑, 정의, 평화, 의, 거룩, 자유, 기쁨, 평등, 온전함은 샬롬이라는 한 단어로 표현가능하다. 이 샬롬이라는 단어는 하나님의 온전하신 현존 안에서 모든 성경적인 갈망을 한 곳으로 이끌어가는 데, 하나님의 현존은 인간으로서 우리가 서로 관련되어 있으며, 창조세계와 하나님과 관련되어 있는 모든 노력이 쉼을 얻는 곳이다. 거기서 우리의 모든 눈물들을 씻어주시고 우리의 기쁨이 온전해 질 것이다. 모든 것이 잘 될 것이다.

하늘나라 혹은 하나님이 통치하시는 나라로 불리는 이곳은 이미 우리 안에 존재하지만, 완성되지 않은 채 그리스도교 신학이 지향하는 희망의 나라이기도 하다. 우리는 종종 하나님 나라를 지금 여기에서 느끼고 맛본다. 때때로 고통 없이 오래 사는 것이야말로 가장 큰 희망일 것이다. 과거의 경험에 대한 두려움과 현재의 폭력은 희생자들이 자신과 사랑하는 사람들을 보호하는 동안 그들의 일상을 집어삼키고, 관계를 파괴하고, 혼란을 일으킨다. 희생자들에게 성폭력의 영향에서 이제 좀 "벗어나 봐"라고 말하는 것은 아무런 소용이 없고, 잔인할 뿐만 아니라 오히려 더 심한 트라우마를 불러일으킬 수도 있다.[349]

---

349) 캐롤린 홀더리드 헤겐은 자기 교회의 목사를 만난 후 트라우마를 겪게 된 한 여성의 경험

회중의 신학적 상상력은 성추행으로부터 회복하는 고통스런 일에 참여하는 동안에도 샬롬을 향한 희망을 탄력적으로 붙들고 있어야 한다. 샬롬을 향한 희망을 갖고 있더라도 많은 희생자들의 일상에서 벌어지는 지옥을 완전히 덮어버리지 못한다. 그러기에 희생자-생존자들과 신실한 관계 속에서 치유를 향한 우리의 인내와 희망의 강도가 하나님의 통치가 실현되기를 바라는 우리의 희망만큼이나 뜨거워야 한다.

또한 회중이 성추행의 실재를 직면하는 동안, 다른 성경적 신학적 주제들은 하나님의 약속들을 실천하는 삶 아래 닻을 내리게 될 것이다. 이러한 여섯 가지 약속들은 희생자-생존자들이 치유 및 새로운 삶을 향해 나 있는 길을 발견하도록 돕기 위한 실천 및 중요한 후원 방법으로 자리할 수 있을 것이다.

샬롬의 길 실천방법

주디스 에비스 허먼은 『트라우마와 회복』이라는 책에서 신체적 혹은 성적 폭력으로부터 회복하는 다섯 가지 단계 혹은 다섯 가지 지표를 제시하였다.[350] 1) 신뢰의 관계 세우기 2) 안전한 환경에서 살기 3) 기억과 애도 4) 다른 사람들과 다시 연결하기 5) 피해자들과 공통성 찾기.[351] 여기에서는 허먼

을 인용하고 있다. "목사가 성폭력이 27년 전에 이미 끝난 문제라고 말했을 때, '아주 쓰라린 자기 연민에 빠져 있던 한 여성은 그 오랜 기간 동안 일어난 사건을 내내 기억하고 있었다.' 목사의 이러한 반응은 이 여성에게 이전보다 더 지독한 자기혐오와 자기비난의 감정을 불러일으켰다. 그녀는 스스로에 대한 죄의식과 악한 마음에 주체할 수 없는 감정을 안고 목사의 방을 떠났다. 그날 밤 그녀는 자살을 시도하였다." Carolyn Holderread Heggen, *Sexual Abuse in Christian Homes and Churches*, 123.

350) Herman, *Trauma and Recovery*, vi-vii.

351) 아르논 벤토빔(Arnon Bentovim)에 따르면 남성가해자들과 함께 일하는 것은 그들의 경험을 비판하는 것이 아니라 정당한 것임을 인정하는 데서 시작해야 한다고 했다. 가해자들은 치료 관계에 있어 안전하다고 느낄 수 있어야 한다. 이러한 회복의 과정에는 1) 가해자가 행한 학대의 사이클 규정하기 2) 아동과 여성들을 향한 가해자들의 태도 규정하기 3) 희생자들의 반응 이해하기 4) 스스로를 희생시키는 모습을 들여다보기로 정리할 수 있다. 가해자들은 스스로의 무기력한 경험으로부터 성폭행을 이해할 수 있기 때문에, 그들의 성추행 행동을 철저히 조사한 후에 이전에 가해자가 입었던 피해의 경험들을 다루어야 한다. *Trauma-Organized Systems: Physical and Sexual Abuse in Families*, rev. ed. (London: Kar-

의 단계를 다시 세 가지 중요한 활동으로 다시 조직해 보았다. 1) 인정과 자기 돌봄희생당한 피해자the abused as victims 2) 기억과 애도생존자로서 막 알려진 피해자the abused as emerging survivors 3) 연결, 통합, 해방, 화해.생존자로서 피해자 352)

성폭행으로 일어난 피해를 빨리 회복하는 길은 없다. 치유, 회복 혹은 화해에 이르는 길과 흐름을 일목요연하게 보여주는 지도는 없다. 치유를 위해서는 엄청난 시간이 필요하다.353) 그 과정은 단선적이기 보다는 우회적이다. 각 희생자-생존자가 걷는 길은 저마다 다르며 은사, 은혜, 도전 및 시도하는 방법들의 독특한 조합에 따라 다르게 나타날 것이다. 트라우마를 일으키는 사건들은 "보통사람들을 신학자, 철학자 혹은 법률가가 되도록 도전한다."354)

북미의 상황에서 주된 문화는 피해를 당한 개인에게 최우선적인 관심을 갖고 회복의 과정을 밟는 반면, 희생자가 살고 있는 공동체들은 대개 차선으로 밀려난다. 그러나 북미의 상황에서 성추행 희생자들은 그들이 갖고

---

mac Books, 1995), 116, 111.

352) 회복의 과정에 있어 서로 다른 단계들을 규정하는 표준방식은 없다. 필리스 윌러샤이트 (Phyllis A. Willerscheidt)는 쿠블러-로스(Kubler-Ross)의 애도의 단계(분노, 부정, 우울, 흥정, 수용)를 사용하여 치유로 나아가는 희생자의 변화과정을 설명하였다. "Healing for Victims" in Restoring the Soul of the Church, 26. 마리 포춘은 희생자(victims), 생존자(survivors), 성공자(thrivers)라는 말을 사용하였다. "Foreword" to Victim to Survivor: Women Recovering from Clergy Sexual Abuse, ed. Nancy Werking Poling (Cleveland: United Church Press, 1999), x. 허먼은 『트라우마와 회복Trauma and Recovery』에서 치료에 필요한 과제로서 치유를 향한 과정을 언급하였다. 이글에서 나는 오랜 치유의 여정을 걷고 서로 다른 고된 과제를 떠맡아야 하는 각 과정에서 더 이상 추행의 고통에 머물러 있지 않는 사람들임을 사람들에게 상기시켜 주기 위해 "희생자(victim)" "막 알려진 생존자(emerging survivor)" "생존자(survivor)"라는 단어를 선택하여 사용하였다.

353) 신학적으로 우리는 성추행에 의한 입은 깊은 상처를 치유함에 있어 하나님의 기적적인 간섭이 가능하다고 믿는다. 그러나 실제로 치유의 과정은 매우 천천히 이루어지며, 기적적인 면모가 잘 드러나지 않는다. 기적에 대한 우리의 관점은 희생자가 속한 세상에서 네트워크를 구성하고 있는 부모, 남매, 배우자, 자녀, 친척이나 친구들에 비해 연약하거나 병들어 있는 개인적인 인물에 관심을 쏟는 경향이 있다. 복음서의 저자들은 결코 그들의 기적적인 이야기들을 이런 방식으로 기록하지 않았다. 기적적으로 치료를 받은 사람들이 집으로 돌아갔을 때 무슨 일이 일어났는가? 바디매오가 무슨 일을 했는가? 나면서부터 소경으로 구걸하던 사람이 나음을 입고 어떻게 되었는가? 귀신들렸던 사람이 이제 어떻게 행동하는가? 혈루증을 앓다가 나음을 입은 여인이 그녀의 공동체로부터 계속 분리된 채로 살았는가? 우리는 그들이 치유를 입은 뒤에 "집으로 돌아가" 어떤 역할을 했는지 알 수 없다.

354) Herman, Trauma and Recovery, 178.

있는 공동체와의 관계라는 사회적 문화적 네트워크를 이해하면서 회복의 과정을 밟도록 되어 있다. 이러한 맥락에서 희생자 개인을 위한 상세한 요구사항들은 차선으로 밀려난다. 희생자—생존자들은 그들이 속해 있는 문화의 가치들 즉 치유를 돕거나 회복의 과정에 필요한 까다로운 의사소통과 실천사항을 놓고 타협해야만 한다.[355]

회복에 필요한 많은 일들은 희생자—생존자들이 필요한 것이 무엇인지, 그들이 말할 준비가 되어 있을 때가 언제인지 주의 깊게 그들의 목소리를 들어주는 지혜로운 사람들과 동료로 이루어진 소그룹에 의해 이루어질 것이다. 이러한 동료들은 희생자—생존자들의 회복을 후원하려는 순수한 동기를 가진 사람들이다. 피해를 입은 희생자들을 구원할 수 있을 거라는 환상을 갖고 있는 사람은 이 과정에 들어올 수 없다. 만약 동료 중에 성추행의 경험이 있는 사람이라면, 피해를 입은 사람들과 함께 하는 목회의 여정에 관여해도 될 만큼 자신들의 회복이 충분히 정리되었는지 기도로 분별해야 할 것이다. 동료들은 비둘기처럼 순결하고 뱀처럼 지혜로워야 하며, 어떻게 하나님의 성령이 희생자—생존자들과 회복의 여정을 함께 걷고 있는 자신들을 인도하시는지 끊임없이 분별해야 한다.

걸어온 회복의 길을 표시하기

증언

치유의 길을 걸어가는 동안 희생자—생존자들은 항상 자신의 몸이 기억하고 있는 생생하고 감당하기 힘든 공포부터 조직적이고 통일성 있는 이야기에 이르기까지 자신들의 경험을 다양한 형태로 증언해야 한다. 증언은 말

---

355) Kathleen Nader, et al. *Honoring Differences: Cultural Issues in the Treatment of Trauma and Loss* (Philadelphia: Taylor & Francis Group, 1999), xviii, 2, 277.

로 하거나 글로 표현하면 좋다. 단어로 표현해내기 힘든 어떤 이야기들은 노래로, 기도로, 춤으로, 그림으로 혹은 조각이나 만들기 등으로 표현할 수 있다. 모든 희생자 혹은 생존자들은 자신의 증언이 하찮은 이야기가 아니라 매우 진지하고 소중한 이야기로 들려지도록 주장할 권리가 있다.

증언에 대한 책임

희생자-생존자들과 함께 치유의 여정을 걷는 사람들은 성추행의 위험한 현실을 증언할 때 방해하거나 판단하지 않도록 함으로써 이들의 증언에 대한 책임을 질 수 있어야 한다. 그들은 희생자-생존자들이 관심을 필요로 할 때, 그 어떤 불편한 경험을 하더라도 이를 존중해야 한다.356) 희생자-생존자들은 후원자들이 함께 하는 모습을 통해 하나님의 변함없는 현존을 몸으로 느낀다. 희생자들을 위해 일하는 기관은 안전, 이해 및 치유의 길을 통해 이미 적극적인 하나님의 은혜의 표시를 볼 수 있어야 한다. 돌봄과 확증의 언어, 혹은 후원의 몸짓으로 이루어지는 증언은 큰 인내와 지혜를 필요로 한다. 어떤 희생자들은 이미 자신들의 능력을 강화시켜주며 연대를 위해 준비된 예배에 참여할 수 있을 것이다. 또 어떤 희생자들은 이러한 예배에 참여하는 것은 괜찮지만, 신체적으로 접촉하는 일이 일어나면 자신들이 통

---

356) 성추행의 기억을 갖고 일을 하는 것은 그것이 즉각적이든 아주 오래전에 일어난 일이든 매우 도전적인 일이다. 연구에 따르면 인간의 기억은 한번 이론화되어 "진리"를 형성하게 될 "사실들(facts)"을 일일이 다 기록할 수 없다. 이러한 연구들이 발견한 사실들은 증언의 본질과 관련된 사법 시스템에서 이러지도 저러지도 못하는 수많은 상황들이 있음을 공개해 왔다. 어떤 성추행 사건 혹은 다수의 성추행 사건들과 관련된 "사실들"을 한 치의 오차도 없이 모두 정확하게 기억해내는 일도 불가능하다. 로라 베일(Laura Beil)은 "기억의 명확성은 법정에서 말해지는 그 날에 속할 뿐이다."고 했다. *The New York Times*, Nov. 28, 2011, http://www.nytimes.com/2011/11/29/healthy/the-certainty-of-memory-has-its-day-in-court.html?pagewanted=all_r=0 (accesed Oct. 4, 2014) "Emotiona Affectes Memory's Reliability"National Science Foundation, June 28, 2010, www.nsf.gov/news/news_summ.jsp?cutu_id=117140 (accessed Oct. 4, 2014). 그러나 희생자의 이야기들의 모든 상세한 내용들이 진짜인지 아닌지를 결정하는 것은 핵심 주제에서 벗어나도록 만든다. 성추행 사건에 의해 만들어지는 의미는 희생자의 의식에 천을 짜듯이 형성된다. 그러한 사건과 의미는 서로 연결되어 언급되고 때때로는 아주 천천히 재조정된다.

제불능의 상태가 된다고 이야기한다. 대부분 그들은 침묵으로 기도하거나 언어로 표현된 기도와 같은 안전한 공간을 마련해 주는 것에 대해 감사한다.

애도

애도는 증언과는 사뭇 다른 분위기를 자아낸다. 성추행으로 인해 파괴된 자아와 공동체의 손실이 무엇인지 정확하게 정의하고 슬퍼하는 일은 몸, 마음, 가슴, 영혼의 깊은 곳에서 일어나는 치유를 위해 꼭 필요한 과정이다. 애도의 강도는 치유의 여정이 어떻게 형성되는가에 따라 다양하게 나타난다. 슬픔은 미래에도 오랫동안 지속될 것이다. 애도는 절망, 희망 없음, 혹은 성추행에 대핸 두려움이 아닌 포기의 느낌으로 표현되기도 한다. 그러나 생존자로 막 알려진 피해자들은 스스로를 치유하고 구조하는 능력에 있어 제한적으로 애도를 표한다. 이들은 신뢰의 점화장치에 불이 붙으면 애도의 순간을 맞이하게 될 것이다. 생존자로 막 알려진 피해자들은 알 수 없는 길을 헤매는 자신들을 돕는 동료들과 함께 있을 때 좀 더 편안해 한다.

생존자로 막 알려진 피해자들과 함께 하는 동료들은 애도를 풀어놓을 수 있도록 이들의 깊은 감정적 에너지를 존중한다. 그들은 피해자들안에 존재하는 깊은 고뇌, 절망, 비탄이 목소리를 한껏 낼 수 있도록 안전한 공간을 만들어 낸다. 그들은 또한 피해자들이 잃어버린 모든 것에 대해 함께 슬퍼한다. 예레미야애가라는 책과 시편의 애도시들은 마치 너무 멀어서 이들의 목소리를 잘 듣지 못하는 것 같은 하나님께 울부짖는 언어들을 사용하고 있다. 동료들은 생존자들과 함께 함으로써 하나님 대신 피해자들의 고통에 증인이 되며, 사랑하는 사람이 분노한다고 하나님의 사랑이 깨지는 것이 아니라는 사실을 보여준다. 그들은 고통에 직면하면서도 정의의 약속을 붙드는 사람들이며 현실 속에서 은혜의 실존을 보여주는 사람들이다.

고백

고백은 엄청난 사려분별과 판단력 아래 시행되어야만 한다. 생존자로 막 알려진 피해자들은 발생한 성추행에 대해 스스로를 비난하거나, 성추행의 책임이 자신들에게 있다고 하면서 스스로 "죄들"을 고백해서는 안 된다. 이러한 그들의 고백이 가해자들을 방면해줄 수 있기 때문이다. 생존자로 막 알려진 피해자들은 가족 구성원, 친구, 트라우마에 반응하는 자신과의 관계를 세밀하게 점검할 필요가 있다. 생존자로 막 알려진 피해자들은 스스로의 삶을 통제할 능력을 갖게 되고 자신들에게 끼쳐진 해악에 대해 진리를 말할 수 있는 능력을 갖게 되면서 자유와 개인통제능력이라는 보다 더 큰 의미로 나아가게 도와준다.

생존자로 막 알려진 피해자들은 또한 하나님과 그들의 관계가 불확실하고 어쩌면 관계가 끊어졌다고 인정해도 좋을 것이다. 때때로 그들은 더 이상 기도를 할 수 없다. 그들은 하나님의 부재를 경험하며, 그들이 견뎌야 했던 성추행을 막지 못한 능력 없는 하나님을 더 이상 신뢰할 수 없을 것이다. 그들은 교회가 종종 하나님에 대해서 주장하는 아주 단순한 주장들조차 더 이상 믿을 수 없다. 이러한 믿음이 없다는 고백은 생존자로 막 알려진 피해자들이 가족 구성원들이나 그들이 속한 교회 사람들과 관계를 이어가지 못하는 큰 비용을 치르게 할 수도 있다.

희생자–생존자들의 친구들은 "죄"에 대한 그들의 이해를 분명히 하도록 도움을 줄 것이며, 성추행을 일으킨 죄와 관련된 아주 어려운 신학적 질문들을 회피하지 않는다. 구약의 욥기는 이러한 질문에 대해 아주 중요한 가르침을 줄 것이다. 죄에 대해 보다 깊은 깨달음을 얻는 것은 생존자로 막 알려진 피해자들이 지은 "죄"에 대해 좀 더 정직하게 고백하도록 인도한다. 비록 생존자로 막 알려진 피해자들이 이러한 약속을 받아들이기에 감정적 혹은 신학적으로 마음의 준비가 되어 있지 않다고 해도 이들과 함께 길을 걷는 친구들은 하나님의 은혜로운 용서를 보증해 준다. 그들은 피해자들이 스스로 기도할 수 없을 때에도 이들이 감정적 상처를 받지 않고 치유로 나아갈 수 있도록 올바른 단어를 사용해 가며 기도할 수 있다.

회개

회개 또한 세심한 판단력과 분별을 필요로 한다. 트라우마는 사랑하는 사람들과의 관계를 좀먹는 방향으로 피해자들을 몰고 간다. 그들은 화해를 하지 않는 자신들의 행동을 올바로 정의할 수 있고, 정상적으로 평가할 수 있다. 회개는 생존자로 막 알려진 피해자들의 판단력을 회복시켜준다. 그들은 가족, 친구, 교회 회중, 그리고 속한 공동체와 함께 변화를 선택하고 계획한다.

동료들은 그들이 만들어내는 사회관계 및 하나님과의 관계가 회복되는 모든 이야기들을 기뻐하며, 증인이 되어줄 것이다. 그들은 아직 화해하지 않은 관계들 속에서지만 하나님의 사랑과 은혜를 확신할 수도 있다. 생존자로 막 알려진 피해자들은 하나님의 능력을 받아들이는 구체적인 표시로서 교회가 시행하는 기름부음의 예식을 환영할 수도 있고, 회개가 필요하다는 행동의 변화에 헌신하는 가운데 용기를 얻을 수도 있다.

해방/용서

가해자들이 저지른 부당한 행위에 대해 적절한 책임을 취하든 않든 많은 생존자들은 자신을 성추행한 그들을 "용서"하라는 엄청난 압력을 받는다. 용서는 이러한 맥락에서 가장 도움이 안 되는 단어다. 이 단어는 "삶을 위해 앞으로 나아가기 위해" 안타까워하며 너무나 많은 "친절"을 요구하는 등 여러가지 의미를 담고 있다.357) 영어로 "해방하다to release"와 "용서하다to forgive"는 그리스어 *ἀφίημι*아포에미로 어원이 같다.358) 가해자의 행동을 자유롭게 해주는 것은 치유로 가는 길의 부분이 될 수 있다. 생존자들은 또한 죄의식, 분노, 자기부인, 두려움이나 공포에 깊이 뿌리 내렸던 관계, 하나님에 대한 이전의 이해, 그리고 가족이나 교회의 관계에서 해방될 수 있다. 생존자들은 해방을 위해 가해자들의 행동에 대한 회개나 고백에 의존할 필요가 없다. 그들은 과거의 고통과 기억에 묶여 있을 필요가 없다. 그들 위에서 계속 영향력을 행사하는 힘들을 해방함으로써, 생존자들은 치유를 향해 나가는 스스로의 힘을 증진시키고, 그들의 동의 없이 자의식을 빼앗던 성추행의 방식들에 정면으로 대적할 수 있다.

애도, 고백, 회개의 실천은 그들 내면을 자유롭게 하는 방법들이다. 그러나 더 이상 생존자들을 통제하려 드는 생각, 감정, 행동이 구체적으로 무엇인지 밝히는 일은 이들이 실천할 수 있는 여러 가지 행위들 중 가장 중요한 행위다. 새로운 삶은 고통을 이긴다. 동료들은 해방의 삶과 자유의 삶을 살기로 애쓰는 생존자들의 노력을 축복할 것이다. 만약 그들이 이전에 세례를 받지 않았다면, 생존자들은 새로운 삶의 장을 열면서 그리스도인의 세례를 받으며 새로운 삶의 정체성을 가져도 좋을 것이다. 세례예식을 통해 그리고 회중들과 함께 새로운 삶의 정체성을 기뻐하며, 생존자들은 성령님의 능력을 힘입고, 죄로부터 자유하고, 새로운 삶으로 나아가며, 하나님의 백성으로 구성된 공동체에 가입함으로써 하나님의 사랑받는 자녀로서의 정체성을 되찾을 수 있다. 이미 이전에 세례를 받은 사람은 세례식을 갱

---

357) "용서는 범죄를 잊는다거나 너그럽게 봐주는 것이 아니며, 화해와 관련될 수도 있고 관련이 없을 수도 있다…. 용서는 지독한 트라우마를 경험한 사람들이 그 길을 끝까지 가기 전까지는 불가능한 일이다." – 데이비드 브릭스David Briggs, "연구조사자들은 신앙 공동체로 하여금 트라우마 생존자들이 그들의 시간에 맞게 용서하도록 배려해야 한다고 말한다." *The Christian Century*, Sept. 17, 2014. 18.

358) 같은 뜻을 가진 영어 단어로는 "let go 풀어주다" "send away 보내주다" "relinquish 포기하다" 그리고 "discharge 짐을 내리다"가 있다.

신함으로써 이전의 정체성을 다시 회복할 수 있다. 세례를 받거나 갱신하는 예식을 통해, 생존자들은 회복의 과정 내내 그들을 붙들고 계신 하나님과 성령의 임재에 대해 간증하게 될 것이다. 공동의 식탁에 둘러 앉아 주의 만찬을 나누며 그들의 삶 전반에 찾아든 샬롬의 실재를 간증하게 될 것이다. 몸을 건강하게 하는 음식을 나누는 것은 그들의 삶 속에 파괴적인 요소들을 떠나보내는 어려운 작업 속에서 하나님의 지속적인 은혜가 있었음을 증거하는 일이기도 하다.

화해

생존자와 가해자 사이에 이뤄지는 화해는 치유과정의 가장 바람직한 열매다. 실제로 안전, 존중, 정직, 정의, 연민 등으로 특징지어지는 생존자와 가해자 사이의 새로운 관계는 회복을 위해 일한 기쁜 결과가 될 것이다. 그러나 성추행의 관계에서 변화를 성취하기란 불가능할지 모른다. 왜냐하면 폭행의 경우와 같이 가해자가 잘 알려지지 않았거나, 가해자가 사망했거나, 가해자가 자신의 잘못을 전혀 인정하려 들지 않기 때문이다. 감정적, 심리적, 영적 치유는 엄청난 시간과 에너지를 필요로 한다. 이 치유의 과정은 서둘러서는 안된다. 이는 하나님의 시간이라는 거대한 틀 속에서 흐름을 타면서 펼쳐나가야 한다. 보복에 대한 감정을 내려놓음에 있어, 그들을 공격한 가해자들에게까지 영역을 넓히게 되는 생존자들 중 대부분은 그들의 안녕을 소원한다. 생존자는 자신들을 가해한 사람을 다시 보고 싶어 하는 애착, 관심 혹은 욕망을 갖고 있을 필요가 없다. 그러나 만약 연민의 표현으로 안녕을 위해 이러한 소원이 있다면 그들의 새로운 삶을 위해 좋은 쪽으로 기능할 것이다.359)

---

359) Marjorie Hewitt Suchocki, *The Fall to Violence: Original Sin in Relational Theology* (New York: Continuum, 1994), 153-154. 아마도 생존자가 자신을 가해한 사람들의 안녕까지 바라는 능력이 있다면 원수들을 사랑하라는 의미가 무엇인지 엿볼 수 있을 것이다. 원수들을

치유의 여정을 함께 걷는 동료들은 화해를 향해 나아가고자 하는 희망을 유지해야 하지만, 모든 관계가 그들이 사는 일생 동안 변화되고 고쳐질 수 있는 것은 아니라는 현실을 말하기도 한다. 그들의 신학적 상상력은 재결합의 기쁨은 물론 깨어짐의 슬픔을 인간적인 거룩과 인간적인 연약함의 표시로 받아들인다. 그들은 앞으로 일어날 화해의 사역과 기회를 위해 기도하며 찢어진 천을 다시 꿰매기 위한 정당한 방법들을 추구한다. 그들은 샬롬의 약속 아래 지속적으로 희망을 갖고 이를 기리기 위해 자주 식사자리를 마련한다. 생존자들은 여전히 낯선 관계에서 화해로 나아가기 위해 용기, 인내, 분별이라는 기름부음이 필요하다.

지속적으로 희망을 실천하기

희망은 치유의 과정 중에 종종 그 얼굴을 바꾼다. 초기 단계에서 희생자는 일어난 성추행과 그들이 겪고 있는 트라우마가 빨리 끝났으면 하는 단순한 희망을 갖는다. 슬픔과 애도 중에 희망을 발견하는 일은 쉽지 않다. 그러나 생존자로 막 알려진 피해자들은 사망의 음침한 골짜기를 지나, 새로운 삶을 위한 희망이 모습을 드러내는 곳으로 걸어갈 수 있다. 생존자들은 그들의 삶을 짓누르는 과거 성추행의 영향력이 지속적으로 사라지고 자신들의 행동에 일어난 변화가 습관으로 자리하길 희망한다. 그들은 가족과 공동체는 물론 가능하다면 가해자들과도 화해하기를 희망한다. 그들의 성추행관련 이야기들은 이제 그들의 삶이라는 거대한 맥락 안에서 의미를 찾게 되고, 화해라는 하나님의 거대한 이야기 속에서 새로운 의미를 찾게 되길 희망한다. 그들은 그들이 배운 내용을 다른 사람들과 나누고 싶어 할 수도

위해 기도하기 위해, 그들에게 해를 끼치지 않기 위해, 그들의 안녕을 바라기 위해, 그들을 좋아하거나 그들에게 호의를 베풀 필요는 없다. 사랑과 돌봄은 시간이 흐르면서 보다 깊은 연민으로 자라나갈 수 있지만, 처음부터 우리가 보복하고 싶은 욕구와 우리 대신 누군가가 대신 원수라도 갚아주면 좋겠다는 생각마저 버릴 필요는 없다.

있을 것이며 희생자들과 이제 막 생존자로 알려진 피해자들이 겪는 일들에 대해 용기 있게 증언하고 싶어할 수 도 있다. 샬롬의 희망은 그들의 삶에 새로운 방향을 제시해주고, 두려움을 넘어 자유를 선물로 가져다 줄 것이다.

희생자–생존자들에게 치유의 여정을 함께 걷는 동료들은 희망의 얼굴이 될 것이다. 그들은 샬롬이라는 궁극적인 희망에 눈을 고정하며, 그들과 함께 걷는 이들의 필요로부터 그들의 시야를 거두지 않을 것이다. 기도는 그들의 희망을 실천하는 기본이자 지속적인 동력이며 하나님의 통치가 "하늘에서 이룬 것같이 땅에서도" 온전히 시행되기를 기다리는 우리 모두의 희망이기도 하다. 그들이 드리는 감사는 그들이 회복과 치유를 향해 희생자–생존자들과 함께 걸어가는 모든 지점에서 보여준 모습은 성실, 은혜, 정의 실현, 사랑이 실재한다는 살아있는 증언이다.

안식처와 길

차양이 안식처를 약속하고 제공하는 동안, 희생자–생존자들과 그들의 동료들은 치유와 새로운 삶의 길을 발견한다. 이 여정은 어쩌면 평생에 거쳐 이루어질지 모르지만, 그들의 용기 있는 행보가 지향하는 궁극적인 지점은 샬롬이라는 평화의 비전이다. 추함과 아름다움, 절망과 경이로움, 희망 없음과 기쁨의 순간이 함께 할 것이다. 그러나 불굴의 인내와 사랑어린 동료들의 함께하는 생존자들은 그들의 영혼을 파괴하고자 했던 성추행의 황폐한 영향력으로부터 자유를 누릴 수 있다. 그리고 그들의 새로운 삶이 다시금 약속된 샬롬의 빛을 발할 때, 우리 모두는 근본적으로 잘못된 것을 바로 잡는 하나님의 사랑과 은혜의 능력이 얼마나 큰지 다시 증거 할 수 있을 것이다.

고통에 이름을 붙이고, 빛을 추구하라

성추행에 대한 메노나이트 교회의 반응

린다 게흐만 피치[360]

요약: 이 논문은 1970년대부터 메노나이트 가정과 공동체 안의 성폭력에 대한 개략적인 내용을 다루고 있다. 이 글은 메노나이트 교단의 미디어와 직원들이 성폭력에 관한 기록물을 남기고, 목회에서 일어나는 성추행들을 다루기 위한 정책과 절차를 입안하기 위해 기울인 노력들뿐만 아니라 메노나이트 중앙위원회(MCC)의 여성관련 프로그램의 사역에 대해 상세하게 기술하고 있다. 또한, 이 글은 성폭력에 대응하기 위한 최근에 발의된 참고자료이자 앞으로도 계속 작업을 이어나갈 필요성에 대해 언급하며 특별히 성별, 인종 및 지위를 막론하고 교단 전체의 제도에 스며들어있는 성폭력의 방식에 대해 끊임없이 도전해야 할 것을 강조한다.

성경의 위대한 면모 중 한 가지 측면은 성폭력을 포함한 죄에 대한 진지한 정직성이다. 이복누이 다말을 강간한 암논삼하 13에 대한 기록은 가장 신랄한 고발이자 불온한 예들 중 하나이다. 또 다른 사건은 밧세바를 범한 다윗에 대한 내용으로 삼하 11 성경의 저자는 간음사건으로 다윗을 고발하고 있다. 실제로 이 사건은 자신이 원하는 것을 밧세바로부터 취하기 위해 왕권을 잘못 사용한 것과 더 나아가 밧세바의 남편을 죽임으로써 자신의 잘못을 덮으려고 시도한 내용을 상세히 기록하고 있다.[361]

---

360) 린다 게흐만 피치(Linda Gehman Peachey)는 작가이자 펜실베이니아 주의 랑케스터에 있는 랑케스터 신학대학원의 목회학 박사과정 학생이다.

361) 사무엘하 11.

비록 괴롭고 슬프지만 이러한 이야기들은 우리로 하여금 성폭력이 전혀 새로운 것이 아니라 인류의 오랜 역사 속에 이미 존재해왔음을 알려준다. 이러한 이야기들은 또한 우리로 하여금 성폭력이 메노나이트와 그리스도 안의 형제교회Brethren in Christ 가정과 교회에도 예외 없이 존재한다는 사실을 인정할 수 있도록 도와준다. 2006년 메노나이트 교회 프로필에 따르면, 미국 메노나이트 교회Mennonite Church USA 이하 MC USA 21퍼센트의 여성들과 5.6 퍼센트의 남성들이 "성추행 혹은 성폭력"의 경험이 있다고 보고하였다.[362] 형제안의 교회Brethren In Christ, BIC 구성원들 중, 결과 수치는 여성 29.2 퍼센트, 남성 10 퍼센트로 좀 더 높은 것으로 보고되었다.[363] 대부분의 성추행과 성폭행은 이들이 어린이 혹은 십대였을 때 발생했지만, 미국 메노나이트 교회의 경우 4.2 퍼센트의 여성들과 13 퍼센트의 여성목사들이 성인이었을 때 성폭력을 경험했다고 보고하였다.[364]

한 여성이 경험한 내용에 대한 고백이다.

나는 아주 오랜 기간 동안 언어 폭력, 신체 폭력, 성폭력을 받아들이도록 훈련되어져 왔습니다. 그래서 제가 12세의 나이에 오빠로부터 강간을 당했을 때, 그것이 보통 일어나는 일에서 뭔가 조금 다른 일이 일어난 것

---

362) 2009년 6월 15일자 "메노나이트 내의 성추행 분석"의 표2. 이 연구는 아나뱁티스트와 경건주의 그룹에 대한 연구를 위해 펜실베이니아 주의 엘리자베스타운 대학의 영센터(Young Center)가 실시하였으며, 연구 안에 미국 메노나이트 교회 교인 2,216명, 메노나이트 교회 목회자 319명, 그리스도안의 형제교회 교인 685명을 표본으로 하여 조사한 결과이다. 이 자료의 분석은 미국 메노나이트 중앙위원회 여성 옹호 프로그램의 재정지원으로 콘라드 카나기(Conrad L. Kanage)가 담당하였다. 1991년에는 캐나다 마니토바 주, 위니펙의 메노나이트 형제교회 성경대학(Mennonite Brethren Bible College)의 교수로 있던 이삭 블록(Isaac Block)이 진행한 좀 더 작은 규모의 연구가 있었다. 당시에는 위니펙 메노나이트 교회 명부로부터 187명의 성인을 무작위 추출하여 연구를 시행하였는데 25퍼센트의 여성과 7퍼센트의 남성들이 성추행의 경험이 있던 것으로 조사되었다. "연구보고 위니펙 메노나이트들의 가정 학대에 대해 말하다 Winnipeg Mennos experience domestic abuse, study says" *The Mennonite*, June 11, 1991, 253.
363) 위의 책.
364) 위의 책.

이라고 생각했습니다. 젊은 시절 내내, 저는 할아버지, 아버지, 그리고 형제들로부터 부적절한 성적 접촉이 일어나도 이를 받아들여야 하는 것으로 알았습니다….365)

또 다른 사람의 고백이다.

…나는 소위 말하는 "하나님의 사람"이라 부르는 안수 받은 목사이자 대학 교수에 의해 희생되었습니다. 지금부터 나는 그를 가인이라 부르겠습니다. 가인은 나를 "친구" 그것도 평생 그와 함께 할 아주 "특별한 친구"라고 불렀습니다. 그는 이루 말로 다 표현할 수 없을 정도로 나를 "선택받은" 존재로 치켜세웠습니다. 그는 내게 평생 "친구관계의 언약"을 맺자고 제안해왔습니다.

그는 아주 빠르게 나의 멘토, 카운슬러가 되었고 그의 말에 따르면 학문에 있어서도 중요한 인물이 되었습니다. 내가? 가인은 내가 그에게 "은혜를 베푸는 사람"이자 "상처받은 치유자"이자 "진짜 친구"요 "그리스도"와 같다고 했습니다.

가인은 나를 강요하고 싶지 않다고 말했습니다. 그는 나 없이 살 수 없다고 했고, 한번은 나에게서 벗어날 길이 없다고 말했습니다. 성추행이 일어난 후에, 아니 성추행 전과 성추행이 일어나는 동안에도 그는 함께 죽자는 말도 했습니다. "함께 자살하자는 위협은 만약 그 사람이 특별히 계획을 세운다면 어떻게하나 싶을 정도로 매우 심각하게 받아들여지게

---

365) 2008년 성추행에 대한 반응과 예방을 위해 메노나이트 중앙위원회 웹사이트에 게제 했던 "캐서린의 이야기 유년 생존기"에서 발췌함.

되어 있습니다." 내가 그의 요구를 받아들이지 않자 가인이 우리 집 부엌에서 나에게 칼을 들이대면서 나를 협박하였습니다. 그렇습니다. 가인은 아주 세밀했습니다. 다리 위, 침대 위, 칼….

가인과 관계를 끊고 난 한 참 뒤, 저는 저주받은 느낌을 받았습니다…. 그는 이러한 사실을 폭로하면 어떤 일이 일어날지 미리 알고 있었습니다. 우울, 침묵, 결혼 파탄, 친구관계 파탄…. 등. 그의 통제력은 고문이었습니다. 내가 이야기를 털어놓는 것은 이러한 저주로부터 벗어나는 유일한 방법이 되었습니다. 이제 털어놓지 않은 채 남은 이야기는 얼마 되지 않습니다.366)

교회가 이러한 이야기를 듣고 수많은 사람들이 표현한 깊은 고통을 제대로 이해하기까지는 아주 오랜 시간이 걸렸다. 어떻게 이러한 일이 시작되었나? 무엇이 이러한 사람들이 끝내 자신의 이야기를 털어놓을 수 있도록 만들었을까? 무엇이 이들을 빛으로 나아가도록 도움을 요청하게 만들었을까? 그리고 지난 몇 십 년 동안 우리는 무엇을 배웠는가?

성폭력에 대해 담대하게 말하기 위한 노력을 시작하다

교회 안에서 일어난 성폭력에 대해 담대하게 말하기 위해 내디뎌야 하는 긴 여정의 첫 번째 발걸음은 1971년 메노나이트 중앙위원회MCC의 평화분과 위원회가 몇 명의 여성들을 이 위원회에 추가하면서 시작되었다.367) 2년

---

366) "영혼의 강탈로부터 헤어나기"에서 발췌. *MCC Women's Concerns Report*, No. 112, "Pastoral and professional misconduct",Jan.–Feb., 1994, 3–4.
367) 메노나이트 중앙위원회의 평화분과는 1942년에 설립되었다. 이는 정관에 기록된 교단 출신의 평화위원회 대표들로 구성되었고, 군복무 및 징병문제에 관해 논의하는 기관으로 정부에 대표자를 보내고, 평화 입장에 관한 연구와 글을 쓰고, 교단 소속의 교회에 평화교육을 담당하였다. Herold S. Bender and Urbane Peachey, "Mennonite Central Committee Peace Section", Global Anabaptist Mennonite Encyclopedia Online, http://gameo.org/index.

뒤에 이 여성들은 평화분과의 주요 안건에 여성들의 관심사들을 포함시키도록 촉구했다. 1973년 3월에 열린 회의 기록에 따르면, 평화분과는 이러한 도전과 제안을 받아들였고 "제시한 목표들을 이루기 위해 루앤 하베거Luann Harberger를 위시한 여성들로 소위원회를 구성하고 테드 쿤츠를 위시한 몇 명의 직원을 채용"하였다.368) 처음에 시행한 프로젝트들 중 하나가 조직, 네트워크, 교육 및 변호에 새로운 기회와 방법들을 제공하기 위한 대책위원회 소식지를 발행하는 일이었다.369) 메노나이트와 그리스도 안의 형제교회BIC 여성들은 많은 시간이 걸렸지만 가정과 교회와 공동체에서 자신들이 겪은 성폭력에 대해 숨김없이 말하게 되었다. 1976년 봄, MCC의 *Women's Concerns Report* 소식지는 강간에 관련된 기사를 실었고, 1977년 9월에는 그 실상을 널리 알리는 기사를 실었다. 1978년과 1979년의 소식지 중 두 번에 걸쳐 가정폭력을 중점적으로 다루었다.370)

1980년대에 들어와서 *Women's Concerns Report*는 "여성, 포르노그래피 그리고 폭력"1986년 1-2월호, "아내 학대"1987년 9-10월호, "근친상간" 1989년 3-4월호 그리고 "섹스 관광 및 매춘" 1989년 9-10월호 등과 같은 주제들을 다루면서 보다 심층적인 내용을 조사보고 하였다.

당시 캔사스 주의 뉴턴지역평화센터Newton Area Peace Center의 코디네이터이자 이전에 *Women's Concerns Report*와 *The Mennonite*편집장을 역임했던 뮤리엘 티센 스태클리Muriel Thiessen Stackley는 1993년 이 소식지들에 대해 다음과 같이 회고했다.

---

php?title=Mennonite_Central_Committee_Peace_Section7-oldid=121236.

368) 1973년 3월, MCC 평화분과 위원회 회의록.

369) 이 소식지는 후에 MCC의 *Women's Concerns Report*가 되었다. 처음에 몇 달 간 터울을 두고 발행되었던 소식지는 1980년부터 격월간 정기소식지로 자리했고 MCC가 폐간을 결정했던 2004년 말까지 총 176호를 발행하였다. "Women's Concern Report issues" *Women's Concerns Report*, No. 176, "Celebrating Report", Nov.-Dec. 2004, 20-22.

370) *Women's Concerns Report* 1976년 3-4월호는 여성들의 업무 환경에서 빚어지는 경험으로써 "전체 여성"들의 상황과 강간에 대한 정책들에 대해 언급하였다. 1978년 12월과 1979년 1월호에는 각각 "가정폭력, 1부"와 "가정폭력 2부"를 나누어 실었다.

이러한 잡지들은 가부장적인 우리 사회의 사각지대에 놓여있는 주제들에 대해 아주 잘 준비된 처방전을 정기적으로 제시해 주었습니다. 여성에 관한 포럼이자 여성을 위한 포럼도 개최하였습니다. 이는 메노나이트 교회와 그리스도안의 형제교회 서클 안에 엄청난 촉매제가 되었다고 믿고 있습니다. 이러한 기사들은 많은 여성들의 이야기를 들려줌으로써 우리의 이해를 확장시켜주었고, 신학을 정의하는데 도움을 주었고, 교육하고, 실제적인 정보를 제공해 주었습니다. 관계를 바로잡고, 공감의 눈물을 자아내고, 우리의 언어에 활력을 불어넣어주었고, 우리의 직업이 무엇인지 명확하게 해주었고, 여성들의 리더십을 분명하게 해주었습니다.[371)]

1987년에 MCC 직원들은 '보라색 봉투: 아내 학대Purple Packet: Wife Abuse', 1989년에 '무너진 경계선: 아동 학대Broken Boundaries: Child Sexual Abuse, 1991년에 '넘어선 경계선: 전문직 종사자들에 의한 성폭력Crossing the Boundary: Sexual Abuse by Professionals' 이라는 문서를 출간하였다. 이러한 문서들은 성폭력의 정의, 성폭력 분석 및 관련 이야기들, 성서적 신학적 고찰, 성폭력에 대한 대응과 예방, 기타 참고 자료들을 제공하였다. 수천 개의 소포를 준비하여 교회에 속한 개인은 물론 회중들에게 발송하였다.[372)]

또 다른 중요한 발전 중 하나는 여성을 상대로 한 폭력에 대해 MCC와 지역 파트너들이 함께 공개적으로 문제를 제기하는 일련의 모임들을 개최했다는 점이다. 1990년 11월 2–3일, MCC 서해지부, MCC 가정폭력 대책

---

371) "The Report: Helping Us 'Rethink'," *Women's Concerns Report* No.109, "CWC Turns 20", July–Aug. 1993, 10.

372) MCC는 현재까지 *Purple Packet: Wife Abuse* 9,500개, *Broken Boundaries: Child Sexual Abuse* 7,000개, *Crossing the Boundary: Sexual Abuse by Professionals* 6,000개의 패키지를 준비하여 발송하였다. "CWC turns 20", *Women's Concerns Report*, No. 109, July–Aug. 1993. 7–8.

위원회, MCC 여성관련 부서가 "어둠에 빛을 비추기: 메노나이트 교회와 그리스도안의 형제교회가 가정폭력과 성폭력에 반응하다"라는 주제의 컨퍼런스를 개최한 것이 좋은 예이다. 캘리포니아주, 업랜드Upland에서 개최한 이 회합에는 캐나다의 다섯 개 주와 미국의 19개 주에서 약 200명이 참가하였다.373)

이 컨퍼런스의 결과물 중 하나는 비밀이 보장된 '성폭력 생존자 네트워크Network of Adult Survivors of Abuse'가 형성되었다는 점이다.374) MCC 가정폭력대책위원회가 처음 진행한 이 네트워크는 성폭력 생존자들이 다른 지역의 생존자들과 서로 연결할 수 있도록 우편, 정보, 기회를 제공하였다. 성폭력으로 인해 고통을 받는 사람들은 이 네크워크가 제공하는 상호협력체제의 지원을 받게 된 것에 크게 고마워했다. 실제로 어떤 사람들에게 이 네트워크는 그들이 기댈 수 있는 교회와의 유일한 연결고리이기도 했다.375)

1991년 10월 4-5일, 메노나이트 연합성경대학원376)은 "평화신학과 여성들에게 행해지는 폭력"이라는 주제로 또 다른 훌륭한 컨퍼런스를 개최하였다. 이 컨퍼런스는 AMBS Women's Advisory Committee의 후원아래 메노나이트연구소와 평화학프로그램의 협찬으로 성사되었으며 여성을 상대로 자행되는 다양한 형태의 폭력에 대한 발표가 이루어졌다.377) 특별히 존

---

373) Kathy Heinrich Wiest, *MCC News Service article*, Nov. 16, 1990, 1, in M.C.C files. 또한 크리스천 리더The Christian Leader라는 잡지의 편집장인 돈 래츠래프 (Don Ratzlaff)가 쓴 "우리 안에서 발생하는 가정폭력 *Domestic Violence in our Midst*" 라는 기사도 참고할 것 *The Mennonite*, Dec. 25, 1990, 555-557.

374) Wiest, *MCC News Service Article*, Nov. 16, 1990, 2 and Ratzlaff, "Domestic Violence,"557.

375) 필자는 2004년부터 2011년 Women's Advocacy의 책임자로서 이 네트워크에 속한 다수의 회원들과 편지를 주고받았다.

376) 현재는 아나뱁티스트 메노나이트 성경대학원으로 이름이 바뀌었다.

377) 이 회의에서 발표된 논문은 엘리자베스 G. 요더(Elizabeth G. Yoder)가 편집하여 *Peace Theology and Violence against Women*이라는 책으로 발간되었다(Elkhart, Ind.: Institute of Mennonite Studies, 1992). 발표는 Mary H. Hchertz "우리 주변의 공간에서 정의를 이뤄내기Creating Justice in the Space Around Us"; Gayle Gerber Koontz, "여성 폭력에 대한 구속적 저항Redemptive Resistance to Violation of Women"; Ruth E. Krall, "기독교 이데올로기, 강간 그리고 강간 후 치유를 향한 여성들의 여정 Christian Ideology, Rape and Women's Postrape Journey to Healing"; Carol Penner, "고통의 내용: 여성을 상대로 이루어지는 폭력

하워드 요더에 의해 희생당한 몇몇 여성들이 이 컨퍼런스에 참석하면서 서로를 알게 되었고, 자신들의 이야기를 나누게 되었고, 모임을 결성한 뒤 교회 리더들에게 자신들이 경험한 것과 같은 성추행이 더 이상 일어나지 않도록 요청하였다.378)

이후 1992년과 1994년 최소한 다섯 개의 컨퍼런스가 더 개최되었고 2001년과 2002년에 두 차례의 컨퍼런스가 스페인어로 개최되었다.379) 1992년 컨퍼런스는 "가정폭력에 맞서: 어둠에서 빛으로Facing Family Abuse: From Darkness to Light"라는 주제로 펜실베이니아 주 마운트 조이에서 개최되었는데 행사가 열리기 7주 전에 250명이 등록하는 등 아주 많은 관심이 생성되었다. 주로 컨퍼런스는 슬픔과 애도를 표현하면서 치유하는 데 초점을 맞추어 진행하였고, 회의 기간 동안 "참가자들로 하여금 자신들이 겪은 좌절감과 고통을 표출하도록 하였고 구체적인 사건을 기록하도록 준비한 '통곡의 벽' 앞에서는 다양한 모습의 분노가 표출되었다."380)

메노나이트 미디어의 관심 증가

1990년대에는 메노나이트의 주류 미디어들이 보다 자주 이러한 주제들을 언급하기 시작했다. 「메노나이트The Mennonite」라는 잡지의 목록을 예로

의 맥락에서 본 메노나이트 신학 연구, Content to Suffer: An Exploration of Mennonite Theology from the Context of Violence Against Women"과 Isaac I. Block의 "가정폭력 Domestic Abuse"에 대한 사례연구가 발표되었다.

378) 저자와 희생자들 중 한 사람과 나눈 대화.

379) 다른 컨퍼런스는 "치유를 위한 시간 A Time for Healing"이라는 주제로 1992년 3월 13-14일, 캐나다 마니토바 주, 위니펙 시에서; "침묵을 깨고 희망으로 Breaking Silence, Bringing Hope"라는 주제로 1992년 3월 20-21일, 오하이오주 키드론에서; "어둠에 빛 비추기 Shedding Light on Darkness"라는 주제로 1992년 캐나다 브리티시 콜롬비아의 베이커뷰 메노나이트 형제교회에서; "희망의 여정을 위하여 Hope for the Journey"라는 주제로 1994년 4월 22-23일, 캔사스주 힐스보로에서; 그리고 1994년 10월 14-16일 필라델피아 주 할리스빌에서 심포지움이 개최되었다. 스페인어 컨퍼런스는 가정폭력을 주제로 개최되었는데 2001년 5월 펜실베이니아 주 애크론에서, 그리고 다음해인 2002년 텍사스 주 샌 안토니오에서 개최되었다. 이러한 행사의 주강사로 캐롤린 홀드리드 헤겐과 루스 크랄이 강의를 담당하였다.

380) Margaret Loewen Reimer (for Meetinghouse), "Church Ignores Abuse, Survivors say at Meeting", Gospel Herald, Feb. 18, 1992, 9.

들면, 1990년까지 "성폭력abuse"에 대한 아무런 기사내용이 실리지 않았지만, 1992년에는 14개의 기사를 실었고, 1993년에는 19개, 1994년에는 8개, 1995년에는 11개, 1996년에는 1개의 기사를 실었다. 실제로 *The Mennonite*는 1993년 4월 27일자를 "성폭력의 상처를 치유하다"라는 제호아래 성폭력 특집호로 꾸몄다.381) 2년 뒤 이 잡지의 편집자들은 "교회, 치유의 장소"라는 주제의 글을 통해 피해자들을 돕기 위한 후원, 예방 및 기타 관련 자료를 제공하였다.382)

성폭력에 관한 주제로 「가스펠 헤럴드*Gospel Herald*」라는 잡지에 실린 기사 하나가 실렸다. 마르다 스미스 굿*Martha Smith Good*이 "다말의 강간The Rape of Tamar"이란 제목으로 쓴 글이었다. 1990년 5월 15일 약 18개월 뒤인 1992년 9월 29일에 발행된 가스펠 헤럴드에 로렌 페치*J. Loren Peachey*는 "7개월간의 뼈 아픈 수업"이라는 사설을 썼고, 그 해 2월 말까지 일어났던 성폭력 및 성추행과 관련된 "이야기들, 인물들 그리고 많은 편지들"을 싣기 위해 총 60페이지를 할애하였다. 슬프게도 여기에 실린 뉴스들 중 많은 것들이 성폭력을 행사한 교회 리더들에 관한 폭로 내용이었다.

이러한 보고들 중 하나가 1992년 2월 캐나다 온타리오주의 지방회가 유

---

381) 이 특집호에는 익명의 저자가 기고한 "성폭력의 상처를 치유하다 Healing the Wounds of Abuse"; 당시 메노나이트 리포터*Mennonite Reporter*라는 잡지의 서부지역 편집장인 에이든 슐리흐팅 엔즈(Aiden Achlinting Enns)의 "근친상간이란 무엇인가? 성폭력이란 무엇인가? What is Incest? What is sexual abuse?" 그리고 "나쁜 신학이 나쁜 행동을 낳는다. Bad theology leads to bad behavior"; 루스 랩 구엔그리치(Ruth Lapp Guengerich)의 "비탄의 시편 Psalm of Lament"; 그리고 "성폭력을 행한 남성은 스스로를 희생시킨다Men who abuse often victims themselves"라는 글이 실렸다.

382) 1995년 5월 9일자에는 메노나이트 *The Mennonite* 잡지의 편집장인 고든 하우저(Gordon Houser)의 "교회가 치유의 장소가 되려면 To be a place healing" 그리고 "우리에게는 치료 이상의 것이 필요하다 We need more than therapy"; 익명의 저작에 의한 "우리 안에 있는 죄를 치유하기 Healing the sin in our midst"; 그리고 마니토바주 위니펙에 있는 메노나이트 형제교회 신학대학원 교수인 이삭 블록(Isaac Block)은 "용서하지 마라, 잊지 마라 Don't forgive and forget" 그리고 "피해자 후원을 위한 제안들 Suggestions for showing support", "어떻게 교회가 성폭력을 예방할 수 있는가 How the church can help to prevent abuse", 그리고 "성폭력에서 치유로 나아가기 위한 자료들 Resources for moving toward healing from sexual abuse"와 같은 글이 실려 있다.

리 벤더Urie A. Bender에게 목회자격을 정지시킨 내용과 연관되어 있다. 지방회에서 사건을 부적절하게 전한 사실을 알게 된 여성들이 "성추행한 메노나이트 리더를 고발한다"는 제호의 성명서를 작성하였다.383) 몇 주 후, 「메노나이트 주간지Mennonite Weekly Review」라는 잡지는 "베델 대학은 성추행과 관련된 신학자 초청을 취소한다"는 내용을 머리기사로 실었다. 이 성추행과 관련된 신학자는 존 하워드 요더였다.384) 그 이후 몇 년 몇 개월 동안, 콘라드 웨첼Conrad Wetzel 미 중보 및 일리노이 지방회의 목사,385) 제임스 던James L. Dunn서부 지방회 목사,386) 존 좀머John Sommer 일본 선교사,387) 피터 에디거 Peter Ediger 아르바다 메노나이트 교회 목사,388) 헨리 라이머 Henry Reimer사스카추원주 목사,389) 그리고 허버트 브라운Hurbert Brown 헤스톤 대학의 학생처장이자 목사390)등의 성추행이 추가로 고발되었다. 이것이 전부는 아니지만, 당시 교회 미디어들이 어떤 내용들을 보고하였는지 잘 드러내주고 있다.

---

383) *The Mennonite*, Feb. 25, 1992, 84-86. 이 내용은 "유리 벤더와 관련된 메노나이트 캐나다 동부노회 리더십 위원회의 성명서"라는 문서로 보관되어 있다.

384) Paul Schrag, *Mennonite Weekly Review*, March 12, 1992, 3. July 16, 1992, MWR에서는 프래리 스트리트 메노나이트 교회로부터 온 정보를 근거로 "성추행으로 정직된 신학자의 자격 정지"에 대한 내용을 실었다. 이 기사는 인디애나-미시간 지방회와 「엘크하르트 신문 The Elkhart Truth」에 보도되었다.

385) "중부 일리노이 지방회가 목회 자격을 정지시키다" *The Mennonite*, June 23, 1992, 282.

386) Carla Reimer, "WDC moderator, pastor resign, admits misconduct", *The Mennonite* Oct. 13, 1992, 448-449. 던의 목회자격은 1년 뒤, "자격 정지 후 서부지방회가 다시 복원한 것으로 보고 되었다" *The Mennonite*, Oct. 26, 1993, 15.

387) "선교사 추행으로 소환되다 Mission worker recalled for misconduct", *The Mennonite*, Oct. 26, 1993, 14.

388) "목사자격 정지와 여전히 회복 중에 있는 교회 Minister's license pulled, church still in recovery", *The Mennonite*, June 22, 1993, 14. 이전의 기사는 회중의 힘겨운 싸움에 대해 언급하였다. Hugo Hildebrand, "회중이 치유의 길을 찾다Seeking healing as a congregation", *Gospel Herald*, July 9, 1991, 300. 1993년 기사는 에디거가 1987년에 "성추행 및 회중의 여러 사람들에게 권력 남용"으로 이미 사임했다고 보고 하였고, "목회로부터 어정쩡하게 떠난" 상태에 있었지만 1993년까지 그의 목회자격이 취소되지 않은 채로 있었다고 보고하였다.

389) Ron Rempel, "사스카추원 주 목사가 직위를 잃다Saskatchewan minister loses his credentials", *The Mennonite*, Oct. 25, 1994, 16-17.

390) Larry Penner, "이전 목사의 목회자격 취소Credentials of former minister revoked", *The Mennonite*, Dec. 12, 1995, 14-15. 피해자들 중 한 사람이 보다 분명한 진지한 상호책임을 요청해옴. Aiden Schlichting Enns, "성폭력 희생자가 말하다Abuse victim speaks out", *The Mennonite*, April 23, 1996.

몇몇 기사들은 왜 교회 미디어들이 이러한 정보를 발표해야 하는지 그리고 이러한 보도지침을 어떻게 마련하였는지에 대해 명확하게 설명하였다. 1991년 4월, 이미 메노나이트 교회와 그리스도 안의 형제교회가 연합하여 당시 「메노나이트 형제교회 소식지*Mennonite Brethren Herald*」 편집장으로 있던 제임스 코긴스 James Coggins에게 "메노나이트 보도기관으로서 이러한 스캔들을 발표해야만 하는가?"라는 제목의 글을 쓰도록 위임하였다.391) 그는 왜 이러한 보고가 필요한지 열 가지 이유를 들어 설명하였다. 그 이유들은 희생을 당할지 모르는 사람들에게 경각심을 주고, 사람들에게 허풍을 떨지 못하게 하고, 희생자들에게 보상과 도움을 제공하며, 교회의 보도기관 및 교회에 신뢰를 진작하며, 이들이 진리에 헌신하고 있음을 드러내고, 우리가 누구인지 다시금 상기시키며, 구원을 공적으로 실현할 기회를 제공하며, 죄인들에게 구원의 기회를 제공하기 위함이라고 설명했다. 그는 공적인 죄는 공적으로 분명히 다루어야 하며, 그렇게 함으로써 이러한 주제를 다룸에 있어 공적으로 부적절하게 처리했다는 오점을 남기지 않도록 해야 한다고 말했다.

1992년 7월, 「가스펠 헤럴드*Gospel Herald*」는 "성추행 및 민감한 사안을 다루기 위한 보도 지침서"라는 세단짜리 기사를 실은 뒤 독자들의 피드백을 요청하였다.392) 이 지침서는 이러한 사건을 반복해서 뉴스로 실을 때 감당해야 할 상호책임, 정직성, 진실과 정확성, 장애물, 그리고 침해를 당한 사람들이 전하는 이야기의 합법성에 대한 내용을 담고 있다. 거의 2년 후, 로렌 피치는 반복되는 동일한 주제들에 대해 "왜 우리가 이러한 보도지침을 고집해야 했는지"에 대해 밝혔다. 그는 "아마도…. 우리가 사건을 숨기고 부정하는 대신에 진리를 온전히 껴안고자 할 때, 1990년대의 시대 상황을

---

391) *Gospel Herald*, April 30, 1991, 6-7.
392) *Gospel Herald*, July 7, 1992, 4-5.

되돌아보아야 할 것입니다."라는 말로 결론을 맺었다. 393)

또한, 메노나이트 보도기관은 자기검열을 하기 시작했다. 1993년, 「메노나이트지」는 래리 코니스Larry Cornies가 쓴 "성추행 이야기 보도: 평가 Reporting Abuse Stories: An Evaluation"라는 글을 실었다. 그는 "*The Mennonite*, *Gospel Herald*, *Mennonite Reporter*, *and Mennonite Weekly Review*와 같은 메노나이트 정기 간행물에서 228건의 기사"를 검토한 결과 보도의 형평성, 정기간행물 지침으로 받아들일만한 지에 대한 적절성, 자기비판력, 독자의 접근성 등에 대해 성공적이었다고 기록하였다. 그러나 몇 가지 도전이 남아있었는데 그것은 자세한 상황에 대한 보다 깊은 이해가 필요하고, 이러한 성폭력이 발생한 상황과 동기들, 여성들의 권익 옹호와 해방, 그리고 치유와 회복이 발생하였을 때 이에 대한 후속 기사가 필요하다고 결론지었다. 394) 인접한 기사인 "상호책임 과정에 대한 부분"이라는 제목의 글에서 당시 온타리오 대학에서 저널리즘을 공부하는 대학원생이었던 조이스 스미스 Joyce Smith는 일반적으로 메노나이트 정기간행물들이 성추행 사건들을 다루는 방식을 인정하면서, "편집자들에 대한 증오의 편지들"을 어떻게 잘 골라내야 하는지, "화해에 필요한 단계들"과 "제도적인 성차별주의 및 권력 구조와 관련된 문제들"에 대해 좀 더 세심하게 다룰 필요가 있다고 결론지었다. 395)

전체 교회의 발의

어떤 남성들은 이러한 운동에 적극적으로 연대했다. 1992년 2월, 메노나이트 교회와 메노나이트 총회교단 출신 40여명의 남성들이 콜로라도 지역에서 여성을 향한 남성들의 폭력을 주제로 개최한 회합에 참석하였다. 그

---

393) *Gospel Herald*, March 15, 1994, 16.
394) *The Mennonite*, April 27, 1993. 8–9.
395) Ibid., 10.

들은 "그 주말에 참석한 회의에서 배우고 경험한 내용이 자신들의 신앙고백, 회개 및 거듭남과 새로운 삶에 지대한 영향을 끼쳤다…."고 술회하였다.[396] 그들은 자신들이 이러한 성폭력에 대해 더 이상 침묵하지 않기로 언약하는 모임을 가지면서 회의를 정리하였다.[397]

거의 즉각적으로 세 명의 남성이 존 하워드 요더가 주강사로 잡혀있는 행사에 관하여 베델 대학교 학장인 존 제어John Zehr에게 편지를 써 보냈다. 존 하워드 요더의 여성에 대한 성폭행 사실을 알게 된 이 남성들은 "회합에서 처음으로 요더를 만난 여성들이 이러한 회의를 좋아했고…. 우리는 많은 여성들이 요더에 의해 성추행을 당하지 않기 원한다."고 썼다.[398] 결과적으로 베델대학교가 요더의 초청을 철회하자, 처음 공식적으로 교단의 보도매체들이 요더의 성폭행에 대해 다루기 시작했다.[399]

침묵하지 않겠다는 헌신의 또 다른 표현은 1993년 메노나이트 교회가 "여성을 향한 남성들의 폭력에 대한 해결책"을 채택하면서 이루어졌다. 메노나이트 총회교단은 1992년 이와 비슷한 성명서를 진지하게 고려했지만, 그 이후에 많은 수정을 거쳐 "대인간 성추행을 방지하기 위한 해결책"라는 제목으로 정리하였다. 원래 문서에 서명을 한 사람들 중 하나인 존 브라운 John Braun은 「메노나이트지」에서 이러한 수정안은 원래 해결책이 의도하던 바와는 조금 다르게 작성되었다고 주장하였다. 이 해결책에서 그는 "자신들의 폭력과 여성들을 향한 폭력의 복잡성에 맞서 싸우고자 했던 남성그룹에 의해 발의되었고, 이러한 변화는 여성들에게도 남성들과 같이 공평하게 책임지도록 되어 있다. 나는 이러한 변화 대부분이 남성들에 의해 주장된

---

396) http://home.mennonitechurch.ca/1993−maleviolence 에서 "여성에 대한 남성들의 폭력에 대한 해결방안"에 대한 1993년 "배경" 정보를 볼 수 있다.

397) "침묵하지 않겠다는 언약(A covenant to break the silence)" *The Mennonite*, March 10, 1992, 101.

398) James C. Juhnke, "존 하워드 요더를 강사로 초청하지 말 것에 대한 결정" *The Mennonite*, June 2014, 45.

399) Ibid., 46.

것이라는 점에 대해 매우 부끄럽게 생각한다."고 했다.[400)]

교회 리더들은 교회 안에서 리더들에 의한 자행되는 성범죄에 대한 교육과 이해를 증대시켜야 할 필요성에 대해 말하기 시작했다. 1992년 메노나이트 교회의 이사였던 제임스 랩은 「가스펠 헤럴드」에 "어떻게 하면 교회의 리더들이 도덕적 실패를 피할 수 있을까?"라는 제목의 글을 기고하였다.[401)] 그는 교회 리더들은 자신의 취약한 점이 무엇이며 취약한 영역이 어디인지 잘 알고 있어야 하며, 목사인 자신에게 주어진 권력을 남용하지 않도록 책임감을 갖고 있어야 한다는 점을 지적하였다. 그는 교회 리더들이 적절하고 분명한 상호책임구조를 갖고 있어야 하며, 영적으로 잘 훈련되어 있어야 하며, 자신의 결혼생활을 잘 돌보며, 목회심방을 할 때 경계심을 늦추지 말아야 할 것을 촉구하였다.

그 해에 미팅하우스는 MCC의 부총재인 낸시 하이지Nancy Heisey에게 "교회 리더들에 의한 성추행에 어떻게 맞서야 하는가?"라는 글을 쓰도록 위촉하였다.[402)] 낸시는 이러한 상황에서 어떻게 마태복음 18:15-20을 적용할 수 있으며, 왜 성폭행을 당한 사람들이 가해자를 상대할 때 도움을 요청해야 하는지? 언급하였다. 또한 교회 리더들이 성적으로 가해를 입혔을 때, 전체 교단이 이 사실을 아는 것이 얼마나 중요한지 강조하였다. 그녀는 한 친구가 메노나이트 목사에게 도움을 요청했었는데 나중에 알고 보니 그 목사가 여러 여성들에게 해를 끼친 사람이었더라는 내용을 밝히기도 했다.

또 다른 실제적이며 추천하고 싶은 자료는 1993년 헤럴드출판사가 펴낸 캐롤린 홀더리드 헤겐의 책 *Sexual Abuse in Christian Homes and Churches* 이다.[403)] 이 책에서 헤겐은 범행자perpetrator라든가 희생자에게 끼쳐지는 성

---

400) *The Mennonite*, Aug. 11, 1992, 249-350. Paul Schrag, *Mennonite Weekly Review*, July 30, 1992, 2.

401) *Gospel Herald*, March 10, 1992, 1-4.

402) *Gospel Herald*, Aug. 11, 1992, 1-3, 8.

403) 이 책은 2002년 MCC의 후원 아래 스페인어로 출간되었다.

폭행의 영향들, 예방을 위한 제안 등 용어정의 및 여러 정보를 제공하고 있다. 특별히 이 책을 더욱 가치 있게 만든 것은 헤겐이 성폭행이라는 상황에서 회개, 복권, 용서 및 화해라는 단어들을 함부로 사용하지 말아야 할 것과 오히려 피해를 입은 사람들을 위한 진정한 치유를 위해 분명하게 방향을 설정해야 한다는 자신의 종교적 신념을 아주 용기 있게 정의한 했다는 점이다. 그녀는 또한 교회가 건강한 성에 대해 교육하고, 생존자들의 민감한 감수성에 반응하는 가운데 예배 자료를 개발해야 한다고 주장하였다. 이러한 자료들은 현재에도 사용하기에 적절하다.

한편 캐나다 메노나이트 교회와 메노나이트 총회교단의 회중 리더십과 목회 리더십은 지방회 차원에서 성추행 사건이 발생하였을 때 사용할 수 있는 지침서를 마련하였다. 1992년 4월, 이들은 "목회 자격을 위한 훈련 지침서Guidelines for Discipline in Ministerial Credentialing"라는 자료를 개발하고 이를 채택하였다.[404] 이러한 지침서에는 이러한 행동을 규제하는 책임이 누구에게 있으며, 어떤 형태의 책임을 져야하는지, 따라야할 절차와 기본적인 지침은 무엇이며, 목회자 신임과 관련된 행동들은 어떤 것인지, 그리고 불평의 내용이나 고발할 만한 내용인지 결정하는 과정은 어떠한지 등에 대한 내용이 들어있다. 약 1년 뒤에, 총회사무실은 성폭력과 성추행에 관한 보다 많은 정보가 들어있고 적절한 경계선에 대한 책임을 규정한 두 번째 지침서를 발표하였다. 이러한 지침서들은 모든 목회자들이 서명해야 하는 성윤리법을 포함하고 있으며, 어떤 경우든 발생한 성폭력에 관한 정보를 발표하는 적절한 과정, 희생자 지원 절차, 성폭력으로 고발당한 목사들의 면직, 그리고 그들의 자격이 정지되어 있는 동안 목회자들에 대한 상호책임 그룹에 대해 명시가 되

---

404) 미국 메노나이트 교회 자료보관소, Mennonite Church USA archives. XIII-03-03, Mennonite Board of Congregational Ministries Executive Secretary's Subject Files, c. 1971-2001, Box 4, file 1/45.

어 있다.[405]

1994년, 인디아나 엘크하르트에서는 메노나이트 화해부서Mennonite Conciliation Service, MCC 여성관련 프로그램, 메노나이트 회중목회 위원회, 그리고 총회교단 목회지도부가 공동 후원하여 진행한 "교회 리더들에 의한 성추행에 대한 대응"이라는 주제의 교육행사가 개최되었다. 교회갈등 컨설턴트인 데이비드 부르베이커David Brubaker와 시카고의 감독교회의 한 사제인 칠턴 쿠센Chilton Knudsen이 인도한 이 행사에서 교회는 가능한 교회 밖의 자원을 활용하여 피해를 입기 쉬운 사람들을 지원하도록 격려하고, 고발당한 사람을 평가하는데 있어 독립적인 전문가들에 의해 평가를 받으며, 영향을 받은 회중에 관심을 집중하도록 교육받았다.[406]

부르베이커와 쿠센을 포함하여 MCC 여성관련 프로그램 직원 마스트 부르네트, 메노나이트 회중목회 위원회 목사 앤 스투키, 메노나이트 회중목회 위원회와 총회교단 목회지도부 존 이서 등 이 행사에 참석한 사람들은 다양한 주제의 추가 문서를 작성하였다. 이들 문서에는 상호책임 그룹지침서; 고발당한 성직자에 대한 목회적 돌봄; 성폭력 고발에 대처하기 위한 대응 그룹; 발생된 트라우마에 대한 회중의 대처 단계; 회중의 치유 과정에 필요한 단계들; 그리고 목회적 성추행을 예방하는 방법들과 같은 내용이 들어있다. 1996년에 작성된 이러한 문서들은 지금까지 사용되고 있으며, 어떤 문서들은 수정을 거쳐 미국 메노나이트 웹사이트에 올려져있다.[407]

1998년, 교단은 이전의 지침서들이 고발당한 사람들의 안전을 충분히

---

405) Carla Reimer, "What the new guidelines say", The Mennonite, July 13, 1993, 13.

406) "교단은 성직자의 성폭력에 어떻게 대처해야 하는지 지침을 마련해야 한다Conference provides guidance on how to address clergy sexual abuse", Gospel Herald, May 10, 1994. "성폭력이 발행한 이후: 교회 치유를 위해 밟아야 할 단계들 After abuse: steps of healing the church", The Mennonite, May 24, 1994, 13.

407) "리더십 개발: 회중과 목회 관계 패키지 Leadership Development: Congregation and Pastor Relationship Packets", http://resources.mennoniteusa.org/resource-center/resources/leadership-development-packets/sexual-misconduct/.

보장하지 못한다고 여겨 이러한 정책들을 수정하기 시작했다.408) 예를 들어 이러한 지침서들은 빠르게 행동할 필요성과 희생자들을 돕는 것과 진상조사의 임무를 서로 명확히 분리해서 시행할 것을 강조하고 있다. 어떤 사람들은 만약 이러한 절차들이 공평하지 않다고 인식하면 이 과정이 도리어 자신들에게 화가 되고 신뢰를 잃게 될 수 있음을 두려워한다.

여러 메노나이트 변호사들의 엄청난 노력 및 기록과 더불어 2000년에 "목회자들의 성폭력에 대한 정책과 절차"라는 완전히 새로운 문서가 채택되었다.409) 이 절차는 "목회자의 성폭력에 대한 불평들에 관하여 어떻게 사실을 확정할 것인지에 대해 그리고 그것이 확실한 사실로 드러났을 때 어떻게 제재를 해야 하는지" 자세하게 정보를 제공하였다.410) 이는 조사를 수행하기 위해 분명한 단계적 지침을 밟아야 하지만, 스스로 인정한다고 해서 "치유, 배상, 회개, 용서…."가 필요하다고 쉽게 언급하지 말아야 한다는 점을 분명히 하였다.411) 연락정보는 늘 최신 것으로 업데이트 해야 하지만, 이 절차는 여전히 적절해야 한다. 자세한 내용은 MC USA 웹사이트에서 볼 수 있다.412)

2년 뒤인 2002년 12월, 미국 메노나이트 교회는 "정의 실현: 성직자의 성폭력에 대한 교회의 반응" 라는 제목으로 안내서를 추가했다. 그 안내서

---

408) 예를 들어 중부지방회의 목사인 로이드 밀러Lloyd Miller가 1998년 5월 7일 (메노나이트 총회교단 목회리더십 부서의)존 이서와 (미국 메노나이트 회중목회 위원회 목사인)앤 스투키에게 쓴 편지를 보라. MC USA archives, MBCM Ministerial Leadership, Box 1 Records 1991-2000, "Guidelines for Discipline", 1998-2000 folder.

409) 1998년 6월부터 10월까지 엘빈 크레이빌과 앤 스투키 사이에 오고간 메모 "Guidelines for Discipline, 1998-2000", MBCM Ministerial Leadership, Box 1, Records 1991-2000, Archives of the MC USA-Goshen.

410) Ministerial Sexual Misconduct Policy and Procedure, part 1, page 2. at http://resources.mennoniteusa.org/resource-center/resources/leadership-development-packets/sexual-misconduct/.

411) Ibid.

412) Ibid. http://resources.mennoniteusa.org/resource-center/resources/leadership-development-packets/sexual-misconduct/. 캐나다 메노나이트 관련 자료는 http://resource.mennonitechurch.ca/ResourceView/43/16285 를 보라.

의 서론이 밝히고 있듯이, 2000년에 작성한 초기 문서는 "단지 죄가 있느냐 없느냐를 따지기 위한 절차에 주로 관심을 두었다." 그러나 추가 안내서는 "후원, 상호책임, 교정지침…과 성추행 절차에서 충분히 언급하지 못했던 다른 주제들을" 언급하였다.[413] 예를 들어, 이 자료는 불평하는 사람, 고발자 그리고 가족들을 어떻게 후원하는지에 대한 내용, 사건을 알게 되었을 때 어떻게 진행해야 할지, 걱정되는 모든 항목을 어떻게 소통해야 할지, 그리고 상호책임을 어떻게 감당하며 성폭행 예방은 어떻게 해야 하는지에 대해 보다 상세한 정보를 제공하였다.

한편, MCC의 여성 관련부서 직원들은 다음과 같은 내용의 자료들을 교회에 끊임없이 제공하였다.

-1995년 에스더 엡-티슨Esther Epp-Thiessen이 수집한 *Expanding the Circle of Caring*: *Ministering to the Family Members of Survivors and Perpetrators of Sexual Abuse* 핸드북

-1996년 헤더 블록Heather Block의『돌봄서클 확장:생존자와 성범죄자 가족 구성원을 향한 목회 핸드북』*Advocacy Training Manual: Advocating for Survivors of Sexual Abuse by a Church Leader or Caregiver*. 2003년 이 자료는 요약해서『교회 리더나 돌봄이에 의한 성폭력 생존자 변호 훈련 메뉴얼』*Understanding Sexual Abuse by a Church Leader or Caregiver*이라는 제목의 작은 책으로 발행되었다. 그 후 2011년에 수정 보완해서 재출간하였다.

-1992년부터 2007년까지 콘라드 그레벨 대학, 캐나다 메노나이트 신학대학, 베델 대학 그리고 이스턴 메노나이트 대학교 등지에서 2년 혹은 3년마다 개최했던 "여성실천신학" 컨퍼런스 시리즈. 마

---

413) Justice Making: The Church Response to Clergy Misconduct Part ii, at the MC USA website.

지막 컨퍼런스는 AMBS에서 개최되었으며 라틴계, 아시아계 아나뱁티스트 여성들이 모였고, 미국과 캐나다에 있는 아프리카계 여성들이 참여하였다.

- 2003년에 시작한 이야기, 예배자료, 정의, 교육자료 등을 모아놓은 "성폭력 반응과 예방Abuse: Response and Prevention,"이라는 웹사이트.414)

- 2003년에 소개한 "성소를 안전하게 만들기:성폭력 예방정책 개발자료Making Your Sanctuary Safe: Resource for Developing Abuse Prevention Policies" 패키지로 2007년에 업데이트 하였다.

- 2004년에 준비한 "포르노그래피:비밀스러운 죄Pronography: The Secret Sin,"패키지로 2013년에는 『포르노그래픽:거짓말, 진실 그리고 희망Pornography: Lies, Truth and Hope이라는 소책자로 발간했다.415)

- 2005년에 개발한 『가정은 상처를 주는 곳이어서는 안 된다』Home Shouldn't be a Place that Hurts" 소책자로 그 후 10년 동안 미국과 캐나다 전역에 배포하기 위해 몇 차례 추가 인쇄를 하였다. 이 소책자는 스페인어, 프랑스어, 독일어, 중국어로 번역되었다.

2009년에 네브라스카 대학의 오마하 그레이스 애봇 학교의 사회복지학과 교수인 지네트 하더Jeanette Harder가 만든 또 다른 자료는 "비둘기 둥지 Dove's Nest"라고 그룹을 태동시켰다. 이 그룹은 "어린이와 청소년을 가정, 교회, 공동체"에서 잘 돌보는 데 주안점이 있다.416)『상처받아 마땅한 아이는 없다:아동 학대와 방임이 없는 공동체를 위한 길 찾기』대장간 역간, Let the

---

414) MCC는 2014년에 교육자료로 출간하면서 이 웹사이트 서비스를 중단하였다.
415) 이러한 자료들 중 어떤 것들은 MCC website에서 볼 수 있다. http://mcc.org/learn/what/categories/abuse-prevention.
416) http://DovesNest.net.

*Children Come: Preparing Faith Communities to End Child Abuse and Neglect*라는 하더의 책은 아동 학대 및 무관심의 유형들, 성경적 가르침, 성폭력의 위험요소들과 보호해야할 요소들 그리고 예방을 위한 조치들을 잘 설명해 놓았다. "비둘기 둥지"는 은혜의 서클Circle of Grace이라는 안전한 환경을 만들기 위한 커리큘럼을 만들어 미국의 모든 메노나이트 회중들에게 무료로 배포하였다.417) 2013년, 이들은 "우리 자녀들을 보호하고 양육하기"라는 성명서를 작성하였고 그해 여름에 미국 메노나이트 교회는 연례총회에서 이 성명서를 공식 문서로 채택하였다.418)

또 다른 중요한 프로그램은 미국 메노나이트 여성 리더십 프로젝트MC USA Women in Leadership Project이다. 2009년, 미국 메노나이트 여성Mennonite Women USA라는 그룹에 의해 시작된 이 프로젝트는 미국 메노나이트 교회에서 여성 리더십이 점점 줄어드는 현상을 제대로 이해하고 "미국 메노나이트 교회 내에 존재하는 성차별주의를 지적하고 변화"시키기 위해 노력하고 있다.419) 현재는 미국 메노나이트 교회 대표이사회에 의해 운영되며, 이 프로젝트의 운영위원회는 인종과 계급으로 여성들을 억압하는 성차별이 일어나는 방식에 의도적으로 개입하고 있다. 2014년 2월에 이 여성리더십 프로젝트the Women in Leadership Project는 버지니아 주의 리스버그Leesburg에서 "당신이 필요한 모든 것은 사랑입니다: 신학에서 여성이 들려주는 다양한 목소리 존중하기All You Need is Love: Honoring the Diversity of Women's Voice in Theology"라는 주제로 컨퍼런스를 개최하였다. 200여명의 여성들이 참석한 이 회합에서 여성들의 삶에 어려운 현실로 다가오는 것은 무엇인지, 그리고 여성들이 하나님 안에서 그리고 서로의 관계 안에서 서로 돕고 희망을 주는 일은 무엇인

---

417) http://DovesNest.net/circleofgrace.

418) 2013년 의사결정안을 보라. http://convention.mennoniteusa.org/delegate/.

419) http://www.mennoniteusa.org/what-we-do/transformative-peacemaking/women-in-leadership-project/.

지에 대해 진지하게 논의하였다.[420]

끝으로 미국 메노나이트 여성이라는 모임은 여성들로 하여금 보다 효과적으로 다른 사람들을 돕고 치유하는 자료를 발견할 수 있도록 시스터 케어 Sister Care 프로그램을 마련하는 등 아주 중요한 일을 해냈다. 로다 키너Rhoda Keener, 캐롤린 홀더리드 헤겐, 루스 랩 구엔그리치Ruth Lapp Guengerich가 만든 시스터 케어 매뉴얼은 스페인어, 마야족어, 포르투갈어로 번역되어 있다. 이들이 개최하는 세미나에 캐나다, 미국, 중미, 남미, 인도, 네팔 등지에서 수 천 명의 여성들이 참여하였다.[421]

앞으로 해야 할 일에 대한 제안

지금까지 이 글을 쓰면서, 나는 기본적으로 메노나이트 안에서 발생한 성폭력과 관련하여 우리가 걸어온 여정을 역사적으로 정확하게 기술하고자 노력하였다. 지금부터 나는 지난 25년 동안 이 분야에서 일해 오면서 배운 경험을 기초로 몇 가지 제안을 하고자 한다.

우리가 지난 수 십 년 동안 성폭력과 관련하여 해온 일은 결코 적지 않다. 이제 우리는 이러한 폭력에 대해 보다 더 솔직하게 말할 수 있게 되었고, 그 어느 때보다 성폭력에 취약한 이들을 보호하고 이들에게 능력을 부여하기 위해 교인들과 교회리더들에게 많은 도움을 줄 수 있는 더 많은 자료들을 갖고 있다. 성폭력에 대한 고발 특별히 교회 리더들에 의해 자행되는 성폭력에 대한 고발에 대해 태만하게 대응해 왔던 현실, 그리고 이러한 고발을 거짓이라고 여기거나 어떠한 경우에는 아예 침묵을 강요받았던 현실에 엄

---

420) 이 컨퍼런스를 위해 준비된 비디오, 예배자료, 묵상자료, 논문들은 http://www.menno-niteusa.org/what-we-do/transformative-peacemaking/women-in-leadership-project/all-you-need-is-love-conference-resources/에서 볼 수 있다.

421) http://www.mennoniteusa.org.resources/sister-care-seminars/ 이러한 세미나들이 성폭력에 초점을 맞추고 있지는 않지만, 종종 여성들은 성폭력 관련 경험에 대해 이야기를 나누고 치유의 길을 찾기도 한다.

청난 변화가 일어나고 있다. 이러한 고발은 그 어느 때보다 진지하게 받아들여지고 있고 면밀하게 조사되고 있으며, 만약 이러한 고발이 사실로 들어나면 엄한 징계 및 처벌이 주어지게 되었다. 그럼에도 불구하고 전통적인 평화신학에 대한 이해 속에서 이러한 일에 관심을 갖는 것은 여전히 쉽지 않은 일이다.

일례로 2010년 메노나이트들은 AMBS에서 개최한 "사람들 간의 평화"라는 주제의 아주 중요한 에큐메니컬 컨퍼런스를 도운 적이 있다. 비록 나중에 받아들이긴 했지만, 처음에 이 프로그램에는 여성들을 상대로 일어나는 폭력이라는 주제를 포함하고 있지 않았다.[422] 젊은 여성 그룹이 이러한 주제를 교회의 평화 의제에 포함시켜야 한다고 주장하였고, 컨퍼런스에 참석하는 사람들에게 나누어주기 위한 *Breath of Hope*: *Addressing Sexual Violence in the Peace Movement and the World* 라는 동인지가 만들어지게 되었다.[423] 가슴이 시리도록 아픈 이야기, 묵상, 용어정의 및 질문들을 모아놓은 이 동인지에는 다음과 같은 내용이 들어있다.

우리들 중 국제적인 차원에서 많은 사람들 속에서 평화를 위해 일하는 사람들이 있음에도 불구하고 성폭력 때문에 평화의 일을 수행함에 있어 여성들의 목소리가 제대로 들리지 않도록 침묵을 강요당하거나 그들의 목소리가 사라지고 있는 것이 사실이다. 이러한 침묵은 인구의 절반인 여성들을 저버리고 운동의 방향성을 지속하지 못하도록 이끌고 있으며, 이 세상의 사람들 한가운데에 꼭 필요한 평화를 이루지 못하도록 방해하

---

422) 이 컨퍼런스를 계획한 사람들은 애초에 전쟁, 군사주의 영역에 너무나 큰 불일치가 있기 때문에 컨퍼런스의 주된 관심사가 전쟁, 군사주의였다고 설명하였다. 그러나 컨퍼런스를 개최하기 직전에, 나는 여성들을 상대로 자행되는 폭력과 평화신학에 관해 발표해달라는 부탁을 받았다.

423) 이 책의 서론은 "이 동인지는 '채 준비되지 않은' 모임의 결과물들 중 하나임"을 밝히면서, 아나뱁티스트 신학모임으로서 2010년 6월 22–27일 디트로이트에서 이에 수반되는 소셜포럼을 개최하였다. 관련 문서는 pdf로 받아볼 수 있다.

고 있다.[424]

이 여성들은 또한 컨퍼런스 기간 동안 특별한 모임을 조직하였는데, 모임방에 자리가 모자를 정도로 꽉 들어찰 정도로 사람들이 많이 모였다.

최근에 그들은 교회가 지난 과거의 실패를 인정하도록 도전하는 일과 성폭력에 취약한 사람들을 보호하는 일에 보다 더 많은 노력을 기울이고 있다. 2010년에 고센 대학을 졸업하고 현재 뉴멕시코 라마에 사는 레이첼 할더Rachel Halder는 2012년에 성폭력에 대해 토론할 수 있는 안전하면서도 공개적인 공간을 마련하기 위해 "아직도 말하지 못한 우리 이야기Our Stories Untold"라는 웹사이트를 만들었다….[425] 2013년, 힐러리 제롬 스카셀라Hilary Jerome Scarsella와 바바라 그래버Barbara Graber가 이 공간에 참여하였고 그해 7월 "메노나이트 교회 안의 성폭력으로 인한 상처를 치유하는 기도 요청서"를 작성하여 매주 목요일에 함께 기도하자고 제안하였다.[426]

더 나아가 그래버는 여러 포럼에서 "존 하워드 요더에 관해 한 일이 무엇인가?"라는 글을 발표하고 아주 중요한 토론을 이끌어내었다.[427] 이 글은 AMBS가 이미 시행하고 있던 존 하워드 요더의 성폭력이 남겨놓은 유산에 대해 보다 직접적으로 분별하는 그룹을 형성하는 모습으로 발전되었다. 미국 메노나이트 교회 총회장인 어빈 스터츠만Ervin Stutzman은 2013년 8월 12일자 「메노나이트지」에 칼럼을 기고하였고, 그와 AMBS 총장인 사라 웽어 생

---

424) *Breath of Hope*, 1.

425) www.ourstoriesuntold.com

426) http://www.ourstoriesuntold.com/2013/07/03/a-call-to-prayer-for-sexual-healing-in-the-mennonite-church-every-thursday-at-three-even-if-you-stopped-praying-long-ago-2/.

427) 이 글은 2013년 7월 17일 Our Stories Untold라는 제목으로 출간되었다. http://www.ourstoriesuntold.com/2013/07/17/whats-to-be-done-about-john-howard-yoder/. 이 글은 테드 그림스러드Ted Grimsrud의 블로그인 Thinking Pacifist 2013년 7월 31일자에서 그 내용을 확인할 수 있다. http://thinkingpacifism.net/2013/07/ 그리고 이 글은 *The Mennonite World Review*, Sept. 2, 2013, 10에서도 확인할 수 있다.

크Sara Wenger Shenk는 "메노나이트 교회 전체가 존 하워드 요더에 의한 성폭력 희생자들을 치유하고 화해하는 분별의 과정을 구체적으로 마련하였다. 우리는 성폭력의 역동성에 대해 현재 상황을 이해함으로써 과거에 이루어왔던 치유의 사역을 온전히 이루기를 희망한다."[428]

비록 어렵긴 하지만, 이러한 새로운 노력은 메노나이트 가정, 교회, 공동체 내의 성폭력에 대해 고발하고 이를 감소시키는 일에 새로운 에너지를 공급해주었다. 분명히 말하건대, 우리는 아직 이 일을 끝내지 못했다. 각 세대는 이 일을 지속해야 하고, 바라기는 우리가 이전에 해온 일을 기반으로 치유의 사역을 온전히 이루어야 한다.

우리가 이 일을 하면서 낙심하게 되는 한 분야가 있는데 그것은 남성들이 이 일에 나서지 않고 있으며, 눈에 띄는 활동을 잘 하지 않는다는 점이다. 어떤 사람들은 이러한 이슈에 대해 말을 하지만, 성폭력 이슈에 주어지는 급박성이나 우선순위의 수준은 여전히 다른 평화 및 정의관련 이슈에 비해 비교가 되지 않는다. 더 나아가 작은 교단 혹은 MCC직원의 얼마 되지 않는 시간을 쪼개 기울이는 노력과 자원봉사, 그리고 스스로 기금을 마련해서 일을 진행하는 것이 현주소다.[429]

그리고 우리에게 주어진 또 다른 숙제 하나는 권력의 역동성에 대한 이해로서 어떻게 하면 이러한 권력의 역동성이 백인, 남성, 이성애자이면서 교육받은 사람들의 특권을 위해 잘 사용되는지 이해하는 일이다. 아마도 역사적으로 아나뱁티스트들이 섬김과 종됨을 강조해왔기 때문에, 남성들이 여전히 얼마나 큰 권력이 자신들에게 있는지 잘 이해하지 못할 수 있다.

---

428) http://www.mennoniteusa.org/acknowledgeing-difficult-stories-of-sexual-abuse-from-the-past-2/. 이 분별 그룹이 한 일에 대한 보다 더 많은 정보는 http://www.menno-niteusa.org/what-we-do/john-howard-yoder-discernment-group/ 에서 확인할 수 있다.
429) 일례로 미국 메노나이트 여성 리더십 프로젝트는 자원봉사자들과 25% 수준의 급료를 받으면서 일을 하고 있다. 이 프로젝트 또한 이전 직원에게 밀린 몇 천불을 마련하기 위해 기금을 모아야 했다. 2011년 미국 MCC는 여성들을 변호하기 위한 일을 중단하였다.

이러한 권력의 역동성에서 남성들이 얼마만큼 여성들의 목소리들을 간과하고, 개입하고, 묵살해 왔는지 제대로 인식하기 어려울 수 있다. 특별히 이러한 인식은 여성들이 자신들의 삶과 경험에 대한 진리를 말하기 어려운 교회라는 토양에서 더 극명하게 드러난다. 이러한 일은 현재 교회 안에서 성차별주의를 공개적으로 언급하는 여성들에게 그리고 자신들의 삶에 가부장제가 끼친 영향에 대해 말하는 여성들에게 더 어렵게 다가온다. 더 나아가 이러한 일은 성폭력을 당한 생존자들이 적절한 후원을 찾고 치유에 필요한 적절한 자료를 찾고자 할 때에 여전히 어렵다.

또한 이러한 일이 어렵게 느껴지는 세 번째 영역은 우리의 신학과 예배 예식이라는 영역이다. 우리는 어떻게 우리의 찬송, 설교, 교육자료가 성적으로 피해를 입은 사람들에게 다가가야 하는지 제대로 이해할 필요가 있다. 우리가 고난, 십자가, 복종, 용서, 그리고 화해에 대해 말할 때, 과연 성폭력 생존자들이 동일한 복음의 소식으로 들을 수 있는가? 그들이 우리와 함께 예배를 드리면서 치유와 희망을 발견할 수 있는가? 우리가 평화는 물론 해방과 정의를 온전히 제공하는가?

더 나아가 우리는 성폭력의 본질과 구조에 대해 더 진지하게 관심을 집중할 필요가 있다. 이러한 죄들은 단순히 개인적이거나 개별적인 것이 아니라 남성 권력을 유지하고 온전하고 평등한 여성들의 인격을 부정하는 사회적 체제의 부분으로 자리한다. 평등에 대해 몇몇 진보가 있기는 했지만, 남성들은 광고, 언어, 미디어, 오락, 종교적 이미지들에 있어서 인간의 표준으로 끊임없이 등장하는 반면, 여성들은 부차적인 존재로 묘사되고 있다. 이러한 것은 여성이 남성을 위한 하나의 성적 대상으로 사용되도록 조장하는 포르노그라피 속의 대상, 남성들의 필요와 쾌락을 위해 사용해도 되는 성적 대상에 불과하며, 여성들로 하여금 이러한 것을 받아들이도록 상황을

악화시킨다.430)

끝으로 우리는 어떻게 성폭력이 다른 민족과 사람들을 정복하는데 사용되었는지 인정할 필요가 있다. 대부분의 일이 백인 여성들의 경험에 초점이 맞추어져 있었기 때문에 진실로 이것은 메노나이트 교회가 지난 과거에 일어났던 일들을 제대로 보지 못하는 사각지대이기도 하다. 우리는 어떻게 성폭력이 인종과 계급을 가로질러 유색인들을 정복하는 데 사용되었는지 거의 관심조차 갖지 못했다. 안드레아 스미스Andrea Smith는 자신의 책『정복, 성폭력 그리고 미국 인디안 인종청소』Conquest, Sexual Violence and American Indian Genocide에서 "식민지에서 일어난 성폭력 계획은 원주민들의 몸은 본질적으로 침범해도 되는 것이라는 사상을 심어 놓았으며, 원주민 땅은 본질적으로 침범해도 되는 땅이라고 교육을 시켜왔다."431)고 주장했다. 이러한 것은 아프리카계 후손 여성들에게도 적용되었다.

> 아프리카계 미국 여성들은 태생적으로 범해도 되는 존재로서 가르쳐져 왔다. 그러나 식민통치자들이 원주민들을 제거하기 위해 성폭력을 사용하고, 주인이 노동력을 증대시키기 위해 여성노예들을 강간하고…. 흑인 여성들을 그들을 소유하고 있는 주인의 재산으로 여기고, 이러한 남성들의 손에 의해 강간당한 자들을 아예 인간으로 "쳐주지도" 않았다.432)

그러므로 교회가 앞장서는 가운데 우리는 어떻게 성폭력이 지배와 착취

---

430) Gaile Dines and Robert Jensen, "Pronography is a left issue", Dec. 6, 2005, Znet, zcomm.org/znetarticle/pronography-is-a-leftissue-by-gail-dines. Gale Dines, Pornland: How Porn has Hijacked our Sexuality (Boston: Beacon Press, 2010).

431) Andrea Smith, Conquest (Cambridge, Mass.; SOuth End Press, 2005), 12. Traci West, Disruptive Christian Ethics: When Racism and Women's Lives Matter (Louisville, Ky.: Westminster John Knox Press, 2006).

432) Ibid, 16.

의도 다른 면들과 연결되어 있는지 배울 필요가 있다. 실제로 스미스는 우리가 이러한 분석을 시행할 때 유색인종 여성들을 주요하게 여겨야 한다고 제안한다. 왜냐하면 우리가 이렇게 할 때 비로소,

우리가 국가예를 들어 식민지화, 경찰의 야수성, 감옥 등와 구조적 인종차별, 가난 등인 폭력을 분명히 이해할 수 있기 때문이다···. 그래야 우리는 단순히 유색 여성뿐만 아니라 모든 사람들을 위한 폭력을 효과적으로 끝낼 수 있는 운동을 제대로 일으킬 수 있기 때문이다.433)

이렇게 사람들이 평화에 헌신할 때 우리는 모든 사람에게 희망과 빛을 주는 세상, 그 누구도 더 이상 두려움과 고통이 없는 세상을 이룰 수 있을 것이다. 부디 이 여정을 걷는 동안 지속적으로 하나님의 지혜와 용기를 구하길 기원하는 바이다.

---

433) Ibid, 160.

일흔 번씩 일곱 번

성폭력과 터무니없는 용서에 대한 부르심

게일 거버 쿤츠[1]

요약: 예수는 제자들을 무제한적인 용서로 부르셨다. 성폭행이라는 상황에서 성폭행 당사자를 용서하고, 원수를 사랑하고, 화해를 강조하는 것은 용서가 정신적이고 영적인 과정을 전개해나가는 것이라는 사실, 이 과정은 보복이 아닌 중요한 결정이 포함되어 있다는 사실, 그리고 관대한 도덕적 행동이 용서의 감정과 상호 간의 화해로부터 분리해서 일어나면 좋겠다는 사실을 무시하는 행위다. 상처를 입은 사람과 상처를 준 사람이 함께 걸어갈 때 교회는 회복적 정의를 증진하는 역할을 감당해야 한다. 이것은 관계를 회복하는 일로써 성폭력을 당한 사람에게는 자료를 제공하고 가해자에게는 회개와 회복으로 나아가도록 기회를 제공한다. 이 글은 회복적 정의라는 틀 안에서, 신적인 용서와 인간적인 용서를 주고받을 수 있도록 보다 깊고 완전한 곳으로 우리를 인도한다.

> 만약 하나님께서 용서하지 않으셨다면, 천국은 텅 비어 있을 것이다.
>
> — 짐바브웨 속담 —

우리가 알고 있는 신학적 결론은 우리 모두가 정의롭고 거룩한 하나님의 빛 안에 거하기에는 부족하지만, 여전히 긴 성경 이야기 통해 알려진 하나님은 용서의 하나님이시기도 하다는 사실이다. 이러한 신학적 결론이 진실

---

[1] 게일 거버 쿤츠(Gayle Gerber Koontz)는 미국 인디아나주 엘크하르트에 위치한 아나뱁티스트 메노나이트 성경대학원(AMBS)의 신학 및 윤리학 명예교수이다.

한 만큼 그리고 그 진실이 깊고 넓은 만큼 이러한 확신은 아주 복잡하고 깨알 같은 내용을 모른 체 지나치도록 만들 수 있다. 정확히 말해 성폭행을 당한 사람들, 가족, 친구, 그리고 서로 사랑하라고 부름을 받은 교회에게 이러한 확신은 구체적으로 무엇을 의미하는가? 질문할 필요가 있다.

이 시대의 신학자들이 쉽게 지적하듯이, 용서의 하나님을 인정한다는 말은 곧 우리가 다른 사람들을 해친 가해자에게 값싼 용서를 제공해야만 한다는 의미가 아니다. 이것은 피해를 입은 사람들이 자신들에게 폭력을 가한 사람들을 용서할 능력이 부족하다고 자유롭게 책망해도 좋다는 의미도 아니다. 오히려 이것은 폭력과 관련된 하나님의 정의에 호소하여 변화와 용서로 부르시는 하나님의 제안에 항상 우리의 삶을 조율해야 한다는 의미이다. 하나님의 용서하심에 대해 호소할 때 하나님의 회복적 정의가 우리를 다른 삶을 살도록 초청할 뿐만 아니라, 잘못된 행동에 책임을 질 때 우리에게 엄청난 고통이 수반된다는 사실을 기억해야 한다는 의미이다. 심판과 용서의 하나님을 신뢰하는 것은 영혼이 겸손하다는 의미다. 우리는 인간의 영혼을 판단하는 자가 우리가 아닌 하나님이라는 사실을 인정한다.

더 나아가 하나님의 정의와 용서를 함께 꼭 붙들어야 다른 사람들에게 해를 끼친 사람들과 상처를 입은 사람들로부터 그리고 양쪽에서 함께 여정을 걷는 크리스천 친구들로부터 다른 반응들을 이끌어 낼 수 있다는 의미이다. 이것은 우리가 종종 당연한 것으로 여기기보다는 좀 더 미묘한 차이의 기독교 신학과 용서를 실천해야 할 필요가 있음을 제안하는 일이기도 하다.[2]

---

2) 사실 이 논문은 Gayle Gerber Koontz, "As We Forgive Others: Christian Forgiveness and Feminist Pain", The Mennonite Quarterly Review 68 (April 1994), 170-193의 논문을 수정한 것이다.

상처 입은 이들의 목소리 존중하기

만약 우리의 영혼에 희미하게나마 반짝이는 신학적 확신들이 존재한다면, 이러한 신학적 확신들은 성경이 문자적으로나 상징적으로 "고아와 과부," "가난한 자," "유배된 자," 혹은 "우리 중에 가장 작은 자들"이라고 언급한 사람들의 인생과 그들의 인생을 채색하는 어지러운 실존들을 능히 붙들어 줄 수 있어야 한다. 상처 입은 사람들에게 용서를 말할 때 기독교 신학은 어떤 사람이 따돌림을 당하고, 매 맞고, 학대와 공격과 성폭력을 당한 결과로 나타나는 특별한 감정과 신체적 경험에 주의를 집중할 수 있어야 한다. 어릴 때부터 교회를 다니는 이웃에 의해 성폭력을 당했던 이제 막 대학교에 진학할 준비가 되어 있는 한 고등학생의 이야기를 진지하게 들어보자.[3]

골목에서 모퉁이를 돌아 중심가로 들어서면서 그를 발견하자 그녀의 가슴은 철렁 내려 앉았다. 그가 알아차리지 못하게 그녀는 의도적으로 몸을 천천히 움직였다. 그녀는 그가 가려는 방향과 반대로 등을 돌렸고 가게 창문에 진열된 물건들을 뚫어지게 쳐다보면서 숨을 멎은 채, 거리를 활보하는 사람들이 사라지기를 희망했다. 그녀는 아마 잘못된 시간, 잘못된 장소에 있었던 것 같다. 그녀는 그와 말하고 싶지 않았다. 아마도 그 또한 그녀와 말을 섞고 싶지 않았을지도 모른다. 그녀의 어깨에 너머로 그는 태연하게 말을 걸어왔다.

"앤, 나랑 잠깐 이야기 좀 할래?" 사실 앤은 그의 목소리를 듣고 싶지 않았다. 앤은 등을 돌려 양옆으로 머리카락이 나있는 그의 대머리와 여위

---

3) 이 이야기는 실화이므로, 앤이라는 가명을 사용하였다. 이는 1950년대와 1960년대 오하이오 출신의 한 메노나이트 여성의 경험을 토대로 하였다.

고 마른 입술로 그녀에게 키스하고, 자신을 헤치고 압박하는 모습을 보고 싶지 않았다. 그녀는 본의 아니게 몸을 떨면서 등을 돌렸다.

굳은 표정으로 "좋아?" 하고 물었다. "무엇을 원해?"하며 그는 그녀를 거칠게 다루었다. 그녀는 아무런 신경을 쓰지 않으려 했다. 역겨움만 그녀를 엄습해왔다.

이 남자가 자신의 어두컴컴한 침대에 서너 명을 초대한 것, 이웃 아이들, 레몬에이드를 마시고 어두운 장소에서 자신의 바지를 내린 장면 등을 기억하는 가운데 그녀는 방어적이 되어 있었다. "내 물건을 만져볼래?" 라는 말에 그녀는 뒷걸음질 치며 햇빛이 비치는 집 쪽으로 향했다. 여러 날 동안 그는 집으로 다가오는 그를 보았고, 그때마다 엄마가 일을 마치고 빨리 집에 돌아와 그가 혼자 있거나, 자신의 옆에 서서, 팬티에 손을 넣고 비벼대지 않기를 바랐다. 현관의 그네에 앉아 있을 때, 어머니가 저녁을 만드는 동안 콩을 까라고 했을 때, 이러한 일이 반복해서 일어나지 않기를 바랐다. 그는 웃으면서 "내가 콩 까는 일을 도와줄게, 내 옆으로 와 앉아"하고 말했다. "거기, 느낌이 좋지?"하고 질문하면 침묵 속에서 꺼림직 한 모습으로 고개를 끄덕여야 했다.

"너에게 말하고 싶었어,"라는 그의 목소리가 그녀의 기억들을 가로막았다. 그녀는 뿌연 안경 뒤로 충혈이 된 그의 눈을 응시했다. 그녀는 등 뒤에 얼굴을 대고 있는 그의 거친 회색 셔츠를 내려다보았다.

"무슨 이야기를 하려는데?" 그녀의 목소리에는 아무런 연민도 느낌도 없었다.

"이런 일을 해서 미안해…."

낚시를 하러 소풍을 갔다. 그녀는 아무런 표정도 없이 그를 쳐다보았다. 그는 지렁이를 갈아 끼우며 여러 차례 낚시 줄을 던지는 동안 그녀를 자기 뒤편 담요에 붙잡아 두었다. 그는 서있는 채로 그녀에게 몸을 비벼댔다. 딱딱한 물건을 그녀의 바지 속으로 밀어 넣었고, 자기 혼자 한동안 그녀에게 욕정을 뿜어 댔고 손수건에 축축한 손을 씻어냈다. 그러면서 계속 "미안해, 미안해"하면서 그 더러운 짓을 해댔다. 아팠다.

그는 떠는 입술로 "나를 용서해 줄래?" 하고 말하였다.

그녀는 엄마가 식료품을 사러 가게에 가신 동안 부엌 냉장고 옆에서 자신에게 키스를 하려던 옛 기억을 채 떨쳐버릴 수 없었다. 그녀는 이러한 생각이 아주 오랜 기간 동안 자기 안에 점점 커지고 있다고 느꼈다. 마치 풍선이 공기를 머금고, 조용히 커지듯이 그녀 안에 이러한 생각이 커감에 따라 그가 뭔가 압박을 느끼고 있음을 알게 되었다. "안돼!" 하면서 그녀는 자기 입술에 키스를 하지 못하도록 그를 밀쳐내었다. "싫어. 싫단 말야! 이젠 더 이상 이런 짓을 하지 마! 그리고 여동생도 건들지 마!"하고 외쳤다. 그런 반응을 보이자 그가 떠났다. 그녀는 그 이상 아무런 말도 하지 않았다. 그렇게 그녀는 그의 괴롭힘을 피하게 되었다. 그녀의 마지막 말들이 둘 사이에 몇 년 동안 사라지지 않고 머물러 있었다.

아직도 그는 떨리는 목소리로 "나를 용서해 줄래?" 라는 질문만 되풀이하고 있다.

"모르겠어. 나는 아무런 느낌도 없거든." 하며 그녀는 등을 돌리고 나가 버렸다. 그것이 그와의 마지막 장면이었다. 2년 뒤에, 대학에서 돌아왔을 때, 그녀는 그의 죽음에 대한 소식을 지역 신문에서 보게 되었다.

용서에 대한 기독교의 가르침에 근거해 앤의 태도와 행동을 비난하기는 아주 쉽다. 그리고 앤이 스스로의 행동을 비난하는 일도 참 쉽다. 무엇보다 우리는 주기도를 잘 알고 있다. "우리가 우리에게 죄지은 사람을 용서하여 준 것 같이 우리의 죄를 용서하여 주십시오." 우리는 수백만 명의 다른 기독교인들과 함께 반복해서 이 기도를 드린다. 우리 공동체는 끊임없이 주기도를 드리고 있고, 어쩌면 이 주기도의 내용이 평생 우리를 만들어가고 있는지도 모른다. 예수께서 우리에게 가르쳐 주신 마태복음의 기도에는 우리에게 죄를 지은 다른 사람들을 용서해야 하나님께서 우리를 용서하신다는 경고가 들어있다. 만약 우리가 다른 사람들을 용서하지 않으면, 하나님께서도 우리의 죄를 용서하지 않으실 것이다마태복음 6:14-15.

누가복음에는 앤과 같이 누군가를 염두에 둔 보다 직접적인 말씀이 기록되어있다.

> 너희는 스스로 조심하여라. 믿음의 형제가 죄를 짓거든 꾸짖고, 회개하거든 용서하여 주어라. 그가 네게 하루에 일곱 번 죄를 짓고, 일곱 번 네게 돌아와서 '회개하오.' 하면, 너는 용서해 주어야 한다. 누가복음 17:3-4, 새번역

이러한 말씀은 모든 그리스도인들의 생각을 멈춰 서게 한다. 특별히 우리가 폭력적인 행동에 분개할 때, 그리고 반복적인 학대에 대해 분개할 때 곱씹어 보아야 할 말씀이다. 우리는 의로운 분노를 느낄수록 더 많이 용서

를 해야 한다. 개인적으로 더 많은 상처를 받고, 신체적 폭력을 경험하고, 어마어마한 상실을 경험하고, 타인에 의해 감정적으로 학대를 당하면 당할수록, 학대하는 사람을 용서하기란 훨씬 더 어려워진다. "죄"라고 여기는 일을 뻔히 무시하며 끔찍한 짓을 자행하는 자들을 어떻게 용서할 수 있을까? 아마도 앤은 그녀의 이웃을 용서했어야만 했는지 모른다. 그러나 만약 그녀가 용서해야 한다는 당위성에 대해 아무 것도 느끼지 못했다면 어떻게 해야 하는가? 어쨌든 그녀를 학대한 사람이 미안하다고 고백하지 않았는가? 그리고 몇 해 전에 이미 그가 자신의 행동을 멈추고 회개하지 않았던가? 만약 그녀가 행동을 바꾸고 다른 사람에게 말할까봐 두려워서 자신의 행동을 바꾼 것일 뿐 실제로 회개하지 않았다면, 무엇이 달라진 것일까? 상황이 어떻든 그녀가 용서를 베풀었어야 하지 않았는가?

기독교 신앙은 하나님 통치의 표지[4]로서 그리고 하나님과 인간 사이의 깨어진 관계를 회복하는 희망으로서 터무니없는 용서를 제공하고 그곳으로 우리를 부른다. 성경과 교회의 증언에 따르면 하나님은 죄인인 우리 인간들에게 보복하지 않으시고 감당하기 힘든 신적인 용서를 베푸신다. 우리가 여전히 우리의 길을 돌이키지 않고 있을 때조차, 하나님의 성령은 우리를 부르신다. 마치 삭개오를 부르신 예수처럼 우리에게 가까이 다가오신다.[5] 하나님은 우리가 변화하길 기대하시며 우리를 희망으로 붙들고 계신다. 누군가 회개가 필요하고, 누군가 우리에게 용서를 구할 때, 우리는 그 사실을 부정하지 말아야 한다.

그럼에도 우리는 여전히 앤의 어려움을 이해할 수 있어야 한다. 대부분

---

4) N.T. Wright은 하나님 나라에 대한 예수의 상징들 중 하나로서 용서를 언급하였다. 이 용서는 하나님께서 진실로 이스라엘 백성을 출애굽시키고 "열방의 빛"으로 히브리 백성들을 다시 세우시는 아주 분명한 표지로 기능한다. 이런 저런 표지들은 "회복된 이스라엘의 특징을 정의하는 것으로서 토라의 실천"을 대체한다. *The Challenge of Jesus: Rediscovering Who Jesus Was and Is* (Downers Grove, Ill: IVP Academic, 1999), 69–70.

5) AMBS의 신약학 교수인 메리 셔츠(Mary Schertz)는 1993년 인디아나주 고센에서 열린 메노나이트 교회 총회에서 이러한 용서의 관점으로 삭개오의 이야기를 설교하였다.

우리도 어느 정도 앤과 같은 입장에 서있다. 앤처럼 우리가 받은 상처와 트라우마를 되새기며 또 다른 상처를 입고, 분노하고, 상대적으로 무기력감을 느끼며 살아간다. 아주 큰 상처들은 우리가 다른 사람을 신뢰하지 못하도록 만들며, 잘못된 수치심을 심어주고, 우리를 소외시키고 때로는 엄청나게 쓴 뿌리와 원한을 남긴다. 우리는 우리에게 상처를 입힌 사람이 처벌되기 원하거나 보복이 시행되지 않으면 스스로를 자해하거나 그들에게 직접 보복하려 든다. 우리는 과거에 묶여 있고, 두려움, 죄의식, 낮은 자존감에 사로잡혀 산다. 그리고 이는 다양한 방식으로 우리의 영혼을 좀먹고, 하나님과 다른 사람과 함께 누려야 할 삶의 기쁨을 앗아간다.

게다가, 그리스도인이 용서, 고통속의 사랑, 화해의 복음 선포, 그리고 원수를 사랑하라며 평화의 윤리를 따라 헌신을 강조하거나 이러한 평화의 윤리가 신앙의 핵심이라고 반복해서 이야기를 들을 때마다 우리의 상처는 자꾸 덧난다. 용서해야 할 필요성에 대해 아무것도 느끼지 못하는 데 의무적으로 화해와 용서를 강요받을 때, 앤은 부족하고 매정한 그리스도인이 된 양 더 큰 수치심을 느끼게 된다. 이는 피해자를 책망하는 또 다른 형태의 신학적 신념으로 자리하고 있다.

이렇게 피해를 입은 사람에게 교회가 용서와 화해를 강조하는 것이 의미가 있을까? 나는 그렇게 생각하지 않는다. 용서와 화해는 성경에 기반을 둔 필수적인 내용이자 신학적으로도 기독교의 건강한 가르침이다. 동시에 이 세상이 화해의 사역에 헌신된 신앙 공동체를 간절히 필요로 하는 근거이기도 하다. 정치적, 경제적, 인종적, 민족적, 성적 영역들은 단순히 우리의 정체성을 규정할 뿐만 아니라, 갈등으로 우리를 몰아놓고, 때때로 서로에게 전쟁을 일으키도록 만들기도 한다. 기독교 및 메노나이트 유산은 우리가 용서와 화해에 기초한 사랑을 이해하고 실천하는데 있어 어떤 실수를 하는지 보여준다. 그러나 이러한 유산은 우리에게 하나님의 놀라운 치유의 능력을 보여주기도 한다. 하나님이 사랑하는 세상을 위해 우리는 이러한 믿음의 놀라운 측면들을 반복해서 시험하고 분별해야 한다.

하나님의 구원에 대한 목적에는 지구의 창조, 그리스도 안에서 남성과 여성으로 구성된 회복의 공동체가 들어있다. 이러한 목적을 지지하기 위해, 회복적 정의에 대한 풍부한 이해와 실천이 필요하다. 기독교 평화주의자들은 종종 수동적이며 상호간에 필요한 정의와 구조적 정의를 무시하고, 원수를 사랑하라는 것만 지나치게 강조한다는 비판을 받곤 한다. 메노나이트들 간에, 이러한 비판의 목소리는 평화건설과 회복적 정의6)라는 보다 총체적인 신학과 실천을 발전시켰다. 그러나 전통적으로 평화주의 및 고통받는 사랑에 헌신해온 현재 메노나이트들에게는 희생자들을 향한 돌봄이 부족하다며 용서보다는 정의를 좀 더 주장하고 싶은 유혹이 있다. 피해를 입은 사람과 가해자 양쪽을 위한 회복적 정의는 화해의 과정으로 사랑과 정의, 회개와 용서를 모두 강조하는 아주 중요한 면들이 있다.

아픔을 고백하고 피해를 입은 사람들에게 회복적 정의를 향해 적극적으로 다가가도록 도전하는 동안에도 불의한 행동 혹은 서로에게 끼쳐진 상처들에 대한 적합한 보상이 잘 이루어지지 않을 수 있다. 그러므로 성령 충만한 화해의 공동체는 결국 하나님과 인간의 용서라는 선물에 적극 의존해야 한다. 교회의 구성원들이 하나님의 공평하고 용서하는 사랑에 깊이 뿌리를 내리지 않는다면, 직접 이야기하지 않고 반복되는 상처의 순환고리를 끊지 않는다면, 회개와 용서를 요청하지도 않고 새로운 성령을 부여 받지 않는다면, 계속해서 상처는 상처를 낳고, 분노를 불러일으키며, 믿음의 공동체

---

6) 회복적 정의에 대한 설명과 이에 대한 신학적 기반을 위해 하워드 제어의 선구자적인 저서 회복적 정의란 무엇인가?를 참고하라. Howard Zehr, *Changing Lenses : A New Focus for Crime and Justice* (Scottdale, Pa. : Herald Press, 1990); 그리고 성서적 해석을 담은 Christopher D. Marshall, *Beyond Retribution : A New Testament Vision for Justice, Crime, and Punishment* (Grand Rapids, Mich. : Eerdmans, 2001)와 보다 최근의 저작인 *Compassionate Justice : An Interdisplinary Dialogue with Two Gospel Parable on Law, Crime, and Restorative Justice* (Eugene, Ore. : Cascade Books, 2012)를 보라.

로부터 성령의 열매들을 맺지 못하게 된다. 이러한 이유 때문에 그리고 상처에 대한 적절한 반응으로서 복수를 권장하는 문화 속에 교회가 존재하기 때문에, 우리는 지속적으로 용서를 향해 나아갈 수 있도록 강하고, 의미 있는 신학적 방향성을 증진시켜야 한다.

동시에 우리는 용서, 회개, 화해와 관련된 일종의 신념들을 규정할 때 상처받은 사람들이 문제들을 좀 더 진지하게 대하도록 도울 필요가 있다. 그렇게 할 때 변화들이 발생할 것이다.

피해를 입은 사람들에게 빛을 밝혀주는 용서

우리가 분명하게 말하고, 가르치고, 설교하고자 하는 용서의 신학과 실천은 우선 폭력과 학대로 인해 상처를 입은 사람들의 경험을 존중하는 모습이어야 한다. 하나님의 변화시키는 능력과 사랑을 증거자로서 교회는 상처를 입은 사람들에게 진부한 말을 건네서는 안 된다. 더 나아가, 만약 교회의 실천이 학대하는 이들을 정면으로 맞서지 않는다면 가해자들은 단순히 상처를 입힐 뿐만 아니라, 종종 다른 사람들을 계속해서 공격하게 되며, 사람들은 결국 상처 입은 사람들의 말에 귀를 기울이지 않은 채 용서를 가르치는 교회를 신뢰하지 않게 된다.

가해자들이 입힌 피해가 단순히 직접 피해를 입은 사람들에게만 해당되지 않는다는 사실을 기억하는 것은 매우 중요하다. 종종 피해를 입은 사람들과 가까운 사람들에게도 피해가 끼쳐진다.[7] 자살폭탄 테러리스트가 주변에 있는 사람들과 함께 자살할 때, 사람들이 죽고 신체에 상처를 입는 광경을 목격한 주변 사람들도 큰 상처와 상실감으로 고통을 겪는다. 교회 리

---

7) 크리스토퍼 마샬(Christopher Marshall)은 직접적인 희생자와 이차적인 희생자 사이에 존재하는 차이를 잘 설명하고 있다. 그는 가해자에 의해 발생한 불의 혹은 뼈아픈 일이 여전히 후에 "가해자에 의해 연속적인 희생자들을 만들어 낸다고 하면서, 이 희생자들은 부재하는 가해자를 용서함으로서 자신들의 고통을 해방시키는 장소가 필요하다.: – *Beyond Retribution*, 265.

더들에 의해 발생한 성폭력에 있어서도 피해자나 가해자의 가족들이 수치심을 갖고 때때로 소외된 삶을 살게 된다. 그리고 이러한 리더와 관련되어 있는 회중과 교회기관들 또한 동일한 수치심을 감당해야 하고, 성폭력의 얼룩을 안고 살아야 하고, 세상으로부터 불신의 눈초리를 떠안고 살아야 한다.[8] "성폭력을 당한" 사람들에 대한 우리의 신원증명은 이러한 내용을 참작해야 한다. 개인이나 그룹에 상처를 입히는 행동은 보다 더 넓은 범위의 사람들에게까지 피해를 끼친다.

때때로 가해자들조차 희생자일 경우가 있다. 그들은 아동기에 신체적 혹은 성적인 학대를 받았을 수 있다. 그다지 극적이지는 않지만, 교회가 가해자들을 징계하는 과정에서 부당하게 처우를 받았거나 그들이 부당한 처우를 받았다고 믿는 경우도 있다. 그래서 교회 구성원들이 리더들이 시행하는 권징의 과정을 신뢰하지 않고 거절하기도 하며, 그 결과 소문과 분노의 감정이 조장되어 회개하고자 하는 가해자들에게 불의한 해가 끼쳐질 수도 있다. 비록 가해자들에게 요구하는 내용이 회개로 집중되고, 그들 안에 괴로움이 가득하고, 복수하는 마음이 진작됨에도 불구하고, 그들은 자신들에게 잘못한 사람들을 용서하라는 주문을 받는다.

신체적이나 감정적 폭력 그리고 성추행으로 상처를 입은 사람들과 관계되는 총체적인 과정으로서의 용서와 화해의 신학에는 최소한 다음과 같은 차원이 존재한다.

---

8) Karen A. McClintock은 *Sexual Shame: An Urgent Call to Healing* (Minneapolis: Fortress Press, 2001)에서 어떻게 리더들의 수치심이 "도덕적으로 실패한 중압감을 그리스도의 몸 전체에 감염시키는지 그리고 이러한 무기력이 어떻게 고질화되는지"에 대해 언급하였다. 이를 치유하기 위해서 리더들과 회중이 참여한 가운데 사전 교육과 대화를 나눔으로써 "성직자와 회중들은 성에 대한 주제를 공개적으로 언급할 필요가 있다, 이 책의 2장과 8장을 보라.

1. 정의와 사랑으로 끌어안아야 할 공동체의 비전이 분명히 언급되어 있어야 한다.

이 세상에서 이루어지는 하나님의 구원사역에 대한 성서의 통전적인 이해는 정의와 용서의 하나님을 반영하고 있다. 사람들 사이에서 정의롭고 사랑하는 관계를 원하는 하나님의 욕망은 불의를 숨긴 채 겉치레로 조화를 이루는 것이라기보다는 피해가 발생했을 때 점검해야할 몇 가지 중요한 행동들을 제시한다. 즉 피해자를 소외시키는 침묵을 반드시 깨고, 가해자들은 자신들의 악행과 잘못된 행동의 결과를 마주 대해야하며, 지속적으로 상호책임을 지도록 과정을 밟아야 하며, 치유를 위해 필요한 자료들을 통해 상처를 입은 사람들의 필요를 제대로 안내해야 한다. 용서는 그리스도인들이 상처를 입었을 때 가장 먼저 해야 할 유일한 말이 아니다.

게다가 회복적 정의를 향한 하나님의 열정을 기억하는 것은 피해를 입힌 사람과 피해를 입은 사람 사이에 힘의 역동성이 존재함을 입증하는 일도 포함한다. 피해를 입은 사람들은 극도의 무기력함을 느끼며 실제로 그들에게 피해를 끼친 사람들에 비해 경제적, 사회적, 신체적으로 꽤 무기력한 상태로 산다. 상당히 무기력한 아이로서 피해를 입은 앤은 용서할 준비가 되어 있지 않다. 아마도 앤이 용서하지 못한 데는 부분적으로 그녀가 자신에게 해를 끼친 가해자나 그들의 사회적 접촉이 이루어지는 관계에서 늘 무기력하고, 불리한 상황에 있었고, 수치심을 느끼고 있었기 때문일 것이다. 그녀는 당혹스러우리만큼 소외되어 있었다. "그녀는 자신이 학대를 당하고 있는 사실에 대해 그 어떤 것도 드러내놓고 말할 상대가 없었던 것이다."

여성이 어떤 역할과 이상을 갖고 있는가 하는 문화적 배경 또한 가해자와의 관계에 있어 무기력함이라든지 낮은 자존감에 큰 영향을 미친다. 예를 들어 자신이 주도권을 갖고 분노를 표현하는 소녀와 여성들을 억누르는 문

화, 항상 이러한 모습으로 자신을 억누르는 것을 "훌륭한" 여성으로 여기는
문화, 다른 사람들의 필요와 욕구에 자신들을 맞추기를 기대하는 문화, 타
인을 이해하고 용서하는 것을 당연시하는 문화를 생각해 보자. 영국의 극
작가이자 소설가인 페이 웰돈Fay Weldon은 『여성친구들Female Friends』라는 책
에서 다음과 같이 기술한다.

> 어머니는 내게 이해하고 용서하라고 말씀하신다. 그리고 그렇게 살기로
> 노력하는 일은 나를 완전히 지치게 만들었다. 이에 대한 나의 분노는 나
> 에게 힘을 주었고, 나에게 다시 살아갈 용기를 주었다. 그러나 그러한 분
> 노를 어디에서 표출할 수 있단 말인가? 나를 도와줄 사람은 어디에 있는
> 가? 내 친구들? 나는 내 친구들, 나의 여성친구들을 이해하고 용서해 왔
> 다. 내가 기억하는 한…. 남편들, 아내들, 아버지들, 엄마들을 이해하고
> 자 했고…. 모피 옷을 걸친 여성들과 신발 없이 사는 아이들을 이해하고
> 자 했다. 학교를 이해하고자 했고, 요나와 욥과 신의 본성을 이해하고자
> 했다. 히틀러와 영국의 은행들을 이해하고자 했고 신데렐라의 자매들이
> 보여준 행동을 이해하고자 했다. 아내들은 수용적이어야 하고 남편들에
> 게 관용을 베풀어야 한다는 설교, 부모들에게 인내하고 젊은이들에게는
> 양보해야 한다고 들어왔다…. 이를 악다물고, 참아야 한다. 이해하고,
> 용서하고, 받아들이고…. 오, 어머니, 당신이 내게 가르쳐주셨군요! 비
> 참하고, 바닥을 기고, 애처롭게 흐느끼고, 다 해져빠진 슬리퍼라도 침대
> 밑에 예쁘게 정돈해야 하고, 그 어떤 것도 침해해서는 안 되도록 조심해
> 야 했지요.9)

어떤 사람이 무차별적으로 용서하는 습관을 격려 받으며 성장할 때, 용

---

9) Jeffrie G. Murphy, "Forgiveness and Resentment", *Midwest Studies in Philosophy* 7(1982), 503.

서하고 싶은 열망은 자신과 자신이 갖고 있는 가치를 존중하지 못하는 방식으로 표출된다. 이러한 습관을 가진 여성들은 언제 이해하고 용서하는 것이 적절한 때인지 결정하기 힘들어 하며, "다른 사람에게 폐를 끼치지 않도록 조심하는 가운데" 언제 자신이 화를 내고 비난해야 할 때인지 결정하기 힘들어 한다. 이러한 여성들은 자신들에게 피해를 끼친 누군가를 용서해야 할 필요를 마주 대할 때, 때때로 심리적으로 현실을 제대로 파악하지 못하는 캐치-22$^{Catch-22}$증후군이라는 증상을 경험한다. 만약 그들이 너무 빨리 혹은 부적절하게 용서를 베풀면, 자신을 무가치하게 느끼거나 자아존중감의 부족이라는 큰 바다, 즉 그들 내면에서 갑자기 출현하는 바다로 미끄러져 들어간다. 만약 용서를 거절하면, 그들은 단순히 "훌륭한" 여성이 되는데 실패할 뿐 아니라, 참된 "그리스도인"으로 실패하는 것이 된다.

  "사랑 안에서 작동하는 분노의 힘"[10]이라는 글을 쓴 기독교 윤리학자 베버리 해리슨은 가해자를 향해 올바로 비난하고 분노해야 하지만 분노의 감정으로 인해 수치심을 느껴야 한다고 말함으로써 피해자들에게 도움을 주었다. 이러한 수치심은 교회 안에서 "해가 지도록 분을 품지 말며"에베소서 4:26라는 말씀을 따라 피해를 입은 사람들을 비난함으로써 강화되고 악화된다. 해리슨은 이러한 고리를 끊는 방식중 하나가 사랑 안에서 분노하고 책망하는 유효한 역할이 있음을 인정해야 한다고 제안했다. 만약 상처를 받은 사람이 자신의 분노를 도덕적인 무감각이 아닌 감수성의 표시로 자신의 분노를 받아들이고 소중히 여길 수 있다면, 만약 그들이 화내는 감정에 대해 수치심을 느끼는 것은 거짓이라는 사실을 제대로 규정하고 이러한 감정을 문화적인 역동성으로 받아들인다면, 그들은 자신의 분노를 표출하는데 좀 더 자유롭게 될 것이며 이러한 에너지를 변화를 위한 창조적 행동으로 전환시킬 수 있을 것이다.

---

10) Beverly Wildung Harrison, *Making the Connections* (Boston: Beacon Press, 1985), 3-21.

앤이 용서라는 드라마11)를 쓰도록 준비시키고 돕기 위한 한 가지 방법은 주변의 다른 이들이 앤이 갖고 있는 개인 능력과 사회성을 강화하는 일이다. 앤이 자신의 수치, 두려움, 분노를 표출할 때 그녀가 속한 기독교 공동체 안의 누군가가 그녀의 상처와 분노를 잘 들어줄 수 있는 공간을 제공하고, 그녀가 가해자를 비난할 권리가 있다는 점을 인정해주고, 그녀를 존중해주고 받아들여줄 공간을 마련한다면, 앤은 자신의 목소리, 자아, 새로 살아갈 용기와 감각을 되찾아 결국 자신에게 상처를 입힌 사람을 용서할 자유까지 얻게 될 것이다.

부가적으로 관계 속에서 정의를 존중하는 일들은 가해자들을 상대로 피해를 입은 사람들을 변호해주는 일, 그들을 대신해서 목소리를 내는 일, 그리고 만약 자신의 목소리를 내는 것이 사회적 수치심을 더 심각하게 느끼도록 드러날 때 피해자들의 정체성을 공적으로 보호해주는 일들을 포함한다.

2. 피해를 입은 사람들에게 적절한 신학이란 단순히 죄로부터 치유를 받음에 있어 하나님의 은혜라는 선물을 강조할 뿐 아니라, 피해와 수치심으로부터 치유를 받음에 있어서도 하나님의 은혜를 드러낼 수 있어야 한다.

기독교 신학과 가르침의 많은 부분은 우리의 잘못과 죄를 치유하는 하나님의 은혜에 초점을 맞추어 왔다.12) 그러나 『수치와 은혜*Shame and Grace*』라는 책에서, 루이스 스메데스Lewis Smedes는 많은 사람들이 거짓된 혹은 무가치한 수치심으로부터 치유될 필요가 있음을 제안하였다.

---

11) 루이스(Lewis B. Smedes)는 *Shame and Grace: Healing the Shame We Don't Deserve* (San Francisco: Harper, 1993), 136-137 에서 "드라마 속의 다섯 장면"이라는 용서의 과정을 설명하였다.

12) 웨스트민스터 기독교 윤리학 사전에 들어있는 "은혜"라는 표제어 항목에서 죄인들과 연계해서 은혜를 설명한 것을 그 예로 들 수 있다. *Westminster Dictionary of Christian Ethics, John Mac Quarrie and James Childress* (Philadelphia: Westminter, 1986),

잘못된 수치심을 갖고 있는 많은 사람들은 지나친 양심, 책임, 도덕의식을 갖고 있는 반면, 인간으로서 자신이 "부적절하고, 흠이 있고, 무가치하거나, 정당하지 못하다"고 느낀다.[13] 무가치한 수치심은 "우리가 잘못 설정한 이상에 의해 조작된 자아상, 즉 우리가 어떠어떠해야만 한다는 자아상"에서 근거한다.[14] 무가치한 수치심의 근원은 부모들의 거절, 무자비한 종교, 거짓된 문화적 이상, 그리고 사회적 수치심 등을 포함한다. 이러한 수치심은 우리가 서로를 경멸하고 신뢰하지 못하는 그룹에 속해 있어서 제대로 받아들여지지 못할 때 발생한다.

임상 심리치료사이자 감리교 목사인 캐렌 맥크린톡Karen McClintock은 가정, 교회, 혹은 공동체에서 성을 타부시한 경험과 수치심이 연결 될 때, 수치심은 점점 강화된다고 언급했다. "지나치게 수치심을 느끼는 사람은 다른 사람들과 공감할 수 있는 끈을 끊어버리고 이러한 감정들을 다시 경험할 수 있는 기회로부터 자신을 멀리한다." 그리고 이러한 수치심들은 "비밀을 더 깊은 비밀창고로 밀어 넣는다."[15]

스메데스는 죄의식에 대한 답은 우리가 행한 잘못들에 대해 "관대한 은혜"를 베풀고 용서하는 한편, "그 은혜를 받아들이는 것"이라고 결론지었다. 거절과 버려짐에 대한 두려움이 수치심이라는 감정 뒤에 도사리고 있기 때문에, 강간, 고통, 불신 및 모든 부정적인 경험을 한 사람이 누군가로부터 자신이 받아들여지고 있다는 경험을 하게 되면 이는 치유의 출발점이 된다. 잘못된 수치심으로 고통 받는 사람들을 위한 좋은 소식은 그리스도를 통해 우리가 알고 있는 하나님께서 우리를 받아들이시고, 두 손으로 안아주시고, 붙들어 주시며 "우리의 영적으로 파열된 우리들의 모습을" 인정해 주신다는 점이다. 은혜는 잘못된 수치심에 근거한 거절에 대한 두려움을

---

13) Merle Fossum이 Smedes의 *Shame and Grace*, 3에서 인용.
14) Smedes, *Shame and Grace*, 38, 53.
15) McClintock, *Sexual Shame*, 24.

제거함으로써 우리를 치유한다.[16]

만약 그리스도 안에서 우리가 선포하는 복음이 우리의 잘못과 죄에 대한 하나님의 은혜로운 반응에만 초점을 맞춘다면, 그들이 무가치한 존재라고 여기도록 만드는 수치심으로 고통 받는 사람들을 치유하고 변화시키는 능력으로써 하나님의 은혜에 대한 메시지는 손상되고 은폐된다.

3. 피해자가 받은 영향들을 세심하게 보는 신학은 피해를 입은 사람의 입장에서 용서를 말하고 상처를 치유하도록 해야 한다.

전통적으로 그리스도인들은 가해자를 위한 용서의 중요성에 대해 말해왔고 가해자와 피해를 입은 사람을 화해시키는 방법을 찾아왔다. 최근에, 믿음에 근거하든 그렇지 않든 많은 상담가와 평화활동가들은 피해를 입은 사람들의 자기 용서과정과 행동의 중요성에 대해 말하기 시작했다.[17]

타이완에 본부를 두고 미국 전역을 다니면서 영성에 대한 워크숍을 진행하는 프란시스코 사제 알베르트 해세Albert Haase는 "상처를 드러내고, 원한을 생생하게 증언하는 일은 엄청난 감정과 심리적 에너지를 필요로 한다. 상처가 곪기까지 시간이 길면 길수록, 통렬한 아픔, 분노 및 자기 연민이라는 독소가 내 안의 피와 심장을 더 많이 좀먹는다."[18]고 했다. 원한과 불신은 피해를 입은 사람이 가해자를 향해 갖는 관계뿐만 아니라, 다른 사람들과 맺는 관계에도 영향을 미친다.

피해가 건강하고 신뢰하는 관계를 발전시키는 상처받은 사람의 능력에 영향을 미치는 방식 외에도 도전은 많이 존재한다. 메노나이트 정신과 치료

---

16) Smedes, *Shame and Grace*, 107–108.
17) Christine E. Gudorf는 도덕적으로 피해를 입어 고통 받는 사람들의 경험을 진지하게 다루면서 그리스도인들의 믿음과 윤리를 다시 생각해보도록 시도한 사람들 중 하나다. Gudorf, *Victimization: Examining Christian Complicity* (Philadelphia: Trinity Press International, 1992), 93.
18) Martha Sawyer Allen, "Forgiveness Brings Joy", *Elkhart Truth*, Nov. 27, 1993, B1, 2.

사인 캐롤린 홀더리드 헤겐은 신체 폭력과 성적 폭력을 당한 여성들에게 믿음과 영성, 자아존중, 몸에 대해 갖고 있는 수치심과 굴욕은 치유의 과정에 있어서도 매우 복잡하고 어려운 주제들이라고 밝혔다. 이러한 것들은 피해를 입은 사람들의 치유를 매우 어렵게 만든다. 우리의 수치심이 존중받지 못함을 깨닫게 될 때, 잘못된 수치심에 기여한 사람들을 향한 우리의 원한이 점점 커지는 느낌을 받는다. 이러한 원한은 수치심의 치유를 방해한다.

헤겐은 "용서는 희생자가 자신의 성폭행과 연계되어 있는 강한 감정적 고통을 받아들이는 과정이며, 그러한 고통을 평화와 내면적 치유로 대치하는 과정이다. 용서는 지속적으로 고통과 혼란을 발생시킴으로써 거듭 희생을 당하도록 만드는 폭력을 무장 해제시킨다."고 술회했다.[19] 헤겐은 하다못해 가해자가 여전히 회개하지 않는 상황에서도 희생자가 가해자를 용서하는 것이 가능하며, 그렇게 용서하는 것이 피해를 입은 사람에게 도움이 될 수 있다고 믿고 있다.

> 이러한 것을 풀어놓음으로써, 피해를 입은 사람은 자신이 회개를 원치 않는 가해자의 사슬에 묶여 있음을 거부한다…. 요청하지도 않은 용서는 생존자에게 엄청난 능력을 부여한다. 가해자와 화해를 이룰수 없음에도 불구하고, 용서는 생존자로 하여금 하나님의 은혜, 치유 및 기쁨을 삶 속에서 경험하게 한다.[20]

스메데스는 무가치한 수치심으로 인해 고통 받는 사람들에게 상처를 받아서 생겨난 원한을 풀어 놓기까지 용서하지 못하게 될 때까지 너무 오래

---

19) 캐롤린 홀더리드 헤겐은 『기독교 가정과 교회에서 일어나는 성폭력』 Carolyn Holderread Heggen, *Sexual Abuse in Christian Homes and Churches* (Scottdale, Pa.: Herald Press, 1993) 에서 메노나이트들을 위해 중요한 길을 제시하였다. 이 책이 아동 성폭력과 같은 주제를 담아 업데이트될 필요가 있지만, 이 책은 이 주제를 다룬 선구자적인 작품이다.

20) Heggen, *Sexual Abuse*, 134.

기다리지 말라고 조언했다. 왜냐하면 조만간 "원한은 우리가 누구인가 하는 문제라기보다는 우리가 무엇을 느끼는가" 하는 문제로 드러나기 때문이다. 그러기에 내려놓는다는 것은 우리가 보다 더 어렵고 고통스럽게 느끼는 자신의 분절된 모습을 청산한다는 의미여야 한다.[21]

헤겐과 스메데스가 말한 것처럼 예수회 사제인 로날드 롤헤이저Ronald Rolherser도 성폭력으로부터의 치유는 단순히 정신적인 과정일 뿐 아니라, 영적인 과정이라고 믿는다. 『거룩한 열망The Holy Longing』이라는 책에서, 그는 부활절 이야기와 함께 순수성과 기쁨의 상실, 신뢰의 상실, 건강의 상실, 사랑하는 사람들과 관계의 소중함 상실과 같은 성폭력 희생자들이 경험할 수 있는 모든 다양한 종류의 상실을 다루면서 강력한 영적 치유의 틀을 제시하였다. 이러한 상실들은 성 금요일에 돌아가신 예수의 죽음과 같은 실제적인 죽음을 의미한다. 로날드는 이러한 폭력과 고통을 축소하지 말라고 말한다. 이러한 상실을 슬퍼하라. 그러나 그러한 상실에만 머물러 있지 마라. 막달라 마리아가 동산에서 부활하신 그리스도를 만나 그를 붙들어 두려고 했을 때처럼 과거에 머물러 있지 마라. 비록 인간의 몸을 입고 온 그리스도는 세상에 없지만, 오순절에서 새로운 성령을 받기 위해 함께 있었던 제자들은 성령의 능력으로 육체로 머물러 있었던 예수를 "놓아주었다." 예수 없이 살아가는 삶에 적응하기까지 제자들에게는 시간이 필요했다. 그들은 완전히 다르고 새로운 삶을 받아들이기 위해 그를 "내려놓는" 과정이 필요했다. 이 내려놓는 과정은 예수의 승천을 통해 이루어졌다. 이 새로운 삶은 예수의 상실을 의미했지만, 또 다른 한편으로 새로운 능력 안에서 살도록 인도했다. 다만 과거를 내려놓고 새로운 현재에 적응한 후에서야 신자들이 오순절을 경험할 수 있었다.[22] 새로운 신뢰, 희망, 기쁨을 위

---

21) Smedes, *Shame and Grace*, 139.
22) Ronald Rolherser, *The Holy Longing: The Search for a Christian Spirituality* (New York: Doubleday, 1999), 141-166.

해 성령께서 주시는 충만한 선물인 성폭력으로부터의 치유는 과거의 고통에서 분기한 통렬한 괴로움과 복수하고자 하는 욕망을 내려놓는 일과 관련되어 있다.

4. 용서와 화해라는 개념을 분명히 구별할 수 있어야 한다.

용서는 피해를 입은 사람에게 중요한 것이라는 생각이 발전되면서 그 의미가 점점 중요해지고 있다. 용서는 피해를 입은 사람이 베푸는 도덕적 행동으로 피해를 입은 사람과 가해한 사람 간에 관계의 회복과 상관없이 이루어진다. 용서를 해석하는 사람이나 목회적 돌봄 영역에서 "용서는 화해의 동의어가 아니다…. 용서는 그것이 뒤따라 시행되든 되지 않든 화해로 가는 장애물들을 제거하는 방법"23)을 의미한다.

화해의 신학을 강하게 끌어안고 있는 역사적 평화교회들은 만약 폭력에 의해 피해를 당해 고통을 받고 있는 누군가가 가해자를 용서하기 원할 때, 자신을 가해한 사람과 화해하는 일이 훨씬 쉬워진다고 쉽게 가정한다. 그러나 가해자를 용서해야 한다는 제3자의 목소리를 냄에 있어서 개인적인 화해를 요청하는 것, 특별히 화해를 할 마음도 없는 사람을 가해자와 연결시키는 것은 피해를 입은 사람에게 도덕적 폭력을 휘두르는 행위나 다름이 없다.

그리스도교적인 관점에서 하나님, 동료 인간, 그리고 땅과 화해하고 연합하는 일이 궁극적인 희망인 것은 맞다. 폭력에 의해 상처 입은 관계를 치유하는 것이 이러한 궁극적인 희망의 부분이다. 그러나 그러한 화해가 항상 가능한 것은 아니다. 때때로 가해자들은 자신들이 저지른 일에 대한 책임을 인정하지 않는다. 앤의 경우에서처럼 피해를 입은 사람들이 가해자가

---

23) B.H. Childs, "Forgiveness", *Dictionary of Pastoral Care and Counseling*, ed. Rodney Hunter (Nashville: Abingdon, 1990), 438.

죽을 때까지 용서할 준비가 되어 있지 않을 때도 있다. 때로는 상처가 너무 깊어서 피해를 입은 사람들이 용서를 베풀기는 하지만 가해자들과 개인적 관계를 지속할 마음이 없거나 그럴 힘이 없을 때도 있다. 그러나 가해자들의 용서가 가능해보이든 그리스도인의 희망으로 남든 화해는 불가능한 것처럼 보이거나 실제로 불가능한 채로 남게 될 것이다.

도덕적 감정적 내려놓음으로서 용서

만약 용서가 화해를 의미하는 것이 아니라면, 당신에게 해를 끼친 누군가를 용서한다는 건 정확하게 무슨 의미일까? 양쪽이 관련되어 있는 가운데 용서란 어떤 느낌이라기보다는 도덕적 행동을 의미한다.

잠시 예수께서 주기도에서 언급하셨던 소유주와 채무자라는 경제적인 관계를 생각해 보자. 돈이 많은 어떤 사람이 가난한 사람에게 얼마간의 돈을 빌려주었다. 이러한 일은 소작 제도가 있는 사회에서 아주 빈번히 일어나는 일로서, 빚을 진 사람은 자신의 재산을 다 잃고 결코 빚을 갚지 못할 지경에 이를 때까지 주인에게 더 큰 빚을 지게 될 것이다. 거기에는 파산을 하거나 빚을 탕감해 주는 것 외에는 다른 출구가 없다. 문자적으로 그 원리는 아주 간단하다. 제대로 정의를 실현하려면, 경제적으로 다른 사람들보다 우위에 있는 사람들이 빚을 갚을 수 없는 사람들의 빚을 면제해 주면 된다. 이러한 자비로운 마음은 우리와 관계하시는 하나님의 마음을 반영한다.

우리는 단순히 우리에게 물질적으로 빚을 진 사람들에게 뿐만 아니라, 우리에게 죄를 짓기 때문에 도덕적으로 빚을 진 사람들에게까지 이러한 원리를 무한히 확장시킬 수 있다. 다른 사람들이 우리에게 상처를 입힐 때, 그 사람은 우리에게 최소한 사과를 하거나 아마도 상처를 입힌 것에 대한 배상이나 보상을 해야 할 것이다. 만약 그들이 지속적으로 혹은 깊은 상처를 우리에게 주었을 때, 그들의 도덕적 빚은 그들이 배상하지 못할 정도까지 증가할 것이다. 우리가 염려했던 것만큼, 그들은 "도덕적으로 파산"했다. 그들은 파산했고 그 빚이 탕감되었다고 선언하는 것 외에 다른 방법이 없다. 예수의 원리는 적용을 필요로 한다. 정의를 시행하기 보다는 능력 있는 사람들이 빚을 갚을 수 없는 연약한 사람들을 용서해야만 한다.

그러나 이러한 내용을 피해를 입은 사람들에게 적용해야 하는가? 그들은 관계에 있어서 "힘을 가진 사람들"도 아니지 않은가? 그들은 신체적, 감정적 안녕을 강탈당한 사람들이다. 비록 이것이 직관에 반대되는 설명이지만, 관계에 피해를 입은 사람은 가해자에 비해 훨씬 강력하고 의미심장한 방식, 즉 도덕적으로 의미심장한 일이다. 스웨덴어를 번역한 글로서 기독교 윤리학자 칼 브라켄힐름Carl Brakenhielm은 용서를 도덕적 갈등 상황 안에서 "다시 동기를 유발하는 행위"[24]라고 정의하였다. 도덕적 상처는 사람들에게 주어진 인간의 권리를 박탈한다. 가해자는 다른 사람의 권리를 강탈하기 위해 개인의 힘을 사용해왔다. 가해자들은 "나는 이 위에 있고 당신은 저 아래 있으니" 효과적으로 관계를 세우기 위해 그렇게 한다고 말한다. 그러나 도덕적인 관점에서 사실 "위"에 있는 사람은 가해자가 아니라 피해를 입은 사람이다. 실제로 가해자는 "아래"에 있다. 예를 들어 젊은 여성으로서 앤은 길에서 자신을 성폭행한 가해자를 만났을 때, 앤은 "위"에 그는 "아래"에 있었다고 볼 수 있다.

다른 사람들이 도덕적으로 우리에게 해를 입히거나, 사람으로서 우리가 존중받아야 할 권리를 강탈할 때, 그들은 우리에게 사과를 하거나 보상해야 할 "빚을 진다." 만약 누군가가 혹은 어떤 그룹이 우리에게 신체적으로나 성적으로 폭력을 행사하거나 구조적인 인종차별로서 불의를 행함으로

---

24) Carl Reinhold Brakenhielm, *Forgiveness*, tr. Thor Hall (Minneapolis: Augsburg/Fortress, 1993), 15.

써 큰 상처를 지속적으로 입힌다면, 그들이 우리에게 개인이나 그룹에게 진 도덕적 빚은 어떤 지점에 이르러 적절한 보상으로 갚을 수 없는 지경에까지 이르게 될 것이다. 이 때 가해자는 도덕적 권리에 상처를 입은 피해자들과 관련하여 "아래"에 있게 된다.

용서란 도덕적 범죄로 인해 깨진 관계에 도덕적 성품moral character 차원에서 변화를 주기 위한 새로운 선택이자 과정이다. 브라켄힐름은 용서를 이렇게 설명한다. 진심으로 다른 사람을 용서하고자 원하는 사람은 피해를 입은 사람이 갖고 있는 인간으로서의 권리와 인격의 소중함을 긍정하며 이를 추구한다. 용서를 베푸는 사람은 위법행위로 가려져 있는 가해자의 가치도 긍정한다.

용서는 도덕적 비판, 원한과 분노의 근원, 그리고 하나님의 자녀로 혹은 인간으로서 용서를 받아들이는 사람의 가치를 긍정하려는 노력을 수반한다. 피해를 입은 사람이 도덕적인 채무를 풀어주는 한편, 도덕적 비판의 근원으로서 정의에 대한 헌신을 놓치지 않으려 애쓴다. 용서는 마치 도덕적으로 의미심장한 실패가 언제 있었냐는 듯 무작정 "괜찮아"라고 말하는 게 아니다. 만약 잘못된 일이 없었다면 거기에는 용서도 필요치 않을 것이다. 용서는 정의를 내려놓는다는 뜻이 아니라, 하나님의 자비에 근거한 회복적 정의를 실현한다는 뜻이다. 이러한 점에서 "용서는 정의를 추구하는 길이어야 하지, 정의를 저버리는 길이 되어서는 안된다."[25]

피해자가 도덕적 우월성을 갖고 가해자를 붙들고 있으므로, 용서는 터무니없이 관대한 자비의 정신을 필요로 한다. 관계에 있어 자기 존중과 얼마간의 힘을 보유한 가운데, 상처를 입은 사람이 가해자를 억누를 수 있는

---

25) Joseph Liechty, "Forgiveness", *Vision* (Spring 2007), 47. 회복적 정의의 관점에서 용서에 대해 진행한 보다 광범위한 토론 내용을 보려면 Joseph Liechty, "Putting Forgiveness in its Place: The Dynamics of Reconciliation", Explorations in Reconciliation: New Directions in Theology, ed. David Tombs and Joseph Liechty (Aldershot, England: Ashgate, 2006)을 참조하라.

유일한 방식이자 자신의 상처와 소통하는 방식이기 때문이다. 때때로 교회는 이러한 역동성을 이해하지 못한 채, 상처를 입은 사람과 가족과 그들과 가깝게 지내는 사람들이 용서하지 않는다고 비난한다. 가해행위를 멈추고자 중재하지 않으면서, 에두르고 격려하는 팔을 내밀기보다 이미 상당히 소외된 채 방치되어 있는 피해자들을 채근한다.

그러나 피해를 입은 사람들은 치유에 필요한 적절하고 좋은 자료들을 제공받으면서 용서하고 싶은 마음이 들도록 돌봄을 받을 수 있어야 한다. 용서할 의향은 우리가 만나는 사람들에 의해 거절 받은 존재가 아닌 인정받고 받아들여진 존재라는 확신과 기쁨뿐만 아니라, 우리가 하나님과 다른 사람들에게 끼친 위법행위를 용서하시는 하나님께 대한 감사로부터 일어난다. 브라켄힐름은 이러한 내용을 다음과 같이 표현하였다.

> 한 때 나는 내가 하나님의 용서[와 수용]를 받은 사람이라는 사실을 믿을 수 없었고, 동일한 은혜를 누리는 다른 사람들의 삶을 받아들이기 힘들었다…. 다른 사람을 용서하는 모습으로 표현되지 않는다면 하나님의 용서[와 수용]에 대한 감사는 진짜 감사가 아니다.[26]

위법행위와 그들이 받은 영향에 초점을 맞추기 보다는 지속되는 일상생활에 활력을 불어넣는 삶을 부여하신 하나님께 감사하는 일에 초점을 맞출 때에 진짜 용서할 마음이 생겨난다.

하나님께서 비춰주시는 화해의 빛 안에서 용서할 의향이 생길 때, 피해자와 상처를 입은 사람이 다양한 길을 걸을 수 있다. 화해와 관련된 주제로 아일랜드에서 다년간 가르치는 일을 해 온 조셉 리흐티Joseph Liechty는 용서의 과정에서 가장 우선적으로 고려해야 차원은 복수를 하고야 말겠다는 권

---

26) Brakenhielm, *Forgiveness*, 91. 괄호는 첨가한 것임.

리를 내려놓는 일이라고 하였다. 이 선택을 할 때, 강렬한 분노나 증오가 함께 일어난다.[27] 그러나 결국 이러한 선택은 넘어서야할 단계다. 보복을 거부하는 행위가 용서의 전부가 아니기에, 선택은 용서의 전체 과정에 있어 엄청난 일로 자리한다.[28] 원한과 고통에 사무쳐 있을 때조차 우리는 피해를 입은 우리 자신과 우리를 해친 사람들 삶 속에 꼬여있는 심사를 풀고 치유받기 위해 하나님의 은혜를 위해 간절히 기도한다. 우리는 하나님께서 가해자의 마음을 부드럽게 해주시기를 위해 그리고 그들이 진정으로 회개하도록 기도를 드린다. 우리는 하나님께서 우리 안에 보복하려는 마음을 사라지게 해달라고 기도드린다. 우리는 우리의 원수를 위해 기도를 드릴 수 있다.

리흐티는 탕자의 비유라는 성경 속의 이야기를 자세히 해설하면서, 사랑받을 가치를 따지기에 앞서 먼저 사랑을 제공하는 내용을 보여주었고 이를 통해 용서의 과정에서 볼 수 있는 또 다른 측면이 있음을 보여주었다. 이러한 위범행위를 일으킨 사람을 향한 용서는 일종의 보이는 행동과 태도로서 용서의 또 다른 측면을 설명한다. 이것은 용서의 과정을 형성하는 기본 동기로서 보복이 아닌 사랑이 존재함을 아주 명확하게 보여준 예이다. 이러한 선택은 감성적으로 사랑이 느껴지지 않을 때조차 이루어질 수 있다.

루이스 스메데스는 이러한 행동으로서 우리에게 손해를 입힌 사람에 대한 그림을 바꾸는 일들이 포함되어야 한다고 설명한다. 우리가 분노의 쓴

---

27) 윌리엄 네브렛(William Neblett)은 "분노가 여전히 차올라 있을 때 용서를 하라는 것은 결코 드문 일이 아니다. 만약 분노의 감정이 조금이라도 남아서 사라지지 않는다면, 용서가 일어날 수 없고, 그러한 용서가 없다면 수많은 인간관계는 크나큰 부담감을 견뎌낼 수 없을 것이다.

28) Liechty, "Forgiveness", 46. 구약과 신약 성경에 기록된 용서에 대한 자료들 중 대부분은 그것이 개인적인 것이든 국가적인 것이든 하나님의 용서보다 대화와 회개가 선행되어야 함을 당연한 것으로 여긴다. Dorothy Jean Weaver, "On Imitating God and Outwitting Satan: Biblical Perspectives on Forgiveness and the Community of Faith", *MQR* 68 (April 1994), esp. 156-161. 그러나 부라켄힐름은 이 질문에 대한 예수의 관점은 분명하지 않다고 결론지었다. 예를 들어, 탕자의 비유에서 아들은 그가 아버지의 팔에 안긴 뒤에 고백을 하고 있다. Brakenhielm, *Forgiveness*, 60.

맛을 느낄 때, 우리 마음은 우리에게 상처를 입힌 사람을 괴물로 만들어버리고, 어떻게 우리에게 상처를 주고 욕을 보였는지에 근거해 "그의 전체 인격"을 규정한다. 용서의 과정에서 우리는 가해자에 대한 우리의 그림을 "연약하고 흠이 많은 인간"으로 바꾸어 놓는다.[29]

치유를 향해 나가는 감정의 도로는 이러한 구체적인 행동으로 포장해 나갈 수 있다. 그렇더라도 조만간 슬픔은 분노와 뒤섞이고, 동정심과 연민은 원한과 뒤섞이게 될 것이다. 피해를 입은 사람의 마음 속에 일어나는 변화의 감정은 그들의 권리를 침해한 가해자들과 화해하도록 부분적이나마 가능성을 열어줄 것이다. 보복하려는 원한을 내려놓고 가해자의 가치를 인정하기에 앞서 먼저 사랑을 실천하는 일은 우리 삶에서 빚어진 비극의 한가운데서 마음을 열어젖힘으로써 거룩한 은혜를 주고받는 영적인 배려이자 훈련이다.

용서는 과정이므로 질서정연하게 혹은 깔끔하게 이루어지지 않으며 모든 것을 통제할 수도 없다. 그러기에 용서는 순차적으로 일어나거나 미리 적어놓은 단계를 따라 차례대로 일어나는 일이라기보다는 지속적인 과정이며 태도라고 해야 할 것이다. 우리를 용서하신 하나님의 배려는 우리가 변화하고 있지만 여전히 과거에 그리고 현재 우리가 범한 일의 모든 짐을 하나님께서 계속 짊어지고 가셔야 한다는 의미다. 다른 사람에 대한 우리의 용서도 마찬가지다. 가해자를 "괴물"이 아닌 다른 모습으로 보려는 강한 의지와 우리의 감정을 바꾸려는 의지는 신실할지라도 이미 받은 상처에 대한

---

29) Smedes, *Sin and Grace*, 136-137. 미로슬라브 볼프Miroslav Volf는 "올바로 기억하기"라는 주제를 통해 가해자를 포함하여 피해자와 그들이 맺고 있는 관계의 치유 과정 속에서 우리가 잘못하는 영역에 대한 인식의 폭을 넓혀주고 있다. 그는 1983년 유고슬라비아 공산치하에서 개인적으로 군장교에 의해 지속적으로 괴롭힘을 당하고 협박을 당했던 경험을 근거로 과거 자신이 받았던 심문에 대한 기억들을 재구성하고자 시도하였다. 이에 대한 그의 고찰은 "하나님의 용서와 우리의 용서: 심문에 대한 기억, 기억의 심문 God's Forgiveness and Ours: Memory of Interrogations, Interrogation of Memory", *Anglican Theological Review* 89, no. 2 (Spring 2007), 213-225에서 볼 수 있다.

고통을 견뎌낼 만큼 우리가 늘 충분히 강하지 못할 수 있다. 용서의 과정은 그 자체로 여러 사이클로 반복되므로 기본에 충실하고자 지속적으로 애써야 한다. 때때로 최선의 의도, 최선의 도덕적 선택 그리고 고통을 "내려놓으려"고 시도한다 할지라도 우리에게 해를 끼친 사람을 향해 마음을 여는 것은 쉽지 않아 보인다. 발달심리학자인 에블린 화이트헤드와 목회신학자인 남편 제임스는 "용서는 개인이 이루어야 할 어떤 성취 이상이다. 용서는 우리가 가진 분노라는 값을 치러야 하는 선물이자 은혜로 희망 가운데 기다려야만 하는 것"[30]이라는 점을 깨닫게 해주었다.

값싼 은혜와 정직한 회개

아주 깊은 상처를 받은 사람들은 값싼 은혜를 경계하며 공정하게 일이 처리되길 원한다. 이렇게 경계해야 하는 이유는 권력의 도구로서 용서가 잘못 사용될 가능성이 너무 분명해 보이기 때문이다. 예를 들어 용서를 구하거나 용서를 베푸는 행위를 칭찬하는 것 자체가 어떤 상황을 통제하고 뭔가를 얻기 위해 행해질 수 있기 때문이다. 다른 사람을 용서한다는 미명 하에 가장된 회개나 거짓된 자비는 얼마든지 개인적인 이익을 얻기 위한 방식으로 사용될 수 있다. 가해자조차 양심에 거리낌 없이 죄를 짓고 하나님의 용서라는 이해에 기대기도 한다.[31]

"힘 있고 교활한 사람들이 심판을 피하기 위해 사죄하는 것은 엄청난 악이다." 이에 대해 스메데스는 다음과 같이 기록하고 있다.

그들은 신뢰를 배반하고, 재판에서 자신들이 저지른 실수에 대해 미안

---

30) Evelyn and James Whitehead, *A Sense of Sexuality* (New York: Doubleday, 1989), 81.
31) Brakenhielm, *Forgiveness*, 5-7. 볼테르Voltaire는 죽음 앞두고 침상에서 하나님께서 모든 죄를 용서해 주신 것을 신부가 보증해주었다는 말을 전해 들었다. "물론 그는 나를 용서할 것이다. 그것이 그가 해야할 일이니까!" – Brakenhielm, *Forgiveness*, 11.

하다고 말한다는 사실을 알게 되었다. 죄를 저지르고 난 뒤 그들은 범죄를 후회 막심한 실수라고 부른다. 그들은 범죄행위에 대해 바다와 같은 눈물을 흘리며 양심의 가책을 느끼기 보다는 아무것도 아닌 것처럼 여기면서 교활한 변명으로 수레바퀴에 기름칠한다. 사람들이 양심에 가책을 느끼는 참회와 실수로 저지른 일에 대한 후회 사이의 차이를 제대로 구분하지 못하기 때문에, 가해자들은 자신들의 사죄를 앞세워 처벌을 피해간다.[32]

용서가 얼마나 잘못 사용될 수 있는지 이해하는 피해자들은 "은혜가 값싸게 취급받아서는 안된다"는 사실을 잘 안다.[33] 이러한 문제에 대해 리흐티는 용서하려는 애정 어린 뜻이 통제되고 부적합한 모습으로 비추어질 뿐만 아니라 진정한 사랑의 행위가 계산되고, 전략적이 되어 버릴 수 있음을 시사했다.[34] 예를 들어 교회는 분명한 경계선을 긋고 감독관계를 설정함으로써 가해자들과 공동체 안의 아이들이나 피해를 받을지 모를 구성원들 사이에 안전한 공간을 마련할 수 있어야 한다. 교회는 또한 회개로 초청하고 회개하기를 기대해야 한다.

피해를 입은 사람들은 희망 안에서 용서가 이루어지도록 기다려야 한다. 진정한 회개를 통해 가해자는 진지하게 용서를 간청해야 한다. "저는 죄를 지었습니다. 저를 향한 하나님의 계획을 어겼습니다. 저는 하나님과 여러분들로부터 분리되기 원하지 않습니다. 저는 여러분들이 저를 신뢰하기 원합니다. 그리고 지금부터 여러분의 신뢰를 다시 잃지 않겠다고 약속합니다." 회개 혹은 메타노이아변신, metanoia는 삶의 변화 혹은 돌아섬을 의미

---

32) Lewis B. Smedes, "Forgives People Who Do Not Care", *Reformed Journal* 33(April 1983), 14.
33) Ibid., 17.
34) 리흐티는 전략적이며 계산적인 사랑으로서 이러한 사랑을 언급하기 위해 미로슬라브 볼프 *Exclusion and Embrace*를 인용하였다. "Forgiveness", 51.

한다. 이러한 회개 혹은 메타노이아는 단순히 어떤 사람이 죄송하다는 말한마디로 끝나는 게 아니다. 스메데스는 회개를 거대한 업적으로 설명한다. "자기 안에 도사리고 있는 선한 의지는 물론 악한 의지를 깊이 관찰할 수 있는 사람만이 회개로 나아갈 수 있는 용기 있는 사람이다. 그리고 도덕적인 능력을 가지 사람만이 정직한 화해를 이루기 위해 모든 것을 감수하고 기꺼이 엄청난 모험을 감행할 수 있다."[35]

정직한 회개는 다음과 같은 사항을 포함한다.[36]

1. 우리가 행한 일에 대한 피해자의 느낌들이 사실임을 이해하고 피해자의 판단이 올바르다는 사실을 받아들임
2. 우리가 피해자에게 끼친 고통을 느끼고 그러한 사실을 슬퍼함
3. 위법행위에 대한 책임을 인정하고 고백하고, 용서를 구함
4. 처음 일어난 위법행위와 관련된 문제들을 단계적으로 규명하며 다시는 상처입은 사람에게 더 상처를 주지 않겠다고 약속함
5. 진실하고 깊은 회개와 더불어, 피해를 보상함

성경에 근거한 회개와 용서의 중요성에 기초하여, 성경시대 이후의 교회는 용서와 회개에 관련된 교리와 실천예식을 발전시켜왔다. 1439년 로만 가톨릭교회는 통회, 고백, 회복, 사면으로 구성된 참회고해성사의 교리와 성례전을 시행하였다. 신학은 마지막 사면을 위해 첫 세 항목이 선행되어야 함을 당연시하고 있다. 용서를 위해 충분한 조건들로 이 네 가지 참회의 성례전이 필요하다는 것은 이미 널리 알려진 신념이기도 하다.

---

35) Smedes, "Forgiving People Who Do Not Care", 1 4.
36) 회개에 대한 다음 사항들은 헤겐의 책 *Sexual Abuse* 123-126와 스메데스의 "Forgiving People", 15-16에서 가져왔다. 스메데스에 따르면 심리학자들이 이해하는 고백은 "우리가 일으킨 상처를 견딜 수 없을 때 하는 것이며…... 우리가 부당하게 상처를 입은 사람들의 눈에 아무런 증거가 없을 때, 은혜의 소망에 의지해 간청한다."는 것과는 근본적으로 다르다.

루터는 마지막 네 번째 항목에 대해 이의를 제기하였다. 그는 우리의 어떤 노력과 공적이 하나님의 용서를 받을 가치를 창출해 내지 못한다고 주장하면서 회개와 믿음뿐만 아니라 용서는 하나님의 은혜로운 선물로 이루어진다고 주장하였다. 루터는 우리가 결코 용서를 요구할 수 없다고 했다. 단순히 호의를 베풀어 달라고 할 뿐이다.[37]

아나뱁티스트 메노나이트들은 하나님의 자비로운 용서와 우리의 도덕적 삶 즉 우리가 무엇을 하든지 하나님께서 우리를 용서하실 것이라는 우리의 생각 사이에 존재하는 연결고리가 끊어질지 모른다는 위험성을 안고 산다. 루터가 말한 은혜의 우선순위를 인정하면서도 아나뱁티스트 메노나이트들은 그리스도를 따르는 삶을 더 많이 강조한다. 그러나 시간이 지남에 따라 이것은 하나님의 인정과 용서하는 사랑을 받아들이기 위한 한 가지 더 필요한 조건처럼 느끼기도 한다.

회개는 가해자를 용서하기 위해 하나님에게 필요한 조건이 아니라, 은혜와 용서를 경험해야 하는 죄인들에게 필요한 조건으로 이해하는 것이 더 나을 것이다. 브라켄힐름이 이야기한 것처럼 "사람들이 기도, 회개, 회복을 용서를 얻기 위해 행해야 하는 요구사항들로 해석하지 말고, 이러한 것들을 하나님의 용서를 경험하기 위한 하나의 의미 있는 방식이자 단순한 선결요건으로 고려할 수 있다." 이러한 방식을 따라 이해한다면 회개는 "하나님의 용서가 무조건적이고 절대적이라는 생각과 함께 잘 조화될 것이다."[38]

인간관계라는 맥락 안에서 이러한 이해는 값싼 은혜에 대한 문제를 중재하는데 도움을 줄 수 있다. 상처를 입은 사람이 용서를 원하지 않은 가해자를 용서한다 할지라도 가해자는 진실로 용서를 경험할 수 없다. 그는 정직한 회개를 하지 않았기 때문에 자신에게 주어진 은혜를 받아들일 수 없다.

---

37) 사람들은 루터의 반론을 받으며 고해성사는 필요하지만 하나님의 은혜를 받기 위한 충분한 조건은 아니라는 좀 더 약한 내용을 채택할 수 있다.

38) Brakenhielm, *Forgiveness*, 79.

사실, 회개하지 않은 가해자는 용서를 원하지 않는다. 제2차 세계대전의 여파에 대해 말하면서, 기독교 시인, 소설가이자 역사가인 찰스 윌리엄스 Charles Williams는 "비록 마음에서는 원할지 모르지만 상처가 깊으면 깊을수록 악한 사람들은 죄를 용서받기 원한다는 말을 꺼린다."고 했다. 우리는 또 다른 회개를 만들어낼 수 없다. 만약 가해자가 회개하기를 거절한다면, 그는 은혜의 한 측면이라기보다 처벌로서 회복적 정의라는 공동체의 행동을 경험할 것이다. 회복적 정의는 가해자로 하여금 그의 잘못에 대한 책임을 지도록 한다. 만약 가해자가 용서를 거절하면 "그냥 내버려 두는 길 외에 할 수 있는 일을 찾기란 매우 어렵다."[39]

　정직한 회개는 화해를 필요로 한다. 왜냐하면 양측 혹은 양쪽 그룹들이 "고통 속에서 경험되는 교제를 통해"올바른 형태의 관계 회복을 원하기 때문이다.[40] 이러한 회개는 고통에 대한 기억과 고백, 용서와 회개 등 모든 어려운 행동들을 포함한다. 리흐티는 용서의 최종적인 단계를 사면absolution으로 설명하였는데 이는 "잘못을 당한 측에서 원한을 더 이상 품지 않겠다는 표시"[41]이다. 이는 회개에 상응하는 동일한 단계로 나타날 것이다. 즉 참회자가 배상 혹은 자료 나눔이라는 적절한 행동을 통해 피해를 입은 사람들의 고유한 가치를 인정하고 능력을 부여하여 더 나은 미래로 나아갈 수 있도록 하는 것이다. 이러한 마지막 단계가 정직하게 끝나면, 가해자와 피해자 사이에 새로운 관계가 가능해 질 것이다. 어쩌면 보다 더 관계가 멀게 느껴질지 모르지만, 가해자에게는 이전보다 더 강한 관계가 형성되거나 성폭력의 관에 있어서 폭력과 침해를 넘어선 온정적 정의compassionate justice가 편만해 질 것이다.[42]

---

39) Charles Williams, *The Forgiveness of Sins* (Grand Rapids, Mich.: Eerdmans, [1942] 1984), 165, 199.

40) Marshall, *Beyond Retribution*, 277.

41) Liechty, "Forgiveness", 52.

42) 마샬은 회복적 정의에 대한 자신의 두 번째 책에서 "온정적 정의"라는 용어를 사용하였다.

부활의 빛 안에서 걸어가기: 가해자와 피해자가 함께 걷는 길

기독교 회중과 그리스도의 친구들은 성령을 통해 현존하며, 메시아이신 예수 안에서 선포되고 구체화되었으며, 하나님께서 새로운 창조 안에서 비추어주신 빛 안에서 희망을 갖고 살아간다. 우리는 관계 안에서 정의를 실천하고, 회개, 용서, 화해라는 실제적인 경험을 위한 환경을 조성하며, 받은 피해를 극복하고 치유로 나아가는 중요한 역할을 감당할 수 있다. 그러나 영적인 수고, 겸손, 용기를 필요로 하는 이 일은 결코 쉽지 않다.

직접적인 문제는 종종 현재 신자들의 교회를 포함한 프로테스탄트들 간에 필요한 용서의 신학과 실천이 너무나 개인주의적인 용어로 틀지어져 있다는 점이다. 공적인 예배에 있어서 그리고 성찬을 받고, 개인적으로 죄를 고백하거나 용서를 구하며, 개인적으로 고통을 고백하고 치유를 받기 위해 하나님 앞에 홀로 앉아있거나 서있다. 목사는 가해자의 본성과 특수한 상황에 따라 "개입할 필요를" 느낀다. 성이나 돈과 관련된 개인 및 사적 권리와 욕망을 강조하는 북미 문화 속에서 살면서 특별한 죄를 고백하고 우리의 상처를 설명하는 것은 단순히 불편할 뿐만 아니라, 아주 나쁜 취미처럼 보인다. 기독교 공동체가 이러한 위법행위에 대해 말할 수 있는 여지는 상대적으로 많지 않다.

그러나 기독교 공동체로서 그리고 회복적 정의라는 임무를 시행할 대표자로서의 역할을 무시할 때, 단순히 피해자들을 고통 속에 내버려 두거나 다른 사람을 학대하는 사람들이 자신의 행동의 영향력이 얼마나 큰 지를 직시하지 못하거나 합리적으로 설명하지 못하도록 회피하게 만들뿐만 아니라, 그들이 용서라는 궁극적인 경험을 하지 못하도록 가로막는 존재가 된다. 기독교 관점에서 피해와 죄로부터의 치유는 영적 실재다. 영적인 치유는 기독교 예배, 공동체 생활, 그리고 선교라는 맥락 속에서 일어난다. 이러한 이유로 교회는 적절한 영적 공간과 실천적 구조를 제공함으로써 성폭력으로부터 입은 피해를 치유하고, 죄를 훈계하고, 고백과 회개를 촉구하고, 용서와 화해로 나아가도록 사람들을 초청하고 후원해야 한다.

피해자들과 함께 걷기. 피해를 입은 사람들의 동반자로서 교회는 피해자들이 느끼는 수치심이 잘못된 것이며, 피해를 끼친 사람들에게 저지른 일에 대해 책임을 지도록 중요한 역할을 감당할 수 있어야 한다. 가톨릭의 종교사회 윤리학자인 크리스천 구도르프Christian Gudorf는 희생자나 스스로를 잠재적인 희생자로 여기는 사람들이 종종 신뢰의 문제로 고민하고 있으며, 다른 사람들과의 관계에 있어서 안전감을 확보할 필요가 있음을 지적하였다. 교회는 신뢰를 받는 존재로서 "희생자들이 신뢰를 얻을 수 있도록 회복시키는데" 강력한 역할을 감당할 수 있다.[43]

교회는 특히 가해자가 사회적, 경제적, 혹은 제도적으로 권력을 행사하는 반면 피해자들이 그다지 힘이 없는 상황에서 피해를 입은 사람들에게 힘을 북돋워줄 수 있는 아주 중요한 역할을 할 수 있다. 더 나아가, 성폭행 주변에서 종종 목격되는 침묵은 폭행한 사람의 권력을 더 강화한다. 그러므로 침묵을 깨고 가해자–피해자 간에 소외된 관계를 다시 잇는 일은 종종 피해를 입은 사람들을 꼼짝 못하도록 묶어두고 불리하게 작용하는 권력의 불균형을 바로잡기 위한 아주 중요한 발걸음이 된다. 이는 관계 안에서 보다 더 큰 정의를 향해 내딛는 발걸음이자, 피해를 끼친 사람이나 피해를 받은 사람 모두를 변화시키고 치유하기 위한 발걸음이다.

성폭력이 발생하였으나 기독교 공동체 내의 목사, 부모들 혹은 다른 구성원들이 일어난 성폭행을 믿지 않거나, 가볍게 여기거나, 혹은 누군가의 비난을 옳다고 여기지 않을 때, 피해를 입은 사람은 침묵을 지키고 있을 때보다 더 무기력하게 된다. 앤이 어렸을 때처럼 피해를 받은 사람이 가해자

---

43) Gudorf, *Victimization*, 93.

에게 어떻게 '안 돼'라고 말해야 할지 모를 때, 혹은 자신이 받은 상처를 정확하게 표현하지 못할 때, 특별히 어떻게 가해자의 행위를 멈추거나 도덕적으로 책임을 져야 할지 모를 때, 기독교 공동체가 피해를 입은 사람 편에 서서 그녀를 옹호해 주는 것은 몇 배로 중요하다.

피해를 입은 사람들과 동행하는 그리스도인들은 그들의 정신적 영적 치유과정과 인내하는 일이 얼마나 소중한지 존중해 주어야 한다. 이 땅에서 예수를 떠나보낸 뒤 승천하기 전까지 제자들에게 슬픔과 적응을 위해 40일이 필요했던 것처럼, 피해로 고통받는 어떤 사람들에게는 자신에게 성폭력을 행한 사람들의 손에서 벗어나기까지 슬픔과 적응을 위해 40년이 필요할 수도 있다.44) 애도의 과정을 돕기 위해, 교회는 회중들의 좀 더 큰 개념의 예배 안에서 슬픔을 표현할 영적, 감정적 공간을 준비할 수 있어야 한다. 동시에 우리는 피해를 입은 사람들이 치료의 과정에 수반되는 고통을 피하거나 "용서할 수 없는" 이유들을 무의식적으로 합리화 할 수 있도록 정신적으로 배려해야 한다. 또한, 피해를 입은 사람들의 동반자로서 기독교 공동체는 용서를 향한 그들의 의향을 존중해야 한다.

다른 이들에게 피해를 끼친 사람들과 함께 하기. 기독교 공동체는 또한 죄인들과 함께 할 책임도 있다. 한편으로 이는 다른 이들에게 피해를 끼친 사람들에게 맞선다는 의미이며, 인간의 생명을 향해 하나님께서 의도하신 계획과 관련하여 그들의 행동 중 무엇이 잘못되었는지 분명히 밝힌다는 의미다. 이는 그러한 행동들이 무엇인지 상세하게 지적한다는 의미로, 단순히 성적인 죄와 관련된 어떤 것들을 추상적으로 떠벌이는 것을 의미하지 않는다. 기독교 윤리학자인 스탠리 하우어워스는 다른 사람들 앞에 자신의

---

44) 롤하이저(Rolheiser)는 *The Holy Longing*, 150-153에서 이러한 상황을 잘 설명하였다. 이 장에서 그는 분노와 상실을 다룸에 있어 인내를 보이라고 조언한다. 그러나 또한 상실을 경험한 사람들에게 "40일"을 넘어서기 위한 시간이 필요하다고 하였다.

죄를 인정하는 것이 얼마나 중요한지 강조한다. "우리는 다른 사람들이 우리 자신에 대한 진실을 가르칠 수 있도록 자신의 삶을 드러내야 하는 순간까지, 좀처럼 우리 자신의 죄에 대한 진실을 인정하려 들지 않는다."[45]

또 다른 한편으로, 이것은 인간과 하나님의 용서와 용납을 통해 부여되는 새로운 능력과 변화를 경험하도록 가해자들에게 회개할만한 장소를 마련해 주어야 한다는 의미다. 만약 상처를 받은 사람들이 가해자들을 용서하지 않는다면, 만약 피해자들이 가해자들의 진정어린 고백을 들을 준비가 되어 있지 않거나 참회를 받아들일 준비가 되어 있지 않다면, 만약 피해자들이 죽고 없다면, 교회의 다른 구성원들이 가해자들의 고백을 받아들일 수 있어야 하며, 회중 혹은 회중의 대표자들이 하나님의 용서를 경험한 가해자들의 목소리를 들을 수 있어야 한다. 기독교적인 관점에서 단지 피해를 입은 사람만이 가해자를 용서할 수 있는 것은 아니다.[46] 하나님의 은혜와 하나님의 교회는 피해자들이 용서하지 못하는 무능력 때문에 회개하려는 가해자들을 볼모로 잡아두어서는 안 된다.

죄를 인정하는 가해자들은 수치의 문제를 다룰 수 있어야 한다. 그리고 그들의 수치는 적절하게 다루어져야 한다. 교회는 배반의 수치를 경험한 교회 공동체와 함께 신뢰의 관계를 다시 세워나가도록 도울 뿐만 아니라, 가해자들의 행동을 주도면밀하게 감시하고 관찰할 책임이 있다. 마태복음 18장이 제시하는 기독교 훈계와 용서를 연결시키는 것은 화해의 과정에서

---

45) Stanley Hauerwas, "Why Truthfulness Requires Forgiveness: A Commencement Address for Graduates of a College of the Church of the Second Chance", (1992년 4월 인디아나주, 고센에 있는 고센 대학에서 한 연설로 출간되지 않은 연설문이다. 사본은 Mennonite Historical Library 에 소장되어 있다). 11.

46) 여기에서 나는 "단지 희생자들만이 가해자에게 용서를 베풀 권리를 갖고 있다"고 주장하는 사람과 다른 의견을 갖고 있다. - Christopher Marshall, *Beyond Retribution*, 264. 나는 이 땅위에 현존하는 그리스도의 몸으로서 교회에 대한 이미지를 기초로 이러한 이해를 부분적으로 지지한다. 회개하는 자에게 용서를 베푸시는 하나님의 대행자로서 교회는 매고 푸는 책임을 갖고 있다. 이는 가볍게 여겨서는 안되는 내용으로 특별히 성폭력 희생자들 혹은 생존자들이 가해자에게 직접 용서를 베풀기 힘들거나 불가능한 경우로 희생자가 용서를 향해 한걸음도 걸을 수 없거나 이미 사망하였을 경우에 해당한다.

당연한 일이다. 교회의 훈계가 너무나 종종 용서의 방식으로 적용되기 보다는 징계와 재판의 과정으로 적용되어 왔다. 그렇기 때문에 이러한 징계를 경험한 많은 사람이 교회의 훈계를 포기하였지만 교회의 책임 있는 훈계, 회개 및 용서의 과정을 통한 변화에 대한 희망은 여전히 우리 앞에 놓여 있다.[47]

회중이나 교단이 아주 구체적인 성범죄 및 성폭력의 문제와 직면하게 되었다면, 회중이나 교단에 속한 리더들은 하나님의 구원하시는 사역을 공동체 내에서 진행하는 동안, 자신들이 갖고 있는 성, 몸, 성별 관계 및 사적 비밀 보장에 대한 태도를 분명히 언급할 필요가 있다. 사실 맥클린톡McClintock은 이러한 상황이 되면 회중은 가해자와 피해자들의 좋은 동반자가 되기보다는 치유의 공동체로 제대로 준비되지 않아 하찮은 것에 예민하고, 통제하고, "수치심을 느끼며" 자신들의 믿음과 제도적인 실천사항들을 강조하기 쉽다고 지적한다.[48]

아마도 교회가 보다 책임 있는 공동체가 되기 위해 가장 중요한 것이 있다면 교회 구성원들을 미리 교육하고 성품을 형성하도록 사전대책을 강구하는 역할을 감당함으로써 치유와 용서가 일어날 상황을 미연에 방지하는 것이다.[49] 이것은 교회 리더들이 자신의 성에 대해 불편함이 없어야만 하며, 성과 관련된 문제에 있어서 신학적으로나 문화적으로 교육되어야 함을

---

47) 메노나이트 교회 내, 교회의 리더들에 의한 성폭력 경험은 마태복음 18장에 기록된 화해의 과정을 비판하도록 만들었다. 성폭력의 표적이 되어왔던 여성, 아동, 노인들이 보다 사회적, 경제적, 제도적으로 그들을 가해한 사람들에 비해 힘이 없었다는 사실 때문에 화해의 첫 번째 단계로 마태복음 18장이 추천하는 방식만으로 그들의 가해자(들)를 직면할 수 있으리라 기대하는 것은 정의롭지 못하고 무책임한 것처럼 보인다. 그러기에 한 가지 수정하여 받아들일 수 있는 방법은 가해자들에게 대항함에 있어 교회의 다른 사람들을 관여시키는 단계로 바로 넘어가는 것이다. 특별히 성적으로 수치문화에 속해 있어 피해자들의 신상이 공개되면 더 큰 수치와 상처를 경험하게 될 교회들에게 적용할 만한 또 다른 방법은 드러난 성폭력 피해자들의 이름이 공개되지 않도록 철저히 보호하는 것이다.

48) McClintock, *Sexual Shame*, 123-124.

49) Karen A. McClintock, *Preventing Sexual Abuse in Congregation: A Resource for Leaders* (Herndon, Va.: Alban Institute, 2004)라는 책은 이러한 접근방식을 취한 많은 자료들 중 좋은 예이다.

의미한다.

요약하자면, 성적인 죄와 이로 인한 피해로 고통받는 사람 혹은 이러한 죄를 지은 사람들을 용서하고 치유함에 있어 중요한 역할을 하는 교회가 침묵을 지킴으로 가해자들의 행동을 묵과하거나 피해자들을 방치해서는 안 된다. 이들과 동행하려면, 교회는 개인의 자유라는 가치에 깊이 뿌리내린 강력한 문화적 흐름을 거스르며 헤치고 나가야 할 필요가 있다. 교회 리더들은 "나에게 이렇게 생각하고 행동하라고 말하는 당신은 누구요?" "윤리는 사적인 문제요!" "내 인생에 참견하지 마시오!" "당신들도 동일한 죄인이오."라는 반응들을 기대해야만 한다.

메노나이트들은 기독교 공동체와 윤리적인 삶이라는 건강한 유산을 갖고 있다. 이러한 유산은 교회에 대한 올바른 이해와 실천을 포함한다. 교회에 대한 올바른 이해와 실천이라 함은 단순히 설교, 성례전 시행, 선교적 사랑뿐만 아니라, 예수께서 계획하시고 말씀하신 새 세상과 그리스도와 더불어 사는 형제자매들을 향한 상호 훈계 및 사랑의 섬김이 들어있다. 그러나 교회에 대한 이러한 특질들에는 분명한 리더십과 돌봄이 없다면 이 시대의 문화 속에서 제대로 생명력을 발휘할 수 없을 것이다.

기독교 교회는 거룩한 교회다. 이는 제도나 구성원이 죄가 없기 때문에 거룩한 것이 아니다. 실제로 이상적이고, 반역사적이고, 반성육신적인 교회만이 죄 없는 교회로 남아있을 것이다. 그러므로 우리는 "흠도 없고 점도 없는" 교회를 보겠다고 기대하지 말아야 한다. 교회가 거룩한 이유는 하나님께서 지속적으로 교회에 성령 즉 우리를 끊임없이 거룩으로 끌어들이는 자신의 현존을 선물로 주시기 때문이다. 성령의 열매들은 공동체의 표지다. 비록 어떤 면에서 혹은 어떤 상황에서 훈계를 실천할 때 여전히 정의를 추구해야 할 비전과 능력이 필요하고, 상심한 마음을 다시 치유해야 하고,

죄를 용서해야 하지만, 교회는 거룩한 공동체다.[50)]

상처를 받은 사람과 끼친 사람 모두에게 필요한 회복적 정의를 위한 하나님의 은혜와 인간의 실천은 성폭력을 포함한 도덕적 상처를 받아 불신과 두려움으로 말라 배틀어진 공동체와 관계를 치유하는 해독제다. 하나님에 의해 힘을 부여받은 그리스도인들은 친구들과 이웃들에게 그들의 삶 속에 깃든 진리를 말할 수 있으며 구원하는 일의 선봉에 설 수 있다. 스탠리 하우어워스가 경고한 것처럼, 우리 인간이 서로 진리를 말하지 않는다면, "우리는 이 폭력과 파괴의 세상 속에서 저주를 받게 될 것이다." 그러나 그리스도인들은 이러한 세상 속에서도 희망과 기쁨으로 살아가는 존재들이다. 우리가 그렇게 살아갈 수 있는 이유는 하나님 나라의 백성으로서 우리가 회개, 용서 및 화해를 실천하도록 임명되었기 때문이다. "이러한 실천이 진리를 만들며, 이러한 진리와 더불어 이 땅 위에 사는 남성 여성들의 삶 속에 평화의 씨가 맺어지는 것이다."[51)]

---

50) 존 하워드 요더의 성추행에 대해 1970년대부터 2015년까지 메노나이트 교회가 보인 반응들은 회복적 정의의 과정이 얼마나 진지하고, 흠이 있고, 고통스러운 치유의 과정인지를 보여준 한 가지 예이다. "거룩한" 교회이든 제도적 교회이든 전세계적인 맥락 안에서 매우 도발적으로 시행된 메노나이트 토론은 앞선 여러 세기 동안에 잘못된 행동들에 대한 회개 가능성을 위해, Jeremy Bergen, *Ecclesial Repentance: The Churches Confront Their Sinful Pasts* (London: T&T Clark International, 2011)을 보라.

51) Hauerwas, "Why Truthfulness Requires Forgiveness", 20.

아나뱁티스트 비전 쇄신

존 하워드 요더의 잘못 인식된 성의 정치학

제이미 피츠[1]

요약: 이 논문은 존 하워드 요더에 의해 피해를 입은 희생자들과 다른 이들이 그의 잘못된 성의 정치학을 그의 연구에서 합법적으로 기능하도록 인식하게 되었는지에 대한 탐구이다. 어떻게 문화적 상징들이 압제적인 우월권으로부터 주의를 흐트러뜨리는 지 보여주기 위해 피에르 부르디외(Pierre Bourdieu)의 "잘못된 인식(misrecognition)"이라는 개념을 사용할 것이다. 독신에 대한 요더의 글과 희생자들에 대한 그의 견해들을 검토함으로써 요더가 지위를 이용한 권위 행사, 기술적 솜씨, 사회—정치적 급진성 등과 같은 상징들을 사용할 수 있는 자신의 능력을 희생자들에게 효과적으로 사용하였음을 제안하고자 한다. 이러한 상징들을 전략적으로 배치하고 사용함으로써 자신이 펼치고자 했던 성의 정치학을 합법화하고 설득력 있게 증명해 보이고자 했다. 어떻게 요더의 설득이 작동했는가 이해하는 것은 이러한 피해가 반복되지 않도록 도와줄 것이다. 이렇게 하기 위해, 아나뱁티스트—메노나이트 신학에 대한 페미니스트 "비전 쇄신(re-visioning)"에 기여하고자 한다.

1944년에 출간된 "아나뱁티스트 비전"이라는 논문에서, 헤롤드 벤더는 "비전"을 하나의 목적과 계획으로 설명하였다. "아나뱁티즘"은 목표로 분명하게 정의될 뿐만 아니라, 명확하고 능력 있는 행동 프로그램으로 정의될

---

1) 제이미 피츠(Jamie Pitts)는 아나뱁티스트 메노나이트 성경대학원의 조교수로 아나뱁티스트학을 연구하고 있으며 「아나뱁티스트 위트니스(Anabsptist Witness)」라는 잡지의 공동편집인이다.

수 있다고 주장하였다.[2] 이 프로그램은 "역사에 등장한 초기 아나뱁티스트의 방침이 된 위대한 비전"이자, 벤더가 제자도, 자발적인 공동체로서의 교회, 사랑과 무저항의 윤리로 잘 요약한 비전이기도 하다. 비록 그가 "이 아나뱁티스트 비전은 인간 사회를 재조직하기 위한 구체적인 청사진은 아니"라고 인정했지만 그는 예수께서 의도하셨던 하나님 나라가 지금 여기 이 땅위에서 건설되어야만 하는 것이라고 주장하였다.[3] 다시 말해, 아나뱁티스트들이 표현한 것처럼 예수의 의도가 "하늘에서 실현될 비전"이라기보다는, 오히려[4] 예수께서 행하셨듯이 이 땅에서 은혜로 살면서 그리스도의 제자들이 실행해야 할 비전이라고 한 점은 옳았다.

"하늘에서 실현될 비전"이라는 표현을 제외하면, 벤더는 그의 본문에서 "비전"을 시각적 의미로서 언급하지 않았다. 여기에서 통찰력과 상상력을 위한 은유로서 사용된 비전이라는 단어는 편향되어 있고, 시각이라는 특별한 상상력은 아주 실용적이었다. 아나뱁티스트들은 상상을 실천하며 살았다. 비록 그들이 비전 때문에 죽임을 당하였지만, 이러한 비전은 그들의 현실이었다. 보는 것과 행하는 것 사이에 존재하는 가장 가까운 관계는 다시 예수의 비전을 모델로 삼았고, "신약성경의 원래 교회"의 모습을 표현하는 것이자 아나뱁티스트들이 "타협 없이 재창조한" 바로 그 교회였다.[5]

만약 아나뱁티스트 운동이 이론theoria과 실천praxis에 있어 정의하기 어려운 일치를 완수한다면, 그 때 보는 것은 행동에 의해 판단 받고 행동은 보는 것에 의해 판단을 받게 될 것이다. 이러한 정신으로 도로시 요더 나이스

---

2) Bender, *The Anabaptist Vision* (Scottdale, Pa.: Herald Press, 1944), 5.
3) Ibid., 35-36.
4) 벤더가 예수의 비전이 단지 "하늘에서 실현될 비전"이 아니라고 했기 때문에, 여기에서 인용하고 있는 "오히려"라는 표현은 "또한"으로 바꾸어 사용해도 좋을 것이다. 벤더가 이 "하늘에서 실현될 비전"을 지금 여기에서 실행해야할 제자도의 비전과 대조하는 가운데 "마지막 끝날 때까지 그리스도의 제자들이 긴장 속에서 지켜야 할" 뭔가로 정의했기 때문에, 나는 여기에서 "오히려"라는 단어를 사용하였다.
5) Ibid., 14.

Dorothy Yoder Nyce는 1994년 "아나뱁티스트 비전" 50주년을 맞아 쓴 글에서 가부장적 질서를 도전하는데 실패한 환경과 벤더의 아나뱁티스트 비전을 실행할 가능성에 대해 의문을 제기하였다. 요더 나이스는 "가부장제도가 득세하고 도전을 받지 않는 한, 남성 여성 전체에게 이 비전은 실현 불가능할 것이다"라고 주장하였다.[6] 그녀는 "벤더의 '비전'이 이미 존재하는 [가부장적 사회 질서를 반대할 준비가 되어있지 않은]" 방식들을 목록으로 작성하여 자세하게 설명하였다. 벤더의 논문은 여성에 대해 침묵을 지키고 복종하라는 성경적 본문을 "재구성"하는 해석학적 시도를 하지 않았고, 옷 규정과 머리에 수건을 쓰는 여성들을 통제하는 모습에 대해 거리를 둔 채 비순응이 의미하는 바가 무엇인지 재정의 하지 않았고, 대속, 고난 혹은 제자도를 설명함에 있어 여성들에게 행해지는 폭력을 정당화하기 위해 남성들이 만든 교리들과 분리해서 설명하지 않았다.[7]

요더 나이스는 "각 세대마다 성스러운 업적"으로서 "다시 비전"을 세우도록 요청하기 위해 가부장적 비전의 불가능한 전체를 소중하게 여겼다.[8] 이러한 "다시 비전"을 세우는 일은 남성 위주의 수직적인 위계질서를 분별하고 저항해야하는 "완전무결"한 비전을 추구한다.[9] 달리 표현하자면, 완전무결하고 온전한 비전은 실제로 평등한 공동체를 보고 만든다. 그녀가 상상한 것처럼 그러한 재비전은 "가톨릭으로부터 담대하게 종교개혁을" 불

---

6) Yoder Nyce, "The Anabaptist Vision: Was It Visionary Enough for Women?" *Conrad Grebel Review* 12, no. 3 (Fall 1994), 309.

7) Ibid., 311-314, 316-319. 이러한 주장이 지나치게 의도가 있는 것처럼 보일 경우, 요더 나이스가 벤더의 "비전"을 "유용하며 실제로 꽤나 본질적인 비전으로 보았다는 점을 언급해야 한다. 이 비전은 정체성에 대해 아주 예리한 감각을 가진 사람들이 소유하고 있는 신념들에 대해 집중하고 이를 잘 요약하였다. 이러한 신념들은 아나뱁티스트 선조들을 뚜렷이 구분하도록 만든 적합하고 신실한 표현이다."(309) 이러한 주장이 무정부적인 것처럼 보일 경우, 그녀의 "비전"에 대한 "판단"의 부적절성이 그의 상황과 50년이 지난 시대에 대한 것이라기보다는 벤더에 대한 설명이었다는 점을 언급해야 한다. 그녀의 평가는 그 "비전"이 엄청난 영향을 발휘했던 세상 속에서 자신과 다른 메노나이트 여성들의 경험에서 도출되었다.

8) Ibid., 310.

9) Ibid., 312.

러일으켰고, "우리가 예수께 신실하기 위해 그리스도를 선택하는 일과 그를 따르는 것을 우리의 비전으로 삼아야 한다."[10] 벤더의 아나뱁티스트 비전처럼, 요더 나이스의 아나뱁티스트 비전 쇄신은 예수의 비전을 모델로 한다. 그녀가 벤더와 그 시대 사람들이 보지 못한 뭔가를 본 것은 "예수께서 말과 행동을 통해 얼마나 철저하게 사회 장벽을 고발하며 여성들의 권리와 정당성을 인정해주셨는가"에 관한 것이었다. 오늘날 아나뱁티스트 공동체들이 예수의 눈으로 여성들을 바라본다면, 그들은 가부장적 사회계층을 포기하고 평등한 공동체를 채택할 것이다.

그럼에도 불구하고, 요더 나이스가 기록하듯이 "메노나이트 남성들은 그다지 근원적이지 않다." 아나뱁티스트-메노나이트 남성들은 여성을 인정했던 예수 그리스도라는 신앙의 뿌리로 돌아간 적이 없고,[11] 그들은 가부장적 실천으로부터 완전히 분리하지 못했다. 그들은 아나뱁티스트 비전쇄신을 이루어내지 못했다. 몇몇 아나뱁티스트-메노나이트 남성들이 지금 서술한 의미 안에서 근원적이었다는 수사학적 표현을 사용하면서, 요더 나이스는 페미니스트 진영을 따라 남성 아나뱁티스트 비전에 대한 쇄신을 지속적으로 촉구하였다. 만약 이러한 비전쇄신이 전체적으로 이루어진다면, 여성들은 물론 남성들을 포함한 전체 교회가 이러한 비전을 공유해야만 할 것이다.

요더 나이스의 초기 비전쇄신이 제시된 지 20년이 지난 후, 소수의 남성

---

10) Ibid., 317.
11) 메노 시몬스, 더크 필립스의 저술들과 『순교자들의 거울(Myrtyrs Mirror)』의 기록에 언급된 고린도전서 14:34-35와 디모데전서 2:11-12에 대한 상대적 설명부족을 근거로, 요더 나이스는 초기 아나뱁티스트 여성들이 교회 내에서 자신들의 목소리를 내는 일에 "부적절"하다고 여겨짐으로써 "침묵을 강요받았다"고 보았다. 이러한 경우에, 아나뱁티스트 비전쇄신은 16세기의 근원적 운동인 아나뱁티스트 뿌리로 돌아갈 필요가 있다. 현재 이 이슈를 다시 제기할 수 있을 만큼 초기 아나뱁티스트 운동에 중요한 평등주의 성향이 있었다는 요더 나이스의 주장은 옳다. 그러나 현실은 매우 복잡하고 가부장제는 매우 강하다. C. Arnold Snyder and Linda A. Huebert Hech, "Introduction", in *Profiles of Anabaptist Women: Sixteenth-Century Reforming Pioneers*, ed. Snyder and Huebert Hecht (Waterloo, Ont.: Wilfrid Laurier University Press, 1996), 8-12.

아나뱁티스트-메노나이트 신학자들이 이를 페미니즘에 의한 중요한 비전 쇄신이 될 수 있음을 인정하게 되었다.[12] 벤더가 제시한 비전의 주요한 후계자인[13] 존 하워드 요더는 당시 아나뱁티스트-메노나이트 신학의 공식적 얼굴로 남았다. 간단히 말해서 페미니즘과 그의 관계는 문제가 많았다. 요더 개인의 삶에 대한 비급진성에 새로운 관심을 갖게 된 최근까지, 요더의 작업에 대해 연구한 나 같은 대부분의 남성 학자들은 분명하고 지속적으로 여성주의 관점들과 주제들에 대해 고찰하기를 피해왔다.[14] 우리의 비전은 요더 나이스의 메노나이트 남성들에 대한 비판을 포함시키지 않았고, 그 결과 메노나이트 여성들과 전체 교회가 고통을 받고 있다. 우리의 비전은 다시 쇄신되어야 했다.

이 논문은 가부장적 질서에 맞추어져 있기 때문에 쇠퇴해가는 아나뱁티스트 비전을 다시 쇄신하기 위한 글이다. 이 글은 존 하워드 요더의 신학적 비전과 그의 성폭력과의 관계에 초점을 맞추었다. 아나뱁티스트 비전의 분절에 대한 요더 나이스의 숙고들에 이론적 틀을 제공하기 위해 피에르 부르디외Pierre Bourdieu의 "잘못된 인식misrecognition 혹은 오인"이라는 개념을 사용하면서, 요더의 인생과 업적이라는 어떤 특징들이 이러한 분절로서 형성되

---

12) 페미니즘과 서로 영향을 주고받았던 남성 메노나이트 신학자들로 Thomas Finger, *A Contemporary Anabaptist Theology*: *Biblical*, *History*, *Constructive* (Downers Grove, Ill., InterVarsity, 2004), 80-84, Ben C. Ollenburger, "Is God the Friend of Slave and Wives?" in *Perspectives on Feminist Hermeneutics*, ed. Gayle Gerber Koontz and Willard Swartley (Elkhart, Ind.: Institute of Mennonite Studies, 1987), 97-112, Willard M. Swartley, *Slavery*, *Sabbath*, *War and Women*: *Case Issues in Biblical Interpretation* (Scottdale, Pa.: Herald Press, 1983), 152-191를 예로 들수 있다.

13) 비록 요더 자신이 벤더로부터 거리를 두었다는 것이 사실이지만, 이는 그가 후반부에 제도화되어가는 모습을 아나뱁티스트 비전에 대한 배신으로 보았기 때문이다. Yoder, "Anabaptist Vision and Mennonite Reality", in *Consultation on Anabaptist Mennonite Theology*, ed. A.J. Klassen (Fresno, Calif.: THe Council of Mennonite Seminaries, 1970), 1-46; Albert N. Keim, *Harold S. Bender*, 1897-1962 (Scottdale, Pa.: Herald Press, 1998), 450-471.

14) 요더의 연구에 대한 Ruth E. Krall, *The Elephants in God's Living Room*, *Volume Three*: *The Mennonite Church and John Howard Yoder*, Collected Essays (N.p.: Enduring Space, 2013), 87, 101의 설명을 보라. 이 책은 http://ruthkrall.com/downloadable-books/volume-three-the-mennonite-church-and-john-howard-yoder-collected-essays/에서 내려 받을 수 있다.

었는지 함께 살펴볼 것이다. 즉 교회론적 개인적 파괴를 불러일으킨 것이 단지 요더의 성폭력만의 문제가 아니라, 폭력의 관점이 보여주는 그의 신학적 비전이라는 측면의 문제이기도 하다. 요더의 사례에 있어서, 성폭력 행동과 신학적 비전은 문제의 소지가 많은 "성의 정치학"과 서로 맞물려 있다. 이 성의 정치학이 드러내는 특징들은 책임을 져야만 하는 것들로서 끊임없이 저항에 부딪히고 재발을 피해야만 하는 특징이 내재되어 있다. 특별히 나는 여기에서 성폭력, 성추행 및 침묵을 지키는 여성들에게 사회적으로 합법화된 "상징들"로 펼쳐 보여진 것으로서 요더의 성의 정치학이 사용한 수법modus operandi을 기술하고자 한다. 이러한 내용으로써 그의 지위와 개인으로서 갖고 있는 지적 권위; 전제와 결론으로 받아들여진 그의 성서적, 신학적, 역사적 방법들; 그리고 특별히 "급진성radical"에 대해 설명하고자 한다. 요더는 자신의 분절된 폭력으로부터 주의를 흐트러뜨리기 위해 이러한 상징들을 사용할 만큼 유능하고, 자기의식이 아주 명확했거나 아니면 자의식이 없었다. 내가 아래에서 발전시킨 용어들을 사용하면서, 요더는 그의 희생자들 중 몇 명들에게 성의 정치학이라는 합법적 형태를 통해 자신의 폭력을 인식하지 못하게 만들었다.

분절된 아나뱁티스트 비전을 이론화 함: 잘못된 인식

위에서 언급한 것처럼, 도로시 요더 나이스는 어떻게 벤더의 "아나뱁티스트 비전"이 가부장제에 대한 대립관계를 무시하고 "비전의 통전성"을 끌어안지 못하였는지 설명하였다. 그녀는 20세기 중반에 더 큰 아나뱁티스트-메노나이트 비전을 하나의 제유법으로 다루었다. 요더 나이스는 남성 우위에 저항하는 것과 아나뱁티스트 비전을 결합시켜 "온전함"을 추구함으로서 "비전을 쇄신"하고자 했다.

공식적으로 말하자면 요더 나이스의 "비전 쇄신"은 벤더의 "비전"만큼

이나 실용적이다. 이 둘은 모두 비전을 아는 것과 동시에 행하는 것으로 여겼다. 벤더에게 그리스도의 왕국을 이 땅위에 실현하고자 했던 초창기 아나뱁티스트들의 실천적인 시도들은 성경 안에서 성령을 통해 왕국을 형성하는 일을 내부적으로 분별하는 것이었다. 보는 것과 행하는 것은 동전의 양면과 같은 것으로서 동일한 비전이다. 마찬가지로, 요더 나이스에게, 아나뱁티스트 비전쇄신의 대상은 가부장제를 보고, 그것을 비판하고, 이를 극복하고자 내부적으로 분별하는 것이었다. 요더 나이스에 따르면 벤더의 비전이 보지 못한 것을 페미니스트 비전쇄신이 보았는데 그것은 가부장제를 수용한 비전이 어떻게 교회 특히 교회 안의 여성들을 무너뜨렸는가 하는 점이다. 가부장제에 기초한 교회는 분절되었고 분열되고 있는 교회다. 비전 쇄신은 이러한 분절된 상태의 교회를 온전하게 만들 필요가 있었다.

나는 아나뱁티스트 비전이 간과한 가부장제가 어떻게 특별한 방식으로 작동되었는가에 대해 고찰하며, 너무 분명하여 페미니스트들에게 "평범한 시각"으로 보이는 교회의 가부장적 질서의 특성들이 어떻게 고질적이며 조직적으로 실패하였는지 살펴봄으로써 비전쇄신에 도움을 주고자 할 것이다.15) 좀 단순하게 말하자면, 이러한 작동방식들을 이해함으로써 비전을 다시 보고자 하는 사람들에게 비전 쇄신에 유용한 개념적 도구들을 제공해줄 것이다. 어떻게 아나뱁티스트 비전이 가부장제를 간과하였는지 정확하게 파악하는 것은 아나뱁티스트 전체에 끼쳐진 가부장제의 전모를 파악할 수 있도록 페미니스트 연구를 특징지어줄 것이다.

---

15) 여기서 내가 사용한 언어는 차이나 미에빌레(China Mieville)의 소설 *The City and the City* (London: Macmillan, 2009)에서 "보지 못함unseeing"이라는 개념의 영향을 받았다. "보지 못함"은 습관, 제도적인 측면으로써 물리적 혹은 상징적인 경관에 드러나 있는 측면들을 제대로 파악하지 못하는 모습으로 규정할 수 있다. 습관적으로, 보지 못하는 데는 반성적인 차원과 의도적인 차원들이 있다. 제도적으로 보지 못하는 데는 상대적으로 안정된 원칙들이 기능한다. 이러한 것은 임의적이 아니라 이미 패턴으로 자리해 있다. *The City and the City*라는 책에서, 보이지 않는 관습의 시행에 의해 어떤 지역이 지리적으로 두 개의 시-주로 나뉘어진 모습을 설명하고 있다.

20세기 프랑스 사회학자인 피에르 부르디외는 사회의 권력이 작동방식들을 규정하는데 도움이 되는 개념적 도구들을 발전시켰다.[16] 이러한 도구 중에 어떻게 우세한 권력가들이 도전자들 앞에서 변화의 시기를 통해 그들의 헤게모니를 유지하는가를 보여주는 사회 재생산이론이 있다. 재생산에 대한 그의 관점의 핵심은 "상징적 폭력"이라는 개념인데, 이는 어떻게 권력을 잡은 사람들이 자연스럽고, 합법적이고, 사회에 유익한 것으로써 자신들의 우월성을 널리 받아들이도록 되풀이해서 가르치며 이를 위해 상징적인 자원들을 사용하는가를 잘 설명해 준다. 공식적인 역사, 공적인 예술과 건축, 학교, 교회 그리고 미디어를 통해 생성되는 "상식"과 언어 등 모든 것이 헤게모니의 재생산의 수단이자, 주요한 형태이며, 상징적인 자원이다.[17] 비록 그들은 자본의 물질적인 형태를 포함하여 생명의 물질적 형태들 안에 깊이 뒤엉켜있지만, 그들은 매우 "상징적"이라 표현의 규범적 양식들과 물질로 단순화할 수 없는 이유들과 표현의 규범적 양식들로 구성된다.

부르드외에 따르면, 지배자들에 의한 이러한 상징적 자본의 성공적인 해체는 폭력을 행사하는 것으로 이러한 폭력은 지배하든 지배를 받든 대리인들을 부추겨 지배자들이 생산한 사회질서를 잘못 인식하게 만든다.[18] 여기

---

16) 부르디외의 핵심 개념들은 나의 책 *Principalities and Powers*: *Revising John Howard Yoder's Sociological Theology* (Eugene, Ore.: Pickwick, 2013)을 통해 요약해놓았다. 사회 재생산을 위해서는 2장, 상징적 폭력을 위해서는 3장을 보라. 성별은 부르디외의 많은 작품 분석을 위해 아주 중요한 입지를 제공하는 주제로서 Masculine Domination이라는 꽤 긴 논문을 통해 다루고 있다. Richard Nice (Stanford, Calif.: Stanford University Press, 2002). 그의 사상은 페미니스트를 주제로 폭넓게 연결되어 있다. *Feminism after Bourdieu*, ed. Lisa Adkins and Beverly Skeggs (Oxford: Blackwell, 2004), Bridget Fowler, "Reading Bourdieu's Masculine Domination: Toward an Intersectional Analysis of Gender, Culture and Class", *Cultural Studies* 17, no. 3-4 (2003), 468-494. Beate Krais, "Gender, Sociological Theory and Bourdieu's Sociology of Practice", Theory, Culture & Society 23, no. 6 (2006), 119-134.

17) Bourdieu, "The Forms of Capital", trans. Richard Nice in *Handbook of Theory and Research for the Sociology of Education*, ed. John G. Robinson (Westport, Conn.: Greenwood 1986), 241-258. Pitts, Principalities and Powers, 20-22.

18) 처음에 보르드외가 지배자들이 공모하여 권력을 독점하는 것으로 세계를 바라보는 "음모론적" 관점을 거부하였다는 점을 밝히는 것은 중요하다. 보르드외의 사회학은 그들이 의식적으로 권력을 거스르며 행동할 때조차 어떻게 지배자들이 사회적으로 그들의 권세를 재생산하는가를 보여준다. 마찬가지로, 지배를 당하는 사람들은 그들이 최선을 다해 노

서 오인, 즉 잘못된 인식이란 우세한 비전을 갖는 것과 제공된 비전에 흥미를 가진 사람들의 눈으로 현실을 보는 것이다. 잘못된 인식méconnaissance은 부분적이며, 부패한 것이며, 분절된 방식으로 그 유해성을 간과하는 가운데 사회의 분절들과 계층들을 바라보는 방식이다.

잘못된 인식은 어떤 관점에 지배적인 작동원리들을 제공함으로써 우세한 아나뱁티스트 비전을 이론화하는 데 유용한 개념적 도구이다. 왜냐하면 이는 유용한 개념적 도구로 잘못된 인식이 근원적 기독교 평화건설에 헌신한 메노나이트 맥락 안에서 합법적으로 폭력을 강화하고 재생산하는데 얼마나 폭넓게 인식되는지를 보여줄 수 있기 때문이다. 내가 제안하는 것은 요더의 비전을 근원적이고 권위적이라고 인식하는 그 합법화가 그의 폭력적인 성의 정치학에 직접 관심을 갖지 못하도록 만들었다는 사실이다.

요점은 요더의 비전이 절망스러우리만큼 보수적이고 신뢰할 수 없었다는 데 있지 않다. 결국 요더는 국가대 국가의 헤게모니, 군사주의, 그리고 기독교 국가주의에 강력한 신학적 도전을 던졌다. 그러나 그는 가부장제를 상대로 이러한 주제에 상응할만한 그 어떠한 강력한 도전을 하지 않았다. 적어도 요더 나이스가 서술한 것처럼 근원적 방식으로 도전하지 않았다. 더 나아가, 많은 페미니스트들이 지적하듯이, 국가대 국가, 군사주의 그리고 기독교 국가주의와 같이 다른 우세한 사회적 형태 속에 가부장제를 뒤섞어 놓고 성별분석을 다른 형태들 안에 나타나도록 만들었다는 것을 의미한다.[19]

력함에도 불구하고 종종 자신들의 권세에 헌신하면서 지배를 당한다. 이러한 관점이 지배자들의 무죄를 증명하고, 피지배자들을 비난하거나, 권세의 엄격한 결정론적 순환고리로서 사회를 포기한다는 의미는 아니다. 보르드외는 현실주의적 사회학 진술이 대행자들에게 권세가 침식당함으로써 "자유의 여지들"을 발견하는 도구들을 제공할 것이라고 희망한다. Bourdieu, *Pascalian Meditations*, trans. Richard Nice (Cambridge: Polity, 2000), 234-126. Pitts, Principalities and Powers, 50-54.

19) 메노나이트 페미니스트 신학자들은 여러 동안 이에 대한 문제제기를 해왔다. 예를 들어, Mary Anne Hilderbrand, "Domestic Violence: a Challenge to Mennonite Faith and Peace Theology", *Conrad Grebel Review* 10, no.1 (Winter 1992), 73-80. Gayle Gerber Koontz, "Freedom,

요더의 성에 대한 무지한 분석은 종종 사회정치적 우세라는 성의 본질을 간과하였다. 당시에, 이러한 것은 여성들의 공로에 제대로 관여하지 않음으로써 지배적인 질서를 잘못 인식하게 만들었다. 세밀한 조사를 거쳐 지배 구조에 드러나는 성적 특성을 올바로 인식할 때, 여성들의 공로의 양태에 대한 잘못된 인식은 거의 재난 수준에 이른다. 요더의 아나뱁티스트 비전은 부분적이었으며, 분절되었으며, 분열된 것이었다. 그러므로 이 비전은 다시 쇄신되어야 할 필요가 있다.

요더의 성의 정치학

존 하워드 요더의 성추행에 대해 널리 유포된 소문들이 무엇인가 하는 점은 이제 대중의 토론 주제가 되었다.[20] 그의 부적절한 행동에 대한 내용이 널리 알려지게 되면서, 논쟁은 요더의 삶과 업적을 어떻게 연결시킬 것인가 하는 주제로 바뀌었다. 어떤 신학자들은 가능한 그의 삶과 업적을 분리시켜야 한다고 제안했고, 또 다른 사람들은 최소한 그 사람의 업적은 그 사람의 삶을 통해 검증되어야만 한다고 주장했다. 그 이유를 다른 곳에서 충분히 설명해왔던 것처럼 나의 이 글은 두 번째 입장을 견지하고 있다.[21] 요약하자면, 나는 메노나이트신학자이자 이전 정신과 의사였던 루스 크랄 Ruth Krall의 입장을 지지한다. 우리는 "그의 신학이 오랜 기간 동안 개인의 삶

Discipleship and Theological Reflection", in *Freedom and Discipleship: Liberation Theology in an Anabaptist Perspective*, ed. Daniel S. Schipani (Maryknoll, N.Y.: Orbis, 1989), 172−173, Gerber Koontz, "Peace Theology and Patriarchy: The Trajectory of Scripture and Feminist Conviction", in *Essays on Peace Theology and Witness*, ed. WIllard M. Swartley (Elkhart, Ind.: Institute of Mennonite Studies, 1988), 154−178. Elizabeth G. Yoder, ed. *Peace Theology and Violence against Women* (Elkhart, Ind.: Instutie of Mennonite Studies, 1992).

20) 비록 이 소문들이 이전에 표면화되었고, 어떤 내용들은 1992년 엘크하르트 지역 신문인 *Elkhart Truth*를 통해 자세히 보도되었지만, 이 주제를 놓고 확증할만한 공적 토론은 최근까지 개최되지 않았었다. 이러한 토론에 대한 역사를 살펴보려면, Krall, *The Mennonite Church and John Howard Yoder*, 71−86을 참고하라.

21) 나의 블로그 "Doing Better: Toward a Post−Yoderian Theology", Practicing Reconciliation, Jan. 21, 2014, http://www.ambs.edu/publishing/2014/01/Doing−Better−Toward−a−Post−Yoderian−Theology.cfm. 를 보라.

으로서 관리됨에 의해 얼마나 손상되었고, 그의 신학이 어디에서 얼마큼 왜곡되어 있고, 꼬여 있는지 알 수 있을 때까지 요더의 저작을 어떻게 사용할 것인가 하는 질문에 제대로 대답할 수 없다."[22] 그녀는 계속해서 "이 작업을 진행함에 있어, 그가 [지적]작업이라는 그의 성숙한 몸을 만들어왔던 지난 몇 십 년 동안 그의 개인적 삶을 학자들이 다시 방문하여 검토할 필요가 있다."고 했다. 따라서 이 논문은 성의 정치학과 그의 신학적 비전이 어떻게 서로 엉켜있는지 추적함으로써 그의 신학적 비전에 관해 비판적으로 질문할 수 있는 길을 열어놓았다. 특별히 나는 요더의 피해자들이 출간한 증언들, 교회론에 관한 권위 있는 기독교 신학자로서 그의 비중, 일반적으로 출간되지 않은 독신에 관한 그의 저술들, 그리고 출간된 저술들 간에 존재하는 다양한 전후관계를 규명하고 있다.

1992년 7월에 발표된 요더의 성추행에 대한 5부작 시리즈의 논문 중 네 번째 논문에서, 「엘크하르트 트루스*The Elkhart Truth*」신문의 탐 프라이스 Tom Price는 현재 캐롤린 홀더리드 헤겐으로 밝혀진 "티나"의 말을 인용하였다.[23] 요더는 그들이 처음 만났을 때, 헤겐을 부적절하게 만졌고, 만나기 전에 그녀의 신학적인 의견을 물어보기 위해 시리즈로 편지를 보냈다. 결국 이러한 편지들에는 성에 대한 노골적인 내용들이 들어 있었다. 헤겐은 "지적인 유혹"으로 요더의 전략을 설명하였다. "요더의 행위가 마치 나의 생각인 것인 냥 분명하고 충분히 전달되어 있었다. 그것은 실제로 현명한 것들이었다." 더 나아가, 그녀는 자신의 행동을 신학적으로 정당화하는 사람으

---

22) Krall, *The Mennonite Church and John Howard Yoder*, 211.

23) 다음의 내용을 위해 Price, "Theologian Accused: Women Report Instances of Inappropriate Conduct" and "Yoder's Actions Framed in Writings", Elkhart Truth (Elkhart, Ind.), July 13, and 14, 1992. 전체 5부로 구성되어 있고 기사의 개관은 Krall, *The Mennonite Church and John Howard Yoder*, 379-402을 참고하라. 헤겐은 "티나"라는 이름으로 불렸다. Mark Oppenheimer, "A Theologian's Influence, and Stained Past, Live On", New York Times, Oct. 11, 2013, http://www.nytimes.com/2013/10/12/us/join-howard-yoder-dark-past-and-influence-lives-on-for-mennonites.html?pagewanted=all&_r=0

로 요더를 설명했다. "편지글의 어떤 줄에는 그가 만나고 있는 많은 여성들의 이름이 적혀 있었다고 말하면서 우리는 가장 앞서 가고 있으며, 우리는 교회를 위해 뭔가 새로운 모델들을 개발 중에 있다. 우리는 거대하고 고귀한 실험에 참여하고 있다. 기독교 교회는 앞으로 다가오는 세대에 우리에게 많은 빚을 지게 될 것이다."라고 설명했다.

프라이스의 자료들 중 또 다른 곳에서 "클라라"라는 여성을 상대로 한 "부적절한 포옹"과 스토킹에 대해 언급하였다. 요더는 그녀가 쓴 독신에 대한 글에 해석을 달도록 보내왔다. 요더가 독신에 관해 쓴 두 개의 글은 현재 온라인에서 볼 수 있다. 1973-1974년에 쓴 "윤리적 목회적 관점에서 본 독신"과 1976년에 쓴 "독신의 존엄Single Dignity"이다.24) 이러한 글들 중 첫 번째 원고에서 요더는 독신을 "모든 그리스도인들에게 가장 첫 번째 정상적인 상태"로서 적극 지지하였고, 그 후 교회가 받아들이기를 원한다면 경험할 필요가 있는 몇 가지 변화들을 밝혔다. 이러한 변화 중에 "독신자들이 사회적, 경제적인 가정을 이루어 가족 기도와 집안 일 등을 경험할 수 있는 확대된 가족 구조를 만들 수 있도록" 행동했다.25) 이러한 구조들은 같은 성별로만 구성된 주택 혹은 복합 주택 공동체 형태로 독신자들만의 주거 공동체 혹은 결혼한 부부와 사는 독신자들의 주거 형태를 띨 수 있다. 요더의 관점은 교회 안에 독신자들이 있다는 사실을 받아들이고 "두 사람 사이의 관계를 항상 잠재적인 연인관계로 보는 포악성으로부터 벗어나게 하여" 그들로 하여금 자유를 누릴 수 있는 공동체를 만들자는 것이었다.26) 이러한 전환과 잘 호응하는 변화가 "사람들 사이에 애정과 도덕적 지지를 표현할 새로운

---

24) 이러한 원고들은 John Howard Yoder Digital Collection에서 열람가능하며 서로 분리된 파일로 존재하며 문서 하나는 1980년의 것이다. 마지막 원고를 보려면 http://replica.palni.edu/cdm/ref/collection/p15705coll18/id/2483. 이러한 원고들의 참고도서들은 논문의 본문에 들어있다. 루스 크랄은 그녀의 책, *The Mennonite Church and John Howard Yoder*, 195-196, 200-203에서 다양한 관련 논문들을 언급하였다.

25) Ibid., 3,4.

26) Ibid., 7.

자유" 즉 결혼한 사람들과 결혼하지 않은 사람들 사이에 이루어지는 "영적 친밀감과 신체적 접촉"의 자유였다.

"독신의 존엄"이라는 문서는 이 비전에 대한 성경적 근거를 제공했다. "마음의 간음"마5:28에 대한 예수의 구절을 통해 요더는 제자들의 공동체 안에 있는 자매들과 딸들로 여성들을 재정의 한 예수의 표현을 사용하여 남성과 여성 사이에 "비애정적non-erotic"이며 비욕정적인 관계의 가능성을 창조할 수 있다고 주장하였다. 요더의 해석에 따르면, 같은 가족 구성원으로서 성적으로 상호작용을 "금지"한만큼 그리고 그리스도 안에서 여성들을 자매들로 인식하는 만큼 남성들은 아무런 욕정 없이 여성들을 바라볼 수 있다. 간단히 말해, 그리스도께서 가족 내의 금기사항을 모든 제자들에게까지 확대하였기에 욕정을 제거하였다는 설명이다. 요더의 제안은 다음과 같이 이어진다.

> 만약 우리가 예수께서 애정적인 차원과 상관없이 자매인 여성들을 대하셨듯이 자유에 대한 역동성을 발견할 수만 있다면, 주거의 가까움, 접촉에 대한 확실한 기준, 함께 하는 시간을 포함하여 우리는 독신으로 사는 자매들과 형제들을 도덕적 사회적으로나 훨씬 능력 있는 모습으로 지지해줄 수 있었을 것이다….27)

1974년 "믿음 안의 자매들께" 보낸 긴 메모에서, 요더는 그가 관심을 두고 있던 목회적 본질이 무엇인지 상세히 설명하였다.28) 비록 그가 글을 쓸 때 주된 대상이 여성들이기는 했지만, 남성들과 여성들이 갖고 있는 성적 충동은 자연스러운 것이기 때문에, 이러한 충동을 억제하는 것은 좋은 것

---

27) Yoder, "Single Dignity", 3, 5.
28) "Call to Aid"라는 제목의 이 비망록은 크랄이 *The Mennonite Church and John Howard Yoder*, 200-201에 전재하였다.

이 아니다. 독신 여성에게 "자신의 여성됨의 표현을 억누르도록"하는 대신, 그는 그녀가 "삼촌, 형제, 동료, 조카, 교사, 학생 등 다른 남성들과 자연스럽게 그것을 나누고 표현하도록" 격려해야만 한다고 제안하였다. 그러한 나눔은 그의 독신에 관한 논문들에 기록된 신체적 애정적 행위를 주고받음과 최소한 이론상 성기 접촉을 주고받음을 통해 이루어질 수 있다.29)

내가 여기에서 기술하고 있는 내용들은 희생자들에게 요더가 구두로 혹은 글로 보낸 설명들이자, 독신에 관한 그의 글 안에 들어있는 것과 희생자들에 의해 보고된 것이며, 잘못 인식된 논리를 통해 진행된 상징적 폭력의 행동들이다.30) 그의 설명들은 합법적이고 권위 있는 논평들로 높이 평가되고 승인된 가치에 편승하여 운용되는 것에 의해 도출되었다. 나는 이러한 교환은 폭력이라고 강력히 주장한다. 왜냐하면 이러한 교환은 요더에 의해 희생당한 사람들과 많은 사람들로 하여금 요더가 시도한 성의 정치학을 합법적으로 받아들이도록 만들었고 실제로 이러한 정치학은 그의 권위를 사용한 강제력에 의해 큰 갈등을 빚었기 때문이다.

요더는 교회에 의해 급진적 기독교 지성이 되도록 권위를 부여받았으며, 그는 20년이 넘는 기간 동안 이러한 권위를 폭력적인 성의 정치학을 합법화하는 데 사용하였다.31) 그렇게 함에 있어, 요더는 급진적 기독교 지성으로

---

29) 이러한 주고받음은 비애정적 특징 때문에 성기접촉들은 아마도 관련되지 않았을 것이다. 또한 "When is a Marriage Not a Marriage?" (1974)라는 논문에서 요더는 성교를 결혼과 같다고 생각했다. 이 논문들은 http://replica.palni.edu/cdm/ref/collection/p15705coll18/id/2229에서 볼 수 있다. 만약 성교가 결혼을 의미하는 것이라면, 정의상 독신들 사이에 이루어지는 친밀한 접촉은 성교를 포함하지 않아야 한다. 즉 어떤 지점에 있어서 요더는 성교에 대해 자신의 생각을 바꾸었거나 자기 스스로의 지침을 따르는데 실패한 것처럼 보인다. 2014년 6월 미국 메노나이트 교회의 존 하워드 요더 분별그룹이 업데이트한 자료는 "애무와 성교를 포함하여 요더가 저지른 성폭력에 대한 문서화된 보고서들이 있다"고 언급했다. http://www.mennoniteusa.org/an-update-from-the-discernment-group-on-sexual-abuse/.

30) 나는 요더가 그의 희생자들에게 구두로 혹은 글로 보낸 설명들이 상징적 폭력의 구체적 행동으로 규정한다. 기독교의 성윤리에 대한 가설을 다시 세우는 것은 본질적으로 폭력은 아니다. 왜냐하면 이러한 가설들은 강제적인 접촉과 다른 폭력적인 행동이나 추행으로 서로 연결될 때 폭력이 되기 때문이다.

31) 나는 여기서 1997년 요더가 죽기 전에 "진정으로 회개를 했는지 그렇지 않았는지" 다시 논

서 자신에 대한 신임을 문제 삼았다. 아무런 의심조차 없이 그를 신임했던 사람들 즉 희생자들, 그의 성에 대한 논문을 읽은 독자들, 혹은 그 자신조차 성의 정치학을 인식함에 있어서 잘못된 인식이라는 논리에 사로잡혀갔고 그의 성의 정치학이 서서히 그의 신임을 잠식해가고 있을 제대로 보지 못하게 만들었다.

나는 요더의 상징적 폭력의 실행이 세 세트 혹은 세 개의 덩어리로 나뉘어져 시행되었다고 본다. 이 세 덩어리는 그의 지위와 개인적 권위와 관련된 상징들, 성서해석학자이자 신학자이자 역사가로서 그가 소유했던 권위적인 전문성과 관련된 상징들, 그리고 "급진적"이라고 규정된 그의 정체성과 관련된 상징들로 나누어 볼 수 있다.

권위의 상징들

우선 첫 번째 상징으로 메노나이트 리더로서 그리고 국제적으로 명성을 얻은 학자로서 요더가 가졌던 종교계의 지성이라는 권위를 들 수 있다. 이러한 합법적 권위와 더불어 그는 강의실, 교회, 그리고 여러 강연회에서 만났던 여성들에게 쉽게 다가갈 수 있었다. 이러한 권한을 갖고 있었기 때문에 비록 사람들이 권위를 남용하는 요더의 성향을 알고 있었고, 그들이 요더를 접근하지 못하도록 제한하였음에도 불구하고 요더는 그들에게 접근할 수 있었다.[32] 헤겐의 진술에 따르면 요더의 권위가 그에게 피해를 입은 몇몇 희생자들을 설득하여 그를 받아들이기 쉽게 만들었다고 밝히고 있다.

쟁하지 않을 것이다. (메노나이트 연합성경대학원에 대한 최초의 불만은 1976년에 제기 되었다) 그 이후로 20년 동안 요더는 수많은 소송들을 받아들이지 않았고 회개하지 않았다. 이에 대한 토론 내용은 Krall, *The Mennonite Church and John Howard Yoder*, 102-103, 109, 157, 232-233을 보라. 비록 크랄은 요더의 이러한 행동이 시작된 때를 1965년까지 거슬러 올라간다고 주장했지만(332), 195페이지에서 그 연대를 1976년이라고 밝혔다.

32) 요더에게 맞서고 그의 이러한 행동을 제지하려 했던 노력들에 대해서는 Krall, *The Mennonite Church and John Howard Yoder*, 203-204, 218-237과 Rachel Waltner Goossen이 이 주제에 대해 발표한 내용을 참고하라.

요더가 불러일으킨 지적인 관심은 "실제로 도취시키는 것"처럼 보였다. 그는 권위를 이용하여 사람들을 잘 길들이는 기술을 갖고 있었고, 종교계의 지성을 존중하는 사람들의 길들여진 습관들을 사용하였다. 이러한 습관들로 그는 특정한 여성들 즉 그의 권위를 합법적으로 인정함으로써 그와 인연을 맺기로 동의한 여성들에게 개인적으로 다가갈 수 있었다.

그러나 사실은 그가 가진 권위의 합법성은 자가당착에 근거하고 있었다. 즉 반복적으로 나타난 그의 폭력적인 행동은 그에게 권위를 부여한 공동체들의 존재이유였다. 이 존재이유는 요더의 저술들에 잘 반영되어 있고, 대부분 교회들은 이러한 저술활동을 하도록 위임한 것으로 규정할 수 있다.[33] 그렇다면 요더는 무엇을 썼는가? 요약하자면, 그는 성경적, 신학적, 역사적 배경을 근거로 근원적 기독교 제자도의 진짜와 가짜 모습에 대해 썼다.[34] 이러한 용어들은 앞으로 더 자세히 분석해야 할 것이다. 요더는 자신의 저술 전체를 통해 "기독교 제자도"를 신약 성경이 묘사하고 있는 예수의 삶과 가르침에 순응해야 하는 공동체적 실천이라고 정의하였다. 즉 기독교 제자도는 최소한 세 가지 방식에서 "근원적radical"이다. 우선 "뿌리radix" 즉 신약 성경이 그리고 있는 예수 그리스도로 돌아간다는 의미가 있다. 두 번째는 "극단extreme"의 형태와 조금도 흔들리지 않는 헌신 즉 굳건한 믿음이라는 의미가 있다. 그리고 근원적이라는 뜻은 속박과 폭력이라는 사회적–정치적으로 사악한 현상을 거부하는 의미가 있다. 근원적 기독교 제자도에 대한 이러한 비전은 예수의 삶과 가르침 그리고 이에 대한 초기교회

---

33) 요더가 출간한 많은 저술들 아마도 거의 대부분은 교회의 위임 혹은 다른 기관의 위임을 받은 출처에 대해 기록하고 있다. 요더는 신학자와 교회의 관계에 대한 자신의 개념을 다음과 같은 논문에서 분명하게 밝혔다. "Walk and Word: The Alternatives to Methodologism", *A Pacifist Way of Knowing: John Howard Yoder's Nonviolent Epistemology*, ed. Christian E. Eerly and Ted G. Grimsrud(Eugnen, Ore.: Cascade 2010), 81–97; and "The Hemerneutics of Peoplehood: A Protestant Perspective", *The Priestly Kingdom: Social Ethics as Gospel* (Notre Dame, Ind.: University of Notre Dame Press, 1984), 15–45.

34) 여기에서 나는 광범위한 요더의 모든 작품에 대한 연구로부터 일반화한 것이다. 요더의 신학적 방법에 대한 설명은 나의 책 *Principalities and Powers* 4장을 참고하라.

의 복종을 설명하는 성서적 주해, 예수의 논리적 통일성과 규범적 영향력을 설명하는 명쾌한 신학적 주장들, 그리고 어떻게 예수께서 시간을 따라서 살고 시간을 따라서 살지 않으셨는가에 대한 역사기록이라는 세 가지 주요한 자료를 기반으로 한다.

만약 요더의 저술의 목적이 근원적 기독교 제자도의 비전을 성서적, 신학적, 역사적 자료들과 비교하여 분명하게 설명한 것이라면, 그가 일한 기관들도 비슷한 목적들을 갖고 있었을 것이라는 설명이 가능하다. 그러나 정말 그랬다면, 요더의 성폭력 행동은 분명히 이러한 목적들을 위반하고 있다. 왜냐하면 그것은 여성들의 인격을 인정하셨던 예수께로 곧바로 돌아가도록 만들기 때문이고,[35] 그것은 예수의 뒤를 따라가겠다는 헌신을 나약하게 만들었기 때문이다. 그리고 그것이 가부장적 현상유지를 위한 폭력을 지속하는 것이기 때문이다

아마도 이렇게 결론을 짓는 것이 당연하겠지만, 중요한 것은 요더의 권위를 집단적으로 인정한 잘못된 인식의 결과라고 분명히 말해야 한다. 요더의 권위를 인정하는 것은 그에게권위를 부여해준 교회와 그 자신이 끊임없이 자신에게 부여된 권위의 근간을 침식하는 방식들을 보지 못했거나 눈을 감았다는 것으로 설명할 수밖에 없다.

전문적 상징들

합법적인 성서해석자, 신학자, 역사가로서 존 하워드 요더에게 권위를 부여한 것은 그의 지적인 선동을 구성하는 두 번째 상징들이다. 요더의 지적인 선동은 희생자들이 그가 전개한 자료들과 방법들을 하나의 규범으로 받아들였을 때 부분적으로 잘 작동했다. 요더의 과업에 대해 익숙한 사람이라면 그가 독신에 관해 쓴 글의 논리와 그의 희생자들에게 설명한 논리를

---

35) Yoder, "Single Dignity", 3.

잘 알 것이다. 이 논리는 그가 다른 글들에서 사용한 논리와 일치한다. 우선 요더는 성경을 비교하면서 성과 독신에 대한 역사적 이해들이 적합하지 않다고 규정하였다.[36] 성서주해를 통해 하나하나 밝혀낸 예수의 삶과 가르침은 핵심규범을 제공한다. 그러기에 사도적 교회가 따르는 이 규범은 독신에 점수를 후하게 준 바울의 가르침과 더불어 예수의 삶과 가르침을 해석하는 데 그럴 듯한 구실과 더불어 역사적으로 실현가능하다고 설명하였다. 일단 이 규범이 성서적으로 기반을 확립하고 역사적 적대자들에 비해 우위를 점하자, 기독교 제자도는 장황하고 감동적인 논리가 동원되어 구체적으로 설명되었다.

요더가 그의 희생자들에게 추정의 근거가 되는 "비애정적non-erotic"육체 및 감정적 관계들이 "교회를 위해 뭔가 새로운 모델들을 개발함으로써 시대를 앞서가는 것"이자 "거대하고 고귀한 실험에 참여하고 있다"고 했던 헤겐의 보고는 그가 다른 곳에서 핵심 신학으로 발전시키고자 할 때 정당화시켰던 이유들과 연결되어 있다. 예를 들어, 요더는 그의 경력 초기에 사회적 필요를 만족시키는 실험적인 새로운 방식들을 창조해내는 "탐험자the pilot"로서 『국가에 대한 기독교의 증언』*The Christian Witness to the State*이라는 책을 썼다.[37] 그는 교회의 목회가 "보다 더 큰 선한 사회를 위한 끊임없는 창의적 비전"이라고 주장하였다. 이러한 주제들은 그의 후

---

36) "Singleness in Ethical and Pastoral Perspective"라는 글에서 요더는 "현대 서구 사회"가 갖고 있는 전제 즉 "결혼생활이 성인들이 살아가는 유일하고 적절한 방식"이라는 전제를 반박한다(1). 그는 규범으로서 결혼을 지지하고 있는 다섯 가지 사회-문화적 혹은 종교적 패러다임들을 일일이 검토한다(1-2). "Single Dignity"에서 이것은 "대부분의 사람들이 결혼한 사회" 혹은 "우리 서구 문화"의 관점으로 "근본적으로 몸과 성과 동물적으로 존재하는 인간 본성이라는 전체 영역에 부적합한 이해라고 보았다(1). 그는 이러한 부적합성을 추적하기 위해 두 가지 "비-기독교적 자료"를 참조하였다. 하나는 몸을 부정하는 영지주의로 어거스틴주의를 표방하는 신플라톤주의를 통해 기독교에 영입되었고, 또 다른 하나는 몸을 두려워하는 이교주의로 근동지방과 독일지역의 다산을 강조하는 종교들을 통해 기독교에 영입되었다. 그는 이 두 자료들을 몸을 억압하는 문제 있는 자료들이라고 보았다.

37) Yoder, *The Christian Witness to the State* 『국가에대한 기독교의 증언』(대장간 역간)

기, 즉 1992년에 처음 발표하고 1997년에 출간한 'Firstfruits: The Para-digmatic Public Role of God's People" 이라는 글에 잘 반영되어 있다.[38] 제목이 잘 드러내듯이 요더는 이 논문에서 기독교의 기본 실천사항들이 어떻게 기독교의 증언이 사회적 창조성이 변화를 이끌어 내는 실재가 되는가를 설명하고 있다. 다른 글에서는 "성례전들sacraments"로 설명하였 다.[39] 이러한 예들을 염두에 두면, 요더가 시대를 앞서가는 교회적 실험 에 이 여성들을 참여하도록 초청하는 것을 일종의 성례전에 참여시킨 것 처럼 보고 있는 듯하다. 그들은 예수님의 선례를 받들어 교회와 세계를 변화시키기 위한 관례를 만든 것이다.[40]

요더가 자신의 연설과 저술을 통해 전체 교회에 제안했던 근원적 기독교 제자도를 향한 공적 초청들과 이러한 초청들이 주어졌다는 형식상의 유사 성들로 보아, 어떻게 그와 그의 피해자들이 그의 개인적인 초청에 그러한 권위를 부여하고 합법적인 행위로 볼 수 있었는지 이해 가능하다. 또한 사 람들이 어떻게 이러한 초청들을 불법이라고 인식하고 거절하기 어려웠는 지 이해하는 것도 가능한데, 이는 마치 제자도로 초청하고자 하는 목적들

---

38) Yoder, "Firstfruits: The Paradigmatic Public Rold of God's People" *For The Nations*: *Essays Evangelical and Public* (Grand Rapids, Mich.: Eerdmans, 1997), 15–36.

39) Yoder, "Sacrament as Social Process: Christ the Transformer of Culture", in *The Royal Priesthood*: *Essays Ecclesiological and Ecumenical*, ed. Michael Cartwright (Scottdale, Pa.: Herald Press, 1998), 359–373; Yoder, *Body Politics*: *Five Practices of the Christian Community before the Watching World* (Scottdale, Pa.: Herald Press, 2001).

40) 한편으로 요더의 희생자들에 대한 논평들과 독신에 대한 자신의 글, 그리고 또 다른 한편 으로 그가 축하했던 출판저술들 사이에 존재하는 공식적인 유사성들을 주시한 것은 이전 의 논리가 항상 좋은 논리였다고 말하기 위해서가 아니다. 예를 들어 어떻게 하면 "비애정 적" 관계가 성욕을 억누르는 긴장을 완화시켜줄 수 있을지는 분명하지 않다. 사람들은 성 적 억압에 대한 요더의 역사적인 논문에 대해 문제를 제기할 수 있다. 예를 들어, 미셸 푸코 는 "억압적인 가설들"이 역사를 그릇되게 하는 방식과 성을 하나의 "비밀"로서 표현함에 있어 자신이 참여하지 않는 방식 즉 성에 대한 담론을 증대시키고 성에 대한 담론을 형성하 고 통제하려는 정치적 시도들을 통해 성을 풀어 놓는(때때로 그것을 "해방시키는 것"으로 정확히 표현가능하다) 결과를 가져올 것이 틀림없는 방식으로 글을 썼다. 푸코는 18세기에 성이 이러한 방식으로 표현되기 시작했다고 생각했다. Michel Foucault, *History of Sexuality*, Volume 1: An Introduction, trnas. Robert Hurley (New York: Vintage, 1990).

에 반대하는 것처럼 보일 수 있기 때문이다. 마찬가지로, 독신에 대한 요더의 글과 그의 다른 권위 있는 글들 사이의 형식상 유사성들 때문에 많은 독자들은 불법과 합법을 분리해서 생각하기 어려울 것이다. 정확하게 말해 요더의 지적 선동은 그의 지적 임무가 공개적으로 이미 인정받은 권위의 상징으로 전개되었기 때문에, 개인적으로 그가 끼친 지적 유혹은 강력했고 영향력은 엄청났다.

정치적 상징들: "근원적" 존재로서 요더

피해자들에 대한 그의 설명과 독신에 관해 쓴 글에서, 그가 추구하고자 했던 부정한 감정과 육체적 관계를 설명하기 위해 요더는 특정 사회적, 정치적 언어를 사용하였다. 이러한 언어는 "사회-정치적 급진성"이라는 단어로 요약할 수 있다. 이 단어는 요더의 지적 유혹의 세 번째이자 마지막 상징들이 어떠한 것인지 잘 드러내 준다. 우리는 요더가 "교회를 위해 뭔가 새로운 모델들을 개발함으로써 시대를 앞서가는 것"이자 "거대하고 고귀한 실험에 참여하고 있다"고 표현했던 헤겐의 보고를 면밀히 살펴보았다. 위에 요약했던 독신에 관한 그의 원고에서 요더는 자신이 제안하는 모든 관계들을 예수가 가능하게 했던 "폭정으로부터의 자유," "새로운 자유," 그리고 "자유의 역동성"에 참여하는 것으로써 설명하였다. 이러한 언어는 속박이라는 현상을 유지하는 상황에서 새로운 은혜의 질서로 결정적인 변화를 몰고 오는 사회-정치적 급진성을 표방하고 있다. 요더는 1974년 독신에 대한 논문에서 결혼한 사람들과 독신자들 사이에 적절하고 비애정적 신체 접촉의 친밀감을 설명하면서 "우리는 '젊은이들의 문화'로부터 배울 필요가 있다"는 자신의 입장에 급진적인 측면이 있음을 주장하고 강조하기까지 했다.41) 그러므로 그의 비전은 성경적 신학적 측면에서만 급진적인 것이 아니

---

41) Yoder, "Singleness in Ethical and Pastoral Perspective", 7.

라, 1960년대말과 1970년대 초에 있었던 급진적 성혁명과 연계되어 있다는 측면에서 급진적이었다. 스탠리 하우어워스는 요더의 성적 "실험"은 1960년대에 시작되었고, 당시의 성적 실험적 윤리성에 영향을 받은 것 같다고 진술하였다.[42]

　　1970년대 초에 요더가 출간한 두 주요 출판물의 제목들은 당시 시대정신과 그가 얼마나 밀접하게 엮여 있는지를 보여준다. 하나는『근원적 혁명』대장간 역간이고 또 다른 하나가『예수의 정치학』이다.[43] 또한『예수의 정치학』IVP 역간 시작부분에서, 요더는 만약 그들의 "반쯤 도용한 과장" 행동이 오랫동안 기독교 윤리학자들이 외면해왔던 "성서적 진리"를 실제로 대표할 수 있는지 물으면서 예수를 저항문화의 대변자로 주장하는 "반항적 젊은이들 young rebels"에게 호소하였다.[44]『예수의 정치학』이 확언한 그 진리는 신약 성경이 그리고 있는 예수를 "급진적인 정치적 행동의 대표적인 모델"로 언급되어 있다. 그러나 그것은 반항적 젊은이들의 급진적 예수에 대한 요더의 공감이『예수의 정치학』이 표방하는 특별한 경제적, 정치적 관심사들을 넘어 상호간의 정치학으로 확장된 것이며 이는 그의 독신에 대한 글들과 사적으로 여성들을 초청한 글에서도 발견된다.

　　이전에 자세히 묘사했던 사회적 변혁으로서 통상적인 기독교 성례전의 실천을 따라, 이러한 언어적 묘수들이 급진적 사회-정치학이라는 요더의 비전에 통합되어 있다. 요더는 예수 그리스도를 믿는 변함없는 믿음이 어떻게 사회질서로부터 엉킨 것을 풀어주는지를 반복해서 보여주었다. 강한 신임과 더불어 1960년대의 "젊은이들의 문화"에 관여하면서 남미의 해방신학

---

42) Hauerwas, *Hannah's Child: A Theologian's Memoir* (London: SCM, 2010), 244. Krall, The Mennonite Church and John Howard Yoder, 356에 나타난 하우어워스의 주장들에 대한 설명을 보라.

43) Yoder, *The Original Revolution* (Scottdale, Pa.: Herald Press, 1971); Yoder, The Politics of Jesus: Vicit Agnus Noster, 2nd ed. (Grand Rapids, Mich.: Eerdmans, 1994 [1972]).

44) Yoder, *Politics of Jesus*, 1-2.

자들과 같은 운동을 신임하고 공감하였다.[45] 그는 근원적 혁명으로서 평화적이고 경제 분배적인 예수에 대한 글을 썼다. 그의 프로젝트는 근원적 상징주의에 대해 많은 것을 쏟아부었다.

비록 요더의 글들 중 어떤 것들은 이러한 상징주의에 감화를 받았으나, 그의 프로젝트에 드리워져 있는 근원주의의 기류는 성의 정치학에 잘못된 인식을 불어넣었다. 시대를 앞서간다는 식으로 그에게 주어진 공적인 페르소나는, 경험을 중시한 기독교 사상가가 근원적 기독교 제자도의 신뢰할만한 형태로서 자신의 성의 정치학을 합법적인 근원적 그리스도인으로 받아들이도록 무게를 실어주었다. 근원주의라는 안개 속에서, 성폭력은 잘못 인식되었다.[46]

요더의 근원주의가 갖고 있는 모순들 중 하나는 초월적인 정치적 태도를 기독교 신앙의 뿌리와 근원으로 돌아가는데 기반으로 삼고 있다는 데 있다. 전통적인 기독교 형태와 근원적 정치 사이의 이러한 동맹은 논리적으로 서로 맞지 않는다. 평화와 경제적 정의에 대한 요더의 성서적 헌신은 실제로 많은 것을 근원적 정치 현상들과 궤적을 같이 하도록 만들었다. 그러나 이러한 것들의 지적 혹은 정치적 통일성에도 불구하고, 근원적 정치와 근원적 신앙을 그럴듯하게 통합시켜 받아들인다는 것은 요더의 비전이 근원적 복귀, 근원적 헌신, 그리고 근원적 정치라는 상징들을 이용할 수 있다는 말이기도 하다. 이러한 삼중적 근원주의는 요더의 비전에 상징적인 자본과 더불어 합법적으로 인정으로 탈바꿈시켜주었다. 따라서 인정받은 근원주의

---

45) 해방신학에 관련한 자료는 Yoder, "Exodus and Exile: The Two Faces of Liberation", *Cross Currents* 23, no. 3 (Fall 1973), 297-309; Yoder, "The Wider Setting of Liberation Theology", *The Review of Politics* 52, no. 2 (Spring 1990), 285-296. 1960년대 남미에서 진행한 요더의 강의들은 Yoder, *Revolutionary Christianity: The 1966 South America Lectures*, ed. Paul Matens et al. (Eugene, Ore.: Cascade, 2011)을 보라.

46) 어떤 페미니스트들은 "성의 혁명"을 본래 존경할만한 것으로 보아 왔다. Mary Daly, *Beyond God the Father: Toward a Philosophy of Women's Liberation* (Boston: Beacon, 1973), 122-124.

는 그 어느 때 보다 위대한 입지전적 권위를 부여받게 되었고 표준화된 근거로 해석학적 권위까지 부여받게 되었다.

달리 말하자면, 요더의 권위는 그를 근원적으로 신뢰한다는 신임장, 기관에 대한 신임장, 그리고 전문적 신임장으로 대체 되었다.[47] 그의 행동들이 반복적으로 그의 신뢰도에 타협을 요청할 때조차 이러한 세 가지 위대한 상징적 그룹들의 출현은 요더의 합법성을 담보해 주었다. 이러한 놀라운 상징들을 폭넓게 인정받은 하나의 비전으로 통합시킨 그의 능력은 무수한 여성들과 교회 전체를 붕괴시키는 효과를 가져왔다. 요더의 비전은 다시 쇄신되어야만 한다.

결론

아나뱁티스트 비전쇄신에 대한 이 논문은 잘못된 인식오인이라는 논리를 통해 존 하워드 요더의 성의 정치학을 개념화하고자 했다. 메노나이트 교회의 신학적 영예의 월계관을 썼던 요더는 자신의 뜻에 따라 상당히 많은 상징적 자원들, 즉 성서 해석자, 신학자, 역사가, 및 사회-정치적 급진주의자와 같은 개인적 권위와 지위를 합법화하는 엄청난 자원을 소유하였다. 이러한 자원들이 부적절한 선동적 견해들과 접촉 안에서 화려한 손놀림과 함께 잘 배치되었을 때, 이러한 자원들은 불법으로 인식하기에 너무 어려운 것이 되어버렸다. 그러나 이러한 것은 불법적이었고, 이러한 견해들과 접촉들이 그 합법성의 근간을 뒤흔들어 놓았다. 요더의 성의 정치학을 합법적으로 인정하는 것은 완전히 잘못된 인식에 근거했다. 합법성은 눈에 보여야 했다. 그러나 불법한 성폭력은 보이지 않은 채로 남겨졌다. 그러므로 도로시 요더 나이스의 용어처럼, 존 하워드 요더의 성의 혁명에 대한 잘못된 인식은 여성과 교회를 붕괴시키는 효과를 가져왔다. 요더의 비전이 아나

---

47) 이러한 주요한 전환에 대해서는 Bourdieu, "Forms of Capital" 252-254를 보라.

뱁티스트 비전과 동일시 되는 한, 아나뱁티스트 비전의 온전성은 불가능한 모습으로 남겨지게 될 것이다.

비록 이러한 작업들이 성폭력이라는 현재 잘못된 인식에 저항하는 것을 도울 수 있다 할지라도 아나뱁티스트 비전 쇄신은 요더의 성의 정치가 어떻게 작동되었는지 밝히고 명명하는 것보다 훨씬 더 거대한 임무다. 물론 존 하워드 요더는 그의 멘토인 헤롤드 벤더의 "아나뱁티스트 비전"의 운명에 대해 설명할 때 아주 중대한 모습으로 존재하고 있다. 그러나 도로시 요더 나이스의 관심은 가부장제를 쫓아내지 못한 더 거대한 비전의 무능력함에 있다. 비록 요더가 비전 쇄신이라는 관심사의 중요한 지점에 그대로 남아있을지라도, 루스 크랄은 그를 이해하고자 하는 시도들이 "그가 참조했던 공동체 안에서 잘못된 모습들"을 이해하고자 시도하는 것을 포함할 필요가 있다.[48] 어떻게 미국 메노나이트들이 가부장적 질서에 근거한 폭력에 참여해왔고 지속해왔는지 이해하기 위해서는 보다 더 큰 틀이 필요할 것이다. 그리고 인종, 성, 계급 및 우월주의의 다른 모습과 결탁해 있는 가부장제의 교차로에서 메노나이트들이 무엇을 적용해야 할지 충분히 이해하기 위해서는 보다 큰 틀이 필요할 것이다. 이러한 틀 안에서, 역사, 사회학, 성서연구, 신학, 및 다른 관련 학문을 새롭게 시작해야 하며, 과거에 지배적인 작동원리들이 무엇인지 분명히 밝혀냄과 동시에 다가올 해방을 미리 예견하는 일을 동시에 진행해야 할 것이다. 이러한 작업들 중 몇 가지는 이미 잘 진행되고 있고, 존 하워드 요더의 저술들을 받아들임에 있어 특성들을 묘사하는 일에 대한 노력들을 폭넓게 진행하고자 기다리고 있다.[49] 만약 남

48) Krall, *The Mennonite Church and John Howard Yoder*, 237.
49) 이전에 언급한 자료들 외에 메노나이트 페미니스트들의 작업을 보려면, 특별히 로이스 바레트(Lois Barrett), 말린다 엘리자베스 베리(Malinda Elizabeth Berry), 리디아 하더(Lydia Harder), 한나 하인즈커 (Hannah Heinzekehr), 게일 거버 쿤츠(Gayle Gerber Koontz), 스테파니 그레비엘 (Stephanie Krebiel), 도로시 요더 나이스(Dorothy Yoder Nyce) 그리고 메리 셜츠(Mary Schertz)의 글들을 참고하라. 콘라드 그레벨 리뷰*Conrad Grebel Review* 1992년 겨울, 1996년 봄, 2005년 겨울호에는 여성 실천 신학 컨퍼런스 관련 자료가 실려있다. 이러

성 메노나이트 신학자들이 "메노나이트 남성들은 근원적이지 않다"고 했던 요더 나이스의 비판 글에 대한 반증자료를 제공하기 원한다면, 우리는 우리 자신의 비전 쇄신 작업을 더 열심히 진행할 것이며, 동시에 우리 중에 있는 여성들과 다른 변방의 비전쇄신주의자들을 모집하고, 후원하고, 증진하고 배우기 위해 새롭게 강행군을 할 것이다.

지난 몇 십년 동안 지배적으로 역할을 해왔던 아나뱁티스트 비전이라는 우세한 입장에 따르면, 존 하워드 요더의 신학적 비전은 지속적으로 쇄신되어야 한다. 또한 아나뱁티스트 비전 쇄신을 위해 피판적 여성신학자들이 비전쇄신의 차원에서 요더의 전작품oeuvre을 읽어나갈 것이다. 크랄이 말한 내용을 다시 인용하면 학자들은 "그의 신학이 오랜 기간 동안 개인의 삶이 관리된 것에 의해 얼마나 손상되었고, 그의 신학이 어디에서 얼마큼 왜곡되어 있고, 꼬여 있는지 보기 위해"[50] 연구해야만 한다. 이 논문에서, 나는 요더의 성의 정치학에 관해 직접 다루고 있는 자료들을 대략 나의 시선으로 살펴보았다. 바울 가족법들에 대한 요더의 해석에 대한 연구는 이미 시작되었다.[51] 비전 쇄신을 위해 살펴보아야 할 또 다른 후보는 동등한 가운데 대화를 상정하였음에도 대략 2천년 동안 침묵을 지켜온 후 완전한 참여를 독려한 특별한 조항이 없이 그가 진행한 일반적인 교회론이다. 요더의 여성 목회자 안수 거부는 압제적인 위계질서의 최상부로 올라가는 것이 해방은

한 역사적 자료 중에, 특별히 *Strangers at Home*: *Amish and Mennonite Women in History*, ed. Kimberly D. Schmidt, Diane Zimerman Umble, and Steven D. Reschly (Baltimore: The John Hopkins University Press, 2002)를 보라.

50) Krall, *The Mennonite Church and John Howard Yoder*, 211.

51) Elisabeth Schüssler Fiorenza, *Bread Not Stone* (Boston: Beacon, 1984), 81-83; Nekeisha Alexis Baker, "Freedom of the Cross: John Howard Yoder and Womanist Theologies in Conversation", in *Powers and Practices*: *Engaging the Work of John Howard Yoder*, ed. Jeremy M. Bergen and Anthony G. Siegrist (Scottdale, Pa.: Herald Press, 2009), 83-98. 이 주제에 대한 더 많은 작업들은 Schüssler Fiorenza의 글을 보고, 여성과 남성의 평등한 존엄(요더가지지한 입장)과 교회 안의 평등한 역할 (최소한 1972년 요더가 제기한 질문) 사이에 존재하는 차이를 보여준 요더의 문제적인 각주들을 보라. Yoder, *Politics of Jesus*, 173-175의 각주 25-31을 보라.

아니다라는 이론에 근거하고 있으며, 실제로 몇몇 여성 안수 옹호론자들의 논법과 매우 유사하다.52) 그러나 그들의 인류평등의 비전은 의도적으로 여성들에게 권한을 부여할 필요성에 대해 언급한다. 요더 나이스가 제안하는 것처럼 아나뱁티스트 비전은 이러한 역할을 준비시키지 않았다. 지금은 이러한 역할을 준비해야 할 시기다. 지금이 바로 여성과 남성들이 온전한 교회를 이루기 위한 비전 쇄신의 시기다.

---

52) 요더의 입장을 위해서, 『그리스도의 충만한』(대장간 역간)』 *The Fullness of Christ: Paul's Revolutionary Vision of Universal Ministry* (Elgin, Ill.: Brethren, 1987), 50−54, 『교회, 그 몸의 정치』(대장간 역간) *Body Politics*, 60을 보라. 교회의 질서를 다시 상상하기 위해 여성들의 목사안수를 위한 여성신학자들의 사례로는 Elisabeth Schüssler Fiorenza, *Discipleship of Equals: A Critical Feminist Ekklesia−logy of Liberation* (New York: Crossroad, 1993), 23−38; Rosmary Radford Ruether, *Sexism and God−Talk: Towards a Feminist Theology* (London: SCM, 1983), 193−213; Ruether, *Women−Church: Theology and Practice of Feminist Liturgical Communities* (New York: Harper & Row, 1985). Letty M. Russell, *Church in the Round: Feminist Interpretation of the Church* (Louisville: westminster/John Knox, 1993), 50−54 등의 자료들이 서로 비슷한 논점을 견지하지만 여성안수에 대해 보다 회의론적이다.

왜 "화려하고 고상한 실험"이 실패했다 하는가?

이 사건이 메노나이트 교회에 대해 폭로하는 것은 무엇인가?

폴 마틴스와 데이비드 크래머[1]

요약: 이 논문은 문제가 된 요더의 성적실험에 대해 메노나이트 교회가 발표한 내용으로서 아나뱁티스트 전통과 정책에 영향을 끼친 적어도 다음의 세 가지 내부적 긴장들을 드러내고 강조하였다. 1) "아나뱁티스트 비전"과 "메노나이트 현실" 사이에 존재하는 긴장 2) 교회를 치리하는 데 필요한 권력과 반–콘스탄틴적 저항 사이에 존재하는 긴장 3) 죄를 분명히 하고 죄로부터 분리되어야 할 필요성과 불일치 안에서 지속적으로 대화를 진행해 나가야할 필요성 사이의 긴장을 드러내고 강조하였다. 이러한 긴장들이 요더의 글에서는 어떻게 서술 되었으며 교회의 규율에 따라 징계하는 과정에서 어떻게 다른 관점으로 드러났는지 설명하고자 했다. 본질적으로 상황은 다르지만, 이 논문은 현재 진행되고 있는 교회 내에 동성결혼과 LGBTQ들을 포용하고자 진행하는 분별의 과정에서 동일한 긴장들도 그대로 표출되고 있음을 입증하고자 했다. 우리는 종종 열정적인 토론을 통해 표출되는 다양한 관점들을 보다 더 잘 이해하기 위해 메노나이트 교회 안에 존재하는 서로 다른 그룹들의 주장과 그들의 신학논리를 아주 분명히 해야 한다.

존 하워드 요더는 성자가 아니다. 이점은 그의 지저분하고도 야비한 성추행이 어떻게 이루어졌는지 분별했던 그룹을 통해서 분명하게 드러난 사실이기도 하다.[2] 그러나 실제로 모든 메노나이트들이 그의 성추행을 비난

---

[1] 폴 마틴스(Paul Martens)는 텍사스 와코에 있는 바일러 대학교의 종교학과 부교수이고 데이비스 크래머(David Cramer)는 같은 학과 박사후보생이다.

[2] 요더의 성추행에 대해 우리가 파악하고자 했던 우리의 시도를 알려면 데이비드 크래머, 제

하고 그가 스스로를 변호하기 위해 신학적 이론들을 정당화하는 것에 대해 어리둥절하고 있다. 그러는 동안 우리는 이 논문에서 요더의 신학적 사고방식이 메노나이트 교회 내에 존재하는 몇 가지 내부적 긴장을 고조시켰으며 부지불식간에 그리고 얄궂게도 이러한 긴장이 매우 실제적인 방식으로 그들 내부 정책에 큰 영향을 끼치게 되었다는 사실을 입증하려 한다. 그러므로 만약 존 하워드 요더의 사건으로부터 뭔가를 배울 수 있다면, 우리는 단순히 요더의 행동을 비난하는데서 멈춰서는 안될 것이다. 그러기 위해 우리는 요더의 사상이 겉으로 드러나 있고, 현대 메노나이트 교회론에 명백하게 표현되어 있으며, 인간의 성에 대한 기독교적 이해의 복잡한 문제들을 제대로 잡아내기 위해 여전히 신자들의 교회 전통에 속한 아나뱁티스트 전통 내부에 해결되지 않은 채 깊이 자리하고 있는 몇몇 긴장들을 직면해야만 한다.

이러한 과정을 시작하면서 우리는 요더의 사상에 자리하고 있는 세 가지 긴장 즉 종종 너무나 분명하지만 대개는 맹목적인 혹은 이미 퇴화한 가설들을 직접 다루어야 한다. 우선 요더가 부각시켜놓은 잘못된 가설로서 메노나이트 교회는 순수한 교회로서 무거운 짐을 지고 있으며 혹은 요더의 언어처럼 하나님 나라의 "첫 열매"이자 제대로 된 교회로서의 무거운 짐을 지고 있다는 가설에 적극적으로 개입해야 한다. 이 전통에서 출현한 특별한 긴장 세 가지는 다음과 같다.

1(a) 헤롤드 벤더가 쓴 "재세례신앙의 비전"의 형태를 이야기하는 것이든 혹은 누군가 공식적으로 비슷한 내용으로 설명하는 것이든 아나뱁티스트 비전이라는 표준화된 높은 기준과 (b) 일상에서 이러한 이상3)에

니 호웰, 폴 마틴스, 조나단 트란이 쓴 "Theology and Misconduct: The Case of John Howard Yoder", *The Christian Century* 131, no. 17 (Aug. 20, 2014) 20−23을 보라. 그리고 앞에서 말한 저자들의 글 "Scandalizing John Howard Yoder", *The Other Journal* (July 7, 2014)을 보라. online: bit.ly/jhyodr.

3) 이 글에서 우리의 주장을 진행해 나가는 동안 우리가 말하고자 하는 이론의 근거를 분명히

턱없이 못 미치고 있는 메노나이트 현실 사이의 긴장

2)(a) 교회의 규율에 따라 권징을 시행하고자 하는 사용하는 교회 공동체의 권력과 (b) 이를 파괴적인 반-콘스탄틴 권력으로 이해하고 사용하기를 저항하는 사람들 사이에 존재하는 긴장

3)(a) 죄를 분명히 하고 죄로부터 분리되어야 할 필요성과 (b) 불일치 안에서 지속적으로 대화를 진행해 나가야할 필요성 사이의 긴장.

이러한 주제들 중 첫 번째 주제 – 표준화된 높은 기준과 실제 삶 속의 실천이나 경험사이에 존재하는 긴장 – 는 아주 오랜 역사를 갖고 있다. 이 주제는 메노나이트라는 세계에 속해 있는 사람들에게 매우 익숙함에도 불구하고, 많은 사람들이 이러한 긴장을 다시 발견하게 된 데는 늘 이해되어져왔던 이상에 비해 요더의 사건이 일깨워준 모습이 너무 모질고 복잡하게 다가와서이다. 이러한 긴장에 다가가는 것은 뒤따르는 다양한 긴장에 대해좀 더 심사숙고하도록 만들며, 현재 이러한 긴장들은 메노나이트 교회들을아주 강력하게 압박하는 고민거리들이기도 하다. 논점을 구체화하기 위해우리는 이러한 긴장들이 현재 미국 메노나이트 교회내의 또 다른 분별의 과정, 이른바 독신을 주장하지 않는 LGBTQ 사람들에게 목회 자격을 부여하고 안수를 주어야 할지 말아야 할지에 대한 분별의 과정에서 어떻게 기능하는지 설명해야 한다. 현재 동성결혼이나 LGBTQ 포용과 같은 주제들과 요더의 사상 사이에서 발생되는 긴장은 서로 유사성이 있기에, 우리는 메노나이트들이 현재 성, 독신, 안수 문제를 놓고 토론하는 그들의 "입장"과 상관

하기 위해 우리는 "이상"이라는 용어를 의식적으로 사용할 것이다. 벤더, 요더를 비롯하여 많은 메노나이트들이 "아나뱁티스트 비전"을 언급한 이유는 그들의 규정상 "성서적 비전"을 언급하는 것으로 이해되기 때문이다. 이것은 역으로도 가능하다. 모든 사람이 이 두 비전을 직접 연결하지는 않지만 이는 메노나이트 역사 전반에 스며들어있는 생각이기에 이글에서 우리는 "아나뱁티스트 이상"과 "성서적 이상"을 서로 번갈아가면서 사용할 것이다.

없이 그들의 전통 안에 이미 이러한 가정들과 긴장의 방식들을 갖고 있었다는 점을 보여주고자 한다. 그러므로 우리의 목적은 이러한 논쟁을 진행함에 있어 그 어떤 특정한 입장이나 한쪽 편을 비판하려는 것이 아니라, 이러한 긴장들이 어떻게 일어났고 얼마나 확고하게 굳어지고 있는지 보다 잘 이해할 수 있도록 신학적 논리들을 명쾌하게 밝히는데 있다.

"'아나뱁티스트 비전과 메노나이트 현실'을 다시 검토하고" 또 검토함

아나뱁티스트 비전이 추구하는 이상과 메노나이트 공동체의 현실 사이에 존재하는 긴장은 얼마간 꽤나 중요한 논쟁의 주제로 자리해왔다.[4] 대부분의 경우 표준화된 비전과 현실 사이에 차이가 존재하는데 전자인 비전은 항상 최상의 것이라 여겨지는 반면 후자인 현실은 늘 비판의 대상이 되곤 한다. 그리고 비전으로서 다루어지는 전자는 항상 "아나뱁티스트"이고 후자는 항상 "메노나이트"로 정의되어 왔다. 한편 어떤 사람들은 아나뱁티스트 비전 자체에 일면 부족한 게 있다고 비판해왔다.[5] 그러나 이러한 토론을 진행함에 있어 비전과 실재 사이에 존재하는 불화를 표현하는 여러 가지 방식들은 거의 인정되지 않는다. 이 점에 있어 우리는 다음의 세 가지 가능한 선택 사항을 간단히 살펴보고자 한다.

---

4) 특별히 우리가 다루는 부제들은 존 로스의 논문 "Living Between the Times: 'The Anabaptist Vision and Mennonite Reality' Revisited" The Mennonite Quarterly Review (이후 MQR로 표기함) 69 (July 1995), 323-335, 존 하워드 요더의 논문 "Anabaptist Vision and Mennonite Reality", Consultation on Anabaptist-Mennonite Theology: Papers Read at the 1969 Aspen Conference, ed. A.J. Klassen (Fresno, Calif.,: Council of Mennonite Seminaries, 1970), 1-46에 대해 직접 반응한 글이다. 마찬가지로 요더의 논문은 헤롤드 벤더의 "The Anabaptist Vision", MQR 18 (April 1944), 67-88에 반응한 글이다.

5) 이러한 후자의 입장을 주장해온 가장 유명한 예가 스티븐 딘타만의 Stephen F. Dintaman's 영향력 있는 논문 "The Spiritual Poverty of the Anabaptist Vision", Conrad Grebel Review 10 (1992), 205-208이다.

선택 사항 1: 다름은 죄다

아나뱁티스트 비전과 메노나이트 현실 사이에 존재하는 차이를 설명하는 한 가지 방식은 크리스천 삶의 표준을 살아내지 못할 경우 그것을 실패로 규정하는 것이다. 다시 말해 비전과 현실 사이의 간극을 죄로 여기는 방식이다. 스탠리 하우어워스와 같은 일부 유명한 윤리학자들이 신실한 기독교 공동체로서 무저항과 용서6)를 실천하는데 있어 메노나이트들이 기독교의 모범이 되고 있다고 자주 설명하는 데도 불구하고, 메노나이트 공동체에서 자랐거나 혹은 메노나이트 교회에 적극적으로 참여한 몇몇 사람은 이러한 공동체들도 교만, 이기심, 질투심, 혹은 폭력과 같은 개인적인 악덕으로부터 자유롭지 못하다는 사실을 인정한다.7) 이것이 바로 마우리스 마틴Maurice Martin이 목회적인 차원에서 쓴 "순전한 교회: 아나뱁티스트 운동이 지고 있는 무거운 짐 The Pure Church: The Burden of Anabaptism" 이라는 글에서 설명하고자 했던 그 긴장이다.8) 그리고 존 로스가 "Living Between the Times,"에서 정의하고자 했던 그 긴장이다. 이 긴장은 매주 선포되는 수많은 메노나이트 설교의 뼈대이기도 하다. 메노나이트들은 다른

---

6) 예를 들어 스탠리 하우어워스는 그의 책 *In Good Company: The Church as Polis* (Notre Dame, Ind., University of Notre Dame Press, 1995)에서 "나는 종종 가톨릭과 아나뱁티스트를 낭만적으로 묘사한다고 지적을 받는다. 그리고 그렇게 하는 것은 의심할 바 없이 위험한 일이다. 그러나 내가 이 두 전통에 그토록 매력을 느끼는 이유는 그들이 현대의 기독교인들이 잃어버린 것들에 대해 저항하는 자료들로서 교회의 실천사항들을 여전히 지켜나가고 있기 때문이다. 이러한 것의 핵심에는 실천사항이 놓여있다. 여기서 실천사항들이란 이 세상을 위해 그리스도께서 자신을 내어주신 모습으로서 교회를 드러낸다." (67-68).

7) 이러한 맥락에서 우리는 요더가 내린 폭력의 정의를 채택하였다. "언어폭력이나 신체적 강압이 인간의 존엄을 증대시키는 사랑의 경계선을 넘어간다면 우리는 폭력을 당한 것이다. 이러한 폭력의 두 극단적인 차원은 당연히 사람을 죽이는 살인과 마태복음 5장에서 예수께서 나쁜 것으로 묘사하고 있는 극단적인 모욕을 들 수 있다. 나는 모든 사람의 존엄을 지키고 존중하는 것이 기독교인들에게 주어진 명령이라고 믿는다. 나는 결코 기꺼이 혹은 고의로 이러한 존엄을 파괴하지 않을 것이다." 존 하워드 요더 "Fuller Definition of Violence", London Mennonite Centre, Highgate, London, March 28, 1973, p. 3.

8) Maurice Martin, "The Pure Church: The Burden of Anabaptism", *Conrad Grebel Review* 1, no. 2 (Spring 1983), 29-41.

사람들이 규정해준 정체성을 받아들이기까지 아주 길고 어려운 시간을 보내왔다. 일반적으로 메노나이트들은 자신들의 교회를 대략 루터교 전통 안에서 통용되는 정의인 simul justus et peccator 의로운 죄인 즉 의인임과 동시에 죄인인 사람들로 구성된 곳이라고 말하지 않는다. 오히려 메노나이트들은 교회를 "새로운 제자들의 공동체," "성령에 의해 세워지고 운영되는 새로운 사회," 그리고 "예수 그리스도의 가시적인 현현"이라고 표현하길 좋아한다.9)

그러나 틀림없이 마태복음 18:15-22와 16세기 슐라이트하임 고백서를 근거로 교회의 규율을 따라 훈계의 필요성을 강조해온 메노나이트들은 교회가 통상적으로 훈계의 절차를 시행하기로 채택할 때면 늘 이러한 긴장이 있었다고 설명한다. 메노나이트 신앙고백서의 기록에 따르면, "규율은 죄를 범한 형제자매들을 자유롭게 하고, 하나님과의 관계로 바로 서게 하며, 교인 상호간의 교제를 회복시킨다"14조고 되어 있다. 이러한 종류의 실천은 정기적으로 만나 대부분의 개인적인 죄를 이야기할 때 가장 효과적으로 작동될 수 있는 것으로 나타났다.10) 예를 들어 살인이나 유괴와 같은 보다 극

---

9) 이러한 설명들은 『메노나이트 신앙고백서 Confession of Faith in a Mennonite Perspective』 (Scottdale, Pa.: Herald Press, 1995) 39-41에 기록되어 있다. 비록 이러한 내용을 받아들이고 있다는 사실이 그다지 강조되어 있지 않은 것처럼 보이지만, 보다 공정하게 설명하기 위해 고백서의 9조: 예수 그리스도의 교회라는 조항은 "교회는 완벽할 수 없기에 끊임없이 회개해야 할 필요가 있다"(39)고 기록하고 있다. 게다가, 이 조항은 메노나이트들이 신앙고백의 형태, 내용 및 역할을 다양하게 사용하고 있음을 인정하고 있다. 우리가 이러한 주장을 설명하기 위해 신앙고백 Confession of Faith을 사용하였다는 사실을 언급해야만 한다. 이 글에서 신앙고백을 인용할 때 우리는 역사 속에서 그리고 현재 북미 전역의 상당히 많은 메노나이트들이 기준이 되는 신학적 신념으로 이 신앙고백을 사용하고 있다고 믿는다.

10) 이러한 훈계의 과정에서, 대개 도덕적 노력을 기울이고 실패한 후에만 은혜와 용서가 소개된다. 이러한 순서와 이를 암묵적으로 강조하는 것은 많은 논쟁을 불러일으켜왔다. 예를 들어 Dintaman은 "The Spiritual Poverty of the Anabaptist Vision",이라는 글에서 "우리는 사람들에게 잘못된 신들을 고집스럽게 붙들고 있는 인간의 연약함과 불안정성에 대해 거의 동정심과 인내심을 보여주지 못해왔다. 우리는 종종 자신의 국가주의적 성향과 물질주의적 태도를 포기하지 못하는 사람들을 경멸해왔다. 우리는 속박과 중독의 깊은 구덩이에서 헤어 나오지 못하는 상처 입은 사람들에 대해 거의 민감하게 반응하지 못해왔다. 즉 내가 믿기에 이것이 바로 아나뱁티스트 비전을 추구하는 교회들이 성장하지 못하는 이유들이다. 아나뱁티스트 비전은 본질적으로 자신들의 삶을 잘 통제하는 아주 강한 사람들을 어떻게 목회해야하는가 하는 점만을 가르쳐주었다. 그것은 우리가 도저히 자신들을 변화시킬 수 없다고 느끼는 큰 문제가 있는 사람들을 만날 때, 우리에게 좌절감과 무기력감을 남겨주었다."(206).

단적인 죄들은 대개 연방 혹은 주 정부의 법절차에 따라 치리하지만, 이러한 정부의 조처들은 비록 그 절차들이 좀 더 복잡하더라도 대개 교회의 훈계를 대신하지 못했다.

이러한 갈등을 분명히 규정하면서 추정할 수 있는 내용은 교회가 기준이 되는 비전을 이해하는데 있어 분명하고 일치된 모습을 보이고 있으며 이를 근거로 교회가 규율을 지키고, 무엇이 죄인지 규정하는 확실한 능력이 있다고 여기는 것 같다. 그러나 요더는 이러한 가정들에 대해 이의를 제기하였고, 그의 징계 절차를 매우 성가시고 복잡하고 미완의 과정으로 만들어버렸다.

선택 사항 2: 다름은 구조적이다

아나뱁티스트 비전과 메노나이트 현실 사이에 존재하는 차이를 설명하는 두 번째 방식은 교회 구조 혹은 사회학적 형태들을 불화로 생각하는 것이다. 즉 사회학적으로 형성된 메노나이트 교회의 형태는 공동체로서 초기 아나뱁티스트들의 교회와 아주 엄청나게 다르다.[11] 비록 요더 자신이 위에서 묘사한 첫 번째 종류의 긴장을 인정했지만,[12] 그의 비판적 건설적 관심사들 중 많은 부분은 두 번째 긴장인 사회학적 표현으로 봐야 할 것이다. 요더는 자신의 인생 초반부에 "세상에 직면하기 위해 성령이 인도하시는 방식의" 현대 메노나이트 기관들 특별히 대학들을 대조하고자 했던 그의 관심

---

11) 우리는 구조들이 악할 수 있다는 사실을 인정한다. 그러나 이러한 맥락에서 우리는 구조적 차이에 대해 말할 때 아무런 가치 판단을 하지 않고 요더의 방식을 따라왔다. (물론 교육, 출판, 성경해석에 대해 제한을 두지 않는 모습으로서 아나뱁티스트 운동과 기독교의 다른 교단 구조들 사이에 존재하는 차이는 예외로 한다.) 그러나 요더가 제안하고 공개적으로 남겨놓은 질문은 언제 사회학적인 차이가 단순히 다른 모습으로 나타나고 언제 그것이 죄가 되는지 사람이 어떻게 알 수 있는가?로 좀 더 정확하게 표현할 수 있다.

12) John Howard Yoder, "Reinhold Niebuhr and Christian Pacifism", *MQR* 29 (April 1955), 101-117. 니버의 신학을 묘사하는데 있어 요더는 "유한과 초월 사이에 긴장이 존재하며 이로 인해 종종 죄가 발생한다."(103)고 했던 니버의 관점을 주로 다루었다. 후에 요더는 최상의 의도들이 뒤섞일 때조차 죄의 편만성이 사실임을 증명하면서 "니버의 신학과 평화주의에 대한 참 섬김"의 모습을 독자들에게 상기시켜 주었다(117).

그룹Concern Group에 "아나뱁티스트 거위 요리"13)라는 편지를 보내 희화시켰다. 그리고 후에 "아나뱁티스트 비전과 메노나이트 현실"이라는 표현을 사용하여 공식적으로 비판하였다. 본질적으로 요더가 훗날 자신의 논문에서 발전시킨 주장은 간단하다. 그의 기본 전제는 아나뱁티스트 운동은 핵심에 있어 두 가지 범주로 나뉜다. ª 하나는 본질상 아나뱁티스트 운동은 신자들의 교회라는 것이고 ᵇ 두 번째로 신자들의 교회는 십자가의 도를 따른다는 것이다. 그는 "신자들의 교회"를 i 외부적으로는 선교 중심적mission-oriented ii 내부적으로는 "자발성voluntarism"14)에 의해 증거 된다고 설명을 덧붙였다. 이러한 신자들의 교회에 대한 설명은 "교회 구성원들의 충실한 헌신이 자신의 개인적 책임, 양심, 성숙, 성인으로서의 선택이며 누군가가 자신을 대신해서 결정하거나 자신의 선을 대신할 수 없음"15)을 당연하게 여긴다. 또한, 요더는 십자가의 길이란 권력 사용을 포기하는 것이며 의사결정에 있어 사람들의 인격을 물질로 격하시키는 방식을 거절하는 길이라고 간명하게 요약하였다.16) 이것이 요더에게 있어 아나뱁티스트 운동의 핵심이자 정수였다. 그의 주장에 따르면 이것은 역사적 설명이 아니라, "해석학적"17) 설명이자, 자신이 16세기 아나뱁티스트 운동과 신약성서를 읽으면서 발견한 도의적 정수다.

요더가 고수하고 있는 이야기의 내용은 아나뱁티스트 비전이 역사를 초월하는 이상과 부합하는 정도를 볼 때 정의상 메노나이트 역사는 실패했다. 결핍증을 보이는 메노나이트 공동체는 실제적인 공동체이기 때문에

---

13) John H. Yoder, "Reflections on the Irrelevance of Certain Slogans to the Historical Movements They Represent; Or, the Cooking of the Anabaptist Goose; or, Ye Garnish the Sepulchres of the Righteous", Box 42, Folder 6, H.S. Bender Papers, Mennonite Church USA Archives-Goshen, Goshen, Ind.

14) Yoder, "Anabaptist Vision and Mennonite Reality", 4.

15) Ibid.

16) Ibid.

17) Ibid., 5.

corpusculum Christianum 하나의 작은 기독교 왕국이다.[18] 그리고 메노나이트 교회 안에 문화로 적응되어 있는 비전은 그것이 기독교적인 것이든 아니든 외부에서 자원들을 "빌려와" 아나뱁티스트 비전으로 삼은 결과물이다. 예를 들어 요더는 존 펑크John F. Funk가 드와이트 L. 무디Dwight L. Moody로부터 자원들을 빌려왔다고 주장했고 특별히 주일학교나 출판사의 시작은 역할에 있어 새로운 메노나이트 정체성과 통합되었다는 점을 강조하였다.[19] 그 외에 몇 사람을 예로 들자면 J.B. 스미스와 A.R. 웽어, 그리고 존 스타우퍼 John Stauffer는 "특별한 취향"을 가진 경건주의자들로서 세대주의를 소개하였고 "성서해석의 독특한 기술들"을 올드 메노나이티즘Old Mennonitism으로 편입시켰다.[20] 물론 요더는 이 글을 쓸 때, 행정적, 제도적 노력을 통해 메노나이트들을 통합하고자 했던 자신의 멘토이자 독보적인 교회 리더였던 헤롤드 벤더를 염두에 두었다.[21] 그러나 벤더는 실제로 메노나이트 리더들 중 아주 오랜 기간 동안 "메노나이트 현실"을 뿌리 깊게 다시 형성하도록 만든 유일한 사람으로 그가 제시한 "아나뱁티스트 비전" 보다 더 멀리 나갔다.

요더의 주장으로부터 한걸음 뒤로 물러서서, 잠시 주목할 만한 내용 세 가지를 차례로 살펴보자. 첫 번째로 비록 요더가 마치 자신의 일탈의 이야기를 분석이라도 하듯이 설명하고 있지만, 거기에는 죄라고 표현된 언어들이 존재하지 않는다. 오히려 그 실패로 나타난 것은 사회학적으로 형성된 메노나이트 현실이란 점에서 관찰되는 명백한 변질과, 개인적인 행위자들이 지은 죄의식의 부재 때문에,[22] 요더가 기본적으로 염려했던 불화의 형태는 위의 선택사항 1번에서 설명한 것과 같다고 볼 수 없다.

---

18) Ibid., 6.
19) Ibid., 7–8.
20) Ibid., 10.
21) Ibid., 10.
22) 틀림없이 요더는 개인적 행위자들의 행동을 매우 슬퍼했지만, 그는 그들에게 죄가 있다고 칭하기를 중단하였다. 메노나이트 교회에 주일학교를 소개한 펑크를 죄인으로 규정하기는 분명 어려웠을 것이다.

두 번째로 중립성 혹은 객관성에 대한 전문가적 입장에도 불구하고, 요더가 비교분석 한 메노나이트 현실에 있어 자신이 스스로 외부적인 입장을 취하는 것은 거의 불가능하다. 학습을 돕기 위해 뭔가 발견하려는 목적 아래 그가 쓴 요약문이 유용한 것만큼이나, 아나뱁티스트 운동은 논쟁의 가능성이 매우 높은 것으로써 메노나이트들에게 유형론적인 "모델"23)이나 "개념"24)으로서 정의 가능하다고 제안하는 것은 단지 요더가 진정한 아나뱁티스트 운동이 무엇인지 진지하게 고려한 뭔가를 넘어선 또 다른 철학적 모델이나 개념을 "빌려올" 때만 가능하다. 달리 표현하자면, 마치 역사적으로 드러나 있는 표현들 밖에서 아나뱁티스트 운동을 정의하는 것이 가능한 것처럼 행동하는 것은 메노나이트 현실을 통합화시킨 벤더후post-Bender 단계로 나가는 것이어야 한다. 그 사례가 어떤 것이든 간에, 이러한 입장을 취한 요더는 예수의 삶인 이상을 표현해 내기에 항상 부족하다고 본 라인홀드 니버의 역사적 현실주의라는 아주 분명한 적수를 자신이 속한 메노나이트 교회에서 보게 되었다는 사실을 인정하였다.25)

세 번째 그리고 위의 사항과 관련된 내용으로써 요더가 메노나이트 현실을 형성하는데 있어 결정적인 역할을 한 "위대한 인물"들에 대한 많은 설명들을 마치 요더가 한 것처럼 읽을 수 있다. 예를 들어 "이러한 위대한 사람들 하나하나"에 대해 말하면서 요더는 다음과 같은 기록을 남겼다.

그가 외부로부터 이 교단에 들여온 것들이 그 이전에 존재했던 것들과

---

23) Ibid., 46.

24) Ibid., 25.

25) 니버가 이러한 통상적인 악(무력)에 대한 선택이 필수불가결하다는 식으로 기독교 현실주의를 허락하는 동안, 요더는 칸트의 입장을 취하면서 상황과 상관없이 선을 행할 의무가 있음을 다시금 강조하였다. 비록 요더가 종종 니버를 비판하였지만, 그들의 관계는 사람들이 알고 있는 것보다 훨씬 복잡하다. 이 두 신학자 간의 상호관계를 위해서는 David C. Cramer, "Realistic Transformation: The Impact of the Niebuhr Brothers on the Social Ethics of John Howard Yoder", MQR 88 (Oct. 2014), 479-515를 보라.

아주 창조적으로 통합되어 다음 세대로 전수되었고, 그들이 외부에서 가져온 것들과 이 전에 이미 존재했던 것들과 아무런 차이를 발견하지 못하는 모습으로 자리하게 되었다. 어떤 의미에서 그는 메노나이트를 대표하는 "미스터 메노나이트"가 되었다.[26]

"신-아나뱁티즘," "아나뱁티즘" 그리고 "메노나이트" 신학과 윤리학에 대한 21세기 초반의 설명들을 읽다보면 그가 말했던 내용에 부합할 정도로 어느 새 요더는 "미스터 메노나이트"가 되어 있었다.[27] 아마도 이것이 바로 메노나이트들이 요더의 행동에 의해 직접적으로 상처를 입은 남녀들을 넘어서 요더의 글들을 무시하지 못하도록 만드는 가장 명확한 이유일 것이다. 메노나이트 교회의 자기 이해는 그의 설교, 가르침, 저술 및 다양한 행정적 역할을 감당했던 요더의 영향력 아래 있기 때문이다.[28]

이러한 메노나이트 리더 각 사람에 대한 요더의 설명은 나중에 자신의 경우에도 해당될 만했고, 그 내용은 다음과 같다.

그가 다시 창조한 메노나이트 정체성에 대한 [리더가] 갖게 된 확신은 자 유로운 선택을 통해 교단에 영향력에 미치는 리더의 사역에 대해 잘못

---

26) Yoder, "Anabaptist Vision and Mennonite Reality", 11.

27) James Davison Hunter, To Change the World: The Irony, Tragedy, and Possibility of Christianity in the Late Modern World (New York: Oxford University Press, 2010), chapter II 15, "The Neo-Anabaptists", 150-166. 여기에서 요더는 (신)아나뱁티즘의 주된 해설가이자 실례로 기능한다.

28) AMBS에서 그의 가르침과 업무 역할과 더불어, 요더는 메노나이트 중앙위원회Mennonite Central Committee, 메노나이트 선교부Mennonite Board of Mission, 메노나이트 연구소the Institute of Mennonite Studies, 그리고 메노나이트 정기간행물 MQR등 다양한 행정적 능력을 가지고 활동하였다. 메노나이트 세계 밖에서도, 그는 노트르담 대학에서 가르치고, 다양한 모습으로 국가교회협의회(National Council of Churches), 세계교회협의회(World Council of Churches), 기독교 윤리학회, 종교윤리잡지(Journal of Religious Ethics), 소저너스(Sojourners) 잡지 등에서 다양한 업무 능력을 갖고 활동하였다. 또한, 요더는 세계를 무대로 정기적으로 강연과 설교를 해왔으며, 엄청난 양의 글을 남겼다. 요더의 전문적인 활동에 대한 보다 자세한 내용을 위해 Mark Thiessen Nation, "John Howard Yoder: Mennonite, Evangelical, Catholic", MQR 77 (July 2003), 357-370을 보라.

이해하게 만들었다. 당연히 그들은 사람들이 자발적인 헌신이라는 동일한 순수성을 갖고 리더들의 지도를 따른다고 여겼지만, 그들 중 많은 사람들이 단지 자신들의 안전을 지지해주는 버팀목으로 혹은 자녀들을 위한 하나의 새로운 방법으로 이러한 정체성을 재확인한다는 사실을 놓쳤다. 그러므로 리더들을 따르는 이러한 사람들의 심리와 리더 자신들이 갖고 있는 리더십이 어떻게 형성되었는지 그 차이를 제대로 깨닫지 못한 채 리더들은 자신들의 경험을 의지하게 되었다.[29]

만약 그렇지 않다면, 이러한 관찰은 메노나이트 리더들이 자신을 따르는 사람들의 심리적 상태를 오해하였기 때문에 의도하지 않게 직권을 남용하였고 문제의 영향을 끼칠 수 있었다는 식으로 요더의 의식을 드러내고 있다. 그가 이러한 리더들 중 한 사람으로 자신을 인식하고 있었는지 아닌지 하는 점은 지속적으로 논의해야 할 내용이다. 그렇지만, 사람들이 이러한 특별한 질문에 대해 어떻게 대답하든지 상관없이 요더는 메노나이트 현실을 실패로 묘사할 때 구조적, 사회학적, 더 나아가 정치적인 용어들을 사용하여 가장 잘 이해한 것처럼 보인다. 여전히 요더 자신의 직권 남용 사례에 드러난 긴장은 그가 깨닫고 있었던 것보다 훨씬 복잡함을 시사한다.

요더의 사례: 위에 언급한 차이 중 그 어디에도 해당되지 않음[30]

어쩌면 우회하는 것처럼 보이겠지만 메노나이트들의 실패를 언급하는 두 가지 선택사항들을 다소간 길게 설명함으로써, 우리는 1992년 존 하워드 요더의 사례를 담당했던 징계위원회가 마주해야 했던 독특한 도전적 상

---

29) Yoder, "Anabaptist Vision and Mennonite Reality", 12.
30) (이미 이곳에서 사용했고 앞으로도 사용할) "사례"라는 용어와 관련하여, 우리는 이미 이 곳에서 사용하고 있는 모든 복잡한 사례들을 언급하는 간단한 방식으로 이 용어를 활용할 것이다. (일부 중첩되는 면이 있겠지만) 우리는 법적 사건을 의미하는 어떤 방식이라기보다는 사례연구를 언급하는 방식으로 이 단어를 더 많이 사용하고 있다.

황이 무엇이었는지 살펴보고자 한다. 간단히 말해 요더의 사례는 아나뱁티스트 비전과 메노나이트 현실이라는 두 개의 경쟁적인 관점이 충돌하면서 발생한 도전적 상황을 있는 그대로 보여준 매우 진기한 사건이다. 한편으로 수많은 메노나이트들은 아마도 최우선적으로 요더에 의해 추행을 당하고 폭력을 당했던 여성들 요더의 행동들을 요더 자신이 선택사항 1에서 분명하게 제시한 아나뱁티스트 비전의 실패로서 죄악 된 메노나이트 현실이 표출된 것이라고 해야 할 것이다.[31] 그러나 또 다른 한편, 요더는 메노나이트 구조의 실패를 고치고, 메노나이트의 현실에 상상이 풍부하게 재창조함으로써선택사항 2 인간의 성관계에 대한 아나뱁티스트 비전을 구체화하기 위한 시도라고 자신의 활동을 서술하였다.

1997년에 나온 요더의 책 *For the Nations*는 "목소리의 어조나 스타일과 입장에 있어서 흩어져 있는 하나님의 백성에 대한 주장"이라는 문장과 더불어 시작된다.[32] 다양한 변화를 통해 요더는 믿음의 공동체가 "그 길을 가는 세상"[33]이자 하나님 나라의 "첫 열매"임을 되풀이해서 말하였다. 이 주제는 수십 년 동안 요더의 사상에 이미 잘 드러나 있고 1984년에 출간한 *The Priestly Kingdom*이라는 책에 상세하게 설명되어 있다.[34] 이 책의 본문에서 요더는 거대한 사회의 소우주로 존재하는 교회의 역할 중 하나는 "이전에 충족되지 않은 필요를 채우거나 혹은 무너진 목회를 회복하기 위한 시범 프

---

31) 실제로, 우리는 어딘가에서 다소간 길게 이러한 관점을 채택하고 발전시켜왔다(위에서 언급한 설명 1을 보라). 그리고 수많은 다른 사람들이 이러한 관점을 다양한 방식으로 표현해 왔다. 이에 대한 훌륭한 논문들이 Gayle Gerber Koonts, Gerald J. Mast, Malinda E Berry, Peter Dula, and Justin Heinzekehr, "On Teaching John Howard Yoder", Mennonite Life 68 (2014)를 보라. http://archive.bethelks.edu/issue/vol-68/.

32) John Howard Yoder, *For the Nation: Essays Public & Evangelical*(Grand Rapids, Mich.: Wm B. Eerdmans, 1997), 1.

33) Ibid., 50.

34) 이러한 관점에 대한 그의 초기 설명에 대해서는 1968년에 쓴 그의 논문 "The Original Revolution"을 보라. 이 논문에서 그는 "이것이 근원적 혁명이다. 즉 사회의 상식에서 벗어난 가치체계와 이러한 가치들이 체화되어 하나가 된 독특한 공동체를 창조하는 것이 근원적 혁명이다." John Howard Yoder, 『근원적혁명』(대장간 역간) *The Original Revolution: Essays on Christian Pacifism* (Scottdale, Pa.: Herald, 2003), 28.

로그램들"을 착수해 볼 것을 제안했다. 요더는 "교회는 모든 목회가 비용을 필요로 하는 것이 아니기 때문에, 실험을 진행할 수 있다. 교회는 국가에서 책임을 지고 시험을 하는 것보다 상실과 실패의 위험을 감수할 수 있다."고 보았다.[35] 비폭력이라는 정황 속에서 이러한 교회의 역할에 대한 이해는 종종 제대로된 예산편성과 찬사를 받아내지 못했다.

그러나 여전히 교회에 대한 이러한 이해는 성이라는 맥락에서 요더에게 똑같이 중요했다. 1970년대 초에 이미, 요더는 독신과 결혼하지 않은 사람들의 관계가 새로운 공동체 안에서 어떠면 좋을지 재고하였고 "그러한 방식"의 세상은 어떠해야 할지 탐색하기 시작했다. 그가 사람들의 의견을 묻기 위해 돌린 1974년 3월 28일자로 되어 있는 비망록에서, 요더는 교회 안에 독신을 좋지 않게 보는 시각을 고치기 위한 방안을 찾고 있었다. 이에 대해 사람들이 독신을 다시 생각해보도록 부분적인 방식으로 소위 말하는 "시험 프로젝트pilot project"를 준비하여 다음과 같이 제안하였다.

만약 우리가 구혼기간을 두 사람 간의 관계로 보아야만 한다는 고정관념에서 우리 자신을 해방시킬 수 있다면, 동성이든 양성간의 관계든 그릇된 설명이나 불건전한 모습으로 관계가 발전하지는 않을까하는 두려움 없이 도덕적 지지를 받으며 애정을 표현하고 새롭고 자유로운 길을 발견할 수 있을 것이다. 어떤 면에 있어서 우리는 군이 성적 표현으로 귀결되지 않는 영적 친밀감이라든가 신체 접촉이 가능하다는 필요성을 재발견하고 싶어 하는 "젊은이들의 문화"로부터 뭔가 분명하게 배울 수도 있을

---

35) John Howard Yoder, *The Priestly Kingdom*: *Social Ethics as Gospel* (Notre Dame, Ind.: University Notre Dame Press, 1984), 92. 이 후에 설명되는 상당 부분에 있어서, 우리는 The Priestly Kingdom에서 요더의 사상과 행동 사이의 연대기적으로 시종일관된 모습을 볼 수 있다. 그러나 거의 모든 사례들에서 이러한 사상은 다른 책들에서도 나타난다. 이러한 경우에, 소수 공동체의 사회적 탄생이라는 사상 또한 그의 초기 및 다른 정황에서도 나타난다. John Howard Yoder, *Revolutionary Christianity*: *the 1966 South American Lecture*, ed. Paul Martens, et al. (Eugene, Ore, Cascade, 2011), 100-101.

것이다. 그렇게 함으로써 결혼한 사람이 자신의 배우자가 아닌 다른 사람들에게 좀 더 신체적으로 자유롭게 애정을 표현할 수 있고, 독신자들은 아무런 악평이나 추문에 대한 두려움 없이 신체적으로나 영적으로 자신들의 모습을 인정받을 수 있을 것이다.[36]

그에게 성추행을 당했던 희생자의 증언에 따르면 이러한 주장에 대한 요더의 확신은 매우 굳건했다. 이에 대한 구체적인 설명은 1990년대 초, 요더의 희생자로서 자신의 피해를 알린 캐롤린 헤겐의 글에 잘 드러나 있다. "좀 별났지만, 요더는 매우 윤리적인 남자였다. 그는 자신의 행동을 뒷받침하는 윤리적 체계를 갖고 있었다."[37] 그리고 요더가 사용한 그 윤리적 체계는 다음과 같은 방식으로 요약 정리되어 있다. "우리는 최첨단에 서있다. 우리는 교회를 위해 일종의 새로운 모델들을 개발하고 있는 중이다. 우리는 이러한 거대하고 고귀한 실험의 부분을 시행하고 있다."[38] 요더가 *The Priestly Kingdom*에서 주장하였듯이, "이는 유토피아를 이루는 비전을 기억하고 이를 창조하고자 하는 소수의 공동체들이 할 수 있는 방법"이기 때문에 믿음을 가진 교회는 이 시험 프로젝트에 자유롭게 참가할 수 있을 것이라고 보았다.[39]

이글을 읽는 사람들에게 결정을 떠맡기는 모습으로 드러난 바로 이 실천적인 질문들은 (a)요더의 사례에서 드러나는 일종의 실패의 전말을 누가 결정할 것인가? (b)어떤 기준으로 요더의 행동을 평가할 것인가? 즉 그렇게 해도 전혀 부끄럽지 않을 만큼 규범적인 기대치에 대해 요더가 무능력한 것은 아니

---

36) "관계자들에게 보내는 메모 Memorandum to whom it may concern", March 18, 1974. 여기에서 요더가 언급한 "젊은이들의 문화youth culture"는 당시 북미 문화에 널리 퍼져 있던 성의 혁명 broad sex revolution을 의미한다.

37) "Yoder's actions framed in writings", *The Elkhart Truth*, July 15, 1992. 톰 프라이스(Tom Price)의 글에서 인용함. 이 기사에서 헤겐은 "티나"라는 익명으로 언급되었다.

38) Ibid.

39) Yoder, *The Priestly Kingdom*, 94.

없는지 혹은 이 시험 프로젝트 자체가 실패하는 것은 아닌지에 대한 질문이 제기 되었다. 표면적으로 이에 대한 대답들은 아주 쉬운 것처럼 보인다. 당연히 요더의 행동이 학대와 폭력적이 될 것이며 그러기에 메노나이트 교회와 요더 자신의 비폭력 신학에 기반을 두고 있는 교회에 의해 비난을 받게 될 것이라는 점은 거의 모든 사람들이 인정하였다.[40] 그러나 이 프로젝트를 좀 더 강하게 밀어붙인 그의 모습은 그의 일의 진행을 어둡고 흐릿한 그림으로 만들어버렸다. 그러나 이 어두운 그림이 아마도 독신이 아니지만 목회를 원하는 LGBTQ사람들이 목회자 면허 및 안수라는 문제에 대해 갖고 있는 경쟁적인 관점과 긴장을 화해시키려는 메노나이트 교회 정책 안에 지속적으로 존재해왔던 그 긴장 상황에 한줄기 빛을 비추어 줄 수도 있다. 그러나 이러한 주제로 논쟁의 방향을 바꾸기 전에, 우리는 요더의 신학이 빚어낸 아주 첨예한 긴장이자 두 번째 아나뱁티스트들의 긴장 즉 자신이 말한 교회의 규율에 따라 권징을 시행하고자 원하는 교회공동체의 권력과 파괴적이고, 예언적이며 "반–콘스탄틴주의적" 소수 공동체로서 교회에 대한 그의 관점 사이에 존재하는 긴장을 먼저 다루어야 할 것이다.

교회의 규율과 반–콘스탄틴주의: 권력에 대한 메노나이트의 문제

이미 초기 아나뱁티스트들이 인정한 슐라이트하임 고백서Schleitheim Confession는(a) "권징the ban"이라는 항목을 적용함에 있어 교회의 규율이 얼마나 중요하며 (b)"세속의 마귀가 계획하는 모든 사악한 것들"로부터 분리되며 특별히 (c)검의 사용을 거부하였다.[41] 요더의 지침과 벤더에 대한 분명한 도움 아래, 무력 사용을 거부한 것에 대한 교회의 이해가 권력에 대한 전반적인 거부라는 모습으로 전환되어 좀 더 분명하게 언급하게 되었고 모든 일

---

40) 여기서 우리는 또 다시 요더가 내린 폭력에 대한 정의가 무엇인가 질문하게 된다. 위의 각주 6번을 보라.
41) 슐라이트하임 고백서 2,4,6조항을 보라.

들을 좀 도 올바른 모습으로 바꾸고자 했다는 점을 분명히 하였다.[42] 요더
는 콘스탄틴주의를 하나님이 세속적인 권력과 권위를 통해 일하신다는 믿
음체계로 정의하면서, 이와 대조되는 것들을 구체적으로 언급하였다. 그는
이러한 콘스탄틴주의와 대조되는 것들이 하나님께서 실제로 이 세상에서
일하시는 방식이라고 주장하였다. 하나님은 연약함이라는 "능력"과 고통
을 통해 일하신다.[43] 그러므로 교회에 대한 요더의 설명은 콘스탄틴주의를
정반대로 추론하는 것 즉 "소수 공동체minority community"이다.[44]

요더의 사례: 시험 프로젝트 대 교단의 권력

여기에서 소수 공동체로서 신자들의 교회 혹은 참 교회에 대한 설명은
이러한 입장 대 권위 그리고 세상을 향한 비순응에 대한 입장을 드러냄에
있어 매우 중요하다. 『예수의 정치학』에서 요더는 권력을 거부하는 소수들
의 입장을 예수를 따르는 것과 하나로 묶어서 설명하였다.

> 본받음의 개념을 붙들어야 하는 영역은 한 곳 밖에 없다. 신약 성경의
> 모든 전승은 이 본받음의 개념을 붙들고 있는데 반해, 다른 영역들에서
> 는 이런 현상이 나타나지 않는다는 점은 이를 더욱 놀라운 것으로 만든
> 다. 적대감과 권력과 관련하여 십자가가 드러내는 구체적인 사회적 의미
> 가 본받음의 핵심이다. 종 된 섬김이 군림하는 삶을 대신하고, 용서가 적

---

42) 비록 『예수의 정치학』The Politics of Jesus에서 요더가 "권력이라는 언어 사용에 애매한 점
   이 있다"고 인정하였지만,(136) 그럼에도 불구하고 요더는 "권력 없음을 받아들이는 것
   accepting powerlessness"이 복종이라는 논쟁을 불러일으키며 책을 마무리했다. 이 주제
   는 그 이후의 저작에서 더 분명하게 논의되었다. John Howard Yoder, The Jewish-Christian
   Schism Revisited, ed. Michael G. Cartwright and Peter Ochs (Scottdale, Pa.: Herald Press,
   2008), chapter 9, "On Not Being in Charge"(68-179. 우연하게도 이렇게 폭넓게 받아들여진
   명쾌한 설명은 요더가 20세기 후반에 "미스터 메노나이트"로서 어떠한 역할을 하게 되었는
   지를 보여주었다.
43) Yoder, For the Nations, 34-36, 143-147를 보라.
44) Yoder, "The Kingdom as Social Ethic," in The Priestly Kingdom, 80-101을 보라.

대감을 흡수한다. 그러므로 − 오직 이런 의미에서만 − 우리는 "예수처럼 되라"는 신약의 가르침에 묶이게 되는 것이다.[45]

『예수의 정치학』 초판은 학술서적으로서 전에 없이 유명하게 되었을 뿐만 아니라 75,000권이 팔렸다. 그 책이 제공하는 바, 예수를 닮아야 한다는 요더의 설명이 이 책을 읽은 메노나이트 세대들에게 큰 영향력을 끼치기까지 했다. 그러나 우선 요더의 결론은 원한을 가진 권력을 증명해내는 데 열려있고, 관련 그리스도인들의 권력에 대한 저항이 요더를 매우 지엽적인 교회론을 지향하도록 만들었고, 하다못해 아주 작은 기독교corpusculum Christianity를 대표하고 기능해 왔던 메노나이트 교단의 권위를 유사−콘스탄틴주의로서 바라보고 저항하도록 인도하였다.[46] 두 번째로 이 책은 요더가 학술 세계[47]와 메노나이트 교회[48]에서 어느 정도 예언자적 역할을 감당하도록 만들었다.

---

45) John Howard Yoder, *The Politics of Jesus: Vicit Agnus Noster*, 2nd ed. (Grand Rapids, Mich.: Wm. B. Eerdmans, 1994), 131.

46) 이 지점에서 메노나이트 현실의 모든 측면이 요더의 비판에 해당되는 것이 아니라는 점을 분명히 한다.

47) 예를 들어, 토마스 새퍼Thomas Shaffer는 요더에 대해 "예언자이자 신학자인 존 하워드 요더"라는 표현을 써가면서 요더에 대해 살펴보기 시작했다. Thomas L. Shaffer, *Moral Memoranda from John Howard Yoder: Conversations on Law, Ethics and the Church between a Mennonite Theologian and a Hoosier Lawyer* (Eugene, Ore.: Wipf & Stock, 2002), iii. 이 글은 기독교 윤리학이라는 서클 안의 이전 동료들이 갖고 있던 요더에 대한 인식을 거의 완벽하게 드러내 주고 있다.

48) 비록 요더가 메노나이트 공동체 안에서 성장하여, 메노나이트 학교에서 가르치고, 다양한 메노나이트 기관을 섬겼음에도 불구하고, 항상 메노나이트 세계 안에서 늘 불편한 관계를 유지했다는 사실은 비밀이 아니다. 이것은 그의 초기에 해롤드 벤더의 제도적인 에너지에 대해 저항한 것으로부터 시작하여 프래리 스트리트 메노나이트 교회 및 인디아나−미시간 지방회가 자신을 징계하는 과정에서 드러난 관계에서도 분명하게 알 수 있다. 후자의 관계에 대하여, 1993년 7월 27일 요더가 스탠리 하우어워즈에게 보낸 편지에 다음과 같은 내용이 들어있다. "나의 신학은 아나뱁티스트 유형과 어떤 요소들에 적합한 창조적인 복구로 보이기는 하지만, 메노나이트 세계에서는 그렇게 보이지 않는다." 더 나아가 "메노나이트들은 결코 나와 함께 하지 않았고, 그들은 단지 내가 거스탑슨과 하우어워스 같은 사람들로부터 지대한 관심을 얻고 있다는 사실만을 존중했다. 이제 그들의 정체성에 관한 의제는 아주 여러 방향으로 흘러가고 있다" Box 212, John Howard Yoder Paper, HM 1−48, Mennonite Church USA Archives Goshen, Goshen, Indiana.

*The Royal Priesthood*에서 요더는 분권화되어 있는 교회에 대해 다양한 방식의 설명을 시도하였다. 이러한 특별한 맥락에서 "교회가 가진 독창성의 표지는 교회를 정의하는 특권과 권력의 도구들 중 어떤 부분을 포기하는 일과 관련되어 있다"[49]고 언급한 것은 매우 중요하다. 간단히 말해서, 교회는 항상 개혁을 필요로 하거나, 혹은 그가 *The Priestly Kingdom*에서 언급한 것처럼 "다른 사람과 다르게 사물을 볼 때, 우리가 종종 그들 보다 진실하게 사물을 보게 될 것이라는 합리적인 기대 안에서 우리 자신을 교육시켜야 한다."[50]

겉으로 보기에 스스로에게 영향력을 미치는 예언자적 역할을 한 요더는 소수로서 교회를 이해하기에 적합했고, 사회의 상식에서 벗어난 가치들을 추구하는 대안문화로서 교회를 이해하기에도 적합했다. 1984년, 요더는 "항상 확신한 것은 아니지만, 개인의 독창성과 '예언자적' 인물로서 그가 제시한 대안적인 비전에 대한 신뢰성과 포용성이 공동체의 시험대에서 확실히 점검받고, 인정받고, 실행된다면 엄청난 이해와 신뢰를 얻게 된다."고 주장했다.[51] 요더는 결혼제도 밖에서 친밀한 관계를 실험하는 프로젝트는 결혼제도 밖의 관계들을 "보다 실제적으로" 바라보도록 하는 것이자 그의 예언자적 헌신이라고 기가 막히게 설명함으로써 공동체 내에서 이러한 관계들을 이해하기 위해 시험을 시도하는 방향과 전적으로 맞아 떨어지는 쪽으로 흘러갔다.

그리고 여기에서 우리가 이 실험에 대한 이의를 제기한 설명의 근거를 발견하게 되는데, 이는 진짜 교회는 어떤 일들을 이해할 때 아주 작은 기독교 그룹인 메노나이트들을 포함한 나머지 교회들과는 다르게 볼 것이라는 기대감이 부여되어 있다. 그렇다면 과연 이 시험 프로젝트가 진짜 성공할 것인지 실패할 것

---

49) Yoder, *The Royal Priesthood*, 314.
50) Yoder, *The Priestly Kingdom*, 95.
51) Ibid., 93.

인지를 분별하는 과정은 어떠했을까? 결국 요더는 압도적인 역사적, 수적 열세에도 불구하고 기독교 평화주의가 옳았다고 주장했다. 그러므로 실험 프로젝트에 저항했던 거의 모든 기독교인들 특별히 이 사례에서 그의 행동이 성추행이자 성폭력이라고 이해했던 여성과 남성들은 요더가 추구하고자 했던 "저 화려하고 고상한 실험"이 애초부터 실패라는 사실을 그에게 충분히 설득시키지 못했던 것이 분명하다. 교회에 대한 비전을 실험함에 있어서 요더는 이러한 성공이나 실패를 증명하기 위해 경험적으로 혹은 외부적 법정에 호소하지 않았다.

요더의 교회에 대한 비전에 있어서 모든 도덕적 결정은 교회의 내부적으로 실행되었다. 요더는 "매고 푸는" 혹은 "그리스도의 법"을 "실제적인 도덕 이론"의 근거로 삼았다. 메노나이트 전통의 오래된 유산인 마태복음 18장에 근거한, 매고 푸는 교회의 실천은 공동체 내에서 피해를 입은 사건이 발생할 경우 공동체 구성원들을 화해시키려는 의도를 담고 있다. *The Priestly Kingdom*에서 요더는 "풀기 어려운 도덕적 문제가 용서라는 맥락이나 여러 증인의 말을 들어야 하는 사법적 형태로 대두되어 두 세 사람 혹은 더 많은 이들의 의사결정을 필요로 할 때,"라고 표현함으로써 이 과정을 아주 간단명료하게 설명하였다.52) 1967년부터 1997년에 이르기까지 내내 그의 글들은 이러한 설명과 조금도 모순이 되는 점이 없었다.53) 교회 안에서 중앙집권화 되는 권위에 대해 끊임없이 저항했던 모습을 통해 그는 "용서는 당사자가 직접 만나서 이루어져야 하지 사제들의 특권에 의해 베풀어져서는 안된다"는 점을 반복적으로 강조하였다.54) 신약성경에 근거하여 사회정의시스템에서나 "정당한 법절차"에 시행되는 처벌에 있어 원고와 피고가 직접 만나야만 한다는 이러한 확신을 그의 후기 저작에서 동일한 태도로

---

52) Ibid., 27.
53) Yoder, *The Royal Priesthood*, 323-358, Yoder, For the Nations, 30-31, 43-44를 보라.
54) Yoder, *For the Nations*, 30.

기술한 것은 그리 놀라운 일이 아니다.[55]

한걸음 뒤로 물러서서 간단히 분석해보더라도 징계의 수위를 언급하면서부터 요더와 1992년 징계위원회 사이에서 불거진 불일치의 몇 가지 요소들을 하나로 묶어서 설명하면서 시작되었음을 쉽게 알 수 있다. 첫 번째로 요더는 자신의 행동이 눌려있는 메노나이트 현실을 개혁하기 위해 여전히 성과 관련하여 비현실적인 아나뱁티스트 비전의 방향을 전환하는 데 있어 새롭지만 폭넓은 시도를 한 것과 일치한다고 이해했다. 즉 요더가 다양한 기독교 여성들을 상대로 결혼 밖혼의 성관계를 실험한 자신의 시도에 대해 스스로 도덕적으로 잘못된 것으로 보았는지는 의심스럽다. 두 번째로 이것은 왜 요더가 자신을 징계하기 위한 메노나이트 제도적 시도들에 대해 좌절감을 표현했는지를 설명해 준다. 즉 요더가 1992년 자신을 징계하기 시작한 프래리 스트리트 메노나이트 교회와 인디아나-미시간 지방회의 대표자들이 자신의 잘못된 행동을 결정하는데 있어 제대로 된 관점을 갖고 있었는지, 실제로 그가 도덕적으로 잘못된 행동을 했다면 이를 판단하는데 있어 그들이 제대로 된 관점을 갖고 있었다고 생각했는지는 의심스럽다. 다시 말해서 징계 위원회는 만약 요더가 죄를 지었다면 즉, 우선 메노나이트 현실의 실패로서 무엇이 개인적인 죄인지 결정하고자 했던 것으로 보인다. 한편 요더는 교회에 대한 새로운 공동체적 비전을 끌어안는 데 있어서 즉, 메노나이트 현실의 실패로서 자신의 실험 프로젝트가 성공했는지 실패했는지에 따라 판단을 받았어야만 했다고 생각했다.[56]

세 번째로, 요더의 사례는 최소한 메노나이트 세계에 있어서 "참된 교

---

55) John Howard Yoder, 『희생의 종말』(대장간 역간)*The End of Sacrifice: The Capital Punishment Writings of John Howard Yoder*, ed. John C. Nugent (Harrisonburg, Va.: Herald Press, 2011), 204.

56) 여기서 우리는 요더가 이러한 비전을 구체화하는 데 있어 "잘못된 이해"와 시도를 감행함으로써 피해를 입은 여성들에 대해 유감을 표명했지만, 그는 결코 자신의 비전 자체와 이를 구체적으로 실행한 것에 대해서는 결코 사죄하지 않았다는 점을 분명히 해야 한다.

회"와 함께하는 한 사람의 행동들을 규정하는데 있어서 선발된 권위자들의 권력과 재판에 저항하기 위한 콘스탄틴주의 소송에 대해 믿을만한 한 사람을 허락해달라는 주장이 있었다는 사실을 폭로하고 있다. 즉 요더의 교회론은 어떤 사람이 교회 제도나 교단에 의해 집행되는 징계로 도망치고자 시도할 때, 거의 무한정적으로 그 사람이 속한 교회 공동체가 이를 담당하도록 주의를 집중하였다. 실제 징계과정 동안에 요더는 르네 지라르의 속죄양의 개념으로서 자신을 바라보기 시작하였고, "메노나이트 여성 수색대"[57]라는 용어와 "나의 인격과 사상을 모두 거절하고자 외디푸스 콤플렉스에 이끌려간"[58] 교단의 젊은 사람들에게 전형적인 "교부father"라는 용어를 사용해가면서 자신이 희생양이 되었다는 사실을 통렬하게 입증해 보였다.

그러므로 메노나이트 교회가 어떻게 하면 내부적으로 징계에 관해 개인 혹은 그룹이 실패한 것이 아니라 교단의 구조와 절차들이 실패한 것이라고 말하며 권위에 도전하는 요더에 대해 만족스러운 답변을 할 수 있을까? 혹은 마태복음 18장을 근거한 또 다른 방식으로 질문을 하자면, 형제 혹은 자매의 죄에 관해 증거 할 수 있는 두 세 증인으로 어떤 사람을 선택해야 하는

---

57) 1993년 6월 30일, 존 하워드 요더가 스탠리 하우어워스에게 보낸 편지에서. Box 212, John Howard Yoder Papers, Mennonite Church USA Archives Goshen, Goshen, Ind.

58) 1993년 7월 27일, 요더가 스탠리 하우어워스에게 보낸 편지에서. Box 212, John Howard Yoder Papers, Mennonite Church USA Archives Goshen, Goshen, Ind. 여기에서 우리는 요더의 행동이 사회적으로 거북했다는 점 즉, 아스퍼거 증후군 혹은 정도가 약한 자폐증이 있었다는 주장들이 적합한 판정이라는 점이 보다 분명하게 드러나길 희망한다. 만약 이러한 설명들이 모두 적절하다면 요더가 결혼 밖(혼외)에서 수행했던 관계 실험의 거북했던 행동들이 이론적으로 설명 가능하다. Ted Grimsrud, "Word and Deed: The Strange Case of John Howard Yoder", http://thinkingpacifism.net/2010/12/30/-word-and-deed-the-strange-case-of-john-howard-yoder/, Glen Stassen, "Glen Stassen's Reflections on the Yoder Scandal"http://thinkingpacifism.net/2013/09/24/glen-stassen-reflection-on-the-yoder-case/. 이러한 상황들로 사람들의 동의를 얻고자 하는 것은 요더의 결혼 제도 안에서 혹은 밖에서의 관계를 조심스럽게 다루어왔던 요더의 설명들과 요더의 보다 큰 신학적 틀을 뒷받침해 줄 수 없으며 제대로 기능하지도 않는다. 물론 이러한 것이 요더가 (정신적이든 혹은 다른 차원의 것이든) 다소간의 병을 앓고 있었다는 가능성을 전혀 배제할 수는 없다. 오히려, 요더의 행동을 설명하기 위해 사용되는 언어가 무엇이든지 간에 이러한 것을 설명하는 요더 자신은 의도적이며 내부적으로 일치를 보이고 있다고 분명히 말해야만 한다.

것일까?[59) 이것은 그동안 일반적으로 무시되어 왔지만 요더의 사례를 통해 제기된 여러 질문 중 하나로 한동안 사라지지 않을 질문이 될 것이다. 요더가 성추행과 성폭력에 대한 하다못해 그 자신이 규정한 폭력의 정의에 근거하여 죄가 있다는 사실은 우리 나머지 사람들을 곤경에서 벗어나게 하는 것처럼 보인다. 왜냐하면 거의 모든 사람들이 은연중에 그가 폭력을 사용한 것은 성적인 형태를 구체화하려고 한 그의 시도가 아나뱁티스트 비전에서 자연스럽게 나타났다고 주장하는 것을 거절하는 것과 같기 때문이다. 그러나 우리는 실제로 이러한 곤경에서 벗어날 수 없는데 왜냐하면 대부분의 사람들이 요더가 아나뱁티스트들의 성에 대한 특별한 비전을 제공한 "메노나이트 현실"에 주어진 도전을 그냥 회피하려 들기 때문이다. 요더의 사례에 있어서, 그는 결국 자신의 교단이 시행하는 징계를 따라 충실히 의무를 시행하였고, 자신이 속한 지역교회 구성원으로 회복되었고, 교단 안에서 교사로서 신학적 권위를 회복하였기 때문이다.[60) 그러나 이러한 과정을 따르기 위해 자신을 복종시켜야 했고, 그가 이러한 과정을 완전히 끝마쳤다[61)고 믿는 사람들과 그 다음의 형식적인 절차pro forma인 사과가 이어져야 한다고 믿는 사람들이 많아졌다. 남성이든 여성이든, 결혼을 했든 독신으로 있든 사람들은 메노나이트 교회 안에서 급진적으로 기독교의 성에 대한 이해를 바꾸려고 한 요더의 시도에 대해 주저하고 있는 것은 이해가 된다. 그러나 이것이

---

59) 예를 들어 우리가 쓴 "Scandalizing John Howard Yoder"이라는 논문에서, 우리는 최소한 한 번에 한 여성을 만나 요더와 맺은 자신의 신체적 관계에 대해 꽤 긍정적인 면을 진술하도록 하였다. 관계의 역동성이 얼마나 특별했든지 간에, 분명히 그녀는 그들의 행위가 죄악된 것이라고 믿지 않았다.

60) 요더가 한번도 최우선에 두지 않았던 그의 목회자로서의 자격은 복권되지 않았다.

61) 자신에 대한 기록인, 한나의 아이Hannah's Child (Grand Rapids, Mich.: Wm. B. Eerdmans, 2010)에서 스탠리 하우어워스Stanley Hauerwas는 "존은 자신이 속한 교회의 분별위원회가 제공하는 권징에 복종하기로 되어 있었다. 이 위원회는 마태복음 18장 15-20절의 말씀을 따라 권징을 시행하였다. 존이 복종을 하였는지는 분명하지 않다. 그는 이 과정이 자신을 고소한 사람들을 직접 만나도록 허락하는 규칙을 따르지 않는다고 생각하였다. 제임스 맥클랜던과 글렌 스타센의 중재가 없었더라면 무슨 일이 발생했을지 확실치 않다"(244-245)라고 술회했다. 권징 과정에 관련된 다른 사람들은 자신이 이 과정을 따르겠다고 승낙했던 요더에 대해 하우어워스 자신이 주장하는 바라고 언급하였다.

곧 권위에 대한 질문에 적절한 답이 주어졌다는 것을 의미하지는 않는다. 결국 "메노나이트 현실"에 대한 바로 이러한 도전의 또 다른 형태가 메노나이트 교회 안에 언젠가 다시 나타날 것이기 때문이다. 그리고 다시 말하지만 성은 이러한 도전의 가장 중심에 자리하고 있다.

데다 굿의 사례: 소수의 공동체 대 교단의 권력

요더의 사례에 대해 다소간 길게 논의를 했으니 이제 드디어 메노나이트 분별 그룹의 핵심 사안이 되고 있는 데다 굿Theda Good의 사례를 비교해보도록 하자.[62] 물론 이 두 사례가 실질적으로 거의 다르지 않기 때문에 이 둘을 나란히 놓고 설명하려는 시도는 너무 쉽게 잘못 해석될 수 있다. 가장 중요한 것은 요더의 사례는 성폭력, 성추행 및 다른 폭력으로 고발된 것이라서 당연히 데다 굿의 사례와는 나란히 놓고 볼 수는 없다. 게다가 "메노나이트 현실" 세계에서 소위 말하는 성별, 행정적 연결고리, 명성, 직업 등과 요더가 갖고 있던 권력은 데다 굿이 갖고 있는 것과는 비교도 되지 않을 만큼 큰 차이가 있다. 그리고 결국에 요더는 스스로 혹은 아주 적지만 작은 숫자를 대상으로 자신의 비전을 구체적으로 시행하였던 반면, 데다 굿은 단지 자신뿐만 아니라 마운틴 스테이츠 메노나이트 지방회와 LGBTQ 메노나이트를 넘어서는 아주 많은 사람들을 대표하는 모습으로 자신을 드러냈다는 차이도 있다.

그럼에도 불구하고, 드러난 이 두 사례에는 엄청나게 많은 유사성과 본받을 점들이 존재한다. 그러므로 이 두 사례의 비교는 오해의 위험이 많음에도 불구하고 절대로 무시해서는 안된다. 첫 번째로 요더와 굿은 자신의

---

62) 엘리자베스 에반스는 "On Sunday (Feb. 2[2014]), 마운틴 스테이츠 메노나이트의 지역 교회에서 처음으로 동성관계에 헌신한 레즈비언으로 안수를 받기 위한 첫 과정인 라이센스를 받은 [데다 굿Theda Good]"에 대해 보고하였다. Elizabeth Evans, "Mountain States Mennonites take step toward gay ordination", Religion News Service (Feb. 3, 2014), http://www.religionnews.com/2014/02/03/denver-mennonites-take-first-step-toward-gay-ordination/.

활동들을 예수를 따르기 위한 신실한 행동의 표현이라고 기술했다. 우리는 이미 위에서 요더의 "실험 프로젝트"에 관련된 논리의 전말을 살펴보았다. 그러기에 굿의 입장에 대한 논리를 간단하게 설명하는 것 또한 순리일 것이다.[63] "소수의 입장"을 표방하는 이 편지의 기본 전제는 사람들이 (a) 전통적으로 호칭하는 "남성"과 "여성"으로 제한될 필요가 없고 (b) 성취하고 누려야 할 성적 표현은 전통적인 이성 관계를 넘어선 성적 존재로 태어난다는 점을 분명히 하고 있다. 그러므로 많은 메노나이트들이 굿의 입장에 애정을 갖고 연대하는 모습에 놀라서는 안된다. 왜냐하면 그들은 "예수를 따르고자 원하는 LGBTQ 사람들을 환영하고 축복하는 일에 그리스도의 부르심을 받았다고 느끼기 때문이다." 그리고 아나뱁티스트 이상과 메노나이트 현실 사이에 존재하는 분열로 돌아가서 이야기하자면, 굿과 많은 사람들은 부차적인 현실의 문제를 거스르며 기꺼이 원래의 이상우리는 열린 마음으로 성경적인 복음의 핵심을 기꺼이 끌어안는 일과 은혜, 기쁨, 평화의 공동체로서 성장해야 한다고 믿는다을 추구하도록 호소한다. 즉 자신들이 이해하고 있는 복음을 위해, 그들은 "교단의 지침과 다를 지라도" 기꺼이 이 일에 헌신할 것이다.[64]

동시에 모든 메노나이트들이 이러한 기본적 가정들을 지지하는 것은 아니다. 그러므로 두 번째로 드러난 유사성의 문제가 무엇인지 분명히 언급해야 한다. 요더와 굿이 실행하려 했던 성적 표현들은 최소한 현재 "죄"로 해석되고 있다는 공통점이 있다. 즉 교단의 문서들과 교단에 속한 대부분의 메노나이트들은 이를 하나님께서 의도하신 바를 거스르는 것으로 규정

---

63) 지난 해까지 굿의 활자로 기록된 프로필은 상당히 적었다. 그러므로 우리가 여기에서 살펴 보고자 하는 논리는 2014년 1월 24일, 교단의 목회자 대표자들과 MC USA의 리더들에게 보낸 편지를 근거로 하여 작성하였다. 편지는 여섯 명이 썼고 그들 중 한 사람이 굿이며, 150명의 메노나이트 목사들과 목회 자격을 갖춘 사람들이 서명했다. 편지의 자세한 내용을 보려면 http://www.pinkmenno.org/2014/01/150mennonite-leaders-call-for-change-in-policies-toward-gay-christians/.
64) 앞의 기록에서 인용한 편지에서 발췌.

한다.65) 확실한 것은 이들의 행동이 상당히 다르게 기술되고 있다는 점이다. 성폭력의 다양한 형태들에 관한 요더의 사례와 "동성same-sex"관계 혹은 때때로는 좀 더 포괄적으로 "동성애"에 관한 굿의 사례는 많이 다를 수 있다.66) 그럼에도 불구하고 이 둘은 "죄 된sinful"것으로 간주된다. 이러한 맥락에서 요더와 굿은 아나뱁티스트 혹은 성경적 이상에는 턱없이 부족할 뿐이다. 그러므로 이 두 사례에서 교단을 대표하는 사람들은 이들의 정체성과 권위를 정면으로 도전하며(a)교단은 이들의 행위를 죄로 규정하며(b)소수 공동체에 의해 교단 자체가 구체화하려는 것보다 성경적 삶에 대한 아나뱁티스트 비전에 더 순수하고 가까운 기독교를 표현하고 행동하도록 압력을 받고 있다.

그렇다면 이러한 도전을 어떻게 해결할 수 있을까? 굿의 입장을 지지하는 어떤 사람들은 요더의 사례에 있어 그의 행동을 비난하는 교단의 입장에서 치유와 화해의 길을 선택하도록 후원한다.67) 그러나 미국 메노나이트 교단의 대표자들이 냈던 동일한 목소리를 굿의 사례에서도 동일하게 요청할

---

65) 예를 들어 메노나이트 신앙고백서를 보면, "우리는 하나님께서 결혼이 일생동안 한 남자와 한 여자 사이의 언약관계가 되기를 원하신다는 것을 믿는다…. 성경에 의하면 올바른 성적 결합은 오로지 결혼한 관계 안에서 일어난다."(19조). 또한 마크 네이션이 테드 그림스러드와 나눈 "대화"를 보라. Mark Thiessen Nation and Ted Grimsrud, *Reasoning Together*: *A Conversation on Homosexuality* (Scottdale, Pa.: Herald Press, 2008)

66) 예를 들어 윌라드 스와틀리의 책을 보라. Willard M. Swartley, 『동성애』(대장간 역간) *Homosexuality*: *Biblical Interpretation and Moral Discernment* (Scottdale, Pa.: Herald Press, 2003). 제목과 이 책에서 사용한 몇 개의 언어에 애매한 면이 있음에도 불구하고, 스와틀리는 전통적인 관점에서 볼 때 가장 민감한 주제들 중 한 가지를 다루었다. 또한 그가 이 책을 쓴 궁극적인 목표는 교회가 이 주제를 분별의 과정 안에서 다루도록 돕는데 있다. 그가 밝힌 것처럼, "나 또한 사람들이 동성애 논쟁이라는 어렵고 중요한 주제를 어떻게 이해하고 인식하는지 듣고 알기 위해 이 분별의 토론장에 앉아있다. 이러한 문제들을 다룸에 있어 우리는 서로를 깊이 존중하는 가운데 계속 대화할 필요가 있다."(11)

67) 사라 웽어 생크가 총장으로 있는 아나뱁티스트 메노나이트 성경대학원AMBS과 어빈 스티츠만이 총회장으로 있는 미국 메노나이트 교회는 요더의 유산을 언급하는데 있어 교단 차원에서 제도적으로 해결하고자 시도했다. AMBS가 시도한 내용은 AMBS Statement on Teaching and Scholarship Related to John Howard Yoder (2012년 4월 30일자 성명서)를 참고하라. http://www.ambs.edu/about/documents/AMBS-statement-on-JHY.pdf. 미국 메노나이트가 시도한 내용은 John Howard Yoder Discernment Group을 참고하라. http://www.mennoniteusa.org/what-we-do/john-howard-yoder-discernment-group/.

수는 없을 것이다. 왜냐하면 그렇게 행동하는 것은 비난을 자초하는 일이 될 것이 분명하기 때문이다. 이처럼 목소리를 내려는 시도들은 요더에 의해 겪었던 것과 유사한 딜레마에 빠져 있다. 요더의 사례에서처럼 그들은 미국 메노나이트 교회가 제정한 헌법의 여러 조항과 여러 문서가 언급하고 있는 관점에 의해 생겨날지 모를 엄청난 오해의 가능성에 대해 절치부심해야 한다. 그러나 2014년 6월 30일자의 문서가 말하고 있는 것처럼, "응보적이라기보다는 구속적인" 모습의 해결책을 추구하기 위한 노력에도 불구하고, 미국 메노나이트 교회는 지방회가 제공한 굿의 목회자로서의 자격을 인정하지 않았고, 동성 관계 안에서 살고 있는 사람들의 "목회자격과 안수"를 인정하지 않았다.[68]

그러므로 현재, 교회 권징과 소수 공동체의 반콘스탄틴적 저항과 교회의 권징 사이에 오랜 긴장은 메노나이트 세계에 분명히 존재한다.[69] 만약 요더가 자신이 저지른 일에 대해 진실로 미안해했는지가 확실하지 않다면, 굿과 많은 다른 사람들이 그들의 행동에 해대 미안함을 느껴야 하는지에 대한 것도 영원히 불분명하게 된다. 그리고 유일하게 필요한 사과는 미국 메노나이트 교회 자체로부터 나와야 한다고 공표하는 사람들이 있다.[70] 동시에 이러한 소수 공동체의 입장이 결혼에 대한 전통적인 성 규범에 대해 도전하는 사람들에게 특별한 것처럼 보이지 않도록 하려면, 결혼에 대한 전통적인 관점을 고수하는 많은 메노나이트들이 동일한 자세를 취해야 한다는 점을 언급해야 한다. 전체 미국 문화와 교회의 분절된 문화 안에서 LGBTQ관

---

68) "Report from the Executive Board of Mennonite Church USA", http://181.224.147.130/-mennonite/wp-content/uploads/2014/07/EBReport_June 30_2014.pdf.

69) 물론 죄에 대한 관점, 역동적인 인간성 등과 같은 것을 포함하여 현재 메노나이트 교회에 긴장을 초래하는 많은 요소들이 있다. 이러한 모든 요소들은 더 복잡하게 만들기만 하는 것이 아니라, 우리가 여기에서 설명하는 긴장과 분리되지 않는다.

70) 요더리안들의 목소리들은 메노나이트 교단의 과정들이 폭력적이었다고 했던 스테파니 크레비엘Stephanie Krehbiel의 고발을 통해 증폭되었다. 그녀의 논문 "The Violence of Mennonite Process: Finding the Address of the Present", http://www.pinkmenno.org/2014/02/the-violence-of-mennonite-process-finding-the-address-of-the-present-part-1-of-2/.

계를 받아들이는 사람들이 많아지는 가운데, 전통적인 관점을 고수하는 일부 메노나이트들은 "동성관계를 축복하는 것에 대한 지속적인 대화, 동성관계 안에서 목사를 신임하는 일과 LGBTQ들에게 좀 더 부가적인 요청을 하는 일…. 이들을 변호하는 그룹들이 세상을 향한 우리의 증언과 선교를 불구로 만든다."고 주장한다. 그러므로 분별의 과정에 대한 결과를 제출하는 대신에, 그들은 "공동의 증언에 있어 회중, 지방회 및 교단이 예수 그리스도의 변화시키는 능력으로 하나가 되도록 하는 일에 우리 회중들이 최선의 방향을 따라 결정할 수 있도록 교단 리더들에게 분명한 해결책을 요청한다." 간단히 말해, 그들은 교단이 재확인하는 가운데 "그리스도 중심이 되고 성경에 근거한" 회중이 된다는 것이 무슨 의미인지에 대해 자신들의 견해를 요청하며, 만약 그들의 견해들이 재확인 되지 않는다면, 그들은 새로운 동일한 마음을 가진 신자들의 "소수 공동체"를 창조하는 일을 분명히 한다는 말이다.[71]

그러므로 요더가 했던 것처럼, 각 사람은 이론 상 공동체의 분별과 형제로서의 교정의 개념을 인정해야 함과 동시에 또한 요더가 했던 것처럼, 결과가 자신들이 믿었던 바대로 나오지 않았으므로 실천에 있어서 많은 사람들은 이 과정의 최종적인 결과의 합법성에 대해서는 기꺼이 인정하지 못한 것 같다. 그래서 이러한 상태의 사건들은 아나뱁티스트 사상에 있어 제3의 긴장, 즉 캔사스 시에서 열린 2015년 미국 메노나이트 총회와 그 이후의 긴장으로 모습을 이어가고 있다.

죄로부터의 분리 대 "바울의 교훈" : 미국 메노나이트 교회의 미래

앞으로 다가올 몇 달 몇 년 동안 굿의 사례에 대해 언급하면서 북미의 메

---

71) 2014년 2월 3일 인디아나─미시간 메노나이트 지방회에 속해 있는 많은 목사들이 교단 리더들에게 보낸 "Transformation Letter"를 보라. http://transformationletter.blogspot.com/.

노나이트들은 전통에 근거한 두 강조점들 사이의 긴장을 다시금 발견하게 될 것이다. 한 방향으로 전통을 끌어당기는 입장, 즉 최소한 슐라이트하임 고백서가 시작된 곳으로 끌어당기는 입장은 죄와 "악마가 이 세상에 심어 놓은 악한 것"[72]으로부터 분리한다는 강한 의지를 고수해왔다. 위에서 요더가 말했듯이, 비록 메노나이트들이 더이상 분파주의자들이 아니라고 배워왔지만, 그들은 무엇이 선한 것이고 무엇이 죄 된 것인지 분명한 선을 그어야 한다고 주장한다. 지금 세대에 있어서 일반적으로 이 선은 평화선와 폭력죄 사이로 그어져 있으며 이는 사람들이 평화 쪽에 있어야 하는 명령으로 존재한다. 데다 굿의 사례에 있어서 메노나이트들이 LGBTQ들의 인격과 관심사들을 부도덕즉 LGBTQ 사람들의 개성을 비합법화함하다고 설명하는 것은 본질상 폭력적이며 그러기에 죄이다. 그러므로 선한 쪽에 서기 위해서는 선을 포용하고 인정하는 측에 있는 사람과 악을 배제하는 쪽에 서있는 사람 사이에 분명한 선을 그어야 할 필요가 있다. 그러나 또 다른 많은 수의 메노나이트들은 성과 결혼선에 대한 전통적인 이해와 동성악관계 사이에서도 아주 분명하게 선을 그어야 한다. 그리고 양쪽 그룹들이 그들의 매력으로 갖고 있는 아나뱁티스트 혹은 성경적 이상을 따라 선을 그어야만 함에도 불구하고, 양쪽 그룹은 미국 메노나이트 교회와 교단에 속한 기관 및 대표자들이 반대편 입장이 있음을 인식하고, 그들에 대해 반대하고, 자신의 입지를 견고히 하고, 경쟁을 확대해나가길 원하는 것처럼 보인다. 만약 이렇게 오랜 아나뱁티스트 강조점이 유력하다면, 미국 메노나이트 교회는 오랫동안 연합한 상태로 남아있지 못할 것 혹은 남아있을 수 없을 것이다.

그러나 반대 방향으로 끌어당기는 가운데, 메노나이트들은 그 어떤 사람들 못지않게 요더에 의해 불일치하는 가운데 포기하지 않고 대화를 지속

---

72) *The Schleitheim Confession*, trans. and ed. John Howard Yoder (Scottdale, Pa.: Herald Press, 1973), 11.

하는 것이 진정한 기독교의 표지라고 배워왔다. 요더는 이러한 과정을 "바울의 교훈The Rule of Paul"으로 묘사했다. 그리고 『교회, 그 몸의 정치』에서 그는 다음과 같이 설명하고 있다. "다수가 소수를 압도하는 투표방식도 존재하지 않았고, 어떤 리더가 임무를 수행하기 위해 결정하는 일도 존재하지 않았다. 결정 과정이 필요한 유일한 구조는 질서를 지키는 가운데 토론을 진행하고, 결론에 도달한 기록을 남기는 일 외에는 별다른 것이 없었다."[73] 이러한 맥락에서 현재 교단 대표자들은 미국 메노나이트 총회장인 어빈 스터츠만이 발표한 기도, 인내 및 이해를 촉구하는 호소문이 명시한 것을 따르고 있다.[74] 만약 이러한 아나뱁티스트 강조점들이 널리 보급된다면, 미국 메노나이트 교회는 충분히 연합한 하나 된 모습을 보일 수 있을 것이다. 그러나 일부 사람들이 이러한 지속적인 대화를 타협해야할 어떤 것으로 인식하는 동안 어떤 사람들은 현상유지[75]를 위한 맹목적인 주장으로 인식할 수도 있을 것이다.[76]

현 시점에서 미국 메노나이트 공동체의 미래를 위해 무엇을 지켜야 할 것인가는 점은 분명하지 않고 아마도 추측하기도 쉽지 않을 것이다.[77] 요더

---

73) John Howard Yoder, 『교회, 그 몸의 정치』 (대장간 역간)*Body Politics*: *Five Practices of the Christian Community Before the Watching World* (Scottdale, Pa.: Herlad 2001), 67. John Howard Yoder, *Anabaptism and Reformation in Swizerland*: *An Historical and Theological Analysis of the Dialogue between Anabaptists and Reformers*, ed. C. Arnold Snyder; trans. C Arnold Snyder and David C. Stassen (Kitchener, Ont.: Pandora, 2004).

74) 어빈 스터츠만이 보낸 기도 요청 "Call to Prayer from Ervin Stutzman", www.mennoniteusa. org/call-to-prayer-from-ervin-stutzman/을 보라.

75) Jennifer Yoder, "Response by Jennifer Yoder to the Response by Ervin Stutzman", http://queermenno.wordpress.com/2014/02/05/108/.

76) 위에서 언급한 "Transformation Letter"를 보라.

77) 미국 메노나이트 교회의 미래에 대해 희망적인 관점에 대해서는 John D. Roth "From Tragedy to Apocalypse: Why we can be hopeful about the future of the church." *The Mennonite*, www.themennonite.rog/issues/17-5/articles/From_tragedy_to_apocalypse을 보라. 좀 더 진지한 분석 글은 Ted Grimsrud, "Will Mennonite Church USA survive? Reflecting on three decades of struggle", http://thinkingpacifism.net/2014/02/28/-will-mennonite-church-usa-survive-reflecting-on-three-decades-of-struggle-part-1/ 와 "Is the Survival of the Mennonite Church USA now less likely?" http://thinkingpacifism.net/2014/0701/is-the-survival-of-mennonite-church-usa-now-less-likely./ 를 보라.

의 사례는 지난 몇 십년 동안 많은 메노나이트들에게 큰 이슈였고, 공동체 안에서 희생되었거나 "화려하고 고상한 실험"이라는 이름 아래 피해를 입은 많은 사람들은 성폭력에 의해 입은 상처를 영원히 안고 살아야 할 것이다. 그렇게 요더가 시행한 실험은 비참하게 실패했다. 우리는 여러 단계 중 하나로 이 실패의 많은 측면을 제대로 인식할 수 있도록 이 내용을 「메노나이트 계간잡지*The Mennonite Quarterly Review*」 특집호로 제작하였다. 그러나 이 실패를 언급함에 있어, 그리고 메노나이트 공동체 내에 폭넓게 자리하고 있는 성폭력에 대해서 말할 때, 우리는 데다 굿의 사례와 관련하여 현재 엄청난 압박으로 다가오는 메노나이트들이 보여준 불일치의 모습에 국한되지 않음과 더불어 성과 관련된 주제와 싸우는 방식들에 있어서 또한 지지를 받았던 요더의 실험이 메노나이트 교회 내에서 여전히 작동하고 있다는 점을 중요하게 생각해야 한다.

굿의 목회자격에 반대하는 사람들과 찬성하는 사람들 사이를 보다 분명하고 예리하게 구분하고자 하는 모든 사람들 내에 이러한 좌절감이 증가하는 것처럼 보인다. 양측은 그리스도인의 성에 대한 참 비전이 무엇인지 구체화해야 한다고 주장한다.[78] 그리고 양측은 다른 측이 즉 다른 쪽은 죄를 짓는 것이고 폭력이나 성적인 부도덕한 행위를 저지름으로써 처음 제시된 이상으로부터 너무 멀리 떠나왔다고 주장한다. 그러나 여전히 어느 쪽도 교단 구조의 권력이 이러한 이상을 추구하기 위한 예산을 잘 활용할 수 있도록 할 것인지에 대한 희망을 포기하지 않고 있다. 그리고 현재의 위기에서 정확하게 표현하자면 메노나이트들은 더 나아지든 혹은 나빠지든 여전히 교단의 권위즉 다수의 권

---

78) 교단에서 작성한 문서조차 이러한 내용을 반영하고 있다. 예를 들어 "Report from the Executive Board" (June 30, 2014)라는 문서는 "이 문서들은 어떻게 행동해야 하는지 규칙을 설명하고 있어서가 아니라, 우리가 추구하는 큰 뜻에 대해 설명하고 있기 때문에 중요하다" (2)고 했다. 아마도 이러한 설명은 아나뱁티스트 비전이 드러내는 것만큼, 이들이 직면하는 "메노나이트 현실"에 대한 도전을 따라 다시 창조되고 순응시킬만큼, 아나뱁티스트 비전이 드러내는 것만큼 분명하다.

위로 무엇이 선이고 무엇이 죄인지 알기를 소망하고 있다. 2014년 6월 30일 자의 "집행부 보고서"는 이러한 상황을 간접적으로 인정하고 있다. "총회 로서, 우리는 미국 메노나이트 교회 대표자 총회에서 동성 결혼에 대해 명 시된 조항을 바꾸지 않는 한 데다 굿을 목회자로 인정하지 않을 것이다." 실 제로 양측은 집행부를 상대로 이보다 더 단호한 호소 및 결정적인 반응들을 통해 입장을 분명히 밝히도록 요청하고 있다.[79]

동성결혼과 LGBTQ를 받아들이는 문제에 있어서, 미국 메노나이트 교 회는 그 자체로 양분된 집안 형국을 하고 있다. 이러한 불화가 집을 파괴하 고도 남을지 그렇지 않을지는 아직 잘 모른다. 그러나 요더의 사례나 굿의 사례가 이러한 불화를 일으키고 있다고 말하는 것은 이 사례를 너무 과장되 게 말하는 것이다. 양자의 경우는 오랫동안 메노나이트 신학과 실천사이에 애초부터 있었던 긴장들과, 동성결혼을 두고 현재 논의하면서 드러난 긴장 들이 좀 더 넓어지고 악화시키는 긴장들의 많은 부분을 드러내고 정련하는 과정이기도 하다. 메노나이트들이 이러한 논의를 진행하면서, 아마도 이러 한 긴장들이 단순히 "메노나이트 현실"이 실패했다는 것만이 아니라, 즉 성 경적 이상에 대해 다양한 아나뱁티스트적인 표현으로서 그리고 최소한 스 스로를 정의하는 방식으로 "아나뱁티스트 비전" 자체가 좀더 분명하게 드 러나도록 인정하는 시간이기도 할 것이다. 이렇게 말하는 것은 어쩌면 절망 적인 결론처럼 들릴지 모른다. 아니 어쩌면 좀 더 진지하게 이를 숙고해 보 아야 할 시간일지 모른다. 그러나 그 자체가 어려운 주제들이기에, 메노나 이트 현실이 마주하는 어려움을 자동적으로 풀 수 있는 최고의 카드 패는

---

79) 팀 나프찌거 Tim Nafziger, "어빈 스터츠만에게 보내는 핑크 메노나이트 목소리들 Pink Menno voices respond to Ervin Stutzman", *The Mennonite*, Feb. 9, 2014, http://themennonite. org/bloggers/timjn/posts/Pink_Menno_voices_respond_to_Ervin_Stutzman; Anna Groff, "Letters from conference leaders and pastors ecpress concern about Mountain States' deci- sion: Leaders in Ohio, Indiana—Michigan and East Coast Conferences and three main letters", The Mennonite, March 1, 2014, http://www.themennonite.org/issues/17-3/articles/Letters_ from_conference_leaders_and_pastors_express_concern_about_Mountain_States_decision.

아예 존재하지 않을 지도 모른다. 합의과정 중에 선과 악을 스스로 확실히 드러낼 방법은 존재하지 않는다. 이러한 기본적인 질문들에 대해 근본적으로 불일치한 상황 속에서 앞으로 나아갈 방법을 결정하기 위해 스스로 증명해내는 과정은 존재하지 않는다. 그러나 아마도 이러한 과정은 그 자체로 명백한 결점을 갖고 있음에도 불구하고 어쩌면 특별히 권위에 의문이 들고 있는 지금 이 때, 왜 메노나이트 현실을 고민하는 다양한 기관들이 여전히 소중하고, 여전히 유용하고, 여전히 권위 있는 모습으로 자리하는지 이해할 수 있도록 우리를 도와준다.

서평글

한스 위르겐 고에르츠의 『존 하워드 요더:급진적 평화주의 논의』

John Howard Yoder: Radikaler Pazifismus in Gespräch.
By Hans-Jürgen Goertz.

존 렘펠[80)]

급진적 평화주의Radikaler Pazifismus는 아나뱁티스트 연구 분야의 위대한 지성 중 한 사람이 또 다른 아나뱁티스트 분야의 위대한 지성에 관해 쓴 책이다. 한스 위르겐 고에르츠Hans-Jürgen Goertz는 2002년 은퇴할 때까지 함부르크 대학의 사회 및 경제 역사학 교수였다. 그는 자신의 연구 분야에서 글쓰기와 책 편집 일을 지속해왔으며, 특히 중요한 업적은 『메노나이트 사전 *Mennonitisches Lexikon*』의 다섯 번째 책을 편집한 일이었다. 존 하워드 요더는 1983년까지 인디아나 주 엘크하르트에 있는 메노나이트 연합성경대학원의 신학교수로 재직하였고, 그후 1997년 사망할 때까지 이웃 도시 사우스벤드에 있는 노트르담 대학의 신학과 교수를 역임했다.

이 서평에서 나는 북미의 주류 메노나이트들과 북유럽 사이의 맥락이 상당히 다른 점을 염두에 두었다. 고에르츠는 단순히 신학적 전제들의 두 세트로서만 아니라 두 개의 경쟁적인 세계관 사이에서 경험한 엄청난 양의 대화를 충분히 이해하는 가운데 요더의 유산을 펼쳐나갔다. 이 경쟁적인 세계관의 한가운데 놓여있는 주제는 교회론이다. 교회론은 이 책의 한 쪽 끝

---

80) 존 렘펠은 토론토 메노나이트 신학센터의 디렉터이다.

에서 또 다른 끝으로 연결되는 황금실이다. 교회론이 아나뱁티스트와 메노나이트 전통의 가장 특징적인 표지이기에 이것은 그다지 놀랄 일은 아니다. 이 책은 아주 잘 요약된 여섯 개의 장과 저자 후기로 구성되어 있다. 처음 몇 장들은 요더의 스위스 아나뱁티스트 운동에 관한 역사적 작업에 관심을 두었다. 그리고 나머지 장들에서는 요더의 평화신학과 교회론에 집중하였다. 요더의 성품과 그의 마음에 있었던 일들을 풀어헤친 것이 고에르츠 교수의 분석이 하나의 완전체로 녹아있다. 몇 가지 점에 있어서예를 들어 7, 204페이지 고에르츠는 요더를 상대로 지성보다 감정에 호소한 주장을 편다.

그렇게 함에 있어 그는 요더를 상대로 성추행 고소가 있었던 비밀의 참고자료 하나를 언급한다.204 요더의 성추행은 그의 업적 평가와 성실함에 있어 부정적인 영향을 끼쳤다. 그러나 나의 임무는 고에르츠가 쓴 책에 대한 서평이므로, 나는 요더의 성행위에 관한 내용을 여기에서 논하지 않을 것이다. 고에르츠는 발견한 자신과 요더 사이에 존재한 공통점을 추구하는 가운데 책 전반에 걸쳐 본질적인 문제들을 다루고 있다. 비록 독자들이 아주 중요한 부분에서 고든 카우프만을 인용하는 것을 통해 볼 때 고에르츠의 사상이 고든 카우프만에 더 가깝다고 느끼겠지만, 그의 비평을 위해 가장 일관적으로 사용된 자료가 20세기 개신교 신학의 거장인 바르트이다.90-94, 102-105 와 여러 곳에서 인용 에드먼드 슐링크, 오스카 쿨만, 그리고 폴 틸리히와 같은 신학자들 또한 고에르츠의 연구를 위해 중요한 인용자료들로 사용되었다. 그는 바르트와 쿨만이 요더의 멘토였으며 요더의 사상형성에 어마어마한 영향을 끼쳤음을 반복적으로 언급하였다. 메노나이트 학자 중에, 고에르츠는 크리스 휴브너, 마크 티슨 네이션, 엘 짐머만과 같은 학자들을 자주 언급하였다. 아나뱁티스트 운동에 관한 북미의 논쟁에서 드러난 것처럼 고에르츠는 이러한 것을 애써 증명할 필요조차 없이 삼위일체, 성육신, 죽음과 부활이라는 전통적인 교리들을 통해 이러한 주장을 펼치고 있다.

책의 시작에서부터 고에르츠는 스위스 아나뱁티스트 운동의 기원에 대해 전문가들이 한 세대 동안 다루었던 토론의 내용을 학문적으로 다루었다. 고에르츠가 스위스 아나뱁티스트 운동을 다루고자 했던 보다 큰 신학적 목적은 슐라이트하임이라는 패러다임 즉 잘 훈련된 무저항과 세상으로부터 분리를 실천한 신자들의 교회라는 패러다임[30-37, 54] 안에 요더를 확실히 두기 위함이다. 고에르츠가 첫 번째로 다룬 변함없는 핵심 논점은 슐라이트하임 고백이 주장하는 교회의 가시성Sichtbarkeit 즉 그리스도의 몸 된 교회이다.[41] 이러한 주장에 대한 요더의 변론은 그의 성육신에 관한 신학 즉 표준화된 하나님의 계시로 우리에게 주어진 예수의 죽음과 부활에 근거한다. 그리고 이러한 표준화된 계시는 교회의 가시성으로 연결되어 있다[51, 78].

요더가 교회일치운동에 관여한 데 대한 복잡한 평가를 다룬 3장에서 고에르츠는 요더의 가장 큰 문제가 그리스도의 법을 통해 교회와 세상에서 교회의 정체성을 드러내고자 했던 요더의 고집에 있었다고 결론짓고 있다.[69] 이 책 급진적 평화주의가 따르는 모든 것은 이 논점을 증명하고자 한 시도이다. 그는 "신실한 교회"로 표현된 요더의 주장 배후에 놓여있는 비논리적인 사고뿐만 아니라, 요더가 범주를 혼동하고 교만한 생각을 알아채지 못한 채 확신으로 잘못 표출했음을 통렬하게 지적했다. 고에르츠는 신실한 교회는 자유교회 전통이 보여주었듯이 하나의 이상이며, 역설적인 의미에서만 실재하는 것이지[103, 111, 135] 결코 역사적 실재가 아니라[71-76]고 설명하였다. 자유교회가 주장하는 "고집스러운" 내용이 바로 교회론인데 그들의 교회론은 대중교회Volkskirche와는 다른 독특한 얼굴을 하며 교회의 일치에 방해가 되고 있다.[81] 고에르츠는 아나뱁티스트들이 성례전과 관련하여 "내부적으로"나 "외부적으로" 엄청나게 소개해 왔던 이러한 신실한 교회의 개념을 자신들의 교회에 제대로 적용하지 못한 데 대해 당혹스러워하고 있다

[87]고 했다. 고에르츠는 자신의 주장을 펼치면서[4장, 평화의 신학] 바르트의 가장 위대한 업적 중 하나로 붙들고 있는 "윤리학을 교리로 그려낸"[90] 내용에 호소하였다. 그는 바르트의 제자였던 요더가 이 점을 제대로 따르지 못했음을 슬퍼하고 있다. 이 점을 그리스도론에 적용한다면, 요더가 제자도를 예수의 십자가에 대한 비폭력적 수용에서 출발[93-94]하는 것으로 본 반면, 바르트는 제자도가 예수의 부활을 주도하시는 하나님의 주도권에서 비롯되었다고 보았다. 그렇게 이해한다면 요더가 고집스럽게 그리스도론에서 제자도를 분리시켰고, 그렇게 하기 위해 예수의 비폭력적 죽음을 신학의 핵심적인 내용으로 만들었다. 고에르츠는 "요더에게 신학은 평화신학이거나 신학이 아니거나 둘 중 하나였다"고 결론지었다.[95]

요더는 자신의 논점을 역사적으로 펼쳐놓으면서 교회론 연구를 진행하였다. 그렇게 함에 있어 요더에게 초기교회는 평화신학의 화신이었다. 콘스탄티누스 황제의 기독교 공인이라는 변화로 인해 교회는 가시성을 상실하였고 신학의 특성과 본질적인 변화가 생겨났다. 즉 더 이상 십자가의 비폭력적 수용은 고려의 대상조차 되지 않았다. 고에르츠에 따르면 이러한 입장이 가져다 준 비극적 결과 중 하나가 근원적 개혁The Radical Reformation이 더 이상 사회를 향한 책임을 공유하지 않게 되었다는 점이다. 고에르츠의 독창적인 표현을 빌자면, 개혁대신에 "타락한 창조에 대한 전형"[99]적인 설명이 등장하게 되었다. 이러한 입장에 반대하여 고에르츠는 교회가 사회 속에서 "정치적" 역할을 감당해야만 한다고 주장한다. 다시 말해, 무질서한 혼돈을 교화하기 위해 그는 교회가 어느 정도 정치에 참여하여야 한다고 주장한다.[100] 이 점에 있어서 고에르츠는 요더가 그의 인생 후반부에 교회의 책임에 대한 관점을 넓혔다는 점을 어느 정도 인정한다. 이러한 관점은 요더의 책 For the Nations이 선언하고 있듯이 흩어져 있는 교회의 정체성이라는 차원에서 교회가 도시의 안녕과 질서를 위해 살아야할 부르심을 포함한다. 그렇게 할 때 요더가 설명한 이미 이 땅에 임한 하나님 나라로서 "교회"가 가시적 공동체로 남을 수 있다고 설명한다.

고에르츠는 요더와 그의 청중들이 역사 현실에 깃들어 있는 이러한 역설적이며 종말론적인 본질을 볼 수 없었다는 주장을 자세히 열거하였다. 본질적으로 교회의 존재는 결코 역사에 이상적인 형태로 실행되지 않는다고 보았다. 어거스틴이 강력하게 주장했던 것처럼 역사에서 진짜 교회는 보이지 않는다고 이해했다. 이는 교회를 존재론적으로 이해하는 것이며, 그렇지 않다면 역사 속에서 구원을 객관화하여 실현하고자 하는 주장이다. 고에르트는 이것이 아나뱁티스트들이 갖고 있는 비극적인 흠결이라고 단언한다.[103-108]

고에르츠는 이러한 주장에 몇 가지 층위를 덧붙이면서, 일찍이 주장했던 측면들에 대한 시각을 놓치지 않고 있다. 이 지점에서 그는 요더가 구원을 십자가에만 위치시키고 있다는 전제로 다시 돌아간다. 고에르츠는 이러한 요더의 관점에 반대하였고 새롭고 복잡한 차원들을 소개하며 자신의 주장을 전개해 나갔다. 그의 주장은 이렇다. 역사적 비평은 우리들이 역사적 예수를 제대로 복원할 수 없다는 점을 너무나 명확하게 만들어놓았다. 요더의 유창한 역사주의 비평은 "요더의 사회−윤리적 주장과 예수의 실존에 닻을 내리고 있는 급진적 평화주의의 성서해석학적 기반에 혼동"을 불러일으켰다.[115]

고에르츠는 요더의 교회론과 평화윤리를 비판하기 위해 사도시대에서 시작하여 가부장시대에 이르기까지 순서를 따라 연구를 진행하였다. 그는 요더의 입장을 고대 교회의 소수그룹을 대표한 터툴리안의 교회론과 평화윤리를 따랐다고 보았다. 여기에서 고에르츠는 피터 라이하르트Peter Leihart의 매우 논쟁적인 책『콘스탄틴을 변호함Defending Constantine』을 자신의 입장과 일치시켰다. 그는 비폭력의 형태 즉 폭력을 쓰지 않는 것이 더 큰 악이 되고 있는 "경계의 문제"바르트를 다루지 않았던 요더의 원론적인 평화주의를 거부하는 모습을 언급한 후 재빨리 현재의 문제로 돌아왔다.121-126 고에르츠에 따르면 요더와 그의 스승 오스카 쿨만의 아킬레스 건은 창조 질서 안에 존재하는 국가의 소명을 **부정적인 것**으로 주장했다는 점이다. 즉 타락한 세상을 무질서로부터 지켜내기 위한 것이 국가의 소명인데 이는 창조를 회복시키기 위한 교회의 소명과 차이가 있다고 보았다. 고에르츠는 20세기 전체주의 통치에 직면해서 폭력에 절대 가담하지 않은 것은 무책임한 처사라는 강한 입장을 고수하였다.

간단히 말해, 존재론적 범주에 대한 요더의 확신에는 국가에는 항상 부정적인 역할이이 주어져 있고 교회에는 비판의 여지없이 항상 구원하는 역할이 자리하고 있었다. 고에르츠에게 요더가 교회에 대해 갖고 있는 이러한 견해는 하나님 나라의 역설이라든가, 역사와 종말론 사이에 존재하는 긴장이라든가, 혹은 자유 민주주의로 인도하는 여러 가지 훌륭한 발전의 모습이 가져다주는 의미와 상관없는 그의 하나님 나라에 대한 견해와 정확하게 일치하는 것으로 다가왔다.146-152 국가와 교회에 대한 이러한 존재론적 정리는 이 둘 사이의 대립적인 관계를 지나치게 절대화해 놓았다.138-139

고에르츠는 자신의 입장을 요더의 입장과 대조하여 설명하였다. 고에르츠에게 정의로운 사회질서를 향한 모든 움직임은 그것이 교회에 의한 것이든 국가에 의한 것이든 경계선이 없고 모순된 행위처럼 보였다. 교회라고 해서 도덕적으로 사회보다 더 나을 것이 없었다. 교회나 사회는 모두 하나님의 은혜에 의해 살아가기 때문이다. "그리스도인"의 부르심은 "사람들 사이의 관계에 있어 보다 인간적"으로 일하는데 있는 것이었다153. 여기에서 그의 언어는 공동체적인 언어에서 개인적인 언어로 바뀐다. 이러한 입장은 윤리적 원리들에 의해 지탱되는 것이 아니라, "하나님과 만남을 통해 정당화"된다.154 어떻게 행동하는 가는 교회에 의해 미리 정의될 수 없다. 왜냐하면 이러한 행동은 하나님의 말씀 아래 개인이 발견할 수 있는 것이기 때문이다. 그에게 "평화의 오아시스"는 세속적인 사람과 종교적인 사람이 함께 만들어가는 것으로 이해되었다.

이어서 고에르츠는 정의롭게 사는 것이 평화를 만드는 본질이라고 주장했다. 그는 요더가 대부분의 정당한 전쟁론을 실행한 사람들을 평화주의자들처럼 폭력을 제한하도록 만들었다는 사실을 잘 알기에 이러한 변화에 요더가 기여한 점이 있다고 인정하였다. 후에 요더 또한 비폭력적인 부분과 폭력적인 부분 사이에 도덕적 회색지대가 존재하지만 정당한 경찰활동을 평화를 유지하는 한 형태로서 받아들였다. 고에르츠는 해방신학과 연계한 공공윤리에 대한 새로운 신학이 요더가 보여준 사상적 진면모라는 점을 인정하였다.160-164, 169-171 그러나 결국 요더는 교회의 존재론적 입장을 포기하지 않았다. 그는 타락한 인류와 함께 연대하는 그리스도인이라는 근본적인 개념을 붙들지 않고 "지나치게 반대"하는 입장을 끝까지 고수했다.

고에르츠에 따르면 요더가 갖고 있던 문제의 핵심은 복음을 해석하는 열쇠로서 "교회"에 대한 아나뱁티스트들의 이해가 관료주의 개혁의 "믿음으로 말미암아 의롭게 되는 교회"를 대치한 데 있다고 보았다. 사실 믿음으로 말미암아 의롭게 되는 교회라는 시각만이 주변의 믿지 않는 이웃들처럼 우리 모두가 동등한 하나님의 은혜를 필요로 하는 죄인이라고 볼 수 있게 만든다186.『교회, 그 몸의 정치』에서 요더는 "세상" 또한 공동체와 용서의 기본적인 의미가 무엇인지 파악할 수 있는 능력이 있다고 인정함으로써 도의적인 모습으로써 교회와 세상의 궁극적인 지위가 어떠해야 함을 보여주었다. 만약 이러한 것이 불완전하다면, 유비적인 사고의 기저에 놓여 있는 "중간공리"를 이끌어냄으로서 가능하다고 하였다.188-189 그러나 고에르츠는 하나님의 명령법평화하라이 교회의 직설법우리가 평화를 만든다이 되었다고 주장한다. 이것이 바로 윤리적 환원주의로 하나님의 초월성과 신비를 축소시켜버렸다는 것이 고에르츠의 주장이다.

이 책의 마지막 20여 페이지에서 고에르츠는 자신의 중요한 논점들을 잘 요약해 놓았다. 특별히 언급하고 싶은 내용은 바르트의 교회론이 요더의 교회론을 능가하는 모습으로 이해했다는 점이다. 바르트의 사상에 있어서 교회는 사람들이 은혜를 경험할 때 가시적인 모습으로 드러나게 된다. 그러나 여전히 "육적인" 영역에 속해 있기 때문에 교회는 결코 하나님의 통치 하심과 똑 같이 이해될 수 없다. 교회의 가시성은 완전성으로 드러나는 것이 아니라, 역설적이게도 오류성을 통해 드러난다. 그는 바르트가 시종일관 그리스도론을 교회론과 분리해서 논리를 전개하기 때문에, 두 개의 교회로 나누어 생각하는 자유교회의 교회론을 끌어안을 수 없었다고 보았다 210-218. 다른 말로 표현해 종말론적 궁극적 실재는 그리스도이지 교회가 아니다. 교회로의 부름은 "존재론적 애착"을 뒤로 하고 "메시아적 기대"를 끌어안는 가운데 온건하고 겸손한 역할이 이러한 변화를 가능하도록 하는 것이다.

이 책『근원적 평화주의』는 슐라이트하임에 근거한 아나뱁티스트 사상에 대한 고에르츠의 신중한 평가이자 좀 더 확장해서 설명하자면 역사적 메노나이트 사상의 형태, 더 나아가 자유교회의 수많은 교회들에 대한 평가이다. 나는 이 부분에 대해 몇 가지 구체적 비판을 하고자 한다. 가장 먼저 고에르츠가 역사적 슐라이트하임 패러다임을 요더와 강한 신자들의 교회 신학을 가진 메노나이트 공동체에 덧씌워 설명한 것은 아무런 의미가 없고 적용하기도 힘들다. 현재 이 슐라이트하임 패러다임은 아미쉬나 올드오더 그룹 혹은 독일의 아우씨들러Aussidler공동체들 등과 같은 몇 안 되는 러시아 메노나이트 후손들에게만 적용 가능하다.

두 번째로 고에르츠가 아나뱁티스트와 메노나이트 교회론을 분리주의자로 비판한 내용이다. 완전주의를 추구하는 경향에 대한 그의 표현은 아주 정확했다. 그리고 교회와 하나님 나라를 거의 균등한 위치에 놓았다고 설명한 것은 옳았다. 메노나이트 정신이 교회와 하나님 나라를 동일 선상에 놓으므로 심적으로 모호하게 하고 모순적으로 설명되는 그의 진중한 지적은 일리가 있다. 그러나 아나뱁티스트 운동은 초기부터 서로 반대되는 전제들을 놓고 씨름해 왔다. 16세기에 있었던 예를 하나 들자면, 레오나르드 보우웬스Leonard Bouwens와 더크 필립스Dirk Philips 그리고 어떤 면에서는 메노 시몬스가 교회 내의 죄를 두고 준엄한 징계를 해야 한다고 설명한 지점에 있어서 고에르츠가 규정한 결점들이 이미 잘 드러나 있다. 그러나 1550년대에 스트라스부르그에서 있었던 그들의 회합에서 독일어를 사용하는 모든 아나뱁티스트 그룹의 대표자들에 의한 이러한 극단적인 추방에 대해 반대하는 움직임이 있었는데 이는 그들의 정체성에 있어 이미 어두운 부분이 있었다는 신학적 증빙자료가 된다. 더 나아가 대부분의 아나뱁티스트 그룹들은 증명되지 않은 방식으로 교회가 완전히 거듭났다고 주장하였고, 단순히 교회 자체에 하나님의 구원이 있다고 보았다[107]. 여기에 한 가지 결정적인 특징으로 제시된 것이 그리스도를 믿는 신앙고백 위에 주어진 세례였다. 이들의 세례는 어떤 사람의 영혼의 상태가 하나님께 속해있다는 확실성을 주장하는 것과 다르다는 결정적인 특징이 있다. 후브마이어, 마르펙, 메노 모두는 교회의 생활과 교회 멤버들 속에 강력한 죄가 존재하기 때문에 끊임없는 하나님의 은혜의 필요성에 대해 아주 민감한 인식을 갖고 있었다. 왜 고에르츠가 아나뱁티스트 사상에 존재하는 교회의 다른 측면에 대해 언급하지 않는가? 만약 아나뱁티스트를 언급함에 있어 고에르츠가 이러한 내용을 반영한 가운데 전체적인 비평을 하였다면 더 적격이었을 것이다.

정말로 아뜩할 정도로 잘 요약하였지만 [113] 고에르츠는 지난 두 세기 동안 프로테스탄트 운동이 경험했던 가장 큰 질문이 성경에 대한 역사 비평적 읽기라고 잘 설명하였다. 그는 우리가 정경으로 갖고 있는 복음서의 예수에 대한 그림이 역사적 비평연구가 발견한 것과 본질적으로 일치하지 않는다는 사실에 의해 만들어진 것이라고 가정한다. 이를 진지하게 연구한 학자들에 의해 밝혀진 폭넓은 견해들을 통해 볼 때 이것은 그렇지 않다. 그러므로 역사적 예수가 비폭력적이었고, 더 나아가 교회가 묘사한 부활 이후 예수에 대한 신학적 그림 속에 윤리의 근간을 둘 수 없다고 내린 고에르츠의 결론은 다시금 아뜩할 정도의 내용이 되어버렸다. 고에르츠에 따르면, 부활 그 자체만이 기독교 윤리의 기본이 된다고 했다.

결국 고에르츠는 신실한 삶에 있어 유일하게 믿을만한 중재자란 현대의 자유에 기초한 개인주의와 개인적 양심이라고 확신한다. 그러나 그는 이것과 연결된 또 다른 복잡한 개념인 믿음이 아닌 은혜로 말미암아 믿는 사람이든 믿지 않는 사람이든 모든 사람이 동일하게 죄인이며 동시에 의롭게 된다는 의미가 무엇인지 발전시키는데 실패했다. 이렇게 주장한다면 교회는 구원을 담지할 수많은 적임자들 중 하나에 불과하게 된다. 왜냐하면 세속적인 사람과 종교적인 사람이 "평화의 오아시스"를 만들고 보다 정의로운 세상을 만들기 위해 동일한 선물을 받았다[55]고 했기 때문이다.

결론적으로, 한스 위르겐 고에르츠는 북미의 주류 메노나이트 신학에 존재하는 가장 중요한 결점을 세밀하게 보여주었다. 최소한 북미에는 전통을 읽는데 서로 양립할 수 없는 두 가지 방식으로써 요더와 자신을 구분했던 것처럼 자유주의자들과 보수주의자들이 존재한다. 그러나 나는 그가 이러한 식으로 구분하고 공표하는 목적이 무엇인지 알 수가 없다. 최소한 주류 메노나이트 전통이 해석하는 아나뱁티스트 운동과 무엇보다 20세기 신학자인 존 하워드 요더가 설명한 아나뱁티스트 운동이 교회에 대해 잘못된 신학을 형성해 놓았고, 현재 다원화된 사회에서 일치와 정의를 위해 일하는 모든 운동들과 연대하는데 있어 비극적인 길을 걷고 있다고 결론을 내리고 싶었던 것일까? 나는 고에르츠가 자신의 화려한 학문적 업적을 통해 탁월한 주제인 전통을 비판하기 위해 쓴 부분에서는 이렇다할 아무 것도 발견하지 못했다. 교회론의 차이가 메노나이트주의를 관료주의적 개혁과 가톨릭의 개혁으로부터 분리하고자 했던 무엇인가에 대해 신학적으로 역사적으로 본 것은 옳다. 그리고 그가 개인적으로 취한 그의 비판은 신학적으로 나름대로의 의미를 갖는다. 예를 들어, 사람들이 여전히 교회 혹은 국가를 존재론적으로 보지 않고 메노나이트 신학을 진행할 수 있다고 본 것은 의미가 있을 것이다. 그러나 이러한 모든 것을 종합해 볼 때 고에르츠가 메노나이트를 메노나이트답게 만드는 것을 거절하도록 결론짓는 일은 거의 매력이 없다고 생각한다.